普通高等学校"十四五"规划旅游管理类精品教材

教育部旅游管理专业本科综合改革试点项目配套规划教材

总主编 ◎ 马 勇

# 酒店人力资源管理

## Hotel Human Resource Management

杨云 朱宏 兰俊棒 ◎编著

华中科技大学出版社

http://press.hust.edu.cn

中国·武汉

## 内容简介

ChatGPT横空出世,生成式AI技术对人类生产生活的介入和形塑,使得酒店人力资源管理工作充满了新的机遇和挑战。人力资源是酒店极具战略性价值的资源,人力资源管理者需进一步思考如何把握机遇,迎接挑战、提质增效、推动变革。

本书在阐述酒店人力资源管理的理论知识和案例分析的同时,详细介绍AI技术给酒店工作设计、员工招聘、面试和培训等职能带来的全新改变。全书共10章,包括酒店人力资源管理概论、酒店人力资源战略和规划、酒店工作分析与工作设计、酒店员工招聘和甄选、酒店员工培训、职业生涯规划与发展、绩效管理、酒店薪酬管理、劳资关系和健康安全管理、酒店集团国际人力资源管理。本书通过梳理大量酒店人力资源管理变革的实践案例,为酒店人力资源管理职能变革提供新思路。本书也增加了国内外学者的最新研究成果,以便专业人员在相关研究中有所借鉴。

本书适合作为酒店管理、旅游管理、人力资源管理及其他管理类专业的本科生、研究生教材,也可作为酒店管理培训的参考书,还可作为酒店经营管理者开展人力资源管理实践工作的辅导用书。

**图书在版编目(CIP)数据**

酒店人力资源管理 / 杨云,朱宏,兰俊棒编著 . -- 武汉 : 华中科技大学出版社,2024.7. -- (普通高等学校"十四五"规划旅游管理类精品教材)(教育部旅游管理专业本科综合改革试点项目配套规划教材).

ISBN 978-7-5772-0967-8

Ⅰ . F719.2

中国国家版本馆CIP数据核字第2024TJ2661号

酒店人力资源管理
Jiudian Renli Ziyuan Guanli

杨云　朱宏　兰俊棒　编著

策划编辑:李家乐
责任编辑:贺翠翠
封面设计:原色设计
责任校对:刘　竣
责任监印:周治超
出版发行:华中科技大学出版社(中国·武汉)　　电话:(027)81321913
　　　　　武汉市东湖新技术开发区华工科技园　　邮编:430223
录　　排:孙雅丽
印　　刷:武汉市籍缘印刷厂
开　　本:787mm×1092mm　1/16
印　　张:20.5
字　　数:487千字
版　　次:2024年7月第1版第1次印刷
定　　价:59.90元

# 总序

习近平总书记在党的二十大报告中深刻指出,要实施科教兴国战略,强化现代化建设人才支撑。要坚持教育优先发展、科技自立自强、人才引领驱动,开辟发展新领域新赛道,不断塑造发展新动能新优势。这为高等教育在中国式现代化进程中实现新的跨越指明了时代坐标和历史航向。

同时,我国的旅游业在疫情后全面复苏并再次迎来蓬勃发展高潮,客观上对现代化高质量旅游人才提出了更大的需求。因此,出版一套融入党的二十大精神、把握数字化时代新趋势的高水准教材成为我国旅游高等教育和人才培养的迫切需要。

基于此,在教育部高等学校旅游管理类专业教学指导委员会的大力支持和指导下,教育部直属的全国重点大学出版社——华中科技大学出版社,在党的二十大精神的指引下,主动创新出版理念和方式方法,汇聚一大批国内高水平旅游院校的国家教学名师、资深教授及中青年旅游学科带头人,在已成功组编出版的"普通高等院校旅游管理专业类'十三五'规划教材"基础之上,进行升级,编撰出版"普通高等学校'十四五'规划旅游管理类精品教材"。本套教材具有以下特点:

**一、深刻融入党的二十大报告精神,落实立德树人根本任务**

党的二十大报告中强调:"坚持和加强党的全面领导。"党的领导是我国高等教育最鲜明的特征,是新时代中国特色社会主义教育事业高质量发展的根本保证。因此,本套教材在编写过程中注重提高政治站位,全面贯彻党的教育方针,融入课程思政,融入中华优秀传统文化和现代化发展新成就,将正确政治方向和价值导向作为本套教材的顶层设计并贯彻到具体章节和教学资源中,不仅仅培养学生的专业素养,更注重引导学生坚定理想信念、厚植爱国情怀、加强品德修养,以期落实"立德树人"这一教育的根本任务。

**二、基于新国标下精品教材沉淀改版,权威性与时新性兼具**

在教育部2018年发布《普通高等学校本科专业类教学质量国家标准》后,华中科技大学出版社特邀教育部高等学校旅游管理类专业教学指导委员会副主任、国家"万人计划"教学名师马勇教授担任总主编,同时邀请了全国近百所高校的知名教授、博导、学科带头人和一线骨干教师,以及旅游行业专家、海外专业师资联合编撰了"普通高等院校旅游管理专业类

'十三五'规划教材"。该套教材紧扣新国标要点,融合数字科技新技术,配套立体化教学资源,于新国标颁布后在全国率先出版,被全国数百所高等学校选用后获得良好反响。其中《旅游规划与开发》《酒店管理概论》《酒店督导管理》等教材已成为教育部授予的首批国家级一流本科课程的配套教材,《节事活动策划与管理》等教材获得省级教学类奖项。

此外,编委会积极研判"双万计划"对旅游管理类专业课程的建设要求,对标国家级一流本科课程,积极收集各院校的一线教学反馈,在此基础上对"十三五"规划系列教材进行更新升级,最终形成"普通高等学校'十四五'规划旅游管理类精品教材"。

**三、全面配套教学资源,打造立体化互动教材**

华中科技大学出版社为本套教材建设了内容全面的线上教材课程资源服务平台:在横向资源配套上,提供全系列教学计划书、教学课件、习题库、案例库、参考答案、教学视频等配套教学资源;在纵向资源开发上,构建了覆盖课程开发、习题管理、学生评论、班级管理等集开发、使用、管理、评价于一体的教学生态链,打造了线上线下、课内课外的新形态立体化互动教材。

在旅游教育发展的新时代,主编出版一套高质量规划教材是一项重要的教学出版工程,更是一份重要的责任。本套教材在组织策划及编写出版过程中,得到了全国广大院校旅游管理类专家教授、企业精英,以及华中科技大学出版社的大力支持,在此一并致谢!衷心希望本套教材能够为全国高等院校的旅游学界、业界和对旅游知识充满渴望的社会大众带来真正的精神和知识营养,为我国旅游教育教材建设贡献力量。也希望并诚挚邀请更多高等院校旅游管理专业的学者加入我们的编者和读者队伍,为我们共同的事业——我国高等旅游教育高质量发展——而奋斗!

总主编

2023 年 7 月

党的十九大报告提出："就业是最大的民生。要坚持就业优先战略和积极就业政策,实现更高质量和更充分就业。"习近平总书记同时强调,就业是最大的民生工程、民心工程、根基工程,是社会稳定的重要保障,必须抓紧抓实抓好。酒店是劳动密集型企业,人力资源管理对酒店经营管理的成功具有关键的战略作用。

当前,中国酒店面临着基层员工短缺、员工流失率高、反常行为增多、智能机器人替代、人工智能技术介入等人力资源管理问题,这促进我们在编写《酒店人力资源管理》一书时,关注这些现象的表现特征和影响,并试图从理论层面分析这些现象,提出有效可行的解决策略。本书的编写思路如下:以酒店人力资源管理的战略和职能模块为基本内容,融入最新的发展动态来构建知识体系,增加中国案例,强调中国在酒店人力资源管理中的创新和发展,增强学生对中国酒店人力资源管理的认知,为酒店业培养热爱中国酒店,更愿意为中国酒店事业奋斗的复合型、创新型、实用型人才。

本书共十章。其中,第一章是酒店人力资源管理概论,介绍酒店人力资源管理的概念与特点,酒店人力资源管理的意义、特点、发展历程和趋势等;第二章是酒店人力资源战略和规划,介绍酒店人力资源战略的重要性和特点、酒店人力资源规划流程和方法等;第三章是酒店工作分析与工作设计,包括酒店工作分析的流程和方法、酒店工作设计的流程和方法以及数智化时代酒店工作再设计等内容;第四章是酒店员工招聘和甄选,包括酒店员工招聘的特点、流程和甄选方法等内容;第五章是酒店员工培训,包括酒店培训的类型、培训的流程、培训的理论和方法、数智化时代酒店培训的变革等内容;第六章是职业生涯规划与发展,包括职业生涯的概念和理论、各阶段的职业生涯规划和酒店员工的职业生涯发展规划等内容;第七章是绩效管理,包括绩效管理的概念和步骤、评估技术和方法以及酒店绩效管理等内容;第八章是酒店薪酬管理,包括薪酬管理的目标和影响因素、酒店薪酬管理体系和员工福利管理等内容;第九章是劳资关系和健康安全管理,包括员工关系与劳动关系、酒店安全和健康管理、酒店员工偏差行为管理等内容;第十章是酒店集团国际人力资源管理,包括酒店集团跨国经营的内涵,国际人力资源管理的特点、模式和流程等。本书在各章前有学习目标、引导案例,在各章末尾有本章小结、实务案例、复习思考题,以方便教师教学及学生理解、掌握

所学知识。

本书不仅重视国内外学者的最新研究成果,还重视中国情境下酒店人力资源管理的创新和中国酒店人力资源管理实践的总结。本书的主要特点:

(1)注重知识结构体系的合理性和完整性。本书的章节内容符合酒店人力资源管理教学大纲要求,体系规范、内容完整、结构严谨,从理论、政策、制度、流程、方法和策略等多个层面构建酒店人力资源管理的知识结构体系。本书还将理论与实践应用相结合,在全面、系统介绍酒店人力资源管理相关理论知识的基础上,注重问题导向和知识的归纳,使用者可以全面地掌握相关知识并加以运用。

(2)重视酒店人力资源管理的最新学术研究成果,将这些内容融入本书的编写中,强调前瞻性和系统性。与以往教材相比,本书增加了AI技术驱动下的人力资源管理、人力资源管理重视情感关怀和数字化、数智化时代酒店工作变革、游戏化招聘和AI智能机器人面试、数智化时代的员工培训内容和方法、员工偏差行为和辱虐管理行为等人力资源管理最新的学术研究成果。

(3)采用中国酒店人力资源管理实践案例,如锦江酒店(中国区)的人力资源数字化转型、华住集团紧跟企业战略的人力资源战略、格兰云天酒店集团的"蒲公英"管培生计划、碧水湾温泉度假村的顶级服务、如家酒店集团的绩效管理模式等,让学生对中国酒店人力资源管理知识有系统性了解,增强学生对中国酒店的热爱,培养学生的创新意识和责任意识。

(4)反映了当前酒店人力资源管理最具有独特性的现象和问题,如AI技术给酒店工作设计、员工招聘、面试和培训等职能带来全新的改变,女性人力资源的职业发展,Z世代酒店员工的培训,酒店员工偏差行为管理,酒店集团国际人力资源管理等。

"酒店人力资源管理"是酒店管理专业的基础专业课程,本书适合作为酒店管理、旅游管理、人力资源管理及其他管理类专业的本科生、研究生教材,也可作为酒店管理培训的参考书,还可作为酒店经营管理者开展人力资源管理实践工作的辅导用书。

本书由中山大学旅游学院杨云副教授、朱宏副教授和兰俊棒副教授编著。编写的具体分工是:杨云承担第一、二、四、八、十章的撰写工作和全书的统稿工作,以及全书的文字修改校对工作;朱宏负责第六、七、九章的撰写工作;兰俊棒负责第三、五章的撰写工作。

本书获得"中山大学本科教学改革与教学质量工程项目'重点教材建设'项目"资助,2024年11月12日,中山大学将迎来建校100周年,在此感谢学校提供的资金资助!谨以本书献给中山大学旅游学院2024年建院20周年!

本书参考和引用了大量国内外学者的学术文献和案例资料,限于篇幅,未能一一注明,在此向这些作者表示真诚的感谢和敬意!本书顺利出版,得到华中科技大学出版社李家乐编辑的悉心审阅,在此衷心感谢!

诚然,由于作者知识的局限,书中难免存在疏漏和不足之处,恳请各位专家、学者和使用者批评指正。如果您有很好的建议,诚请与作者联系(yangyunzsu@126.com),以利于我们共同完善本书。

杨云

2024年6月

Contents |

2

# 第一章

## 酒店人力资源管理概论

**地中海俱乐部留住员工有妙招**

地中海俱乐部(Club Med)是由格拉德·伯利兹(Gerard Blitz)于1950年在法国创立的一家大型国际度假连锁集团,遍布全球20多个国家和地区。它创造了"精致

一价全包"的全新度假理念,于1967年创立了儿童俱乐部,为儿童提供丰富的活动。如今,地中海俱乐部已经成为全球"精致一价全包"的领导品牌,主要拥有度假村、城市俱乐部、俱乐部旅馆、别墅4种类型的度假相关产品。

度假村是地中海俱乐部的主体,每个度假村都有各种风格的餐厅、酒吧、商店、剧场以及艺术品制作间,还有空中飞人、潜水、攀岩、滑雪、普拉提、桨板冲浪、高尔夫等各种运动健身和医疗保健设施。度假村还通过融入法式元素,针对儿童设计俱乐部活动以及"和善的组织者"(法语 Gentil Organisateur,缩写为 G.O),为家庭及情侣打造难忘的度假体验。

受2008年全球金融危机和2010—2012年欧债危机的影响,地中海俱乐部在欧洲市场的业绩下滑。从2010年6月开始,地中海俱乐部管理层引入复星集团等外在投资者来扩大市场,提振业绩。经过几轮融资持股和要约收购等竞购方式,2015年复星集团收购了地中海俱乐部,成为其最大的股东。

地中海俱乐部重视深耕中国市场。其全球总裁亨利·吉斯卡·德斯坦说:"我们为中国游客量身打造了旅游新产品——'地中海·邻境',这是依托地理资源的度假综合体,基础设施和服务优越,环境优美。"他还介绍:"我们打算继续增加'地中海·邻境'的数量,目前已进驻京津冀、长三角地区,计划在广州和深圳等地继续打造推广。我们也非常希望在云南推广打造'地中海·邻境'产品,为城市家庭提供近距离的度假体验。"另外,他还说,"即使在疫情最严重的时候,我们也从未停止对中国市场的思考和布局,我们取得了不少新成果,比如进驻滑雪胜地长白山"。

地中海俱乐部拥有着来自100多个国家的23000多名"和善的组织者"(G.O)和"和善的员工"(G.E)。和所有酒店业的企业一样,地中海俱乐部也要面对员工流动性大的挑战。越来越多的新生代,他们流动性大,倾向于跟着机会走,对企业缺乏忠诚度。那么,地中海俱乐部采取了哪些手段来留住员工呢? 此外,地中海俱乐部的人力资源挑战还包括国际化、业务增长和服务类型的增加三个方面。为了应对这些挑战,地中海俱乐部采取了许多有特色的措施。

1. 独特的 G.O 文化

G.O 意为"和善的组织者"或"亲切的东道主"。G.O 是地中海俱乐部对员工的一种特殊称呼,更是一种待客之道的体现:在地中海俱乐部,G.O 是度假村真正的主人,他们来自全球100多个国家,掌握两门以上语言,并拥有一技之长,以热情和高素质的服务著称。G.O 团队是地中海俱乐部的精髓所在,他们与客人们建立了真正的纽带,化身为客人旅途的伙伴,带领客人探索度假村的独特景致;他们秉承地中海俱乐部的精神,为每一位客人营造轻松的社交互动氛围,带去快乐的假期。

2. 通过内部升迁来留住员工

在地中海俱乐部,人力资源部的政策是不把职位和学历挂钩。公司的意愿是"留住最优秀的人才"。如果一个 G.O 能证明自己的能力并认同地中海俱乐部的企业价值(亲和、先锋精神、自由、责任感和多元文化),他就有机会升迁,而且是快速地升迁。

地中海俱乐部的欧洲非洲部招聘总经理Magali Aimé说:"在地中海俱乐部,从一个职位换到另一个职位也很容易。40%的普通员工都换过岗。"同时,从度假村往总部或者分支办公室的职位变动也越来越多。

3.开展提升员工就业力的特殊培训

欧洲区域的员工们会被邀请到位于Vittel的地中海俱乐部度假村,在那里度过几天甚至几周的时间。Vittel的地中海俱乐部度假村像一个结构分明的大学校区,能让员工们体验到和地中海俱乐部的客人们一样的服务——舒适的酒店、餐厅、晚会等,而且员工们还能参加各种培训,因为Vittel的地中海俱乐部度假村拥有120个行业培训师和27个专业培训师,每周组织56场培训,覆盖地中海俱乐部所有职位。

意识到"还不存在服务行业的文凭",地中海俱乐部和里昂商学院携手花了一年半的时间为地中海俱乐部的所有G.O量身定制了一个培训项目。G.O参加一个持续几天的培训,最后能得到一份"在国际化的高端环境里管理客户关系"的能力认证。该培训的第一步是衡量G.O们对地中海俱乐部的整体认知,采用E-learning的教学手段,让每个G.O对自己的知识进行自我评估;然后根据评估结果,为每个G.O量身定制培训方案。例如,为了提高G.O管理客户的能力,G.O可以参加由里昂商学院的教授主讲的客户关系管理课程。课程结束后,地中海俱乐部的行业专家和里昂商学院的教授一起通过情景模拟来评估G.O对课程的掌握程度,顺利通过培训的G.O获得能力认证。G.O学到的技能是能够运用于其他服务性行业的,因此提升了他们的就业力。

4.给年轻人提供重要岗位来留住员工

在地中海俱乐部,每个度假村最高的职位是度假村村长。这个职位有时要管理超过900名员工,相当于一个中小企业的规模。这个职位通常在内部招聘,100%的村长都是从较低职位升迁上来的。年轻人一旦能胜任村长职位就可能被提拔,当前最年轻的村长只有28岁。在地中海俱乐部,年龄从来就不是标准,良好的主观能动性和高效率的工作风格才最重要。

总之,地中海俱乐部成功留住人才的秘诀在于考虑员工表现和意愿的快速内部提拔制度、独特的员工就业力培训、独特的认可员工价值的文化、有才能者即便年轻也可以得到重要职位。

(资料来源:①李志刚《ClubMed地中海俱乐部全球总裁亨利·吉斯卡·德斯坦:中国旅游业发展令人惊叹》,载于《中国旅游报》2023年11月22日,第2版;②旅游轻骑兵《一场皮洛士式的胜利?——复星收购地中海俱乐部案例分析》(2021年3月10日),https://baijiahao.baidu.com/s?id=1693828024605085060;③法国里昂商学院亚洲代表处《分享:地中海俱乐部,留住员工有妙招》(2016年1月18日),微信公众号。)

▶ **案例讨论:**

结合以上案例,你认为酒店人力资源有哪些特征?酒店人力资源管理的核心职能有哪些?

## 第一节　酒店人力资源管理的概念与特点

　　酒店业是典型的劳动密集型行业,无论是前台接待、客房清洁、餐饮服务、康养健身等,每个环节上服务的提供都以人力劳动为基础。尽管人工智能(AI)技术减少了酒店人力劳动的工作量,如使用移动APP、小程序,可以实现顾客自助办理入住手续、智慧点餐、机器人送餐等,但是顾客更愿意与"有温度"的员工接触,因此人力资源一直是酒店的核心竞争力之一。吸引、培养、激励和留住优秀员工,有利于酒店提供使顾客满意的高品质的面对面服务。酒店管理者应倡导以人为本的理念,努力营造吸引、培养、激励和留住人才的良好环境,不断提升人力资源价值,实现人力资本的增值,促进酒店业的可持续发展。为此,我们需要了解人力资源的概念和基本特点,明确酒店人力资源管理的内涵和主要内容。

### 一、酒店人力资源的概念

#### (一)人力资源的概念和主要特点

　　1954年,美国管理学家彼得·德鲁克(Peter Druck)在其著名的《管理的实践》一书中首次提出了"人力资源"这个概念,并且指出"人力资源和其他所有资源相比较,唯一的区别就是人力资源是'人',是管理者们必须考虑的具有'特殊资产'的资源"。德鲁克认为,人力资源拥有其他资源所没有的素质,即协调能力、融合能力、判断力和想象力,管理者可以利用其他资源,但是人力资源只能自我利用。

　　随后,人力资源概念开始引起学者和企业管理者的注意。雷蒙德·迈尔斯(Raymond Miles)于1965年在《哈佛商业评论》上发表文章,建议在管理中用"人力资源"来替代"员工"的概念。学者们也对人力资源概念进行了更为深入和具体的阐释。例如,美国的伊万·伯格(Ivan Berg)认为,人力资源是人类可用于生产产品或提供各种服务的活力、技能和知识。内贝尔·埃利斯(Nabil Eias)指出,人力资源是企业内部成员及外部与企业相关的人,即总经理、雇员、合作伙伴和顾客等可提供潜在合作或服务并有利于企业预期经营活动的人力的总和。苏珊·杰克逊(Susan Jackson)等认为,人力资源是能够为创建和实现组织的使命、愿景、战略与目标做出潜在贡献的人所具备的可被利用的能力与才干。我国有的学者从整个社会经济发展的宏观角度来界定人力资源,如有学者认为,所谓人力资源,是指人所具有的对价值创造有贡献作用并且能够被组织利用的体力和脑力的总和。

　　由以上内容可以看出,人力资源概念既强调拥有劳动能力的人口数量,又强调人口质量,也就是人在生产过程中创造产品或提供服务、创造价值的能力。因此,我们将人力资源界定为人所具有的对价值创造起决定作用并且能够被组织利用的劳动能力。这里的"组织"

既可以大到一个国家或地区,也可以小到一家企业或单位;"劳动能力"是体力和脑力的总和。

与其他物质资源相比,人力资源具有以下特点。

(1)生物性。人力资源的载体是人,从而决定了它是有生命的、"活"的资源,与人的自然生理特征息息相关。

(2)能动性。这是人力资源最重要的特征,是人力资源与其他资源之间最根本的区别。人是有思想、有感情的,能够主动学习,有目的、有意识地进行活动,认识自然和改造自然,并能有意识地对所采取的行动、手段及结果进行分析、判断和预测。

(3)时效性。人力资源的形成、开发和利用都会受到时间因素的限制。从发展视角看,人力资源存在培养期、成长期、成熟期和老化期等生命周期阶段。因此,企业要研究人力资源变化的内在规律,使人力资源的形成、开发、配置和使用等处于动态平衡中,从而更好地发挥人力资源的效用。

(4)智力性。人力资源通过开发智力,充分挖掘人的劳动能力潜能,而人的智力具有继承性,人的劳动能力会随着时间的推移而得以积累、延续和增强。

(5)社会性。从人类社会活动的角度看,任何人都生活在一定的群体之中。人力资源总是与一定的社会环境相联系,它的形成、开发、配置和使用都离不开社会环境和社会实践;而且人类的劳动多是群体劳动,劳动者一般都在一定的组织内与其他人共同工作。因此,社会文化环境、组织环境都会对劳动者的价值观和行为方式产生影响。

（二）酒店人力资源的概念和特点

新时代人们对美好生活的追求,促使酒店业迎来了更广阔的发展前景。作为旅游业的重要支柱部门,酒店业特别依赖人力资源提供具有情感投入的无形服务。因此,酒店非常重视人力资源。所有能够推动经济和社会发展的并且能够被酒店利用其劳动能力的人,都被认为是酒店的人力资源。从数量上看,酒店人力资源是指酒店现有的从业者与潜在的就业者;从质量上看,酒店人力资源是指酒店现有的具有相应体力、智力、知识、技能和工作态度的从业者。酒店现有的从业者是指能够直接迅速地参与酒店产品和服务的生产过程,并对社会经济发展产生贡献的人。酒店潜在的就业者是指由于某些原因,暂时不能直接参与酒店产品和服务的生产过程,必须经过开发和培训等过程才能具备酒店劳动能力的人。

酒店人力资源除了具有人力资源的一般特点外,还具有一些独有的特点。

(1)女性员工占多数。现代社会,越来越多女性走出家庭,到企业去工作。女性凭借性别优势大量进入服务业,大大提高了女性整体的就业率。酒店业作为典型的劳动密集型服务业,其女性从业者占企业员工总数的比例超过50%。表1-1反映了男、女性员工在几家高星级酒店的分布情况。

**表 1-1　员工性别、在岗情况与部门特征**

| 部门 | 2011年 | | | | 2023年 | | | |
|---|---|---|---|---|---|---|---|---|
| | 在岗男性 | | 在岗女性 | | 在岗男性 | | 在岗女性 | |
| | 样本数/个 | 所占比例/(%) | 样本数/个 | 所占比例/(%) | 样本数/个 | 所占比例/(%) | 样本数/个 | 所占比例/(%) |
| 保安部 | 51 | 16.84 | 3 | 0.85 | 46 | 10.65 | 5 | 1.13 |
| 财务部 | 9 | 2.97 | 31 | 8.73 | 18 | 4.17 | 27 | 6.11 |
| 采购部 | 5 | 1.65 | 4 | 1.13 | 7 | 1.62 | 1 | 0.22 |
| 餐饮部 | 117 | 38.61 | 128 | 36.06 | 127 | 29.4 | 132 | 29.86 |
| 大堂副理 | 3 | 0.99 | 2 | 0.56 | 5 | 1.16 | 9 | 2.03 |
| 客房部 | 25 | 8.25 | 108 | 30.42 | 32 | 7.41 | 116 | 26.24 |
| 工程部 | 50 | 16.50 | 4 | 1.13 | 63 | 14.58 | 3 | 0.68 |
| 前厅部 | 25 | 8.25 | 32 | 9.01 | 83 | 19.21 | 70 | 15.84 |
| 人力资源部 | 3 | 0.99 | 17 | 4.79 | 7 | 1.62 | 14 | 3.17 |
| 市场营销部 | 5 | 1.65 | 18 | 5.07 | 18 | 4.17 | 35 | 7.92 |
| 总经理办公室 | 9 | 2.97 | 6 | 1.69 | 10 | 2.31 | 8 | 1.81 |
| 未填部门 | 1 | 0.33 | 2 | 0.56 | 16 | 3.70 | 22 | 4.99 |
| 总　数 | 303 | 100 | 355 | 100 | 432 | 100 | 442 | 100 |

（资料来源：①2011年的数据来自杨云《酒店员工性别、薪酬差异对离职行为影响研究》，载于《旅游学刊》2014年第4期，第38-47页；②2023年的数据来自部分高星级酒店调研。）

（2）临时用工量大。旅游业存在季节性和周期性特征，旅游淡旺季决定了以提供住宿服务为主的酒店业亦存在季节性特征。在旅游旺季，酒店通常大量聘用兼职人员和实习生以应对人力资源的不足；在旅游淡季，有的酒店则会解雇临时员工，以节省人力资源成本。因此，酒店的临时工比例较高。在欧美的酒店业，每10名女性员工中有4人签订的是短期雇佣合同，每10名男性员工中有3人签订的是短期雇佣合同。国内一些酒店聘用的实习生占其总员工数的25％以上。表1-2反映了西班牙安达鲁西亚酒店业按性别就业的临时性特点，表1-3反映了我国广州市部分高星级酒店疫情前后按性别就业的临时性特点。

**表 1-2　西班牙安达鲁西亚酒店业按性别就业的临时性特点**　　　　（单位：％）

| 变量 | | 2006年 | | 2010年 | |
|---|---|---|---|---|---|
| | | 男性 | 女性 | 男性 | 女性 |
| 年龄 | 16～24岁 | 19.78 | 27.18 | 7.94 | 9.73 |
| | 25～54岁 | 73.99 | 71.14 | 81.59 | 85.25 |
| | 大于54岁 | 6.23 | 1.68 | 10.47 | 5.02 |
| 雇佣期限 | 长期雇佣 | 75.09 | 65.77 | 81.95 | 82.91 |
| | 短期雇佣 | 24.91 | 34.23 | 18.05 | 17.09 |
| 是否全职 | 全职工作 | 83.15 | 58.72 | 87.36 | 81.12 |
| | 兼职工作 | 16.85 | 41.28 | 12.64 | 18.88 |

（资料来源：Campos J A, García-Pozo A, Sánchez-Ollero J L. Gender wage inequality and labor mobility in the hospitality sector. *International Journal of Hospitality Management*, 2015, 49:73-82.）

表1-3　广州市部分高星级酒店疫情前后按性别就业的临时性特点　　　　（单位:%）

| 变量 | | 2018年 | | 2023年 | |
| --- | --- | --- | --- | --- | --- |
| | | 男性 | 女性 | 男性 | 女性 |
| 年龄 | 16～24岁 | 18.73 | 27.10 | 23.72 | 30.75 |
| | 25～54岁 | 73.60 | 69.67 | 66.55 | 67.04 |
| | 大于54岁 | 7.67 | 3.23 | 9.73 | 2.21 |
| 雇佣期限 | 长期雇佣 | 65.08 | 65.62 | 72.84 | 78.23 |
| | 短期雇佣 | 34.92 | 34.38 | 27.16 | 21.77 |
| 是否全职 | 全职工作 | 100 | 100 | 96.93 | 97.28 |
| | 兼职工作 | 0 | 0 | 3.07 | 2.72 |

（资料来源:广州市部分高星级酒店人力资源管理部门提供。）

（3）情绪劳动。为了更好地理解为顾客提供服务的工作中情绪与劳动行为相融合的过程,Huchschild(1978,1983,1990)首创了情绪劳动概念。情绪劳动是指要求员工在工作时展现某种特定情绪以达到其所在职位工作目标的劳动形式。比如,酒店从业者在提供服务时需表达企业所期望的情感,如"微笑服务"。酒店对客服务过程是从业者提供无形服务并与消费者有情感交流的互动过程。互动过程要求酒店从业者遵守组织的情绪调节规则,酒店从业者产生了冷漠、愤怒和失意等不良情绪时,必须对其加以抑制,放下自己真实的情绪,将企业所需要的温暖、快乐和友好等积极情绪传递给消费者。酒店提供的情绪劳动包括无论在什么地方都要微笑地面对顾客,耐心且有礼貌地倾听顾客的投诉,在顾客处于困境时表达同情,心平气和地面对粗鲁的或无礼的顾客,等等。

（4）有美感的劳动力。酒店业对员工的外貌和气质有一定的要求。在招聘网站用"酒店服务员""前台员工"等关键词进行职位搜索时,绝大多数招聘信息会出现"仪容仪表大方""形象良好""气质佳"等关于外貌和气质的要求。这表明社会和酒店对员工的外形条件习以为常地有一些固有期盼。实际上,真正有美感的劳动力应该不仅仅是指外形条件良好的员工,更应该是指具有良好的素质,能给客人提供优质服务,从而使客人获得"有美感的服务享受"的员工。

（5）员工离职率高。酒店一直有非常高的员工离职率。美国劳工统计局统计报告（2015）显示,2010—2014年,酒店业的员工离职率从58.1%上升到了67.6%,Davidson等（2009）发现澳大利亚的酒店经理流失率为39%。全球著名的人力资源咨询公司怡安翰威特公布的《2017年中国人力资本调研结果》显示,中国酒店业的员工离职率在所有行业中排名最高,达到了39%。中瑞酒店管理学院酒店业研究中心发布的《中国酒店人力资源现状调查报告（2023）》指出,2022年酒店员工离职率略有下降,但仍然有37%的酒店员工离职率在20%以上,酒店员工离职率前三的部门是餐饮部、前厅部和客房部。酒店员工离职率高,与酒店就业低门槛、低技能要求相关。

## 二、酒店人力资源管理的概念和特点

### （一）人力资源管理的概念

1954年德鲁克提出"人力资源"的概念以后,研究培训和工业关系的社会学家怀特·巴克

(Wight Bakke)于1958年第一次提出了"人力资源管理"的概念,并详细阐述了有关人力资源管理的问题。他认为,人力资源的管理职能与会计、生产、金融、营销等其他管理职能一样,对于组织的成功来讲是至关重要的。巴克认为人力资源管理职能超出了人事经理或工业关系经理的工作范围。

随着人力资源管理理论和实践的不断发展,学者们对人力资源管理的概念进行了各种界定,本书在此介绍人力资源管理学界一些具有代表性的人力资源管理定义。

美国著名人力资源管理专家雷蒙德·A.诺伊(Raymond A. Noe)等在《人力资源管理:赢得竞争优势》一书中指出,人力资源管理是指影响雇员的行为、态度及绩效的各种政策、管理实践及制度。

兰德尔·S.舒勒(Randall S. Schuler)在《管理人力资源:合作伙伴视角》一书中对人力资源管理做了如下的定义:人力资源管理是采用一系列管理活动来保证对人力资源进行有效的管理,其目的是实现个人、社会和企业的利益。

加里·德斯勒(Gary Dessler)在《人力资源管理》一书中指出,人力资源管理是一个处于管理职位的人在完成管理工作时所涉及的与人有关的政策和实践,包括招聘、甄选、培训、报酬和评估等活动。

约翰·布拉顿(John Bratton)认为,人力资源管理是一种管理员工关系的战略方法,它强调开发人的潜力对企业获取持续竞争优势至关重要。

迈克·比尔(Michael Beer)指出,人力资源管理包括会影响公司和雇员之间关系的人力资源性质的所有管理决策和行为。

伯克赛尔和普塞尔(Boxall and Purcell,2000)给出了一个更宽泛的定义:人力资源管理包括组织内与雇佣关系有关的所有管理活动,而不能仅仅将之与劳动力管理中的高承诺模型或者任何一种管理理念或模式单独联系在一起。

我国台湾地区人力资源管理专家黄英忠提出,人力资源管理是将组织中所有人力资源做最适当的确保(acquisition)、开发(development)、维持(maintenance)和使用(utilization),以及为此所进行的规划、执行和控制的过程。

国内著名学者赵曙明将人力资源管理界定为:对人力这一特殊的资源进行有效开发、合理利用与科学管理的过程。黄维德和董临萍认为,微观意义上的人力资源管理是指企业内部对人的管理;宏观意义上的人力资源管理是指政府对社会人力资源的开发和管理过程。

（二）酒店人力资源管理的概念

本书所涉及的酒店人力资源管理是微观的,综合国内外学者对人力资源管理概念的界定,本书认为:酒店人力资源管理是酒店依据组织和个人发展的需要,通过建立高效的人力资源管理机制,采用先进的技术和方法,对组织中的人力这一特殊的战略性资源进行有效开发、合理利用与科学管理的过程。

酒店人力资源管理包括对人力资源进行量的管理和质的管理两方面。前者是指酒店对人力资源进行成本预算和规划、培训、组织和协调,使人力和物力保持最佳比例并有机结合,从量上实现人力资源的有效管理。后者是指对人的心理行为进行有效的管理,通过物质的、精神的多种激励手段,激发员工的工作积极性,调动他们的创新意识和成就动机,最终达到酒店高效利用人力资源的目的,同时使员工在企业发展的过程中也同步成长。

(三)酒店人力资源管理的特点

酒店人力资源管理一般具有以下特点:

1. 综合性

酒店人力资源管理主要是对组织内的人的全面管理,而人是复杂的,因此,酒店人力资源管理需要综合考虑多方面的因素,如经济因素、文化因素、政治因素、环境因素、心理因素、生理因素、组织因素等,涉及经济学、政治学、管理学、社会学、人才学、组织行为学等学科。

2. 科学性

标准化、制度化、程序化和定量化是酒店人力资源管理科学性的具体表现。标准化是指酒店的所有工作任务都应有数量、质量、时间和态度等方面的详细、具体和统一的要求,如招聘录用员工要有素质条件方面的标准、服务工作有质量标准。制度化是指酒店人力资源管理必须有严格的规章制度作保证,使招聘、录用、培训、考核、奖惩等工作顺利进行。程序化是指酒店的工作流程要有科学分段,并规定每个阶段的先后顺序、工作内容、标准、责任者、完成时限等。定量化是指管理者要进行数理统计分析,以制定或修改定额,进行合理定员,为酒店考核系统提供科学的量化依据等。

3. 动态性

动态性主要是指人力资源管理的柔性和灵活性,亦即人力资源管理要"以人为本"、因人而异,要有因组织内外环境的变化而调整的权变思想。人力资源管理的动态性要求酒店内部组织系统保持柔性,人员保持追求创新的活力。为此,酒店管理者要根据酒店的近期目标,合理调整和配置员工,关注员工的心理健康,了解员工的情绪变动和思想动态,采取相应措施调动员工的工作积极性,使员工尽可能发挥潜在能力。

4. 系统性

人力资源管理作为一个管理系统,由招聘录用系统、培训系统、使用系统、考核系统、奖惩系统和离退休系统等子系统组成。各子系统除了具有具体的工作流程和工作内容,还具有相应的人力资源管理政策、制度和实现目标等。

## 三、酒店人力资源管理的目标和职能

(一)酒店人力资源管理的目标

美国学者曾提出人力资源管理的四大目标:第一,保证适时招聘到组织所需要的员工;第二,最大限度地挖掘每个员工的潜质,既服务于组织目标,也确保员工的发展;第三,留住那些通过努力工作有效地帮助组织实现目标的员工;第四,确保组织遵守政府有关人力资源管理方面的法令和政策。这些目标涉及最终目标和具体目标两个层次:最终目标表现为实现企业的整体目标;具体目标表现为营造良好的人力资源环境,保证提供实现最终目标所需

要的人力资源的数量和质量等。

　　酒店人力资源管理的目标可以分为三个层次,即最终目标、直接目标和具体目标。最终目标是指通过人力资源管理来实现酒店经营管理战略和目标,促使酒店在竞争中保持相对优势。直接目标是指通过人力资源管理活动来吸引、培养、激励和留住员工,调动员工的积极性和创造性、维持和提高员工的工作绩效。具体目标包括:①保证价值源泉中人力资源的数量和质量;②为价值创造营造良好的人力资源环境;③保证员工价值评价的准确有效;④实现员工价值分配的公平合理。

　　人力资源管理的具体目标与企业价值链的运作密切相关。价值链表明了价值在酒店内部从产生到分配的全过程,是贯穿酒店全部活动的一条主线。价值链中任何一个环节出现了问题,都将影响到整个价值链的形成。人力资源管理的具体目标就是从人力资源的角度出发为价值链中每个环节的有效实现提供有力的支持,如图1-1所示。

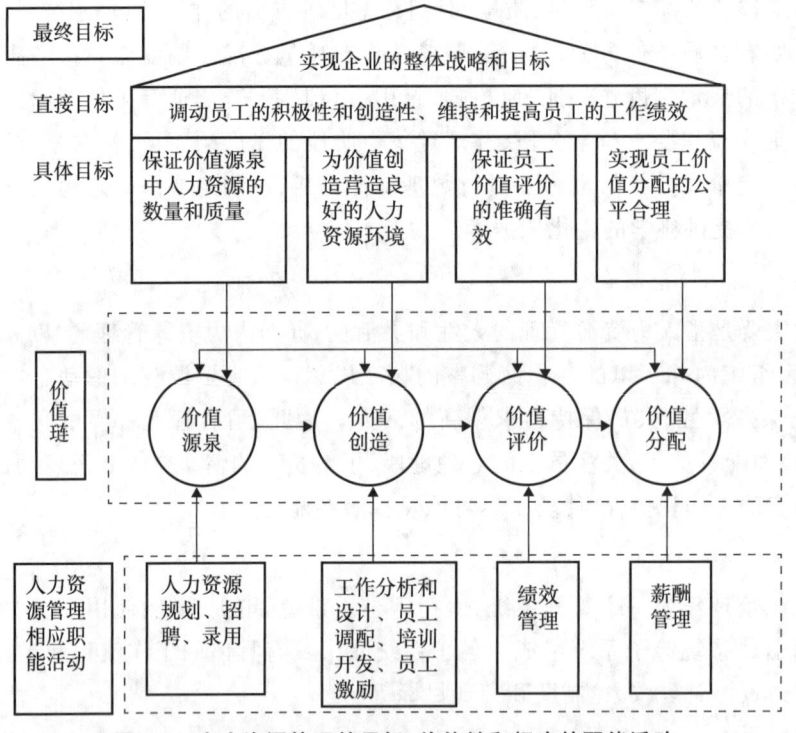

**图1-1　人力资源管理的目标、价值链和相应的职能活动**

(资料来源:葛玉辉《人力资源管理(第四版)》,清华大学出版社2016年版,第21页。)

　　在整个价值链中,价值源泉是源头和基础,只有具备了相应的资源,才有可能进行价值创造,人力资源是价值创造不可或缺的资源。因此,企业必须拥有一定数量和质量的人力资源,才能保证价值创造的正常进行。这就是人力资源管理的第一个具体目标——保证价值源泉中人力资源的数量和质量,这一目标需要借助人力资源规划、招聘、录用等职能活动来实现。

　　在价值链中,价值创造是最关键的环节。通过这一环节,价值才能够被创造出来,而价值创造并不会自动发生,它需要以人力资源为中心来整合和运用其他的资源,因此企业必须营造良好的人力资源环境,以实现价值的创造。这就是人力资源管理的第二个具体目标,这一目标需要借助工作分析和设计、员工调配、培训开发以及员工激励等职能活动来实现。

为了进行价值分配,企业必须对价值创造主体在价值创造过程中所做的贡献做出准确的评价,这就是人力资源管理的第三个具体目标——保证员工价值评价的准确有效,这一目标需要借助绩效管理等职能活动来实现。

价值分配是价值链运作的目的,通过价值分配,企业各相关利益群体的需要才能得到满足。从价值创造主体的角度来看,只有他们得到了公平合理的价值分配,价值创造才有可能继续发生,这就是人力资源管理的第四个具体目标,这一目标需要借助薪酬管理等职能活动来实现。

（二）酒店人力资源管理的职能

人力资源管理的目标是通过它所承担的各项职能和从事的各项活动来实现的。关于人力资源管理的职能和活动,国内外学者和组织有各种不同的观点。

美国人力资源管理协会将人力资源管理的职能划分为六种:①人力资源规划、招聘和甄选;②人力资源开发;③薪酬和福利管理;④员工和劳动关系管理;⑤安全和健康管理;⑥人力资源研究。并且这六种职能的每一种职能都是由一系列活动组成的。

美国人才开发协会将人力资源管理的职能划分为九种:①组织和工作设计;②人力资源规划;③人员甄选和安排;④人事研究与信息系统管理;⑤薪酬和福利管理;⑥员工帮助;⑦工会/劳动关系管理;⑧培训与开发;⑨组织开发。

国内学者赵曙明(2001)将人力资源管理的职能归纳为七个方面:①预测、分析和计划;②制订人员需求计划;③组织人力资源所需的配置;④评估员工行为;⑤薪酬计划;⑥改善工作环境;⑦建立和维护有效的员工关系。

虽然国内外学者对人力资源管理职能的划分存在一定的差异,但是它们之间存在一些共同之处,这些共同之处是酒店人力资源管理的基本职能,我们将其概括为以下八个方面。

1. 人力资源规划

预测酒店为实现其目标所需要的人力资源的数量和质量。这一职能包括的活动有:对酒店在一定时期内的人力资源需求和供给做出预测;根据预测的结果制订平衡供给的计划等。

2. 工作设计和职位分析

从语音识别、自助办理客房入住到机器人服务和数字化管理,数智化和AI技术在酒店的深度应用使得酒店标准化和个性化的服务工作发生了重大变化,酒店的工作岗位需要重新设计。职位分析包括两部分活动:一是对酒店内各职位以及各职位所要从事的工作内容和承担的工作职责进行清晰的界定;二是确定各职位所要求的任职资格和胜任特质等,如学历、专业、个性、技能、工作经验、工作能力和工作态度等方面的要求。

### 3.员工招聘

将合适的人才招聘到酒店,并安排到合适的岗位上。这一职能包括招聘、甄选和录用三部分。招聘是酒店采取多种措施吸引候选人来应聘空缺职位的过程;甄选是指酒店采用各种选拔方法,如面试、测评、顶岗实习等来挑选合适人员的过程;录用是指酒店做出决策,确定入选人员,并对其进行初始安置、试用、正式录用的过程。

### 4.培训和开发

随着知识经济时代的发展以及人工智能技术的广泛应用,学习已成为员工的终身行为,因此,人力资源的培训和开发变得相当重要。培训能提高员工当前的工作技能以及为员工晋升、变换工作等职业发展做准备,因此,酒店一直都非常重视员工培训。培训和开发职能包括建立培训体系、确定培训的需求和计划、组织实施培训过程、对培训效果进行反馈总结等活动。

### 5.职业生涯规划和管理

职业生涯规划是指一个人通过对自身情况和客观环境的分析,确立自己的职业目标,获取职业信息,选择能实现该目标的职业,并且为实现目标而制订行动计划和行动方案。职业生涯管理是酒店为了更好地实现员工的职业理想和职业追求,寻求酒店利益和员工个人职业成功最大限度一致化,而对员工的职业历程和职业发展采取计划、组织、领导、协调、控制等一系列手段。为了更有效地发挥职业生涯规划和管理职能,人力资源管理部门和管理人员应协助员工制订个人职业发展规划,并使它与酒店的发展目标相一致。

### 6.绩效管理

绩效管理就是根据既定的目标定期对员工的工作结果做出评价,发现工作中存在的问题并加以改进,包括制订绩效计划、进行绩效考核、实施绩效沟通等活动。好的绩效管理能够对员工的贡献进行客观评价,对员工的工作进行肯定,并为员工进一步提高工作绩效制定出相关标准。因此,酒店的绩效管理不仅仅是探讨合适的评估方法,还需要不断地调整评估内容和标准。

### 7.薪酬管理

薪酬管理包括确定薪酬的结构和水平、实施工作评价、制定福利和其他报酬的标准、测算和发放薪酬。

社会发展到现今阶段,人们的需求变得越来越多样化,员工在满足基本的物质层面的需求后,更多地转向追求精神上的愉悦,追求工作上的成就感和获得感,以实现自我价值。这使得酒店不仅要重视财务报酬,还要重视非财务报酬的精神激励。

### 8.员工关系管理

员工关系就是酒店各个主体,包括酒店所有者、酒店管理者、员工和员工代表等围绕雇佣和利益关系而形成的权利和义务关系。这既包括传统意义上的劳资关系,也包括心理契约、组织承诺、组织公民行为、工作敬业度等联系员工和酒店的隐性纽带。只有拥有和谐的员工关系,酒店才能得到稳定的发展。

此外,员工安全和健康管理也是酒店员工关系管理的重要组成部分。伦理道德、性骚扰、工作倦怠和焦虑等问题的解决成为酒店管理者特别是人力资源管理者的重要职能。

酒店人力资源管理的各项基本职能是相互联系、相互影响的,共同形成一个有机的系统。

## 四、酒店人力资源管理的地位和作用

### (一)酒店人力资源管理的地位

酒店人力资源管理的地位,是指它在整个酒店管理中的位置。酒店管理,简单地说,就是对酒店投入和拥有的资源进行有效管理,从而实现酒店既定目标的过程。酒店投入和拥有的资源包括资金资源、物质资源、技术资源、人力资源、客户资源、信息资源等,酒店管理就是对这些资源进行管理。从这个意义上讲,酒店人力资源管理和酒店管理是一种部分与整体的关系,酒店人力资源管理是酒店管理的重要组成部分,如图1-2所示。酒店各项工作的实施都必须依靠人力资源,没有人力资源的投入,酒店就无法正常运转;但是酒店人力资源管理并不能解决酒店管理中的全部问题,例如酒店的发展战略问题、融资问题和营销策略问题等。

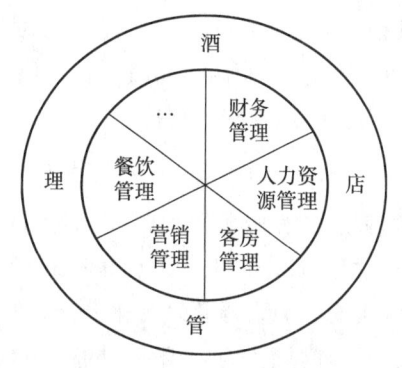

图1-2 酒店人力资源管理与酒店管理的关系

### (二)酒店人力资源管理的作用

酒店人力资源管理的作用集中体现在其与企业绩效和企业战略的关系上。

1.促进酒店经营活动顺利进行,提升企业绩效

酒店通过提供让住店客人满意的服务来获取经济利益。酒店员工的服务水平(包括工作态度、效率、服务标准和技巧等)是客人评价酒店产品质量的重要因素。要保证酒店经营活动的顺利进行,企业必须招聘一定数量和质量的员工和管理者,通过合理配置、科学开发来提高员工的综合素质和工作能力并激发员工的工作热情,使员工始终能提供优质服务,不断满足客人多样化的需求。

酒店员工的工作会直接影响到顾客的满意度。那么,员工工作的生产率又受什么因素影响呢?国内外学者普遍认为主要受工作满意度的影响,员工的工作满意度越高,他们就会更加投入地工作,工作的生产率也越高。员工的工作满意度又取决于他们的需求是否得到满足,以及个人价值是否得到实现。这在很大程度上依赖于酒店提供的人力资源服务,例如,人岗合理匹配、有效的培训与开发、公平公正的绩效考核、具有竞争力的薪酬体系和良好的员工关系等。因此,人力资源管理的有效实施将有利于员工生产率的提高和企业绩效的提升。

2. 吸引优秀人才,促进酒店经营战略的实现

酒店经营战略的制定和实施需要各方面资源的共同支持,人力资源自然也在其中。酒店人力资源的获取可以通过两种途径来实现:一种是从外部招聘;另一种是内部培养。这两种途径都属于人力资源管理的实践活动,因此人力资源管理的有效实施将有助于企业战略的实现。例如,如果酒店的战略定位是通过兼并收购其他酒店来扩大经营规模,酒店就要通过人力资源规划来预测未来的人力资源需求,通过招聘或者培养等方式来储备兼并收购方面的优秀人才,否则,酒店经营战略将很难实施。

酒店经营战略的实现,不仅需要高素质的员工,而且经营战略需要得到全体员工的认同,只有员工把企业的战略目标内化为个人目标和行为准则,酒店经营战略的实现才具有内在动力。因此,将酒店经营战略传递给每个员工并得到他们的认同是十分重要的,这个过程也需要人力资源管理的支持。

3. 重视人才保留,应对酒店产品和服务的季节性

酒店产品和服务,特别是度假类的酒店产品和服务,具有典型的季节性和波动性的特征,因而酒店员工的使用方面也存在较为明显的季节性特征。顾客对酒店需求的季节性特征给酒店的人力资源管理带来一定阻碍,会导致酒店员工离职率高、人才储备不足、员工满意度较低等问题。为此,酒店更应该重视人力资源管理,通过各种人力资源实践活动,关爱员工,提升员工对酒店的忠诚度,从而帮助酒店积极应对产品和服务的季节性波动,降低运营成本,为酒店长远发展做好准备。

# 第二节　酒店人力资源管理的产生和发展

## 一、人力资源管理的历史演变

对于人力资源管理的产生和发展,不同学者有不同的划分方法。结合不同学者的划分方法,本书将人力资源管理的发展历史划分为六个阶段。

（一）人事管理的产生和科学管理运动阶段

在工业革命开始之前,经济活动中的主要组织形式是家庭手工作坊,没有明显的员工管理。18世纪末,工业革命开始在英国出现,随后向其他国家蔓延。机器大生产使得工人的生产效率和劳动专业化水平大幅度提高,工厂开始重视生产过程的管理,随之出现了专门的管理人员,主要负责对员工的生产进行监督和对与员工有关的事务进行管理。19世纪末到20世纪初,人事管理作为一种管理活动正式进入企业的管理活动范畴,主要包括人员招聘、工资和福利等事务性管理。例如,20世纪初,美国的古德里奇（Goodrich）公司建立了人事部门,雇佣了福利秘书或社会秘书来处理包括住房、工资、医疗和娱乐等方面的事务。许多学者把这一时期看作现代人事管理的开端。

20世纪20年代,泰勒(Taylor)的科学管理理论在美国被广泛采用,这一理论对人事管理产生了重大影响,引起了人事管理理论和实践上的一次革命。泰勒提出了科学管理的四个原则。

(1)对员工工作的每一个要素开发出科学方法,用以代替老的经验和方法。

(2)科学地挑选工人,对他们进行培训、教育并使之拥有工作所需的技能;而在过去,则是由员工自己挑选工作,并尽自己的可能进行自我培训。

(3)与员工齐心合作,以保证一切工作按已有的科学原则去做。

(4)管理者与员工在工作和职责的划分上几乎是相等的,管理者把自己比工人更胜任的各种工作都承揽过来;而在过去,几乎所有的工作和大部分责任都被推到了员工身上。

泰勒认为企业如果遵循这些原则,会实现雇主和雇员共同富裕。同时,泰勒还提出了"工作定额""差异计件工资制"以及标准化管理等科学管理理论。

随后莉莉安·吉尔布雷斯(Lillian Gilbreth)夫妇、亨利·L.甘特(Henry L. Gantt)、卡尔·巴斯(Carl Bass)等学者对雇员生产率的提高进行专门研究。这些研究指出了正确的甄选程序、有针对性的培训内容、合适的工资体系的重要性。但是,科学管理理论由于没有考虑员工的感受,仅仅把员工作为和机器设备一样的生产资料来对待,使员工对工作产生不满,从而影响了其激励效果的发挥。尽管科学管理及其相关理论在今天看来存在许多不合理的成分,但是,它第一次将科学管理的观念引入人事管理中,揭示了通过有效的人事管理能提高员工的劳动生产率和工作绩效,进而达到提高企业绩效的目的。

(二)人事管理的发展阶段

20世纪30年代至40年代,人际关系、行为主义等理论出现,工业心理学、社会学和人类学开始关注工作情境中人们的行为动机,以求在企业内部妥善处理人群关系,减少冲突,发挥人的积极性。

1924年到1932年,哈佛大学教授梅奥(Mayo)等人在美国西方电器公司霍桑工厂进行了著名的霍桑实验,发现影响生产效率的最重要因素是管理者对工人的关注和兴趣。霍桑实验证明了员工的生产力不仅受到工作方式设计和员工报酬的影响,而且受到某些社会和心理因素的影响。这一研究成果导致了人际关系运动,人事管理开始从以工作为中心转变为以人为中心。对管理人员的培训开始强调对员工的关心和支持,协调员工和管理人员关系的方法被许多企业所采用。人事管理人员除了负责员工选拔、培训、报酬福利制度的制定和实施外,还开始负责设计和实施组织内管理人员的培训,人事管理的职能被极大地丰富了。从20世纪50年代开始,强调人际关系的人事管理方法逐渐衰落。然而,追求良好的人际关系仍然是组织的一个重要目标,只是这种管理方法不再成为组织中的主要管理风格。

行为科学对员工行为的研究发现,组织中的员工行为是多种多样、复杂多变的,组织对员工的表现具有塑造、协调和控制作用,而员工的行为还要受到员工所处的职位、工作和技术要求的影响(罗宾斯,1997)。组织行为学探讨个体、群体以及群体结构对组织内部行为的影响,组织行为学的发展使人事管理中对个体的管理扩展到了对群体与组织的整体管理,人事管理的实践也由此发生了改变。组织行为学对形成个体、群体行为的动机和原因的研究

15

促进了员工激励理论的完善和应用。20世纪50年代,学者们提出了多种激励理论,包括马斯洛(Maslow)的需求层次理论、麦格雷戈(McGregor)的X理论和Y理论以及赫茨伯格(Herzberg)的激励-保健双因素理论,它们对人事管理理论和实践产生了不同程度的影响。

（三）人力资源管理的形成阶段

20世纪50年代后,组织中员工的素质和需求发生了变化,具有相当基础知识和技能的员工大量出现,经济需求不再成为人们的唯一需求,员工在组织中的地位发生了变化,曾经作为组织生产资料的劳动力即员工开始成为组织的一种资源。人事管理开始向人力资源管理转变,但是,这种转变经历了一段相当长的时间。

彼得·德鲁克于1954年提出"人力资源"的概念,要求组织管理人员在设计工作时要考虑人的精神和社会需求,要采取积极的行动来增进员工激励,为员工创造具有挑战性的工作以及对员工进行开发。德鲁克还指出了当时人事管理中三个基本的错误观念:①认为员工不想工作的假设;②忽视对员工及其工作的管理,把人事管理作为专业人员的工作而不是经理的工作;③把人事管理活动看成"救火队的工作""消除麻烦的工作",而不是积极的和建设性的活动。

随后怀特·巴克于1958年提出人力资源管理的职能,指出人力资源管理的职能包括人事行政管理、劳工关系管理、人际关系管理以及行政人员的开发等多个方面。

雷蒙德·迈尔斯于1965年提出人力资源模式理论。该理论认为,员工的经验和知识对组织具有很大的价值,员工参与、人力资源的充分利用都能达到改进决策和自我控制的目的,从而实现提高员工生产力和工作满意度的目标。管理人员应把员工作为一个单个的人,要关心员工的福利和幸福。简单地讲,就是通过沟通,使员工确信对组织来说他们是非常重要的。

彼得·德鲁克、怀特·巴克等关于人力资源管理的早期理论,使得在20世纪50年代初至60年代,人事管理开始向人力资源管理转变。虽然这些早期的人力资源管理理论只是从人事管理职能和管理活动的变化来阐述人力资源管理,但是,它们毕竟将人事管理理论推到了一个全新的发展阶段——人力资源管理。

（四）人力资源管理的发展阶段

20世纪70—80年代是人力资源管理大发展阶段。1972年,美国管理协会(AMA)出版了由达萨特尼克(Desatnik)编著的《改革人力资源管理》一书。在书中,达萨特尼克强调了员工的需求、兴趣、期望与组织目标之间的一致性,以及"在组织中,人是最重要的资源"的观点。20世纪70年代中后期至80年代早期,人力资源管理理论主要集中在讨论如何实施有效的人力资源管理活动,以及通过对员工行为和心理的分析来确定其对生产力和工作满意度的影响,使得人力资源管理更加关注员工的安全与健康。其后,随着人力资源管理研究和实践活动的不断丰富和深入,人力资源管理被认为是关系到企业组织效率的一项极为重要的管理工作。人力资源部门不只是负责招聘或解雇员工,人力资源管理者开始注意到雇员们的需求并将满足这些需求视为重要的工作目标。人力资源管理职责被当作所有一线管理者的工作职责。

在这一阶段,虽然"人力资源管理"一词已为企业所熟知,但是在大多数的教科书里,人力资源管理的定义与人事管理的工作内容非常接近。例如,维特(Weither,1990)将人力资源管理定义为:人力资源管理也称人事管理,主要是研究管理人员尤其是人力资源管理人员所从事工作或应承担责任的活动。1992年,斯托瑞(Storey)对人力资源管理与人事管理的差异进行了总结,认为它们在信念和假设、战略领域、直线管理和重要的工具4个基本要点上存在27个不同点。

组织行为学对人力资源管理理论与实践的影响在20世纪60年代和70年代达到了顶峰,主要表现是产生了一些当代的激励理论,如奥德弗(Alderfer)的ERG理论、麦克利兰(McClelland)的成就动机理论、洛克(Locke)的目标设定理论、德西和莱恩(Deci和Ryan)的认知评价理论、斯金纳(Skinner)的强化理论、亚当斯(Adams)的公平理论和弗鲁姆(Vroom)的期望理论等。与早期的激励理论不同,这一时期的激励理论都有相当确凿的支持性材料,并对人力资源管理产生多方面的影响,被广泛应用到人力资源管理理论和实践中。

(五)战略人力资源管理的形成和发展阶段

从20世纪90年代到21世纪初,人力资源管理中一个最重要的变化是把人力资源看成组织战略的贡献者。人力资源管理已经从行政管理、事务管理向战略管理方向发展,它在组织战略管理中的作用取代了原有的行政性和事务性管理的作用,人力资源管理职能从分散性、辅助性职能向整体性、主导性职能转变。从某种程度上讲,人力资源管理已经转变为战略人力资源管理。

1981年,戴万纳(Devanna)等在《人力资源管理:一个战略观》一文中提出了"战略人力资源管理"的概念。1984年,比尔(Beer)等在《管理人力资本》一书中提出战略人力资源管理理论。但是,直到20世纪90年代初美国管理学界对战略管理进行重点研究时,人们才开始对人力资源管理在战略管理中的角色问题产生浓厚兴趣。国内外学者普遍认为人力资源管理是一个涉及战略层、管理层和操作层的多层面的概念,不同层面应该有机地结合起来为企业战略服务;人力资源管理的各项职能应保持高度一致,共同为企业战略服务。因此,从战略的角度思考人力资源管理的问题,将其纳入企业战略的范畴是这一时期的主要特点。人事管理、人力资源管理、战略人力资源管理的区别如表1-4所示。

表1-4　人事管理、人力资源管理、战略人力资源管理的区别

| 项目 | 人事管理 | 人力资源管理 | 战略人力资源管理 |
|---|---|---|---|
| 理念 | 人是一种工作性资源,服务于其他资源 | 人力资源是企业的一种重要资源 | 人力资源是企业最重要的资源,是战略资产 |
| 与战略的联系 | 单向联系 | 双向联系 | 一体化联系 |
| 职能 | 参谋职能 | 直线职能、辅助决策 | 直线职能、决策制定 |
| 职责 | 行政事务性工作 | 战略执行、行政事务性工作 | 战略制定、行政事务性工作 |
| 角色 | 具体执行者 | 战略决策辅助者、战略决策信息提供者、战略执行者 | 战略合作伙伴、战略规划者、战略执行者 |

续表

| 项目 | 人事管理 | 人力资源管理 | 战略人力资源管理 |
|---|---|---|---|
| 绩效 | 部门绩效导向 | 兼顾部门绩效和企业绩效 | 个人、部门和企业绩效一体化，竞争优势导向 |
| 变革 | 被动适应 | 主动调整 | 领导变革 |
| 时间视野 | 短期 | 短期、中期 | 短期、中期、长期 |
| 工作方式 | 被动的工作方式 | 灵活的工作方式 | 主动的工作方式 |
| 关键投资 | 资本 | 资本、产品 | 人、知识 |
| 经济责任 | 成本中心 | 成本中心 | 投资中心 |

（资料来源：杨仕元、李伟、杨付《人力资源管理》，西南财经大学出版社2022年版，第19页。）

（六）循证人力资源管理阶段

21世纪初，在战略人力资源管理日益受到重视的同时，却依旧存在这种现象：虽然人力资源管理的理论研究有了众多科学成果，但是在实践中，人力资源管理者在决策中仍旧习惯于依靠直觉、经验或模仿所谓的"最佳实践"，而忽视了对科学证据的利用。这种现象的直接后果就是，人力资源管理实践鲜有利用科学证据来支持其决策。2006年，卢梭（Rousseau）指出："循证管理（evidence-based management）是指将建立在最佳科学证据之上的科学管理原理转化为组织行为。通过循证管理，管理者成为了专家，他们做出的组织决策是建立在充分的社会科学和组织行为研究成果基础之上的，这将是一个划时代的思潮。"

循证人力资源管理实际上是循证理念在管理学的一个分支，即循证理念在人力资源管理领域的运用。德斯勒（Dessler，2009）认为，它是指"运用数据、事实、分析方法、科学手段、有针对性的评价及准确的案例研究，来对人力资源管理方面的建议、决策、实践以及结论提供支持。简言之，循证人力资源管理就是审慎地将最佳证据运用到人力资源管理实践的过程"。循证人力资源管理代表的是一种管理哲学，即用可获得的最佳证据来代替个人经验和盲目地模仿竞争公司的做法，摒弃"拍脑袋决策"的直觉式思维，使人力资源决策建立在实实在在的证据之上。王定红（2013）指出，伴随着云计算数据处理技术的出现，企业处理海量数据成为可能，这为循证人力资源管理提供了可能。人工智能（AI）技术可以处理和分析大量的数据，并生成有价值的内部报告，帮助企业在人力资源管理中做出更准确、客观、科学的决策，提高人力资源管理效率、降低工作成本等。ChatGPT主要通过语言模型来生成回答，可以通过对大量文本数据的预训练进行学习，从而具备理解和生成自然语言的能力，能够更好地实现人机交互。

 **知识拓展**

**AI技术驱动下的人力资源管理**

AI技术的发展改变了旧有的组织结构和劳动关系，衍生了新的管理方式和管理理念，推动了组织管理向智能化转变。根据《中国人力资源管理数智化发展白皮书（2021版）》，34.5%的被调研企业都推进了人力资源管理向数智化发展，印证了AI是组织进行有效人力资源管理的核心力量。例如,谷歌公司推出的Google Hire能够帮助企业追踪应聘者并协调面试安排;MIT Media实验室设计的在线培训师可以针对员工个人特性为其量身打造沉浸式培训;IBM公司开发的Watson系统能够同时考察员工当前的工作绩效和未来的发展潜力。

AI是用来模仿人类能力和智力行为并能够取代人类智能的"思维机器"(Min,2010)。埃地沃兹(Edwards,2000)等将AI与管理学相结合,认为AI是一种虚拟劳动力,它以深度算法为核心,进行数据分析和逻辑推理,来协助员工处理复杂问题。

1.AI技术在人力资源管理领域的应用

具体来说,应用于人力资源管理领域的AI技术包括专家系统、模糊逻辑、人工神经网络、数据挖掘、遗传算法、机器学习、自然语言处理、虚拟现实/增强现实等技术,如表1-5所示。

**表1-5 AI在人力资源管理中的主要应用技术**

| AI技术 | 定义 | 优势 | 劣势 |
| --- | --- | --- | --- |
| 专家系统 | 将启发式知识转化成有序的逻辑规则,向用户提供专家解决方案的程序 | 可解决非结构化的人力资源管理问题;降低人力资源的使用难度,提高管理效率 | 知识获取困难,且正确程度难以保证;模型复杂,需大量资金、人力来训练和维护 |
| 模糊逻辑 | 基于一个定义成员归属程度的集合来量化数据的不确定性,并能预测未来情景的算法 | 人力资源管理中许多个人属性表现出模糊性,模糊逻辑可解决不精确性问题,扩大智能化应用范围 | 推理逻辑不高,往往产生与直觉相反的结果;在人力资源管理实践中难以得到员工的理解与认可 |
| 人工神经网络 | 由处理单元、层和网络组成,用于实现人类大脑某些功能的数学方法 | 具有自适应、自组织、自学习的能力,能解决半结构化人力资源管理问题 | 高度依赖于数据的性质和质量;复杂的内部结构使其可解释性差,难以得到员工认同 |
| 数据挖掘 | 从大量不规则、无序的数据中挖掘出潜在的、有用的信息和知识的过程 | 通过揭示有意义的隐藏模式来识别数据度量之间的趋势和关系,协助人力资源管理者进行决策 | 存在模型对参数高度敏感、容易陷入局部最优解等技术问题;人力资源管理者数据分析能力不足,难以应用推广 |
| 遗传算法 | 将自然界中的相关策略(例如复制、突变和基因交叉)应用到数学问题,以得出最佳解决方案 | 是一种包含智能试错的搜索过程,可实现人力资源管理决策方案的不断优化,最终找到最优决策 | 存在随机游走等问题,收敛性能较差,收敛速度不快;在人力资源管理中使用较少 |

19

续表

| AI技术 | 定义 | 优势 | 劣势 |
|---|---|---|---|
| 机器学习 | 基于数据创建程序与自主学习,做出内部有效性较高的预测,实现自主执行任务 | 可以处理复杂海量的数据,有时能得出既往理论难以发现的结论;可避免人力资源管理中固有的偏见 | 结果依据数据统计中的"相关关系",而非"因果关系",人类逻辑难以支撑 |
| 自然语言处理 | 基于统计方法对自然语言(文本、语音等)进行处理,以实现人机的信息交互 | 具备信息结构化提取、文本情感分析、语音识别等功能,可用于筛选简历和与应聘者交流 | 语句往往有多重含义,机器无法识别人类真实意思,只能回答简单的问题,复杂问题仍需人力资源管理者处理 |
| 虚拟现实/增强现实 | 通过计算机和知觉传感器模拟现实世界,并能实现人机交互 | 可模拟任何工作场景,能重复使用,提高培训质量,降低培训成本;保障员工安全,提高训练趣味性 | 高度依赖数据的质量,模型搭建困难;需耗费大量资金建设基础设施;实践中可能难以达到预期效果 |

人力资源管理领域引入AI技术主要有智能增强和智能替代两个效应:一方面,AI技术能提高人力资源管理效率,优化管理决策,加速战略人力资源管理的转型;另一方面,AI技术会替代部分人类劳动力,引发诸多社会伦理和社会稳定问题。因此,AI技术在人力资源管理领域的应用需要重点关注使用的精确度和透明度,提高机器工作的可解释性与可追责性,以便实现人类和智能技术的深度融合。

2.AI在人力资源管理领域应用的理论基础

AI的研究基础包括哲学、数学、经济学、神经科学、心理学、计算机工程、控制论、语言学等学科理论。从理论流派来看,现代AI研究主要分为三个流派:符号主义、行为主义和联结主义。符号主义学派认为AI源于数理逻辑,需要人将知识和推理规则通过不同的符号传递给计算机,帮助计算机模拟人类认知系统从而进行逻辑推理。行为主义学派认为AI源于控制论,机器能够通过感知外界环境变化做出适应性行动,强调机器模拟人作为生物体的智能行为。联结主义学派认为AI源于与人类大脑结构相似的人工神经网络,人工神经网络可以使机器在一定程度上拥有人类思考时的"常识"和直觉,从而完成自主学习和推理。基于这些理论流派,AI技术相应地应用到人力资源管理职能的各个模块中,可以实现机器的智能决策,从而提高管理的效率和质量。

3.AI技术在人力资源管理中的应用实践

目前,AI技术主要应用于员工招聘、培训开发、绩效管理、离职管理等人力资源管理职能,如表1-6所示。此外,AI技术还可以应用于人力资源危机管理和员工心理健康干预等。胡心约等(2022)基于面部情绪识别、语音情绪识别、肢体动作情绪识别三种AI技术对员工的情绪健康进行了实时监测和适时干预。

表1-6　AI在人力资源管理中的主要应用职能

| 应用 | 功能 | 相关技术 | 优势 | 劣势 |
|---|---|---|---|---|
| 员工招聘 | 简历筛选、能力评估及人员配置 | 自然语言处理、机器学习、数据挖掘 | 提高筛选效率；兼顾准确率 | 存在算法歧视；难以反映真实招聘需求 |
| 培训开发 | 能力评估、智能培训 | 模糊逻辑、人工神经网络、虚拟现实/增强现实 | 具有针对性；降低培训成本；提高培训效果 | 真实模型搭建困难 |
| 绩效管理 | 绩效评估、绩效跟踪、绩效预测 | 遗传算法、数据挖掘、机器学习、模糊逻辑、人工神经网络、专家系统 | 评估客观准确；实时跟踪绩效；可预测员工潜力 | 不人性化；员工隐私受威胁 |
| 离职管理 | 预测离职率 | 人工神经网络、机器学习 | 可提前采取措施应对员工离职 | 涉嫌侵犯员工隐私 |

　　虽然AI技术在人力资源管理领域中的应用已取得初步进展，但其在应用研究和实践方面仍存在不足之处。首先，AI技术在人才战略规划、员工关系管理、职业生涯管理等人力资源管理职能方面的应用研究还较为缺乏。其次，在应用实践方面，研究人员侧重于对模型、变量或算法的选择与创新，对应用情境、意愿和结果等较少进行深入探讨。例如，森(Sen，2012)等使用信息提取系统提取教育信息来初筛简历，但缺乏对系统应用环境的考虑。

　　（资料来源：张琪、林佳怡、陈璐等《人工智能技术驱动下的人力资源管理：理论研究与实践应用》，载于《电子科技大学学报(社科版)》2023年第1期，第77-84页。）

## 二、酒店人力资源管理的历史演变

　　20世纪80年代以前，许多酒店没有人事部门。即使有，该部门在酒店中也处于次要地位。酒店人事部门的主管通常负责招聘和筛选新的员工，处理失业保险及索赔等事务，并承担不适合其他任何部门的各种任务。因此，人事部门似乎更像一个简单的办事处，而不像其他部门那样拥有专业身份(转引自谭克，2001)。英国劳资关系委员会(1971)发现，很少的酒店有劳资关系或人事政策。约翰逊(Johnson，1978)通过调查发现，酒店业和餐饮业忽视人事职能。

　　20世纪80年代，酒店开始重视人事管理。酒店普遍设置人事部门，其职能开始增多，地位也开始上升。乌姆布雷特(Umbreit，1987)乐观地认为，随着酒店对保持服务质量的重视，其将会更加重视人力资源实践(人事管理)的研究。人事管理工作首先在较大规模的酒店得到重视，科尔勒和约翰逊(Kelliher和Johnson，1987)通过两项调查发现，酒店业人事部门的主要职责与酒店的规模相关，规模越大的酒店越有专业的人员负责人事管理。

　　20世纪90年代初，酒店的人事管理逐步过渡到人力资源管理。艾斯克和穆瑞玛那

(Ishak 和 Murrmanna,1990)较清晰地界定了餐饮业的人力资源管理职能。他们发现餐饮业在制定企业战略时仅考虑人力资源规划、评价、培训和开发4个方面的人力资源管理,而未考虑薪酬管理。这个时期酒店业关于人力资源管理和人事管理的界定还比较模糊。许多酒店仅用人力资源管理的术语描述其人事管理,而实际上并未将"人"作为资源对待,以充分发挥人力资源管理的作用(Goldsmith 等,1997)。

20世纪90年代中期以后,人力资源管理成为酒店重要的职能之一。美国等发达国家的劳动力市场出现了明显的短缺,"员工保留"成为发达国家酒店业20世纪90年代末的热点词汇。为了有效地招聘和留住员工,酒店业开始重视人力资源管理。许多酒店纷纷提供比以往更多的福利,增加的福利包括免费工作餐和带薪假期等。大量人力资源学科和其他主流学科的理论和研究方法被应用到酒店人力资源研究中的各个方面,如心理测试技术应用于员工招聘、计算机技术实现管理者和员工的有效沟通等。另外,酒店业也试图从其独特的服务特性出发,发展出新的理念和理论,如员工满意、情绪智力和情绪劳动等。此外,酒店人力资源管理的研究内容和研究方法也进一步多样化。研究内容由最初着重于人力资源管理实践研究,转向员工发展、员工关系、组织结构和文化等多方面的研究。在这一时期,酒店人力资源管理还跟随主流人力资源管理研究趋势,开展酒店发展战略框架内人力资源实践战略定位的研究,以及跨文化背景下管理者的研究;研究方法既有概念性的研究、定性研究,又有定量研究、定性与定量相结合的研究,还有案例研究、社会网络分析、实验研究等。

进入21世纪后,战略人力资源管理贯穿于酒店管理的每一个环节。战略人力资源管理从单纯着眼于绩效、结果,开始走向重视人力资源的素质特征,寻求更高效率地使用人力资源,获得更高价值的产出。人力资源管理除了提供有效的薪资,更多追求让员工有安全感、成就感、幸福感和满足感,从而激发员工的潜能和创造力。酒店管理者通过与员工的和谐沟通、感情联络,以及关心员工生活、尊重员工人格,使员工产生依赖感和认同感,并在工作中发挥出主观能动性和工作积极性。这一时期,酒店人力资源管理的研究热点是酒店员工的工作满意度、职业期望、工作投入、职业倦怠、绩效、企业责任及环境影响等内容。

### 三、酒店人力资源管理的发展趋势

以 ChatGPT、Sora 为标志的生成式人工智能(AI Generated Content,AIGC)的诞生与加速应用,将彻底改变人的生活方式、生产方式、工作方式以及人与物的融合方式,也将对酒店人力资源管理产生深远的影响,酒店人力资源管理呈现出新的发展趋势。

(一)智能机器人和虚拟人等"智能人"成为新的劳动力资源

劳动密集型的酒店业一直将员工作为最重要的核心资源。进入生成式人工智能阶段,人工智能与数字智能化也将成为酒店重要的资产和生产要素。人工智能和数字资产是具有自寻规律、自学习、自进化、自我增值特征的一种新的组织资本。从广义的人力资本概念来讲,智能机器人和虚拟人等"智能人"也是一种具有自学习、自进化、自我增值特征的新的人力资本。未来,智能机器人和虚拟人等"智能人"的出现将给整个企业的人力资源管理体系带来全新的挑战,"智能人"将全面进入我们的工作、家庭、生活,我们也将面临"智能人"同事、"智能人"上司或下级、"智能人"合作伙伴等。员工与"智能人"协同合作将是一种新的工作模式。

智能机器人等"智能人"的使用可以帮助酒店节省劳动力,减少员工招聘、培训和离职所带来的成本。对于酒店简单、常规和危险系数高的工作,智能机器人完成工作所需的时间相对更短且风险更低。智能机器人还可以实现24小时的劳动,不知疲倦地连续工作,酒店因此能减少劳动力投入,降低相关的招聘费用和培训费用。

## 知识拓展

### 新一代人工智能开启深刻的科技革命

随着ChatGPT的问世,企业数智化的转型升级真正进入了AIGC时代。这个阶段能够实现人机物智慧融合与交互、人工智能的自我学习与进化,真正做到从数智赋能到人智数智的共生。

ChatGPT作为一种人工智能技术驱动的自然语言处理工具,具有"自寻规律"的自主学习能力,它可以理解人类的语言,生成相应的回复并能够与人类互动、无障碍地对话,使得机器能够像人一样聊天、交流,甚至能够完成撰写邮件、视频脚本、文案、代码、论文和翻译等一系列任务。

2024年2月,美国人工智能研究公司Open AI公开了首个文字生成视频模型Sora。该模型能够基于语言描述或图像输入,自主预测和模拟后续的情节发展,演绎出一个完整的故事线。这不仅是在打造文生视频或图生视频的模型,更是在尝试实现世界级别的拟真和模拟。Sora之所以称之为"世界的模拟器",是因为它打开了一条通往模拟物理世界的有效路径。

对于这种新技术的产生,国际上主要的企业家们较为一致地认为这是一场深刻的智能革命。微软创始人比尔·盖茨讲,ChatGPT的出现与发展不亚于互联网和个人电脑的诞生,可以提高员工效率,增加员工生活时间。微软CEO萨提亚·纳德拉说,新一代人工智能堪比工业革命。谷歌CEO桑达尔·皮查伊认为,人工智能意义之深远,远远大于人类历史上火和电等发明,因为人工智能触碰到了智慧的本质,触及了人类的本质。推特CEO、Open AI联合创始人马斯克说:"ChatGPT很惊人,我们离强大到危险的人工智能不远了。如果不加以有效的控制,我们人类正在自掘坟墓。"这一观点代表相对悲观的一派。苹果CEO库克认为:"AIGC几乎可以影响我们所做的一切,影响我们拥有的每一款产品和每一项服务。"也就是说,ChatGPT正在改变商业模式、业务模式以及产品服务模式。

从上述这些代表性企业家的前瞻性预判和观点表达来看,以ChatGPT为标志的新一代人工智能作为一场深刻的科技革命,具有广泛的应用领域、巨大的商业机会和不可预知、不可控的风险。新一代人工智能一方面可以提供赋能与替代,另一方面可能会带来整个业务机会与模式的再创造。它的应用领域非常广

泛,具有无限的想象力和发展空间。因此,它既可以带来巨大的商业机会,同时也隐含着很大的未知风险。

(资料来源:①彭剑锋《新一代人工智能对组织与人力资源管理的影响与挑战》,载于《中国人力资源开发》2023年第7期,第8-14页;②吴冠军《从Midjourney到Sora:生成式AI与美学革命》,载于《阅江学刊》,2024年4月3日网络首发。)

### (二)人力资源管理更加高效和重视情感关怀

借助人工智能技术和大数据信息技术,酒店将更高效地进行人力资源管理。酒店通过对人力资源管理方面的数据进行统计、分析、建模和预测,可以制订具有针对性的管理方案,提高员工的积极性和工作效率。例如,通过线上自动生成岗位需求、自动筛选简历、AI面试和可视化招聘数据报告等智能化招聘手段,提高员工招聘效率;通过计算机视觉、深度学习、VR/AR等技术模拟员工难以实地体验的工作场景,扩大教学场景,实现知识的可视化,提高员工培训质量和效果;依托AI的数据挖掘功能,预测酒店员工的离职率并分析离职原因,及时制定相应政策防止员工流失;建立人力资源数据库,实现薪酬管理自动化,提高薪酬管理效率。此外,人力资源管理将从常规的事务性工作中解脱出来,更加重视人力资源战略,将人力资源管理提升到战略高度,加大对员工的情感关怀,提升员工的技能和就业能力,引导员工适应与机器人的合作,解决员工焦虑或职业不确定性等问题,保持与员工的沟通和互动,提升员工幸福感,增强员工归属感。

酒店在关怀员工的同时,也要推动ESG(环境、社会和治理,即environment,social,and governance)中社会层面的发展,如提升利益相关企业员工以及非正式员工的价值创造、提高人口健康水平、对社区产生积极影响等,促进人类可持续发展。

### (三)人力资源管理对象的多元化

人力资源管理对象既有不同成长背景、不同价值观和需求动机的员工,也有智能机器人等,其管理对象更多元,场景更复杂。专业的人力资源管理者既要提供管理人的解决方案,还要有人与"智能人"如何相处的解决方案。人力资源管理者要及时调整和重新定义其角色和职责,善用智能工具,通过组建、培养、考核、激励和优化员工与智能机器人协同的团队来应对不确定性,实现企业经营目标。

### (四)人力资源管理的数字化

人力资源管理向数字化转型既是酒店适应人工智能技术与客观环境变化的必然选择,也是酒店运营管理向数字化转型的基础。人力资源管理数字化转型是将企业人力资源信息、人力资源管理过程进行数据化分析,通过数据分析为企业内部的战略决策、经营方式、人才培养等提供全方位的决策依据。

顺应人力资源管理数字化转型发展趋势,酒店应做好以下几个方面的工作:一是梳理和规范酒店人力资源管理流程与数据,将人力资源管理过程规范化、人力资源管理形成的结果数据化;二是引进和培养专业的人力资源管理人才和数据分析人才,支撑酒店人力资源管理数字化转型发展;三是打造信息共享的数据管理平台,酒店集团使用统一的管理平台有助于掌握旗下所有酒店的人力资源相关数据;四是建立安全保障机制,建立安全有效的防火墙,避免酒店人力资源数据泄露。

（五）工作众包模式兴起

工作众包模式是指一个公司或机构把过去由员工执行的工作任务,以自由、自愿的形式外包给非特定的网络大众。工作众包通过人才共享来完成工作任务,而不是独占人才,大大降低了人工成本,从而降低了企业成本,提高了企业的工作效率。由此,对于有些岗位,企业不需要聘用固定员工,任何愿意为企业服务的人都有可能成为企业的"员工"。另外,一个人可以为多个组织服务,并获得多份收入,而不是只能为一个组织服务,获取单份工资。

酒店可以通过工作众包模式完成的任务有两类:一类是有一定专业技术含量的任务,如酒店产品的直播、"种草"等,酒店按成果的级别来发放酬劳;另一类是计时、计件工种(如客房服务员、司机、保洁人员、餐厅服务员等岗位的任务),他们可以通过劳动时长或件数来获得报酬。众包的工作任务通常由个人来承担,但如果涉及需要多人协作完成的任务,也有可能依靠网络平台来协调。

（六）人力资源管理的全球化和本土化

酒店集团的全球化发展,必然要求人力资源管理的全球化,也就是要求酒店的管理者和员工拥有全球视野和战略眼光,以及开放的心态和学习力;要求企业致力于构建国际化和本土化相结合的人力资源管理制度体系。酒店人力资源管理的全球化要重点做好以下工作。

（1）管理者与员工全球观念的系统整合和管理。酒店通过人力资源的开发和培训,使管理者和员工具有全球化的概念,掌握不同客源国顾客在文化和价值观上的差异,提供让其满意的服务。

（2）人力资源管理的对象全球化。酒店的全球化布局要有全球范围内的人力资源作为支撑,人力资源管理对象也由一国为主扩展到全球。全球化的人力资源管理涉及不同文化背景、不同种族、不同地域、不同发展水平、不同信仰的员工的协调管理,以及企业并购过程中不同人力资源管理制度、不同企业文化、不同企业治理体系的整合管理。

（3）解决全球化员工的伦理冲突。不同国家法律、政治、文化价值和实践的差异,会使全球化管理者产生伦理冲突。例如,外派的全球化管理者可能会在某些国家遇到当地的商业惯例违背其文化敏感性及其母国法律的情况,对这种情况如何处理,全球化管理者必须寻求相关指导,以免出现违法行为。

受逆全球化浪潮的影响,人才的全球流动将受到诸多限制。为了避免企业人力资源的不足,充分开发本土人力资源是企业的重要策略。许多酒店为了加快本土高素质人才的培养,纷纷推出了管理培训生项目。

酒店集团跨国经营,跨文化冲突和融合一定是同时出现的,因此酒店集团首先要保持开放、兼容并包的态度,尽量减少跨文化冲突,积极推进跨文化融合的工作。其次,酒店集团要充分发挥各资本成员之间的协调作用,通过文化引导有效加强各成员间的相互认同、沟通和

信任协调,以提升酒店集团的管理成效。最后,酒店集团的管理者要辩证地看待跨文化差异带来的影响,适当的个人/集体主义维度上的冲突有利于提升酒店集团的绩效。

（七）持续地学习和创新

人工智能技术发展迅速,新的研究成果和技术创新不断涌现。面对快速变化的技术环境,持续学习和创新是必不可少的。酒店人力资源管理者应保持对人工智能和酒店业的关注,了解最新的技术趋势及其在酒店业的应用场景,从而帮助酒店从业者掌握前沿知识和应用。酒店从业者也要保持持续学习的态度,通过参加培训课程、研讨会、学术研究和自主学习等方式,不断提升自己的专业知识水平和能力。酒店从业者还要具有创新精神。人工智能是一个创新驱动的领域,酒店从业者尝试将人工智能技术广泛应用到酒店经营管理中是非常必要的。

（八）强化人力资源数据安全管理

ChatGPT及人工智能的应用涉及大量的数据收集、存储、处理,使用时需要对大量的数据进行统计与分析,以便更好地理解和解决问题。这些数据包括个人信息、行为模式、偏好等,因此在使用人力资源数据时,应确保合规性,并将数据进行匿名化处理。

未来数据的安全性至关重要。酒店在遵守相关法律法规的基础上,可以采取数据加密、访问控制和权限管理等措施,确保员工数据安全。酒店还需要建立明确的数据保护政策和流程,设置安全防火墙来确保人力资源数据的完整性、机密性和可用性,规范不同级别管理者使用数据的范围和目的,确保合法使用员工数据。

# 第三节　酒店人力资源管理的理论基础

## 一、人性假设理论

人力资源管理是对人进行的管理,对人的基本看法将直接决定人力资源管理的具体方法。因此,人性假设理论是人力资源管理的一个重要理论基础。

人性假设理论中,最有代表性的是美国行为科学家道格拉斯·麦格雷戈（Douglas McGregor）提出的X理论-Y理论以及美国行为科学家埃德加·沙因（Edgar Schein）提出的四种人性假设理论。

（一）X理论-Y理论

麦格雷戈经过长期的研究,在1957年11月发表的《企业的人性面》一文中,提出了著名的X理论-Y理论,随后还进一步拓展和完善。

1.X理论

X理论的主要观点有以下几点。

（1）大多数人生性是懒惰的,他们尽可能地逃避工作。

（2）大多数人缺乏进取心、责任心，不愿对事和人负责，他们没有雄心壮志，更愿意让别人领导。

（3）大多数人是以自我为中心的，这会导致个人目标与组织目标相互矛盾，为了实现组织目标必须靠外力严加管制。

（4）大多数人是缺乏理智的，不能克制自己，很容易受别人影响。

（5）大多数人习惯于保守，反对变革，安于现状。

（6）大多数人为了满足基本的生理需要和安全需要，会选择那些在经济上获利最大的事去做。

（7）只有少数人能克制自己，这些人应当担负起管理责任。

X理论的观点非常类似于我国古代的性恶论，"人之初，性本恶"。在这种理论的指导下，企业必然会形成严格控制的管理方式，以金钱作为激励人们努力工作的主要手段，对消极怠工的行为采取严厉的惩罚，以权力或控制体系来保护企业的正常运转。

2. Y理论

与X理论完全相反，Y理论的主要观点有以下几点。

（1）大多数人愿意工作，愿意为社会、为他人做贡献，他们在工作中体力和脑力的消耗就像游戏和休息一样自然。工作可能是一种满足，因而他们自愿去执行；也可能是一种处罚，因而只要可能他们就想逃避。到底怎样，要视情况而定。

（2）外来的控制和惩罚并不是促使人们为实现企业目标而努力的唯一方法，它甚至对人是一种威胁和阻碍，并放慢了人成熟的脚步。人们愿意实行自我管理和自我控制来实现目标。

（3）人的自我实现需要和组织要求的行为之间没有矛盾，给人提供适当的机会，人们就能将个人目标和组织要求统一起来。

（4）在适当条件下，人不仅学会了接受职责，而且还学会了谋求职责，逃避责任、缺乏抱负以及强调安全感通常是经验的结果，而不是人的本性。

（5）所谓的承诺与达到目标后获得的报酬是直接相关的，承诺是达成目标的报酬函数。

（6）大多数人在解决组织的困难和问题时，都能发挥较高的想象力、聪明才智和创造性，但是在现代社会中，一般人的智慧潜能只能部分地得到发挥。

Y理论的观点非常类似于我国古代的性善论，"人之初，性本善"。以这种理论为指导，管理者的重要任务不再是监督控制，而是创造一个能使人发挥才能的工作环境，发挥员工的潜力，使员工在实现企业目标的同时也达到自己的个人目标；对人的激励主要来自工作本身，让员工承担具有挑战性的工作，担负更多的责任，满足其自我实现的需要。

麦格雷戈认为Y理论较X理论更为优越，管理者应当按照Y理论来对待员工。但是后来，约翰·莫尔斯（John Morse）和杰伊·洛尔施（Jay Lorsch）通过实验证明麦格雷戈的这一观点是不正确的，他们于1970年提出了著名的超Y理论（super theory Y），对麦格雷戈的X理论-Y理论做了进一步的完善。超Y理论的主要观点有以下几点。

（1）人们是抱着各种各样的愿望和需要加入企业组织的，人们的需要和愿望有不同的

类型。有的人愿意在正规化、有严格规章制度的企业工作；有的人需要更多的自治和更多的责任，需要从事能发挥创造性的工作。

（2）组织形式和管理方式要与工作性质和人们的需要相适应，不同的人对管理方式的要求是不一样的。对上述的第一种人，应当以X理论为指导来进行管理，而对第二种则应当以Y理论为指导来进行管理。

（3）企业部门和管理层次的划分，员工的培训和工作分配，工资报酬、控制程度的安排，都要从工作的性质、工作的目标和员工的素质等方面考虑，不可能完全一样。

（4）一个目标的实现可以激发员工的胜任感和满足感，使之为达到新的更高的目标而努力。

按照超Y理论的观点，人力资源管理活动中要根据不同的情况，采取不同的管理方式和方法。

（二）四种人性假设理论

美国行为科学家沙因在其1965年出版的《组织心理学》一书中，把前人对人性假设的研究成果归纳为经济人假设、社会人假设和自我实现人假设，并在此基础上提出了复杂人假设，他将这四种假设排列，称为四种人性假设。

1. 经济人假设

经济人假设相当于麦格雷戈提出的X理论，沙因将经济人假设的观点总结为：①人是由经济诱因来引发工作动机的，其目的在于获得更大的经济利益；②经济诱因在组织的控制之下，因此人总是被动地在组织的操纵、激励和控制之下工作；③人以一种合乎理性的、精打细算的方式行事，总是力图用最小的投入获得满意的报酬；④人的情感是非理性的，会干预人对经济利益的合理追求，组织必须设法控制人的感情。

2. 社会人假设

社会人假设是人际关系学派的倡导者梅奥等人依据霍桑实验所得出的一些结论。按照社会人假设，管理的重点就是要营造和谐融洽的人际关系。沙因将社会人假设的观点总结为：①人们工作的主要动机是社会需要，人们要求有一个良好的工作氛围，要求与同事建立良好的人际关系，通过与同事的关系获得基本的认同感；②工业革命和工作的合理化使得工作变得单调而无意义，因此人必须从工作的社会关系中寻求工作的意义；③非正式组织有利于满足人们的社会需要，因此非正式组织的社会关系比正式组织的经济诱因对人的影响更大；④人们对领导者最强烈的期望是其能够承认并满足人们的社会需要。

3. 自我实现人假设

自我实现人假设相当于麦格雷戈提出的Y理论。此外，马斯洛需求层次理论中的自我实现需求和克里斯·阿吉里斯（Chris Argyris）的不成熟-成熟理论中个性的成熟也都属于自我实现人假设。沙因将自我实现人假设的观点总结为：①人的需求有低级和高级之分，从低级到高级可以划分为多个层次，人的最终目的是满足自我实现的需求，寻求工作上的意义；②人们力求在工作上有所成就，实现自治和独立，发展自己的能力和技术，以便富有弹性，能适应环境;③人们能够自我激励和自我控制,外部的激励和控制会对人产生威胁,产生不良的后果;④个人的目标和组织的目标并不是冲突的,而是能够达成一致的,在适当的条件下,个人会自动地调整自己的目标并使之与组织目标相配合。

4.复杂人假设

复杂人假设类似约翰·莫尔斯和杰伊·洛尔施提出的超Y理论。沙因认为经济人假设、社会人假设和自我实现人假设并不是绝对的,它们在不同的环境下针对不同的人分别具有一定的合理性,人们的需求是复杂的,因此他提出复杂人假设。这一假设的观点总结为以下几点。①每个人都有不同的需求和不同的能力,人的工作动机不仅复杂,而且变动性很大。人的许多动机以各种重要的需求层次为基础,这种动机构造不但因人而异,而且各种动机之间交互作用,形成复杂的动机模式。②一个人在组织中可以形成新的需求和动机,因此一个人在组织中表现出的动机模式是他原来的动机模式与组织经验交互作用的结果。③人在不同的组织和不同的部门中可能有不同的动机模式,在正式组织中以满足物质利益需求为主的人,可能在非正式组织中以满足社交需求和自我实现的需求为主。④一个人是否感到心满意足,肯为组织奉献,取决于他本身的动机构造和他同组织之间的相互关系,工作的性质、本人的工作能力和技术水平、动机的强弱以及同事之间的关系等都可能产生影响。⑤人们依据自己的动机、能力及工作性质对不同的管理方式做出不同的反应。

## 二、激励理论

激励是心理学术语。简单地讲,激励是激发人内在的行为动机并使人朝着既定目标前进的过程。心理学的大量研究表明,人的行为是由动机决定和支配的,动机是在需求的基础上产生的。人产生了某种需求而这种需求又没有得到满足时,就会在内心出现一种紧张和不安的状态;为了消除这种紧张和不安,人就会寻找满足需求的对象,从而产生为满足需求而行动的动机;在动机的支配下,人就会为了满足需求而表现出相应的行为。当人的需求得到满足后,紧张和不安的心理状态就会消除,然后就会产生新的需求,形成新的动机,引发新的行为,如图1-3所示。

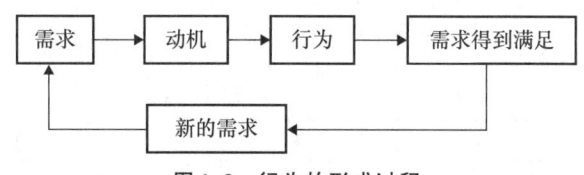

**图1-3 行为的形成过程**

(资料来源:董克用、李超平《人力资源管理概论(第5版)》,中国人民大学出版社2019年版,第47页。)

激励理论是在实践中总结得出的在一定条件下具有普适性的概念和规律,这些概念和规律主要是对满足人的各种需求、调动人的积极性的各种原则和方法的概括性总结。

20世纪20年代以来,国外许多知名管理学家、心理学家提出了很多激励理论,按照研究层面的不同,激励理论可以分为三种类型。第一种是以人的心理需求和动机为主要研究对象的内容激励理论。其着眼于满足人们的需求,针对人们的需求对症下药,进而激发人们的

动机,具有代表性的有马斯洛的需求层次理论、奥德弗在马斯洛基础上创建的ERG理论、麦克利兰的成就动机理论、赫茨伯格的双因素理论等。第二种是以人的心理过程和行为过程相互作用的动态系统为主要研究对象的过程激励理论。此类理论主要研究对行为起决定作用的一些关键因素,弄清这些因素之间的相互关系,进而预测和控制人的行为,具有代表性的有弗鲁姆的期望理论、亚当斯的公平理论、洛克的目标设定理论等。第三种是行为改造激励理论。此类理论主要依据行为主义心理学派的基本思想在企业管理中的运用,指出人的行为都是作用于自己所处环境的,而环境对人的行为有着极大的影响,通过激励可以去修正人们的行为,具有代表性的有斯金纳的强化理论、海德的归因理论和亚当斯的挫折理论等。

上述各种类型的激励理论从不同角度来解释激励问题,但在实际工作中,一般需要综合运用多种理论来激励员工。图1-4是学者们对激励理论的整合,具体包括多种做法。①在人力资源管理的过程中,管理者需要给员工创造"机会",让员工努力工作,充分发挥自己的潜能。②有高成就需求的人只要从事感兴趣的工作,他们都会竭尽全力去做。因此,管理者需要珍惜人才,想方设法帮助他们做到人岗匹配,并让他们从事自己感兴趣的工作。③工作本身很重要。如果工作能够变得"好玩",很多人的工作积极性就更高。因此,人力资源管理一定要重视职位设计,灵活运用工作专门化、工作轮换、工作扩大化与工作丰富化等工作设计手段。④为了让员工愿意为了个人目标去帮助组织实现目标,需要建立科学的绩效管理体系,帮助员工设计合理的目标,让目标能够引导员工的行为;高度重视绩效跟进,确保员工能够达到个人绩效目标;建立客观的绩效评价标准与系统,对员工的绩效进行公平的评价;绩效评价后,一定要根据员工的绩效表现,给予公平的组织奖励,以不断强化员工的行为。在对员工进行奖励时,一定要考虑员工的主导需求,让组织奖励能够符合员工的个人目标和企业的组织目标。⑤能力是员工绩效的重要决定因素之一。在人员招聘过程中,要着重考察员工的能力与潜能是否符合职位的要求;加大对员工的培训与开发力度,以不断提高员工的能力;关注员工的职业生涯规划与管理,让他们能够有机会展示自己的才能。

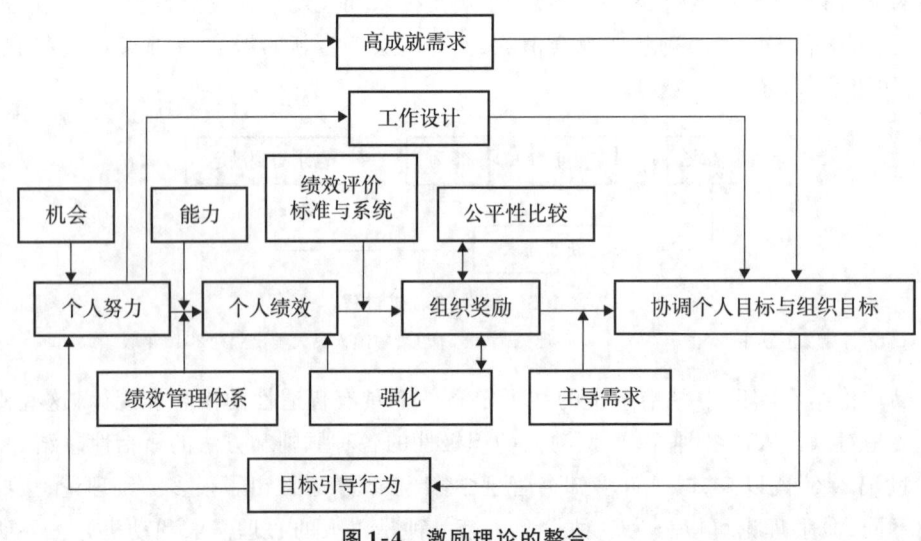

**图1-4 激励理论的整合**

(资料来源:董克用、李超平《人力资源管理概论(第5版)》,中国人民大学出版社2019年版,第57页,略有修改。)

### 三、资源基础理论

20世纪50年代,潘罗斯(Penrose)在其著作《企业增长理论》中提出企业资源理论;20世纪80年代,沃纳菲尔特(Wernerfelt)在其论文《企业资源基础论》中首次对资源基础理论加以完整阐述。资源基础理论(resource-based view,RBV)认为,有价值的、稀缺的、不可模仿的、独特的资源是企业获取持续竞争优势的源泉,企业通过获取和留住这些资源从而取得成功。人力资源具有难以交易、难以模仿、稀缺、独特等特点,是企业内部可以提供持续竞争优势的战略性资源,所以其必定会通过影响产品或服务的市场竞争力而影响到企业绩效。许多学者的研究也证明,人力资源管理能够为企业创造持续的竞争优势,并提升组织的绩效。尤里奇(Ulrich,1991)等根据资源基础理论的观点,具体探讨了人力资源管理、企业竞争优势和企业战略之间的关系。赵曙明(2004)利用资源基础理论的观点阐述了人力资源具有价值性、专用性、嵌入性、因果模糊性和路径依赖性等基本特征,并按照这些特征区分了不同的人力资源系统。

基于资源基础理论的人力资源管理,侧重于研究人力资源管理体系成为企业竞争优势的原因,以及其对企业战略制定和实施的影响。但是,该理论并不能对人力资源管理体系的动态运作过程做出有力的解释,而只能阐释人力资源管理的静态层面,即局限于固定不变的人力资源管理体系和人力资本。因此,资源基础理论不能全面解释企业的人力资源管理。

### 四、人力资本理论

舒尔茨(Schultz,1960)首先提出了人力资本理论。他认为,人力资本体现在人的身上,表现为人的知识、技能、资历和经验等,综合起来,表现为人的素质。人力资本理论认为,企业员工所具备的技能、知识和能力等是具有经济价值的,而人力资源管理活动对人力资本的提升具有正向促进作用。卡西奥(Cascio,1991)等人的研究认为,对员工进行严格甄选、广泛训练和提供具有竞争力的薪酬等人力资源管理活动,可以认为是企业直接的人力资本投资活动,而这些提升人力资本的人力资源管理活动对组织绩效的提高是最有利的。休斯里德(Huselid,1992)认为有效的人力资源管理活动可通过三个方面达到提高企业绩效的效果:①在员工技能的提升方面,通过培训和开发来增进员工技能;②在激励方面,人力资源管理活动可鼓励员工更努力且更有效率地工作;③在工作组织方面,通过鼓励员工参与、内部升迁以及职业生涯规划等活动来改善组织与工作结构。这些做法除了可以激发员工学习知识和技能的动机,还可以维持组织与员工之间的长期合作关系,避免员工离职所造成的企业绩效损失。

基于人力资本理论的人力资源管理研究过于强调员工所拥有的知识与技能,而没有考虑在企业持续竞争优势的获得过程中员工如何获取知识和技能。

### 五、控制理论

控制理论把人力资源管理体系视为一个由投入到产出的过程。人力资源管理的投入是员工的知识、技能和能力(胜任力),而产出则是组织的生产率以及员工贡献率、员工满意度

和员工流失率等。该理论把员工行为视为通过投入实现产出的手段,如图1-5所示。莱特和斯内尔(Wright和Snell,1991)认为,战略人力资源管理必须实现对员工胜任力和员工行为的控制,才能实现所需的人力资源绩效。对员工胜任力的控制包括获取、运用、保留和弃除四个阶段;而对员工行为的控制包括对员工行为的约束(如利用绩效考核与薪酬系统来约束员工的行为)和协调(如运用绩效考核与组织开发活动来促进员工的行为支持企业的战略)两个方面。

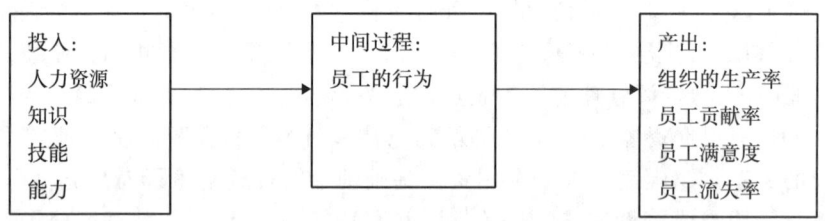

**图1-5 以控制理论为基础的战略人力资源管理概念模型**

(资料来源:Wright P M,Snell S A. Toward an integrative view of strategic human resource management,*Human Resource Management Review*,1991,1(3):203-225.)

在人力资源管理这个开放的系统里,人力资源管理策略是控制员工胜任力和员工行为的工具。但是,组织应该控制某项具体的人力资源管理活动,还是强调对不同人力资源管理活动的协调,以及哪一种方式能够更有效地实现组织绩效,控制理论没有回答这一问题。

32

 **本章小结**

与其他物质资源相比,人力资源具有生物性、能动性、时效性、智力性和社会性等特征。酒店的人力资源除了具有人力资源的一般特征,还具有女性员工占多数、临时用工量大、情绪劳动、有美感的劳动力、员工离职率高等特征。

酒店人力资源管理是酒店依据组织和个人发展的需要,通过建立高效的人力资源管理机制,采用先进的技术和方法,对组织中的人力这一特殊的战略性资源进行有效开发、合理利用与科学管理的过程。

酒店人力资源管理的职能主要包括人力资源规划、工作设计和职位分析、员工招聘、培训和开发、职业生涯规划和管理、绩效管理、薪酬管理、员工关系管理八个方面。

生成式人工智能的诞生与加速应用,将彻底改变人的生活方式、生产方式、工作方式以及人与物的融合方式,对酒店人力资源管理产生深远的影响。

智能机器人和虚拟人等"智能人"成为新的劳动力资源,人力资源管理更加高效和重视情感关怀。

人力资源管理是一个复杂的综合性管理学科,其理论基础包括人性假设理论、激励理论、资源基础理论、人力资本理论、控制理论等多种理论。

### 实务案例1-1：锦江酒店(中国区)公司人力资源数字化转型

中国规模较大的综合性酒店集团之一——锦江国际集团，最初于1935年创办了"锦江川菜馆"和"锦江茶室"，1951年见证无数次重大历史事件的"锦江饭店"开业。锦江国际集团历经中华大地的沧桑巨变，参与了新中国的蓬勃发展，见证了上海作为中国最大的经济中心城市的成长。

2014年11月，锦江国际集团宣布收购欧洲第二大酒店集团——卢浮酒店集团。2015年9月，锦江国际集团宣布收购拥有超3000家门店的铂涛集团。2016年4月，锦江国际集团宣布收购中端酒店行业标杆——维也纳酒店集团。通过三年时间收购卢浮、铂涛、维也纳等品牌，锦江国际集团迅速成长为全球酒店龙头之一。

买下来不代表交易成功，将不同酒店集团的企业文化融合为一体并不容易。抛开异国他乡的卢浮酒店集团，铂涛集团和维也纳酒店集团就有着截然不同的企业文化。曾经身兼两家公司高管的张晓强很有感触："铂涛是典型的程序员氛围，在办公室可以唱歌跳舞；维也纳更有本土创业家的气质。"为了与两家公司更好地沟通，张晓强连办公室的着装都不一样：在铂涛，要穿Polo衫、牛仔裤和运动鞋；在维也纳，要穿西装打领带。"有一次穿错了，员工甚至都认不出我了。"

"收购需要把握节奏，整合也是如此。"张晓强告诉记者，锦江国际集团在收购后的几年时间内一直坚持16字方针——"基因不变，后台整合，优势互补，共同发展"。在支持旗下各个品牌自然生长过程中，尤其是铂涛、维也纳，都按照原来既定的步伐前进。随着业务扩展、理念磨合，大家开始达成共识——需要将铂涛、维也纳，以及锦江自身品牌放在一家公司，后台合并为一，为前端所有的品牌服务。

2020年5月，锦江酒店(中国区)公司成立，这是锦江国际集团"深耕国内、全球布局、跨国经营"全球品牌战略的重要布局，主营锦江国际集团在中国市场的中高端酒店，聚焦"有限服务型酒店"细分领域，旗下拥有锦江都城、7天、丽枫等29个品牌。截至2022年，锦江国际集团市场规模位列全球第二、亚洲第一，锦江酒店(中国区)公司拥有已签约酒店近14000家，覆盖全国470多个城市，拥有1.86亿会员。锦江酒店(中国区)公司在前端品牌运营中留用各大品牌的总裁——29个品牌的总裁中80%是"80后"，年轻人有活力；破格提拔一批管理人员，其中不乏随着铂涛、维也纳成长起来的高管，以及入职不久的优秀人才。

锦江国际集团针对在中国市场的未来发展提出了"四个中心"的战略目标，其中包括人才培养中心和数字化改造引领中心，强调数字化建设已经成为向管理要效能、管理要效益转变的重要途径。2020年末，易路人力资源科技(上海)有限公司有幸成为锦江酒店(中国区)公司的数字化战略合作伙伴，共同打造锦程人才管理系统，从人事管理、组织管理、薪酬福利管理、目标绩效管理、人力资源预算管理、学习培训管理、人才发展等方面助力锦江酒店(中国区)公司的价值创造，赋能管理。

1.锦程人才管理系统的定位

人才培养、数字化转型、精细化管理已经成为大家的共识,锦江酒店(中国区)公司的人力资源管理数字化转型项目——锦程人才管理系统于2021年上线,致力于服务员工、建立标准和共享数据,是锦江酒店(中国区)公司实现对外业务拓展、对内赋能发展的重要工具与载体。其主要功能包括:

(1)7*24小时无延迟员工自助服务;

(2)一部手机自助办理快速入职;

(3)一键开具员工证明,无纸工资单可在线查薪;

(4)智慧考勤;

(5)关键信息智能提醒,如合同到期、试用期到期、编制预算已满等设置预警;

(6)贴心的员工关怀体验,如在员工生日、入职周年纪念日等,自动推送温馨祝福;

(7)借助批量自动生成和分析各类报表,实现数据的互联互通,突破部门壁垒;

(8)审批流程系统化,不再出现岗位无人任职时无审批人等现象;

(9)人事事务全面数字化,实现招聘、录用、入职、转正、调岗调薪、人才发展培训、离职(退休)、再聘用流程"一条龙"服务。

锦程人才管理系统作为锦江酒店(中国区)公司打造的"锦玉人才体系"的载体,旨在更好地培养人才、保留人才。锦程人才管理系统通过绩效管理、人才盘点、人才发展等高阶管理来构建人才管理模型,记录员工在企业内的点滴成长,优化员工职业发展路径与成长体验,助力锦江酒店(中国区)公司及其员工以"数字之翼"赴"锦"绣前程。

2.锦程人才管理系统对组织人事的影响

锦程人才管理系统上线后在组织人事方面发挥了3个方面的重要作用。第一,人事数据实时可查,实时维护。员工入职、转岗、调离业务方便快捷,在线完成全部入职手续办理,资料完备度在管理系统中可查,提前3个月提醒HR合同到期人员,及时避免人为遗漏。第二,将职位体系落实到系统中,实现了标准化、统一化,锦江酒店(中国区)公司每新增一家酒店门店,系统会自动生成一套适配的标准职位体系。第三,增加"黑名单"功能。根据锦江酒店(中国区)公司用人制度,员工离职后3个月内不能再次入职,还有一些非正常原因离职的员工也会进入"黑名单"。黑名单实行非公开制,HR也只能查到应聘人员的身份证号是否在黑名单内,这样既能做到数据保密,也能落实锦江酒店(中国区)公司用工红线。

3.锦程人才管理系统对薪酬管理的影响

锦程人才管理系统上线前,无论是收集与维护薪酬数据,还是计算薪酬和发放薪酬,对人员的依赖性较高,复核困难。通常完成整个算薪流程预计耗时约9天,并且工资条也需要拆分,再通过邮件一条一条发送给员工。如今借助锦程人才管理系统,不仅实现了在线收集数据,一键算薪,一键发送工资条,而且错误率也大幅下降,完成整个算薪流程提效至4天内。

4.锦程人才管理系统产生了BI报表中心

锦程人才管理系统不仅可以实现数据的收集,更重要的是收集之后的分析和利用,BI报表中心实现了分析和利用功能。一方面,HR可以通过BI报表中心查看花名册或者制作各种形式的数据报表等,面对领导临时性的数据查看需要,再也不用手忙脚乱地下载数据、制作报表。另一方面,管理层可以通过数据看板随时抓取、分析数据,及时跟进业务状况。同时,BI报表中心内置监测日志,能够看到用户日常使用情况。出现异常时,领导可以及时询问状况,做出改进。

5.锦程人才管理系统背后的战略

锦程人才管理系统在锦江酒店(中国区)公司的人力资源整体战略中,不仅仅是一个系统,更是人力资源管理变革的有效"抓手"。锦江酒店(中国区)公司通过这一"变革抓手"倒逼人力资源业务规则的一致性及数据和流程的规范性,并在此基础上将事务性工作集约处理,降本增效、合规风控,提升员工体验的同时,让HR团队有更多的时间和精力赋能业务,为业务提供定制化的人力资源解决方案。

锦程人才管理系统的上线仅仅是锦江酒店(中国区)公司人力资源管理数字化转型的第一步,完成了"从线下到线上""从手工到自动"也仅仅是一个起点。对锦江酒店(中国区)公司更具战略意义的是对线上流程产生的过程数据和行为数据的挖掘和洞见,并基于数据建模完成"从经验到智能"的蜕变,让数据能够赋能业务管理者,做到"数据有痕,管理无据";并通过数字化手段在员工职场工作的关键时刻和人生发展的关键时刻给予个性化的、有温度的人文关怀,帮助员工建立和团队的链接感,增强员工对组织的归属感,强化员工自我的价值感、贡献感、成就感甚至自豪感,点燃员工的自驱力,驱动员工的创新力。

锦程人才管理系统的目标是让薪酬福利更具竞争力,让绩效激励有据可依,借助数据洞察助力组织效能提升,全面优化锦江酒店(中国区)公司的人才管理流程和方案,实现从"以HR管理为核心"向"以业务和员工为核心"转变。

(资料来源:①邵好《锦江酒店张晓强:用赛艇精神让大象起舞》,载于《上海证券报》2021年12月14日,第6版;②HR数智研究院《锦江酒店集团人力资源数字化转型案例分享》,2023年6月19日。)

▶**案例分析:**

1.锦江酒店集团人力资源管理进行了哪些数字化转型?

2.锦江酒店集团人力资源管理数字化体现了哪些管理思想?

实务案例1-2

智能机器人在酒店业中的应用实践与挑战

 **复习思考题**

1. 人力资源管理的概念和特点是什么？

2. 什么是酒店人力资源管理？

3. 酒店人力资源管理的职能有哪些？

4. 人力资源管理在酒店中扮演怎样的角色？

5. 请访谈两家酒店，了解其组织架构与人员配置情况，运用你所学的知识，解释这两家企业人员配置差异的原因。

6. 酒店人力资源管理的发展经历了哪些阶段，各有什么特点？

7. 人性假设对人力资源管理的意义是什么？ X理论-Y理论和四种人性假设理论是如何对人性做出解释的？

8. 激励理论主要有哪几种类型？ 对人力资源管理有什么意义？

9. 目前酒店人力资源管理面临哪些发展趋势？

10. 简要回答为什么管理者需要学习如何有效地领导多样化的员工。

# 第二章 →

## 酒店人力资源战略和规划

### 学习目标

人力资源战略作为企业经营战略的一个重要组成部分,越来越为企业所重视。通过本章的学习,你应该能够:

(1)识别人力资源战略的类型;

(2)掌握人力资源战略与酒店经营战略的关系;

(3)掌握人力资源规划的一般程序;

(4)掌握酒店人力资源供给预测的方法;

(5)掌握酒店人力资源需求预测的方法;

(6)掌握酒店人力资源供需平衡的策略。

### 前期思考

如何利用AI技术进行人力资源规划。

### 重点和难点

重点掌握人力资源战略与酒店经营战略的关系,以及酒店人力资源供给和需求预测的方法。难点是如何进行酒店人力资源规划以及如何预测酒店人力资源的供给量和需求量。

### 引导案例

#### 华住集团紧跟企业战略的人力资源战略

华住集团于2005年创立于中国,是一家世界知名的酒店集团。根据美国 *Hohtels* 杂志公布的2022年度"全球酒店集团200强"(HOTELS 200)最新排名,华住集团全球排名第六位。截至2023年12月31日,华住集团在18个国家经营9394家酒

店,创造了超过17万个职业发展机会。华住集团旗下经营31个酒店及公寓品牌,覆盖从豪华型到经济型市场。其在国内运营的品牌包括禧玥、花间堂、美仑国际、桔子水晶、漫心、美仑、美居、CitiGO欢阁、全季、桔子、汉庭、星程、宜必思、海友、你好、城家公寓、瑞贝庭公寓酒店,另有合作品牌诺富特、美爵和馨乐庭公寓酒店等。

华住集团在2020年1月完成了对德意志酒店集团(以下简称DH)的全资收购。DH旗下酒店品牌包括奢华酒店品牌施柏阁大观(Steigenberger ICONS)、高档酒店品牌施柏阁(Steigenberger)、中高档品牌城际酒店(IntercityHotel)和设计型酒店品牌Zleep等。

华住集团以"成为世界级的伟大企业"为企业愿景,华住集团首席执行官金辉2023年发布近期企业战略重点:"在精益增长的背景下,细分三个战略方向。基于高质量门店的酒店扩张、中档和中高档品牌实现新的突破性发展以及平台组织和数字化经营系统的整体升级。"

为了实现企业战略重点,华住集团强调人才与企业战略同向同行。具体表现在:

1.人才储备方面

华住集团推行了"领航计划""岭秀生""科技新军"等多项人才计划,为广大青年人提供未来成为优秀酒店经营和管理专家的机会。这些各具特色的人才计划,为华住集团深耕中国市场、下沉三四线城市、布局中高端品牌等发展路线提供了高素质的人才支撑。

2.人才培养方面

华住集团在国内酒店行业深耕近20年,形成了一套完备的酒店从业人员培训体系。华住集团旗下拥有"华住研学中心",为员工提供可持续发展的平台。此外,华住集团与瑞士酒店管理大学、复旦大学、上海师范大学旅游学院等合作,开启员工学历提升计划,满足员工终身学习需要,让员工充分展示自我价值及能力。

3.数字化赋能方面

华住集团坚持"用技术武装每一个华住人",无论是店长还是前台员工、客房服务员,都能够得到数字化的赋能,从而让工作变得更便捷和高效,降低岗位难度、缩小能力差。

4.关注员工的体验感

金辉认为:"我们要构建平等共生的环境,我们的态度是让员工和客户建立人性层面的平等对待。"

华住集团重视人才战略的实践活动,努力建构一个能够汇集人才能量、发挥人才力量、积蓄人才长效内劲的"强磁场"。

(资料来源:①华住集团官网 https://www.hworld.com/group;②吴其芸《华住酒店加减法》,载于《北京商报》2023年3月29日,第4版;②周健《华住集团CEO与丽思卡尔顿联合创始人对话酒店人才资源》(2022年7月14日),https://www.sohu.com/a/567392530_564549。)

▶ **案例讨论:**

在这个案例中,你认为华住集团的企业经营战略和人力资源战略分别是什么?它们是否相匹配?为什么?

# 第一节　酒店人力资源战略分析

## 一、人力资源战略

### （一）人力资源战略的概念

舒勒和沃克（Schuler 和 Walker，1990）认为，人力资源战略是结合了人力资源和直线管理部门的努力以达成企业的战略性目标，借以提高目前和未来绩效以及维持企业竞争优势的一种职能战略。人力资源战略同营销战略、财务战略、产品战略等一样，从属于企业经营战略，并支持与服务于企业经营战略的实现。

舒勒（Schuler，1992）认为，人力资源战略是阐明和解决涉及人力资源管理的基本战略问题的计划和方案。

库克（Cook，1992）将人力资源战略定义为企业做出的对员工具有重要和长期影响的人员发展决策。他指出，人力资源战略的要素有：①根据企业总体战略来形成；②富有想象力及创新性；③清晰且具有可行性；④具有可选择性及优先性和弹性。企业在战略方面的研究显著提高了人力资源在形成竞争优势方面的地位。

尤里奇（Ulrich，1997）认为，人力资源战略是企业高层管理团队建立的一种策略、组织和行动方案，试图完善人力资源的功能。

巴尼（Barney，1991）认为，企业可以仅仅以一种少见且竞争者难以模仿的方式来创造价值，进而发展竞争优势。由于有形资源、技术、规模经济等传统竞争优势来源越来越容易被竞争对手模仿，一个发展良好的、渗透企业运作系统中、增强企业实力的人力资源战略就很可能成为支持企业竞争优势的重要来源。

以上对人力资源战略的定义或理解是从两种角度来考虑的：一种是把人力资源战略看作一种决策方案，是导向性的；另一种是把人力资源战略看作解决问题的行动和过程，是行动性的。

### （二）人力资源战略的分类

#### 1. 康奈尔大学的分类

根据美国康奈尔大学戴尔和霍德（Dyer 和 Holder，1988）的研究，人力资源战略可分为三种类型：投资人力资源战略、诱引人力资源战略和参与人力资源战略。

（1）投资人力资源战略。采取投资人力资源战略的企业通常以创新性产品取胜。该类企业通常聘用较多的员工，以增强企业的弹性和储备具有多样专业技能的员工；与员工常常建立长期工作关系，注重员工培训与素质的提高；重视员工，视员工为主要的投资对象，使员工能感受到较高的工作保障。

（2）诱引人力资源战略。采取诱引人力资源战略的企业通常以低成本经营来取得竞争

优势。为控制人工成本,员工人数以最低限度为目标。由于工作高度分化,员工招聘和录用都较简单,培训费用亦较低,企业与员工的关系纯粹是直接和简单的利益交换关系。

（3）参与人力资源战略。采取参与人力资源战略的企业通常以高品质的产品或服务来取得竞争优势,特点是企业决策权力下放到基层,大多数员工能参与决策,从而提高员工对产品或服务管理的参与性、主动性和创新性,增强员工的责任感和归属感。采用这种人力资源战略的企业比较注重团队建设、自我管理和授权管理。

2. 按在企业发展中的时效分类

根据人力资源在企业发展中的时效,舒勒(Schuler,1998)将人力资源战略划分为三种类型:累积型人力资源战略、效用型人力资源战略和协助型人力资源战略。

（1）累积型人力资源战略。这种战略具备以下特点:以长期的观点来考量人力资源管理,较注重员工培训,通过甄选以获取合适人才,以终身雇佣为人才聘用原则,同时亦以公平原则来对待员工,员工晋升速度慢。

（2）效用型人力资源战略。这种战略具备以下特点:以短期的观点来考量人力资源管理,提供较少的培训,企业职位一有空缺随时可以填补,非终身雇佣制,员工晋升速度快。

（3）协助型人力资源战略。这种战略介于累积型和效用型两种人力资源战略之间,具有以下特点:员工不仅需具备技术能力,同时在同事之间也要有良好的互动;在培训方面,员工有自主学习的责任。

3. 组织不同变革程度下的人力资源战略

根据史戴斯和顿菲(Stace 和 Dunphy,1994)的研究,企业可能因变革的程度不同而采取以下四种人力资源战略:家长式人力资源战略、发展式人力资源战略、任务式人力资源战略和转型式人力资源战略,如表2-1所示。

表2-1　史戴斯和顿菲的人力资源战略分类

| 人力资源战略 | 变革程度 | 管理方式 |
| --- | --- | --- |
| 家长式人力资源战略 | 基本稳定,微小调整 | 以指令式管理为主 |
| 发展式人力资源战略 | 循序渐进,不断变革 | 以咨询式管理为主、指令式管理为辅 |
| 任务式人力资源战略 | 局部变革 | 以指令式管理为主、咨询式管理为辅 |
| 转型式人力资源战略 | 总体变革 | 指令式管理与高压管理并用 |

（资料来源:陈维政、余凯成、程文文《人力资源管理(第四版)》,高等教育出版社2016年版,第29页。）

（1）家长式人力资源战略。它主要运用于避免变革、寻求稳定的企业。家长式人力资源战略强调组织集中各种资源确保达成特定目标。在具体的人力资源管理上,它采取集中控制的人力资源管理和硬性的内部任免制度,强调程序和良好的执行力,重视监督,注重规范的组织结构和管理方法。

（2）发展式人力资源战略。企业处于一个不断变化和发展的经营环境中时,为适应环境的变化,适合采取发展式人力资源战略,也可称其为渐进变革式人力资源战略。这种战略的主要特点是注重发展个人潜能和培养团队协作精神,多采用内部招聘方式,高度重视员工培训和职业生涯发展,重视绩效管理,运用内部激励多于外部激励,通过组织整体文化建设来实现企业的战略发展目标。

(3)任务式人力资源战略。企业面临局部性变革时,多采用任务式人力资源战略。实行这种人力资源战略时,战略的制定采取自上而下的指令方式,并依赖有效的制度管理来保证实施。在具体的人力资源管理上,它强调人力资源规划、工作再设计和工作常规检查,非常重视业绩和绩效管理,注重物质奖励,开展正规的技能培训,处理劳动关系有正规的程序和方法,非常强调组织文化建设。

(4)转型式人力资源战略。企业完全不能继续适应经营环境而陷入危机时,会进行彻底的变革,而这种变革可能因触及很大一部分员工的利益而很难得到员工的普遍支持,企业只能采取强制高压式和指令式的管理,包括企业战略、文化和组织机构的调整,人力资源管理机制和系统的改变等。这种人力资源战略的主要措施包括:调整员工的构成,如裁员或缩减人工开支,从外部招聘新的领导者和技术人员;打破企业的传统习惯,塑造新的企业文化;建立适应经营环境的新的人力资源管理系统和人力资源管理运行机制。

## 二、人力资源战略与企业经营战略的匹配

人力资源战略是企业职能战略中的一种,企业任何战略目标的实现,都离不开人力资源战略的配合。人力资源战略必须与企业的竞争战略、发展战略和文化战略等相互配合、相互支持,才可能发挥最大效用。

(一)竞争战略与企业文化战略和人力资源战略的匹配

根据奎因的研究,企业的竞争战略与企业文化战略和人力资源战略可以有下述匹配方式。表2-2所示为波特提出的三种竞争战略下,企业文化战略和人力资源战略的选择。

表2-2 不同竞争战略下的企业文化战略和人力资源战略

| 竞争战略 | 经营重点 | 达成途径 | 人力资源措施 | 文化战略 | 人力资源战略 |
|---|---|---|---|---|---|
| 成本领先战略 | 1.降低成本;<br>2.提高劳动生产率 | 1.质量监控;<br>2.技术改进;<br>3.流程再造 | 1.相对固定且明确的工作描述,无法容忍模糊;<br>2.工作设计和职业路径设计均很狭窄;<br>3.鼓励专业化和高效率;<br>4.短期、结果导向的绩效评价;<br>5.制定薪酬政策时密切关注市场工资水平;<br>6.极低水平的员工培训与开发活动 | 官僚式企业文化 | 诱引人力资源战略 |

| 竞争战略 | 经营重点 | 达成途径 | 人力资源措施 | 文化战略 | 人力资源战略 |
|---|---|---|---|---|---|
| 差异化战略 | 1. 新产品开发；<br>2. 新市场开发；<br>3.创新；<br>4.兼并；<br>5.收购；<br>6. 多元化 | 1.现有产品营销；<br>2.增加销售渠道；<br>3.现有产品改进；<br>4.开发全新产品；<br>5. 收购上下游企业；<br>6.全球市场拓展 | 1.工作设计要求个体间的紧密合作与相互作用；<br>2.绩效评价更多反映长期业绩和群体业绩；<br>3.工作设计要求员工开发多种技能以便能够在企业中的其他职位上使用；<br>4.报酬系统强调内部公平而不是外部公平或市场公平，工资水平不高，但鼓励员工持股，允许员工对工资组成有更多的自由选择权；<br>5.宽泛的职业路径设计，注重员工多种技能的开发 | 发展式企业文化 | 投资人力资源战略 |
| 目标聚集战略 | 1. 增加市场份额；<br>2. 降低运作成本；<br>3. 建立和维护市场地位 | 1.改进产品质量；<br>2.技术流程创新；<br>3.产品客户化 | 1.相对固定且明确的工作描述；<br>2.在工作条件中等的环境下，员工参与决策的水平高；<br>3.绩效评价以短期和结果导向为主，评价指标既包含个人绩效指标，也包含团队合作指标；<br>4.平等对待员工，员工安全有保障；<br>5.向员工提供密集的、持续不断的培训与开发活动；<br>6.重视员工的归属感和合作参与精神 | 大家庭式企业文化 | 参与人力资源战略 |

（资料来源：①Schuler R S，Jackson S E.Linking competitive strategies with human resource management practices，*Academy of Management Perspectives*，1987，1(3)：207-219；②葛玉辉《人力资源管理(第四版)》，清华大学出版社2016年版，第53页。）

（1）采用成本领先战略的企业多采用集权式管理，市场比较成熟，生产技术较稳定，工作通常是高度分工和严格控制的。企业文化是重视企业的结构、层次和职权，强调规章制度的官僚式企业文化。因此，企业采用诱引人力资源战略，主要考虑员工的可靠性和稳定性。

（2）采用差异化战略的企业主要以创新性产品和独特性产品去战胜竞争对手，其生产技术一般比较复杂，企业处于不断成长和创新的过程中。这种企业的经营成败取决于员工的创造性，因此企业注重培养员工的独立思考能力和创新能力，企业文化也是强调创新和成长的发展式企业文化。企业的人力资源战略主要采取投资人力资源战略。

（3）采取目标聚集战略的企业依赖员工的主动参与来保证高质量的产品。这种企业重视培养员工的归属感和合作参与精神,通过授权来鼓励员工参与决策,或通过团队建设让员工自主决策。企业像一个大家庭,员工像大家庭里的成员,彼此间相互帮助和相互关照,企业文化具有较明显的大家庭式特征。企业的人力资源战略主要采取参与人力资源战略。

（二）人力资源战略与企业竞争战略的匹配

迈尔斯(Miles)和斯诺(Snow)对企业竞争战略进行了另外的分类,他们认为管理者都试图制定出与外部环境相匹配的企业竞争战略。基于这个视角,他们将竞争战略分为防御者战略、探索者战略、分析者战略。防御者战略寻求向整体市场中一个狭窄的细分市场稳定地提供有限的一组产品。在这个有限的细分市场中,防御者采取各种手段防止竞争者进入。探索者战略追求不断开发新产品或新服务,通过捕捉和开发新的市场机会获得竞争优势。分析者战略试图使风险最小化和利润最大化,通常通过快速模仿探索者的成功创新而生存。

贝尔德(Baird)和比奇勒(Beechler)认为这三种竞争战略分别有相匹配的人力资源战略,如表2-3所示。

表2-3　与迈尔斯和斯诺的企业竞争战略相匹配的人力资源战略

| 竞争战略 | 组织要求 | 人力资源战略 |
|---|---|---|
| 防御者战略:<br>1.产品市场狭窄;<br>2.效率导向 | 1.维持内部稳定;<br>2.有限的环境分析;<br>3.集中化的控制系统;<br>4.标准化的运作程序 | 累积型人力资源战略——基于最大化员工投入及技能培养:<br>1.获取员工的最大潜能;<br>2.开发员工的能力、技能和知识;<br>3.关注内部公平 |
| 探索者战略:<br>1.持续寻求新市场;<br>2.外部导向;<br>3.产品/市场创新者 | 1.不断地陈述改变;<br>2.广泛的环境分析;<br>3.分权的控制系统;<br>4.组织结构正式化程度低;<br>5.资源配置快速 | 效用型人力资源战略——基于极少的员工承诺和高技能的利用:<br>1.聘用具有目前所需要的技能且可以立即上岗的员工;<br>2.使员工的能力、技能和知识能配合特定的工作;<br>3.关注外部公平 |
| 分析者战略:<br>1.追求新市场;<br>2.维持目前的市场 | 1.弹性;<br>2.严密和全盘的规划;<br>3.提供低成本的独特产品 | 协助型人力资源战略——基于新知识和新技能的创造:<br>1.聘用自我动机强的员工,鼓励与支持员工能力、技能和知识的自我开发;<br>2.在正确的人员配置与有弹性的结构化团体之间进行协调;<br>3.关注内外部公平 |

（资料来源:方振邦、杜义国《战略性人力资源管理（第3版）》,中国人民大学出版社2020年版,第60页。）

1.累积型人力资源战略与迈尔斯和斯诺提出的防御者战略相协调

防御者战略适用于管理者认为企业面临的环境是稳定的、市场需求变化小的情况。防御者战略通常不会提高企业的竞争优势,但是有助于保持企业的竞争力,捍卫企业最有价值的资源和能力不被模仿,进而保持已有的市场份额,维持现有的顾客群。此时企业的人力资源战略聚焦于最大化员工投入与技能培养,获取员工的最大潜能。

2. 效用型人力资源战略与迈尔斯和斯诺提出的探索者战略相协调

探索者战略是持续寻求新市场、外部导向、不断创新产品和市场的企业经营战略,因此效用型人力资源战略基于极少的员工承诺,企业聘用具有目前所需要的技能且可以立即上岗的员工,使员工的能力、技能和知识能够配合特定的工作。

3. 协助型人力资源战略与迈尔斯和斯诺提出的分析者战略相协调

分析者战略是具有弹性、严密和全盘的规划,提供低成本的独特产品的企业经营战略。因此,协助型人力资源战略基于新知识和新技能的创造,在这种战略的指导下,企业聘用自我动机强的员工,鼓励和支持能力、技能和知识的自我开发,在正确的人员配置与有弹性的结构化团体之间进行协调。

(三)人力资源战略与企业发展战略的匹配

根据冯布龙、蒂契和迪维纳(Fobun、Tichy和Devanna,1984)的研究,企业发展战略对人力资源战略有较大影响,尤其是在人员招聘、绩效考核、薪酬政策和员工发展等方面。他们认为,人力资源战略只有与企业的发展战略相匹配,才能实现企业的发展目标。企业的发展战略与人力资源战略的匹配如下所述。

1. 集中式单一产品发展战略与家长式人力资源战略的匹配

企业采用集中式单一产品发展战略时,往往具有规范的职能型组织结构和运作机制、高度集权的控制系统和严密的层级指挥系统,各部门和人员都有严格的分工。这种企业常采用家长式人力资源战略,在员工招聘和绩效考核上,较多从职能作用上评判且较多依赖各级管理者的主观判断。在薪酬管理上,这种企业采用自上而下的家长式分配方式,即领导决定。在员工的培训和发展方面,以单一的职能技术为主,较少考虑整个系统。

2. 纵向整合式发展战略与任务式人力资源战略的匹配

采用纵向整合式发展战略的企业也较多实行规范的职能型组织结构和运作机制,控制和指挥系统同样较集中,但这种企业更注重各部门的实际效率和效益。其人力资源战略多为任务式战略,即人员的招聘、甄选和绩效考核较多依据客观标准,薪酬管理主要依据工作业绩和效率,员工的培训和发展仍以专业化人才培养为主,少数通才主要通过工作轮换来培养和发展。

3. 多元化发展战略与发展式人力资源战略的匹配

采用多元化发展战略的企业因为经营不同的产品系列,其组织结构多采用战略性的事业单位或事业部制。这种事业单位或事业部都保持相对独立的经营权。这类企业的发展变化较为频繁,其人力资源战略多为发展式战略。在人员的招聘和甄选上,较多运用系统化标准;对员工的绩效考核主要关注员工对企业的贡献,主客观评价标准并用;薪酬管理主要关注员工对企业的贡献和企业的投资效益;员工的培训和发展往往是跨职能、跨部门,甚至跨事业单位或事业部的系统化培养。

总之,人力资源管理越来越成为企业决策层考虑的重点,人力资源战略也就不仅成为企业经营战略中必不可少的组成部分,甚至成为其中最关键的部分。

### 三、酒店人力资源战略

#### （一）酒店人力资源战略的定义和特点

酒店人力资源战略是酒店为适应内外部环境的变化，从酒店全局利益和发展战略出发，并充分考虑员工的需求，对人力资源管理做出的总体决策和长远规划。人力资源战略是酒店人力资源管理的最高纲领性文件，它反映了酒店对待员工的总的观念、态度和价值观，指导酒店的人力资源管理活动，促使酒店人力资源管理活动之间能够有效地相互配合。

**知识拓展**

#### 斯内尔对人才的分类

康奈尔大学的斯科特·A.斯内尔（Scott A.Snell）教授对企业内部的人力资源分类进行了研究，他将企业内部的人力资源分成为核心人才、通用人才、辅助人才和独特人才，并总结了各类人才的特点，提出了各类人才的管理模式（见表2-4）。这从一个侧面说明了在制定人力资源战略及企业经营战略时，必须对内部人力资源状况加以分析，以便为战略决策提供准确的人力资源相关信息。

**表2-4　不同类型人力资源的特点及管理模式**

| 项目 | 核心人才 | 通用人才 | 辅助人才 | 独特人才 |
|---|---|---|---|---|
| 战略价值 | 高价值：直接与核心能力相关 | | 低价值：操作性角色 | 低价值：与核心价值间接联系 |
| 独特性 | 独一无二：掌握企业特殊的知识和技能 | 普遍性：掌握普遍知识和技能 | | 独一无二：掌握特殊的知识和技能 |
| 工作方式 | 知识工作 | 传统工作 | 合同工 | 伙伴 |
| 雇佣模式 | 以组织为核心 | 以工作为核心 | 交易 | 合作 |
| 人力资源管理系统 | 以责任为基础的人力资源管理系统 | 以生产率为基础的人力资源管理系统 | 以服从为基础的人力资源管理系统 | 以合作为基础的人力资源管理系统 |
| 工作设计 | 授权、提供资源；因人设岗 | 清晰定义、适度授权 | 准确定义、圈定范围 | 以团队为基础、资源丰富/自主 |
| 招聘 | 根据人才学习能力内部提拔 | 根据业绩外部招聘 | 外包为特别的任务招聘 | 根据业绩参与合作 |
| 培训 | 在职培训；具有企业特色；局限于企业的具体情况；关注短期效果 | 局限于规章、流程 | 在职培训；根据企业具体情况 | 自主学习 |
| 考核 | 关注对战略的贡献 | 培训效果；关注绩效 | 服从性 | 以团队为核心；目标的完成情况 |

续表

| 项目 | 核心人才 | 通用人才 | 辅助人才 | 独特人才 |
|---|---|---|---|---|
| 薪酬 | 外部公平(高工资);为知识、经验付薪;持股 | 外部公平 | 按小时或临时工作付薪 | 以团队为基础的激励;合同、年薪、为知识付薪 |

(资料来源:方振邦、杜义国《战略性人力资源管理(第3版)》,中国人民大学出版社2020年版,第55-56页。)

酒店人力资源战略具有以下特征。①强调与酒店经营战略的匹配,支撑酒店经营战略的实现。②强调人力资源实践活动之间的匹配。酒店人力资源战略以系统的观点审视人力资源实践,使各项人力资源实践活动产生协同合力,提高酒店整体效益。③需要明确酒店人力资源管理目标。酒店人力资源战略必须在酒店经营战略的指导下,建立统一的人力资源管理目标,指导具体的人力资源活动。④对酒店员工发展具有重要影响。酒店人力资源战略是解决有关"人"的问题的指导思想,通常给出了人力资源管理决策的判断标准。⑤建立在对酒店内外部环境的系统分析之上。酒店人力资源战略提供了一种通过人力资源管理获得和保持竞争优势的行动思路,对内外部环境的持续观察和分析是形成酒店人力资源管理战略必不可少的工作。

（二）酒店人力资源战略的作用

作为一项重要的职能战略,酒店人力资源战略以酒店经营战略为依据,同时又影响着酒店经营战略的制定和执行。酒店经营战略与酒店人力资源战略二者相辅相成。酒店人力资源战略主要考虑人的问题,对酒店经营战略及其他职能战略具有以下作用。

1.协助酒店决策,为酒店经营战略的制定提供信息

酒店人力资源战略可以从内部资源状况和外部环境状况两个方面提供酒店人员方面的相关信息,帮助酒店管理者实现战略选择方面的决策。酒店人力资源战略既可以提供酒店经营战略制定所需要的人力方面的内部信息,如酒店人力资源的素质、技能和能力,酒店人力资源开发和培训的效果,酒店人力资源的工作积极性、工作满意度和留任比例等情况,也可以提供酒店决策所需要的外部信息,如外部劳动力市场上劳动力供给的情况、竞争对手支付相同职位员工的薪酬、竞争对手获取优秀员工的途径以及人员聘用的法律法规等信息。

2.执行酒店决策,为酒店经营战略的执行提供支持

酒店人力资源战略服务于酒店经营战略,是酒店经营战略目标实现的有效保障。酒店人力资源战略与酒店经营战略的匹配使得酒店能够有效地利用市场机会,提升内部优势,达成战略目标。酒店经营战略中所涉及的各项内容都需要相应的人员来完成,对人员的分配、调整、激励及配套的组织结构的调整等,都需要人力资源战略的配合。人力资源战略的一个主要目标就是与酒店经营战略相匹配,实施有助于酒店经营战略实施的相关活动,并通过这些活动来实现酒店绩效最大化,发挥酒店人力资源战略对酒店经营战略的支持作用。

3.降低人力资源成本,提升酒店人力资源竞争力

酒店人力资源战略是酒店人力资源部门工作的指导方针。酒店人力资源战略的最大价值在于其具有战略性的管理决策,通过对酒店人力资源的优化配置,投入较少的人力资源成本,为酒店培养和留住核心人才,提高酒店人力资源利用效率,提升酒店人力资源竞争力,进而提升酒店的竞争力。

## 第二节　酒店人力资源规划

### 一、酒店人力资源规划的含义

人力资源规划(human resource planning)是酒店人力资源管理的重要职能之一,它把酒店人力资源战略和具体的人力资源策略清晰地呈现出来。

酒店人力资源规划是指根据酒店战略目标及发展方向,酒店通过对现有人力资源情况的调研分析,预测未来的人力资源需求和供给状况,采取职位调配、员工招聘、测试选拔、培训开发、薪酬激励等人力资源管理手段,使人力资源与酒店发展相适应的综合性发展计划。酒店人力资源规划着眼于为酒店未来一段时期内生产、经营、管理和建设提供人力资源的准备,关注人力资源在层次、数量、结构和质量等方面在多大程度上满足酒店发展的要求。

酒店人力资源规划包括以下四层含义。

(1)人力资源规划必须适合酒店的发展战略和经营目标。人力资源管理作为企业经营管理的一个子系统,要为企业的经营和发展提供人力资源的支持。

(2)人力资源规划要有前瞻性。它要根据酒店战略需要,预测未来一段时期内酒店对人力资源的供给和需求,根据预测结果采取行动,并通过行动来保证酒店经营目标的实现。

(3)对人力资源供给和需求的预测要符合结构、数量和质量的要求。酒店对人力资源的供给,不仅要满足人力资源的数量要求,更要注重人力资源的质量,必须在数量和质量上达到统一,并且在结构上实现匹配。

(4)人力资源规划的最终目标是促进酒店和员工长期共同发展。完善的人力资源规划是以酒店和个人的发展需要为依据制定的。酒店需要将人力资源规划纳入酒店发展的长远规划中,把酒店和个人的发展结合起来。员工可以根据酒店人力资源规划,了解未来的职位空缺,明确个人的发展目标,在工作中不断提升个人成就感。酒店按照空缺职位所需条件来招聘、培养人才,满足酒店发展对人力资源的需求。

### 二、酒店人力资源规划的基本类型与内容

(一)酒店人力资源规划的分类

1.按规划的内容划分

按规划的内容划分,酒店人力资源规划可分为总体规划和业务规划。

47

总体规划是指在规划期内有关人力资源管理的总目标、总政策、实施步骤和总预算。总体规划主要在酒店战略层次上，就酒店人力资源需求和供给的预测结果所反映出来的供需不平衡进行总体调节。

业务规划包括人员补充计划、人员使用计划、人员接替与晋升计划、教育培训计划、评估与激励计划、劳动关系计划、退休解聘计划等。每一项业务计划由目标、政策、步骤和预算等部分构成。

（1）人员补充计划。因酒店规模扩大、原有人员退休或离职等，酒店经常会出现新的或空缺的职位，这就需要酒店制定必要的政策和措施，以保证在出现新的或空缺的职位时，能及时地获得所需数量和质量的人员，这就是人员补充计划。酒店人员补充计划需要确定补充数量、制定补充政策、构建补充方案和预算。表2-5为某酒店人员补充计划表。

表2-5　某酒店人员补充计划表

| 补充部门 | 补充人员职位 | 人数 | 补充方式 | 增加费用 | 补充时间 |
|---|---|---|---|---|---|
| 市场营销部 | 总监 | | | | |
| | 经理 | | | | |
| | 业务员 | | | | |
| 合计 | | | | | |
| 餐饮部 | 经理 | | | | |
| | 主管 | | | | |
| | 服务员 | | | | |
| 合计 | | | | | |
| 房务部 | 经理 | | | | |
| | 主管 | | | | |
| | 领班 | | | | |
| | 服务员 | | | | |
| 合计 | | | | | |
| … | | | | | |
| 总计 | | | | | |

（2）人员使用计划。人员使用计划的主要内容是酒店人员结构的调整和优化以及轮换计划。轮换计划是为实现工作内容的丰富化、保持和提高员工的创新热情和能力、培养员工多方面的素质而制订的对员工的工作职位进行定期变换的计划。

（3）人员接替与晋升计划。人员接替与晋升计划是根据酒店人员的分布和变动状况、层级结构，制订的人员岗位变换或晋升的计划。人员接替与晋升计划的目标在于通过尽量将员工放在能够使其发挥最大作用的工作岗位上，调动员工的工作积极性并以最低成本使用人力资源。

（4）教育培训计划。教育培训计划一方面让酒店员工能更好地适应正在从事的工作，另一方面让有晋升潜力的员工能更好地适应酒店未来发展的需要。

（5）评估与激励计划。评估与激励计划包括制定绩效标准及其衡量方法，制定各类激励政策和措施，并根据员工的绩效评价进行薪酬奖励等。

（6）劳动关系计划。劳动关系计划即关于如何预防和减少劳动争议、改进劳动关系的计划。

（7）退休解聘计划。酒店每年都会有一些员工因达到退休年龄或合同期满、不再续聘等原因而离开酒店。在这方面,酒店应根据经营状况和人员状况提前做好计划。

**2.按期限划分**

按期限划分,酒店人力资源规划可分为短期人力资源规划、中期人力资源规划和长期人力资源规划。

（1）短期人力资源规划。它包括年度、季度人力资源规划,主要是作业性的行动方案。该类规划的特点是目的明确、内容具体,且具有一定的灵活性。此类规划的期限为1年或1年以内。

（2）中期人力资源规划。它的主要依据为酒店的中期发展目标,涉及人力资源开发和管理的方针、政策、措施、行动方案等诸多方面,规划期限一般为2~3年。

（3）长期人力资源规划。它根据酒店长期的总体发展目标,对酒店人力资源开发和管理的总目标、总方针和总战略进行系统的规划。其特点是具有战略性和指导性,规划期限一般为3年以上。

**3.按范围划分**

按范围划分,酒店人力资源规划可分为人力资源整体规划、人力资源部门规划和人力资源项目计划。

（1）人力资源整体规划是关于整个酒店的人力资源管理活动的安排,属于企业整体层面的规划,在人力资源规划中居于首要地位。

（2）人力资源部门规划是酒店各个业务部门的人力资源规划。它在人力资源整体规划的基础上制订,内容专一性强,是人力资源整体规划的子规划。

（3）人力资源项目计划是指某项人力资源管理具体任务的计划,如项目经理培训计划等。人力资源项目计划与人力资源部门规划不同,人力资源部门规划通常是单个部门的规划,而人力资源项目计划是为特定任务而制订的,可以涉及多个业务部门。

**（二）各类酒店人力资源规划的主要内容**

不同类型的酒店人力资源规划包含了不同的内容,大致可以概括如表2-6所示。

表2-6　各种类型酒店人力资源规划的内容

| 类型 | 目标 | 政策 | 步骤 | 预算 |
|---|---|---|---|---|
| 总体规划 | 总目标,人力资源总量、素质、绩效,员工满意度等方面 | 扩大、收缩、改革、稳定等 | 按年度完善人力资源信息系统等 | ××万元 |
| 人员补充计划 | 类型、数量、层次,以及对人员素质、结构及绩效的改善等 | 人员素质标准、人员来源范围、起点薪酬 | 拟定标准(××月),广告吸引(××月),面试、笔试(××月),录用(××月) | 招聘、选拔费用(××万元) |

续表

| 类型 | 目标 | 政策 | 步骤 | 预算 |
|---|---|---|---|---|
| 人员使用计划 | 部门编制精简、人员结构优化及绩效改善、人岗匹配、岗位轮换幅度控制 | 任职条件、职位轮换范围、职位轮换时间 | 职业倾向测试、轮岗报名和选拔、从××级别开始绩效管理、技能提高 | 根据使用规模、类别及人员状况确定工资、福利预算 |
| 人才接替与晋升计划 | 后备人才数量保持、改善人才结构、提高绩效目标 | 选拔标准和资格、择优晋升、晋升比例、未晋升人员的安置 | 确定晋升方案、考核晋升对象、晋升对象试用、晋升方案确认、培养计划制订 | 职务变动引起的薪酬变化（××万元） |
| 教育培训计划 | 素质及绩效改善、培训数量和类型、人员转变观念和态度 | 培训时间的保证、培训效果的保证（如待遇、考核、晋升等） | 培训需求分析、培训计划制订、培训计划实施、培训效果评估 | 教育培训总投入（××万元）、脱产培训损失（××万元） |
| 评估与激励计划 | 人才流失率降低、士气提高、绩效改进 | 激励方式、工资政策、激励政策 | 核算人力资源成本总额，评估激励计划效果，制订和实施工资、福利等激励方案 | 增加工资（××万元）、发放奖金（××万元） |
| 劳动关系计划 | 降低非期望离职率、上下级关系改善、降低投诉率及减少不满意的现象 | 参与管理、加强沟通 | 提交劳动关系改进计划，减少和预防劳动争议 | 法律诉讼费 |
| 退休解聘计划 | 编制精简、劳动成本降低、生产率提高 | 退休政策、和谐地解聘 | 提交退休解聘计划、审核退休解聘计划、确定退休解聘人员，与退休解聘人员交流意见 | 安置费用 |

### 三、酒店人力资源规划的程序

一般来说，人力资源规划是按照一定的程序进行的，戴维·莱恩（David Lane，2000）总结了人力资源管理的主要内容，形成了一个系统框架，该框架将企业经营战略和人力资源规划结合起来，并且落实到了计划的实施上，是一个比较全面和理想的人力资源规划框架。本书借鉴戴维·莱恩的人力资源规划框架，认为酒店人力资源规划包括四个步骤：准备阶段、预测阶段、制订人力资源平衡计划阶段，以及计划执行、评估与反馈阶段（见图2-1）。

（一）准备阶段

信息准备的工作是制订酒店人力资源规划的重要依据。因此，本阶段的工作主要是调查和收集人力资源规划所需要的各种信息资料，为后续阶段的工作做准备。这些信息资料主要包括酒店外部环境、酒店经营战略和酒店人力资源现状等方面的信息。

1. 酒店外部环境的信息

酒店外部环境的信息包括两类：一是经营环境的信息，如政治、经济、社会、文化、技术以及法律环境等，酒店人力资源规划同酒店经营活动是紧密联系在一起的，因此影响酒店经营活动的因素都会对人力资源的供给和需求产生影响；二是直接影响人力资源供给和需求的信息，如外部劳动力市场状况、竞争对手的人力资源管理政策等。

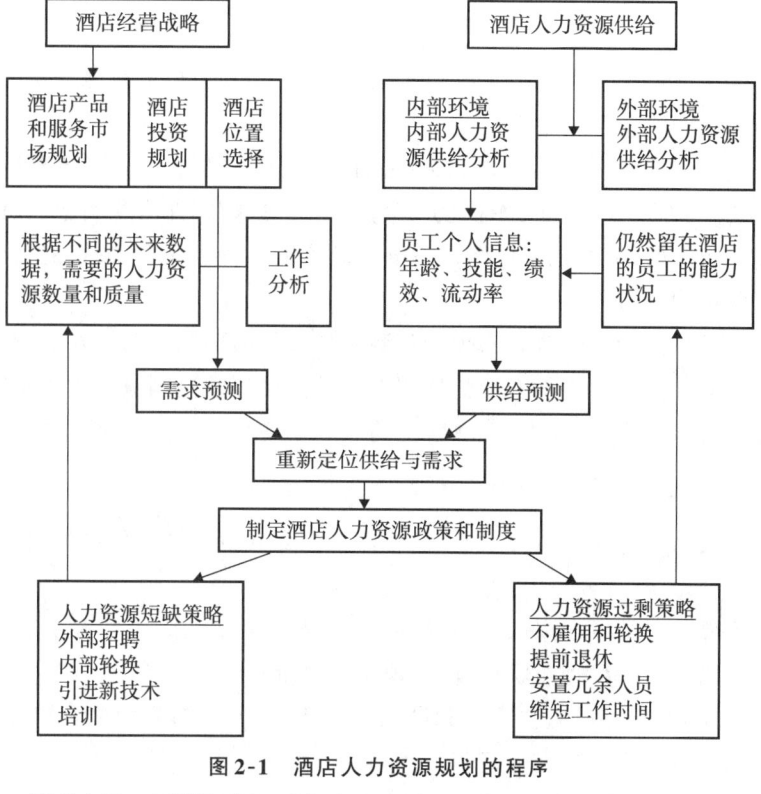

**图2-1 酒店人力资源规划的程序**

(资料来源:王丽娟《招聘和配置》,中国人民大学出版社2020年版,第73-74页。)

2.酒店经营战略的信息

酒店经营战略是制订人力资源规划的依据。不同的经营战略对人力资源规划提出了不同的要求。酒店实施扩张型战略时,就会增加对人力资源的需求,因为酒店需要通过增加新员工来开拓市场,以满足顾客的新需求;酒店实施紧缩型战略时,就会控制对人力资源的需求,甚至缩减人力资源规模。酒店引进新的技术、新的管理方法,导致生产力提高,也会引起内部人力资源的流动和重新调整。

3.酒店人力资源现状的信息

员工的状况对人力资源的供给和需求有重要的影响。一方面,当员工素质和员工数量不能继续满足企业发展的需要时,就需要对人力资源做出调整;另一方面,合同期满后不续签合同人员的数量,退休、辞职、外调人员的数量,以及死亡、休假人数等,都会直接影响酒店下一阶段人力资源的供给和需求。因此,酒店需要对拥有的人力资源从数量、质量和结构上进行分析,并对人力资源的潜力和流动进行预测。

进行酒店人力资源现状分析需要收集的信息有员工的基本信息、受教育程度、工作经历、工作业绩记录、工作能力和工作态度,以及酒店员工的结构和流动情况、酒店的人力资源制度和政策等。

（二）预测阶段

预测阶段的主要任务是在充分掌握信息的基础上，选择有效的预测方法，对酒店未来一段时间的人力资源供给和需求做出预测。

酒店人力资源需求预测主要是对未来一段时期内所需要的人力资源数量、质量和结构进行预测。人力资源需求预测的准确性是整个人力资源规划成功的关键。因此，在进行酒店人力资源需求预测时，要全面考虑酒店内部和外部的各种因素，准确把握酒店发展与人力资源需求之间的规律。

酒店人力资源供给预测包含内部供给预测和外部供给预测。酒店在进行人力资源供给预测时应把重点放在内部人员拥有量的预测上。外部供给预测则应侧重于关键职位人员和关键群体如高层管理人员、技术人员、酒店相关专业在校学生规模等的预测。

（三）制订人力资源平衡计划阶段

预测出酒店人力资源供给和需求后，需将需求预测和供给预测的结果进行组合分析，会存在下面四种情况。

（1）供需平衡。这是指在未来一段时期内，酒店所需要的人力资源供需在数量和质量上基本平衡。这当然是一种理想状态，但在现实中很难存在。

（2）供需在数量上平衡，但在质量和结构上并不匹配。这就需要酒店对现有员工加强有针对性的培训以及对现有员工进行调配。

（3）供给大于需求。这是指酒店人力资源是过剩的，此时应该精简人员。

（4）供给小于需求。这是指酒店人力资源不足，此时应招聘新员工或对现有员工加强培训。

除了第一种情况外，其余情况都需要通过人力资源总体规划和业务规划来制订和实施平衡计划，使酒店人力资源的供需达到平衡。在制定相关的措施时要注意，应当使酒店人力资源总体规划和业务规划与酒店的其他计划相互协调，只有这样制定的措施才能有效执行和实施。

（四）计划执行、评估与反馈阶段

酒店人力资源规划的最后一个阶段就是人力资源平衡计划的执行以及对人力资源平衡计划的有效性进行评估和反馈。酒店人力资源平衡计划的执行需要有专人负责，并要保证执行人员有实现人力资源平衡计划中各类目标的必要权力和资源，执行人员要定期报告有关执行过程的进展状况，以确保人力资源平衡计划的全部内容在既定的时间内执行到位。

对人力资源平衡计划的执行情况进行及时有效的评估和反馈是酒店人力资源规划的一个重要步骤，其目的是为酒店经营战略、人力资源总体规划和具体规划的修订或调整提供可靠信息。酒店人力资源平衡计划的执行过程中还有可能遇到许多不可控因素，因此管理人员要随时监控，及时评价和反馈实施效果，找出存在的问题，从而及时调整原有的人力资源平衡计划或实施方案。

## 第三节 酒店人力资源预测与平衡

### 一、人力资源需求预测

人力资源需求预测是酒店人力资源规划的核心内容之一。人力资源需求预测是为了实现酒店的战略目标,根据酒店所处的外部环境和内部条件,选择适当的预测技术,对未来一定时期内酒店所需的人力资源数量、质量和结构进行预测。

（一）人力资源需求预测的内容和步骤

人力资源需求预测是酒店人力资源规划的基础,合理和科学的需求预测是整个酒店人力资源规划成功的关键。

1.人力资源需求预测的内容

人力资源需求预测分为现实人力资源需求预测、未来人力资源需求预测和未来人力资源流失预测三部分。

现实人力资源需求预测是对酒店的人力资源进行盘点,依据职位与人员的匹配情况,统计出人员的缺编、超编以及人员是否符合职位资格要求等情况。

未来人力资源需求预测是根据酒店发展规划,确定各部门的工作量以及工作量的变化,然后根据工作量的变化情况,确定各部门需要调整的职位及其人数,并进行汇总。

未来人力资源流失预测是对预测期内酒店的退休人员进行统计,并根据历史数据,对未来可能发生的离职情况进行预测。

对现实人力资源需求、未来人力资源需求和未来人力资源的流失情况进行分析、汇总,即为酒店整体的人力资源需求预测。

2.人力资源需求预测的步骤

（1）确定目标。人力资源需求预测目标是根据企业一定时期的任务和需要解决的问题而确定的。预测目标的确定一般包括确定预测项目、范围要求、时间要求、各种指标及其准确性要求等。

（2）收集信息。信息是预测的依据。信息的收集可以采取问卷调查和专家访谈相结合的方法,收集到的信息应尽可能全面、系统、真实、可靠。

（3）选择方法。根据预测目标和掌握的信息情况,选择可行的预测方法。在预测过程中,单纯使用一种方法的情况并不多见。采用定性与定量相结合的方法进行预测,或以多种预测方法相互比较来印证预测结果,可以提高预测的准确度。

（4）建模分析。在进行定量预测时,建立预测模型,以数学方程式来表达各种变量之间的函数关系,抽象地描述人力资源需求量与各种影响因素之间的关系;然后根据所建立的预

测模型,运用数学方法,找出人力资源需求的最优解,并撰写预测结果的分析报告。

（5）评价判断。预测的结果未必完全符合未来的实际,对于采用数学建模方法的预测,必须对预测结果进行分析、评价和检验。

（6）修正误差。找出误差并分析产生误差的原因,修改预测模型,并修正预测结果,选出较理想的数值作为规划的依据。

人力资源需求预测包括现实人力资源需求预测、未来人力资源需求预测和未来人力资源流失预测三部分,在人力资源需求预测中最好将三者分开进行。图2-2所示为酒店人力资源需求预测流程。

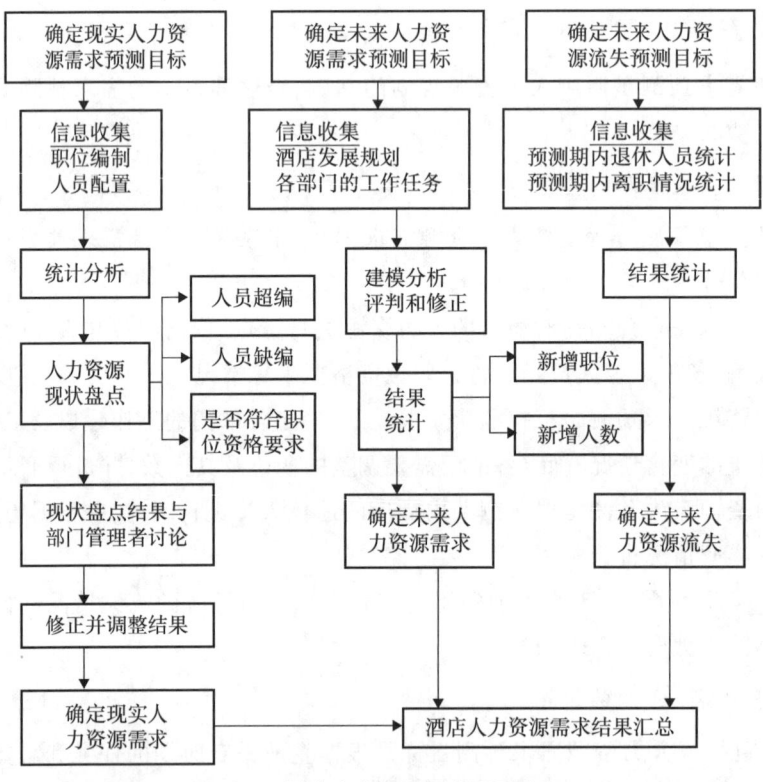

**图2-2　酒店人力资源需求预测流程**

（二）人力资源需求预测的具体方法

人力资源需求预测的方法有定性预测和定量预测两类方法。定性预测方法主要是依靠管理人员和专家的知识、经验、判断能力,以公正的、系统的、逻辑的方法,对要预测的问题进行定性估测并转换成定量的估测值。定量预测方法主要是以数学方程式来抽象地描述人力资源需求量与各种影响因素之间的函数关系,由此推断将来人力资源的需求情况。

酒店常用的定性预测方法主要包括现状预测法、经验预测法、分合式预测法和德尔菲法等,定量预测方法主要包括趋势预测法、统计预测法、工作负荷预测法等。

1. 现状预测法

现状预测法是一种最简单的预测方法,适用于短期预测。这种方法假定酒店保持原有的经营规模和服务效率,因而预测人员很容易判断现有的员工总数与各类人员的配备比例是否能适应规划期内人力资源的需求。运用现状预测法,预测人员所要做的工作是测算出规划期内有哪些职位上的人员将晋升、降职、退休或调出本酒店,然后规划需要调动哪些人员去补充。

2. 经验预测法

经验预测法是酒店管理人员根据以往的经验对人力资源进行预测的方法。该预测法简便易行,适用于较稳定的酒店中、短期人力资源的需求预测。例如,根据前期工作任务的完成情况,结合下一期的工作任务量,预测人员就可预测酒店未来的人员需求。为了保证预测的准确性,预测人员要做好两方面的工作:一是要注重经验的积累,包括保留历史档案,利用多个预测者的经验,以减少预测偏差;二是要认识到经验预测法会因预测对象不同而导致预测结果的准确度不同。对于可准确衡量工作量的职位,预测的准确度较高;对于难以准确衡量工作量的职位,预测的准确度较低。酒店规模较小的情况下,采用经验预测法可以迅速得出预测结论,获得满意的结果;酒店规模较大或酒店所处环境较复杂的情况下,需要与其他预测方法相结合。

3. 分合式预测法

分合式预测法是一种较常用的预测方法,它采取先分后合的方式。第一步是酒店要求各个部门管理人员根据各自的工作任务、技术设备等的变化情况,对本部门将来某一时期内对各种人员的需求进行预测;第二步是把各部门的预测数据进行综合平衡,进而预测出整个酒店将来某一时期内对各种人员的需求总数。这种方法要求在专职人力资源规划人员的指导下进行,并且需要酒店各部门管理人员充分发挥在人力资源预测规划中的作用。

分合式预测法能够使酒店各级管理者参与人力资源规划的制订,根据本部门的实际情况确定较为合理的人力资源规划,调动各级管理者完成预测工作的积极性。但是,这种方法由于受到酒店各级管理者知识、经验、能力等的影响,一般只适用于中短期的人力资源需求预测。

4. 德尔菲法

德尔菲法(Delphi technique)又称专家评价法或专家预测法。此方法是在 20 世纪 40 年代由美国兰德公司的研究人员达尔奇和赫尔墨首先提出的。这种方法是邀请某领域的一些专家或有经验的管理人员对某一问题进行预测,并最终达成一致意见的结构化方法。

这种方法的具体实施包括以下几个步骤:①选择约 30 名熟悉人力资源管理问题的专家,并为这些专家提供人力资源预测的背景材料;②设计人力资源调查表,表中列出有关人力资源预测的各类问题,这些问题必须能够进行统计处理;③进行第一轮调查,将调查表发

送给所有专家,由各位专家匿名并独立地对上述问题进行判断或预测,并阐明自己的理由,然后调查人员对反馈回来的调查表进行分析和归纳;④调查人员将归纳的结果反馈给各位专家,请各位专家再次提出看法并归纳。经过3~4次的重复,专家们的意见基本一致时就可结束调查,用文字、图表等形式汇总专家们的预测结果。如果反馈的调查结果显示专家们的意见仍然不一致,则需要继续进行问卷调查,直到专家们的意见趋于一致。

德尔菲法的优点是可以集思广益,但是这种方法要求比较严格,在实施时需要注意以下事项:①专家人数一般不少于30人,问卷的返回率不低于60%,以保证调查的权威性和广泛性;②需要给专家提供充分的资料和信息,确保专家判断和预测的质量;③问卷题目的设计应主题突出、意向明确,使专家们尽量从同一个角度去理解问题。这种方法依靠专家的知识和经验对未来做出判断性的估测,适用于酒店的中期预测和长期预测,但不适用于短期的、日常的和比较精确的人力资源需求预测。

5. 趋势预测法

趋势预测法又称为时间序列预测法,是通过对酒店过去五年或者更长时间中的员工雇佣变化情况进行分析,然后以此为依据来预测酒店未来人员需求的方法。趋势预测法在使用时一般要假设除时间以外,其他一切因素都保持不变或者变化的幅度保持一致,往往忽略循环波动、季节波动和随机波动等影响。常用的具体方法有如下三种。

(1)移动平均法。移动平均法可分为简单移动平均法和加权移动平均法。简单移动平均法是以时间序列中最接近预测期的 $n$ 期人力资源需求量的观测值(实际值)为基础,计算其平均数,并以此作为预测期的预测值。如果设 $X_i$ 为时间序列中时点 $i$ 的观测值,其样本数为 $N$,每次计算移动平均值的数据个数为 $n$,则 $t$ 时点的移动平均值为 $M_t$。$M_t$ 的计算公式如下:

$$M_t = (X_t + X_{t-1} + \cdots + X_{t-n+1})/n$$

式中,$M_t$ 为 $t$ 时点的移动平均值,同时将其作为 $t+1$ 时点的预测值 $\widehat{X}_{t+1}$,即

$$M_t = \widehat{X}_{t+1}$$

例如,某酒店餐饮部前6年的人员数如表2-7所示,试预测该部门第7年的人员需求。

表2-7 某酒店餐饮部的员工数量 单位:人

| 年份 | 实际需求 | $n=3$ | | $n=4$ | |
| --- | --- | --- | --- | --- | --- |
| | | 预测需求 | 绝对误差 | 预测需求 | 绝对误差 |
| 第1年 | 135 | | | | |
| 第2年 | 145 | | | | |
| 第3年 | 168 | | | | |
| 第4年 | 150 | 150 | 0 | | |
| 第5年 | 140 | 155 | 15 | 150 | 10 |
| 第6年 | 145 | 153 | 8 | 151 | 6 |
| 第7年 | | 145 | | 151 | |

56

分别取移动时期数 $n=3$ 和 $n=4$，计算移动平均值 $M_t$ 和 $\widehat{X}_{t+1}$，将结果填入表2-7。当 $n=3$ 时，该部门第7年的人员需求预测值为145人；当 $n=4$ 时，第7年的人员需求预测值为151人。

加权移动平均法是在简单移动平均法的基础上，按照"近大远小"的原则给时间序列数据赋予不同的权重，求得加权算数平均数的方法。其优点在于能区别对待历史数据，但如何确定各个时点数据的权重是一个难点。

（2）散点图分析法。该方法首先收集酒店在过去几年内员工数量的数据，并根据这些数据做出散点图，把酒店经济活动中的某种变量与员工数量间的关系和变化趋势表示出来。如果两者之间存在相关关系，则可以根据酒店未来业务活动量的估计值来预测相关的人员需求量。同时，可以用数学方法对关系曲线进行修正，使其成为一条平滑的曲线，根据该曲线就可以估计未来的变化趋势。

例如，某酒店集团过去10年的员工数量和营业收入数据如表2-8所示，其散点图如图2-3所示，由此可以预测该企业2024年的人力资源需求量（预估2024年营业收入为50000万元）。

表2-8　某酒店集团过去10年的员工数量和营业收入数据

| 年份 | 员工数量/人 | 营业收入/万元 | 年份 | 员工数量/人 | 营业收入/万元 |
| --- | --- | --- | --- | --- | --- |
| 2014年 | 1524 | 26060.4 | 2019年 | 2490 | 40836 |
| 2015年 | 1668 | 28189.2 | 2020年 | 2560 | 35568 |
| 2016年 | 1688 | 28696.0 | 2021年 | 2820 | 28341 |
| 2017年 | 1558 | 26454.9 | 2022年 | 2401 | 24512 |
| 2018年 | 1958 | 32307 | 2023年 | 3093 | 47770 |

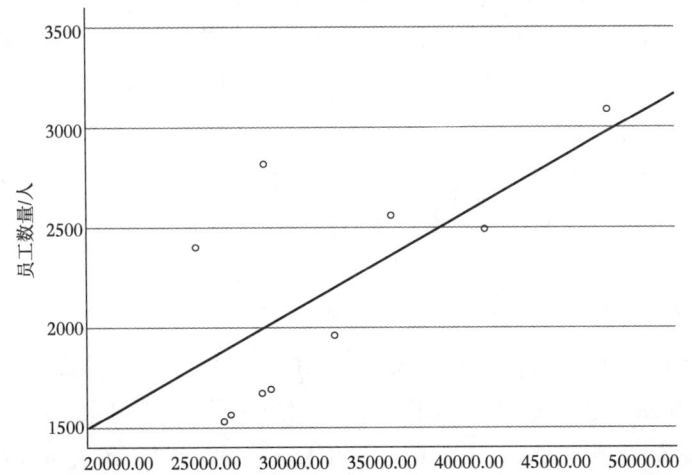

图2-3　某酒店集团员工数量和营业收入分布散点图

在图2-3中,横轴表示营业收入,纵轴表示员工数量。如果这两个因素是相关的,这些点通常会分布在一条直线的附近。图2-3显示,该酒店的员工数量与营业收入之间基本呈现线性关系。由此,可建立直线趋势方程 $Y=a+bX$。该式中,$Y$ 表示员工数量,$X$ 表示营业收入。

利用最小二乘法,可以计算出 $a=561.466$,$b=0.051$。代入直线趋势方程得出:

$$Y=561.466+0.051X$$

因此,2024年的人力资源需求量为:

$$Y=561.466+0.051\times50000\approx3112(人)。$$

(3)幂函数预测模型。该模型主要考虑人员变动与时间之间的关系,其具体公式如下:

$$R(t)=at^b$$

式中,$R(t)$ 为 $t$ 年的员工数量,$a$、$b$ 为模型参数。$a$、$b$ 的值由员工数量的历史数据确定,用非线性最小二乘法拟合幂函数曲线模型算出。

6.统计预测法

统计预测法是指根据过去的情况和资料建立数学模型,并由此对未来的趋势做出预测的一种定量预测方法。它包括以下三种方法。

(1)比例趋势预测法。这种方法通过研究酒店历史统计资料中的各种比例关系(如部门管理人员与该部门服务人员之间的比例关系、员工数量与设施设备数量之间的比例关系等),考虑未来这些比例关系的变动,估计预测期内的比例关系,进而预测未来各类员工的需求量。比如,酒店企业现在的一般客房员工比1.5:1,我们就可以根据酒店客房数的增长情况来判断客房员工的需求量。这种方法简单易行,关键在于历史资料的准确性和对未来比例关系变动的估计。

(2)回归分析预测法。回归分析预测法主要是通过了解一个或一系列变量的变化情况来预测另外一个变量。回归分析预测法的关键是要建立一个科学的回归方程式,用以反映变量之间的关系。在进行酒店人力资源需求预测时,如果只考虑某一种因素(如酒店的市场规模)而忽略其他因素对酒店人力资源需求的影响,就可以采用一元线性回归预测法;如果考虑两个或者两个以上的因素对酒店人力资源需求的影响,则需要运用多元线性回归预测法;如果其中的某一影响因素与酒店人力资源需求量之间的关系不是直线相关的线性关系,就需要采用非线性回归预测法。回归分析预测法不仅适合于短期的人力资源需求预测,而且也适合中、长期的人力资源需求预测。

例如,假设一个拥有300间客房、客房平均出租率为76%的酒店,计划在今后5年内将客房数量增加到700间,该酒店的人力资源总监想要预测出该酒店将来需要多少位一线服务员。于是,该人力资源总监意识到,她首先需要确定酒店客房数、客房出租率与一线服务员人数之间存在何种关系。她通过与7家同档次但规模不同的酒店相关人员通电话,得到了以下数据,如表2-9所示。

表2-9　酒店客房数、客房出租率与一线服务员人数示例

| 同档次酒店 | 第1家 | 第2家 | 第3家 | 第4家 | 第5家 | 第6家 | 第7家 |
|---|---|---|---|---|---|---|---|
| 客房数/间 | 320 | 450 | 380 | 830 | 580 | 280 | 800 |
| 客房出租率/(%) | 78 | 72 | 80 | 73 | 77 | 75 | 80 |
| 一线服务员人数/人 | 186 | 220 | 210 | 420 | 280 | 160 | 410 |

我们可以将酒店客房数设为自变量$X_1$,客房出租率设为自变量$X_2$,一线服务员人数设为因变量$Y$,则它们之间的线性关系可表示为$Y=a+b_1X_1+b_2X_2$。利用最小二乘法计算出$a=-116.580$,$b_1=0.472$,$b_2=183.797$,由此建立预测酒店一线服务员需求量的多元线性回归方程:

$$Y=-116.580+0.472X_1+183.797X_2$$

假设该酒店的客房数增加到700间,出租率保持不变,则该酒店的一线服务员需求量为:

$$Y=-116.580+0.472×700+183.797×76\%≈354(人)$$

（3）经济计量模型预测法。这种方法首先需要用数学模型表示出酒店的员工需求量与影响酒店员工需求量的主要因素之间的关系,然后依据该模型和主要的影响因素变量来预测酒店未来的员工需求量。这种方法比较烦琐、复杂,一般只有管理基础比较好的酒店集团企业才会使用。

7. 工作负荷预测法

工作负荷预测法是指按照历史数据、工作分析的结果,先计算出某一特定工作中每单位时间(如一年)内每人的工作量,然后根据未来的工作目标计算出所需要完成的总工作量,将总工作量除以每位员工的工作量,从而计算出所需要的人力资源数量的分析方法。其计算公式如下:

未来每年所需员工数＝未来每年的总工作量/每年每位员工所能完成的工作量

＝未来每年的总工作时数/每年每位员工工作时数

这种方法考虑的关键点是准确预测出酒店的总工作量和员工的工作负荷,并由此计算出酒店的总工作量和每位员工的工作负荷之间的比率。酒店所处的环境、劳动生产率增长比较稳定时,采用这种预测方法就比较方便,预测效果也比较好。

在进行酒店人力资源需求预测时,定量预测方法的运用越来越普遍,但这类方法在使用中有两个主要局限。第一,这类方法大多需要依靠企业过去多年的人员编制数据,或者企业过去的人员编制数据和其他因素(例如工作量或收入等)之间的关系数据,但是,过去的关系不一定完全适用于未来。第二,随着科技的日新月异和全球竞争的日趋激烈,酒店面对的各种不确定性因素越来越多,定量预测方法的模型往往与众多的变量和参数有关,因此,定量预测方法在变量的选择和参数的设定上必须经过多次检验,以确保其正确且有效,从而保证预测结果的正确性。

与定量预测方法不同,定性预测方法主要依靠专家对酒店人力资源需求状况进行定性判断或主观评估。这种预测方法具有足够的灵活性,但是主观判断难以确保准确,预测结果

比较粗略。因此,酒店在进行人力资源需求预测时,最好灵活地将定性与定量方法相结合,以得出较科学合理和符合实际的预测结果。

## 二、人力资源供给预测

人力资源供给预测是对酒店未来一定时期内可获得的人力资源的数量和类型的预测。与人力资源需求预测不同,需求预测只研究酒店内部对人力资源的需求,而人力资源供给预测必须同时考虑酒店内部供给和外部供给两个方面。

(一)人力资源供给预测的内容

人力资源供给预测包括内部和外部两个方面。

1. 内部人力资源供给预测

内部人力资源供给预测也称为内部人员拥有量预测,它是根据酒店现有人力资源及其未来变动情况,预测出计划期内各时间点的人员拥有量。内部人力资源供给预测一般包括以下几个方面的内容。

(1)分析酒店目前的人力资源现状,如员工的部门和岗位分布、技能知识水平、年龄构成等。

(2)分析酒店员工流动的情况及其原因,以便采取相应的措施来避免不必要的流失。

(3)掌握酒店员工晋升和内部调动的情况,保证工作和职务的连续性。

(4)分析工作性质、工作环境、人力资源管理制度和实践对员工供给的影响。

2. 外部人力资源供给预测

外部人力资源供给预测也称为外部供给量预测,它是指预测计划期内各时间点可以从酒店外部获得的各类人员的数量以及人员的来源渠道。

一般情况下,内部人员拥有量是比较透明的,预测的准确度较高;而外部人力资源的供给预测则有较高的不确定性。

(二)内部人力资源供给预测的方法

酒店内部人力资源供给预测的方法主要有人力资源盘点法(技能数据库分析)、人员接替计划法、马尔科夫转移矩阵法。

1. 人力资源盘点法(技能数据库分析)

人力资源盘点法是对酒店内现有人力资源的质量、数量、结构和在各岗位上的分布状态进行核查,掌握酒店拥有的人力资源的具体情况,以便为酒店人力资源决策提供依据的方法。规模较大的酒店一般都会采用人力资源管理软件来对员工的相关信息进行管理。通过人力资源管理软件有助于掌握酒店人力资源的供给现状。

此外,许多酒店还建立了技能数据库,并将此数据库与其他人力资源管理系统联系起来。技能数据库由反映每个员工工作技能特征的清单构成,如表2-10所示。技能清单是对员工综合素质的反映,通常包括受教育程度、工作经历、培训经历、持有的证书、主管部门的评价、个人的职业发展志向等方面。酒店建立技能数据库,不仅有利于人力资源部门对酒店

60

现有人力资源状况的总体把握,而且有助于估计现有员工调换职位可能性的大小,确定哪些员工可以填补空缺。例如,酒店需要找人来填补某一职位空缺时,通过在技能数据库中输入描述这一空缺职位的任职资格条件的关键词(比如所需要的受教育程度以及技能等),就可得到技能数据库列出的合格候选人名单。

表 2-10　人员技能清单示例

| 姓名: | | | 职位: | |
|---|---|---|---|---|
| 出生年月: | | 婚姻状况: | | 到职时间: |
| 教育背景 | 最高学历: | | 主修专业: | |
| | 毕业学校: | | 毕业日期: | |
| 工作经历 | 起始时间 | 企业和部门 | 岗位及级别 | |
| | | | | |
| | | | | |
| 技能 | 技能种类 | | 所获证书 | |
| | | | | |
| 培训经历 | 培训主题 | 培训机构 | 培训时间 | |
| | | | | |
| | | | | |
| 职业发展志向 | 1.是否愿意从事其他类型的工作? | | 是 | 否 |
| | 2.是否愿意到其他部门工作? | | 是 | 否 |
| | 3.是否愿意接受工作轮换以丰富工作经验? | | 是 | 否 |
| | 4.你最喜欢从事哪类工作? | | 是 | 否 |
| 你认为自己需要接受何种培训 | | 改善目前技能和绩效的培训 | | |
| | | 晋升所需的知识和技能培训 | | |
| 你认为自己可以接受何种工作 | | | | |

**2. 人员接替计划法**

人员接替计划法旨在对酒店内部出现的职位空缺进行及时的补充,主要用于确认特定的职位候选人。首先在工作分析的基础上,明确职位对任职人员的具体要求;然后确定一位或几位能够达到这一职位要求的候选人;接着评价所有候选人,确定哪位候选人更具有潜力;最后对该候选人进行相关培训,让其胜任这一工作。该候选人职位的变动会使得一系列职位出现人员接替,因此,各职位的候补人员需考虑其职业发展计划,并与企业培养人才的目标计划相一致。

图 2-4 反映了酒店内部员工接替计划,A1 职位出现了 2 个空缺,从酒店内部可以提供 2 名合格的继任者,一名是从 A2 职位晋升上去的,另一名是从 B1 跨职位晋升上去的,同时,这两个职位的空缺由下级晋升或平级弥补,最后将空缺转化至比较基层的职位如 C2 职位,然后进行外部招聘以填补职位空缺。

**3. 马尔科夫转移矩阵法**

马尔科夫转移矩阵法是俄国数学家马尔科夫发明的,是一种用于预测事件发生概率的

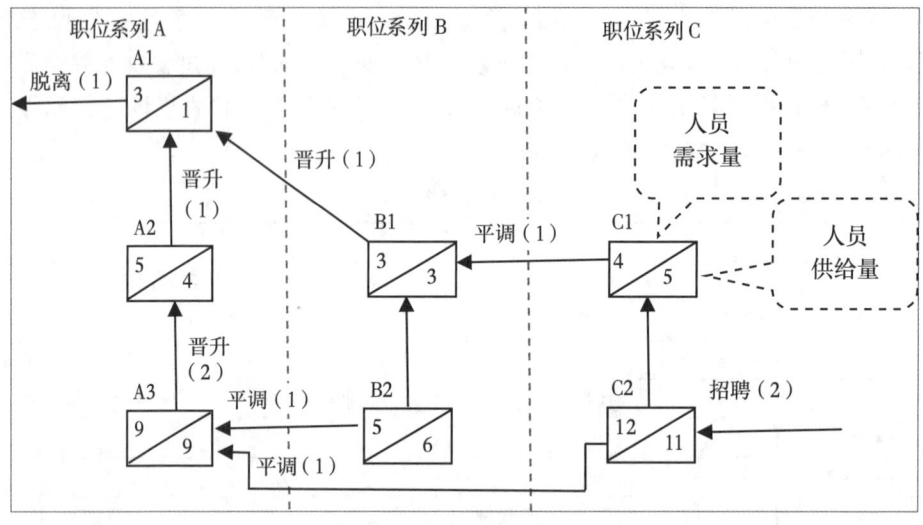

图 2-4　人员接替模型

（资料来源：彭剑锋《人力资源管理概论（第二版）》，复旦大学出版社 2011 年版，第 142 页。）

方法。其基本思路是利用企业内部各类人员流动的历史数据，分析和发现其流动规律，依据这些规律来推断未来人力资源的变化情况。其具体步骤为：根据历史资料计算出一段时期内各类人员转移的平均概率；然后，根据这些概率，建立人员变动矩阵表；最后，根据期末供给人数和矩阵表，预测下一周期企业内部可供给的人数。其公式如下：

$$N_i(t)=\sum_{j=1}^{k}N_j(t-1)\times P_{ij}+V_i(t)$$

式中，$N_i(t)$ 为 $t$ 时刻 $i$ 类人员的人数，$P_{ij}$ 为人员从 $j$ 类向 $i$ 类转移的概率，$V_i(t)$ 为时间 $(t-1,t)$ 内 $i$ 类人员保留的人数，$k$ 为职位分类数。

例如，已知某四星级酒店 2021 年各层级员工的流动数据，统计分析的状态转移概率如表 2-11 所示。其中，总监级别的管理者仍留在职位的概率为 93%，离职的概率为 7%；经理级别的管理者，有 80% 留在原职位，10% 晋升为总监，10% 离职；主管级别的管理者，有 75% 留在原职位，7% 晋升为经理，18% 离职；领班级别的管理者，有 65% 留在原职位，14% 晋升为主管，21% 离职；基层员工有 55% 留在原职位，16% 晋升为主管，29% 离职。2021 年初，该酒店总监、经理、主管、领班、基层员工的人数分别为 4 人、9 人、24 人、36 人、167 人。

表 2-11　某四星级酒店员工马尔科夫状态转移矩阵

| 状态转移概率 | | 工作级别（终止时间状态） | | | | | 离职 |
|---|---|---|---|---|---|---|---|
| | | 总监级 | 经理级 | 主管级 | 领班级 | 基层 | |
| 工作级别<br>（初始时间状态） | 总监级 | 0.93 | | | | | 0.07 |
| | 经理级 | 0.10 | 0.80 | | | | 0.10 |
| | 主管级 | | 0.07 | 0.75 | | | 0.18 |
| | 领班级 | | | 0.14 | 0.65 | | 0.21 |
| | 基层 | | | | 0.16 | 0.55 | 0.29 |

根据马尔科夫转移矩阵法,将各类人员原始人数和转移概率相乘,然后相加,就可预测该酒店2021—2023年的员工结构状态和状态变动情况,如表2-12和表2-13所示。

表2-12　酒店2021—2023年员工结构状态　　　　　　　　　　单位:人

| 年份 | 总监级 | 经理级 | 主管级 | 领班级 | 基层 | 离职 | 招聘 | 在籍人员 |
|------|--------|--------|--------|--------|------|------|------|----------|
| 2021年 | 5 | 9 | 23 | 50 | 153 | 61 | 61 | |
| 2022年 | 6 | 9 | 24 | 57 | 144 | 61 | 61 | 240 |
| 2023年 | 7 | 9 | 26 | 60 | 138 | 59 | 59 | |

表2-13　酒店2021—2023年员工结构状态变动　　　　　　　　　单位:人

| 年份 | 总监级 | 经理级 | 主管级 | 领班级 | 基层 |
|------|--------|--------|--------|--------|------|
| 2021年 | 1 | 0 | −1 | 14 | −14 |
| 2022年 | 2 | 0 | 0 | 21 | −23 |
| 2023年 | 3 | 0 | 2 | 24 | −29 |

由表2-12可以看出,在2021—2023年,整个酒店的人力资源供给量为240人。为了保证酒店的正常运营,2021年需要招聘61人,2022年需要招聘61人,2023年需要招聘59人。

由表2-12和表2-13可以看出,2021年领班级别的管理者供应量为50人,比2021年初多供给了14人;2022年领班级别的管理者供应量为57人,比2021年初多供给了21人;2023年领班级别的管理者供应量为60人,比2021年初多供给了24人。同理,总监级别的管理者供应量也偏大,2023年比2021年初多供给3人;基层员工供给量明显不足,2023年与2021年初相比缺少了29人。由此可见,总监级别的管理者和领班级别的管理者供给量大,而基层员工供给严重不足。

（三）外部人力资源供给预测的方法

如果没有足够多的内部候选人填补预期会出现的职位空缺(或者因为其他原因,希望聘用企业外部的候选人),企业就可能转向寻找外部候选人。外部人力资源供给预测相当复杂,但它对酒店制订人力资源规划具有非常重要的作用。

外部供给预测要着重预测酒店可以吸引的潜在员工的数量、质量等因素。酒店可以根据过去招聘结果和职位配置的经验,了解那些未来可以进入企业的人员状况,以及他们的工作能力、经验等方面的特征,从而估计他们能够补充企业中的哪些职位空缺。

酒店外部人力资源供给预测可以采用以下方法。

1. 内容分析法

内容分析法是对国家的统计数据,特别是劳动人力资源部门的统计资料进行分析的方法。酒店可以通过国家和地区的统计部门、劳动人力资源部门出版的年鉴、发布的报告以及利用互联网来获得这些数据或资料。同时,酒店还应及时关注国家和地区的有关法律、法规和政策的变化情况。

2. 市场调研法

酒店可以就自身所关注的人力资源状况直接进行调查。酒店还可以与人才中介机构或

高等院校建立长期的合作关系,共同了解目标群体就业动态。

3.对应聘人员进行分析

酒店可以通过对应聘人员和已聘用的人员进行分析,得出未来外部人力资源供给的相关信息。

酒店外部人力资源供给的主要渠道有各类学校的毕业生(特别是酒店管理相关专业的毕业生)、复员转业军人、其他酒店在职人员和流出人员、失业人员等。

## 三、酒店人力资源供需平衡策略

对酒店未来人力资源的供给和需求进行预测之后,比较两者的预测结果,会出现以下四种情况:①供需平衡;②供给小于需求;③供给大于需求;④供需总量平衡,但结构不平衡。这四种情况,除了第一种情况外,其余都需要酒店采取一定的措施来解决这种不平衡。

(一)解决员工短缺的策略

当预测未来人力资源供给小于需求时,酒店通常采取的解决方法有以下几种。

(1)技术革新,提高现有员工的工作效率。这是减少酒店人力资源需求的一种有效方式。提高酒店员工工作效率的方法有很多,例如改进工作流程、使用服务机器人、采用新技术、对员工进行技能培训、增加员工工资、留住服务技能好的老员工,等等。

(2)降低员工的离职率。减少员工的流失,同时进行内部调配,增加内部员工的流动来满足某些职位的供给要求。

(3)从外部招聘人员。如果需求是长期的,就要聘用全职员工;如果需求是短期的,可以聘用兼职员工、实习生或临时工。招聘新员工和实习生、聘用小时工和返聘已退休的员工等是较为直接的方法。

(4)业务外包。酒店将有些业务外包出去,可以减少对人力资源的需求。

(5)培训和晋升。如果管理者或技术人员出现短缺,应制订培训和晋升计划。酒店内部无法满足人员要求时,应制订外部招聘和培训计划,如管理培训生项目。

(6)延长工作时间。如果短缺现象不太严重或者是短暂的旅游旺季导致的人员短缺,酒店也会鼓励现有员工延长工作时间来应急,并按照有关法规增加员工的收入。

(二)解决员工过剩的策略

当预测未来人力资源供给大于需求时,酒店通常采取的解决方法有以下几种。

(1)扩大经营规模。拓宽酒店经营领域,开拓新的增长点,增加对人力资源的需求。例如,酒店可以采取多样化经营来吸纳过剩的员工。

(2)辞退员工。例如,永久性辞退某些工作态度差、工作技能低、服务意识差、考核绩效低的员工。

(3)实行提前退休制度。对于一些接近退休年龄的员工,可以制定一些优惠政策,如提前退休者仍按正常退休年龄计算养老保险工龄,发放部分奖金或补助,鼓励这部分员工提前退休。

（4）缩短员工的工作时间。酒店减少员工的工作时间，随之降低员工的工资和福利，西方企业在经济萧条时经常采用这种方式来解决临时性的人力资源过剩。

（5）冻结招聘。停止从外部聘用人员，通过自然减员来减少供给等。

（6）培训转岗。加强培训，使酒店员工掌握多种技能，增强他们从事其他工作的竞争力。鼓励部分员工自主创业或自谋职业。

（三）解决总量平衡但结构不平衡的策略

酒店人力资源供给与需求结构不平衡表现为有的职位供给大于需求，有的职位供给小于需求，对于这种情况，酒店可以采取以下措施。

（1）内部人员重新配置。采取晋升、调动、降职等方式将那些岗位不需要的人员去补充那些人员空缺的岗位，以调整人员结构。

（2）针对性培训。对人员进行有针对性的专门培训，提高他们的工作技能，使他们能够从事空缺岗位的工作。

（3）辞退冗余人员并招聘新人。酒店调整的人员不能胜任空缺岗位的工作时，就需要辞退企业不需要的人员，招聘新人来补充企业需要的人员，以实现人力资源总量和结构的平衡。

总之，酒店在预测人力资源需求和供给时，结果不可能是单一的供大于求或者供小于求，往往出现的是某些部门人力资源供过于求，而另几个部门可能供不应求；也许高层次人员供不应求，而低层次人员的供给却远远超过需求。所以，应视具体情况做具体分析，制订出相应的人力资源部门或业务规划，使各部门的人力资源在数量、质量、结构、层次等方面达到协调平衡。

 **本章小结**

人力资源战略作为企业的职能层战略，是依据企业经营战略所制定的人力资源长远发展的战略决策。

人力资源规划是企业制定战略目标的重要依据。科学的人力资源规划有助于满足企业对员工的需求和调动员工的积极性。

一般来说，人力资源需求预测的方法包括现状预测法、经验预测法、分合式预测法、德尔菲法、趋势预测法、统计预测法、工作负荷预测法等。

人力资源供给预测包括两个方面：企业内部人力资源供给预测和企业外部人力资源供给预测。企业内部人力资源供给预测的方法有人力资源盘点法、人员接替计划法、马尔科夫转移矩阵法等。

保持人力资源供需平衡是酒店人力资源规划的重要组成部分。

### 实务案例2-1:S宾馆的人力资源规划

S宾馆是某集团下属的一家高星级酒店,位于杭州市中心,交通便利,可以轻松抵达各大商场、西湖景点等地。

S宾馆共有8种不同的房间,总计318间客房;具有配置了先进的视听设备的会议场所,包含1间大宴会厅、2间贵宾厅、8间多功能厅和1间董事会议室。董事会议室面积达70平方米,大宴会厅面积为1050平方米。宾馆有提供24小时服务的西餐厅,该餐厅共有188个餐位,提供融合了世界美食的自助早餐、午市套餐和自助晚餐服务。宾馆大堂吧约有80个座位,这里是三五好友相聚小憩、享受下午茶时光的最佳去处。健身中心除了配有专业的健身器材,还配备了亲子乐园、台球室、瑜伽室和棋牌室。游泳池位于地下1层。泳池长20米,宽12米,深度有0.9米到1.2米。此外,宾馆还配有按摩缸、蒸汽房和桑拿房。

一、S宾馆人力资源盘点

1.组织架构和职能

S宾馆拥有1个总经理、4个部门总监,4个部门总监分别负责营运、商务、财务和人力资源管理。

运营总监负责监督和指导宾馆的各个部门,包括餐饮部/厨房部、前厅部、客房部、安全及保障部、工程部、健身中心等。其职责是确保这些部门能够在收入和利润最大化、运营成本最小化、服务标准、团队成员培训等方面取得最佳表现。营运总监下设6个部门经理。其中,行政总厨全方位负责管理中餐馆、西餐馆、大堂吧及晚宴厅的运作,以确保它们能够提供最高质量的服务。前厅部经理负责所有前台运作、车队以及礼宾部和电话服务的运营。客房管家负责管理宾馆318间客房、所有公共区域及洗衣房的一切相关运营事务。安全及保障部经理负责宾馆所有安全事务,如防火防盗等。总工程师管理宾馆的硬件部分,如宾馆建筑和设施的维护保养,并确保所有设备能有效安全地运转。健身中心经理负责所有健身场所及设备的安全性。

商务总监的主要职责是为宾馆公司的战略和总体目标提出建议,以维持宾馆公司的形象;负责维持集团的标准,保持品牌的一致性,并为客户带来优质的服务。

财务总监负责管理宾馆的财务记载和财务报表,保证它们合乎法律和财务规定、相关利益者权益;负责维持一套内部控制的财务管理系统,高效、及时地对宾馆固定资产、债务、总收入和成本费用进行全面控制,以保证遵守集团的政策。

人力资源总监在遵循国家政策、集团品牌标准及酒店政策程序的前提下,与宾馆总经理及管理层紧密合作,落实人力资源战略行动,建立有效绩效考核机制,开发人才发展项目打造高效团队,为达成宾馆整体战略目标做出贡献。

2.人力资源结构分析

根据宾馆定编定岗设置,S宾馆空岗率高达16.97%,实际编制人数与计划编制人数之间仍存在较大差距。2023年S宾馆各部门定编定岗情况如表2-14所示。

表 2-14　2023 年 S 宾馆各部门定编定岗情况

| 部门类型 | | 2024年编制人数/人 | 2023年在岗正式员工/人 | 2023年在岗实习生/人 | 空缺人数/人 | 空岗率/（%） |
|---|---|---|---|---|---|---|
| 行政办公室 | | 2 | 2 | 0 | 0 | 0 |
| 运营部 | 餐饮部 | 64 | 22 | 22 | 20 | 31.25 |
| | 厨房部 | 47 | 32 | 6 | 9 | 19.15 |
| | 前厅部 | 31 | 15 | 14 | 2 | 6.45 |
| | 客房部 | 48 | 34 | 6 | 8 | 16.67 |
| | 安全及保障部 | 8 | 7 | 0 | 1 | 12.50 |
| | 工程部 | 17 | 16 | 0 | 1 | 5.88 |
| | 健身中心 | 10 | 7 | 4 | −1 | −10.00 |
| | 小计 | 225 | 133 | 52 | 40 | 17.78 |
| 商务发展部 | | 14 | 11 | 0 | 3 | 21.43 |
| 财务部 | | 18 | 15 | 1 | 2 | 11.11 |
| 人力资源部 | | 18 | 15 | 1 | 2 | 11.11 |
| 总计 | | 277 | 176 | 54 | 47 | 16.97 |

S 宾馆现有员工中，30 岁及以下人员占 63%，31～40 岁人员占 18%，40 岁以上人员占 19%。女员工占比高，达 147 人，占总数量的 63.9%。本科及以上学历的员工有 84 人，占比高达 36.5%；大专学历的员工最多，占比达 39.5%；中专及以下学历的员工占比达 24%。

自 2019 年以来，S 宾馆逐年开展了员工满意度调查，主要涉及员工对宾馆工作场所、部门经理、职业目标、晋升途径、技能学习、文化包容等多个方面的评价，发现员工的总体满意度都在 85% 以上。

3.人力资源发展战略定位

S 宾馆致力于为每一位顾客提供多样化的服务和营养健康的餐饮体验，期待他们能够再次光临。同时，S 宾馆也致力于为社会做出贡献，并致力于不断提高利润，为投资者带来最大的回报。S 宾馆专为商务人士量身定制个性化服务，他们拥有极强的消费能力，对物价的敏感性较低，他们追求高质量的住宿体验，注重舒适的环境以及自我感受的满足。因此，S 宾馆将通过利用科技，改善业务流程，提高员工的效率，并利用高效的资源协同平台，实现数据化管理，降低沟通成本。

二、S 宾馆人力资源建设问题分析

1.人力资源市场供需不平衡

在人才供应方面，2023 年酒店管理专业学生就业形势转好，但是许多毕业生仍然倾向于深造或转行。S 宾馆全年 70 名实习生的就业动向中，选择继续留在酒店行业的毕业生约为 20 人，选择继续留在 S 宾馆就业的仅有 5 人。

由于人力成本日益增长，以及人力成本在 S 宾馆整体收益中的占比越来越大，S 宾馆开始减少人员，实际招聘岗位也大幅减少。2013 年 S 宾馆开业初期，正

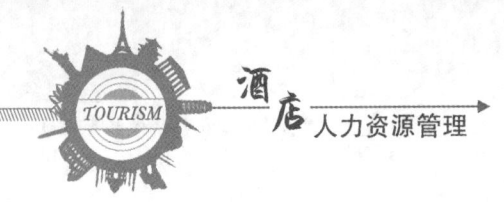
酒店人力资源管理

式员工有340人;2019年全职员工减少至275人,实习生有11人;2021年全职员工人数为222人,实习生有22人;2023年全职员工人数为176人,实习生有54人。S宾馆各部门2016—2023年编制人数见表2-15。

表2-15　S宾馆各部门2016—2023年编制人数表　　　　单位:人

| 年份 | 营运部 | 人力资源部 | 财务部 | 行政办公室 | 商务发展部 | 合计 |
| --- | --- | --- | --- | --- | --- | --- |
| 2016年 | 262 | 22 | 18 | 3 | 22 | 327 |
| 2017年 | 274 | 18 | 16 | 1 | 19 | 328 |
| 2018年 | 241 | 17 | 17 | 1 | 20 | 296 |
| 2019年 | 226 | 19 | 17 | 2 | 22 | 286 |
| 2020年 | 206 | 18 | 17 | 2 | 19 | 262 |
| 2021年 | 194 | 14 | 17 | 2 | 17 | 244 |
| 2022年 | 182 | 15 | 16 | 2 | 10 | 225 |
| 2023年 | 185 | 16 | 16 | 2 | 11 | 230 |

**2.基层岗位员工紧缺且流动性大**

2023年S宾馆人员编制为277人,其中在岗人数230人、空缺47人。人员空缺以基层员工为主,宾馆难以招聘到足够的基层员工。现有基层员工难以应对繁重的工作,因此外包、小时工和劳务派遣用工形式在宾馆人力资源中的占比逐渐增加。S宾馆的派遣用工比例从2016的5%增加至2023年的11%,这也为宾馆运营管理和人力资源管理带来了新的挑战。

自2013年开业到2023年,S宾馆L4级及以下级别岗位的员工离职率超过90%,L5至L7级岗位的员工离职率在59%以上,L8级岗位的员工离职率为25%。具体各岗位的员工离职率见表2-16。

表2-16　2013—2023年S宾馆员工离职率统计

| 类型 | | 级别 | 离职率 |
| --- | --- | --- | --- |
| 普通员工 | | L2 | 100% |
| | | L3 | 94.12% |
| 基层管理者 | 领班 | L4 | 93.41% |
| | 主管 | L5 | 78.26% |
| 中层管理者 | 部门副经理 | L6 | 83.33% |
| | 部门经理 | L7 | 59.09% |
| 高层管理者 | 总监 | L8 | 25.00% |
| | 总经理 | L9 | 0 |

**3.宾馆人才短缺与断层严重**

人才短缺问题是全球范围内许多企业面临的一大难题。S宾馆面临的人才短缺和断层的情形较为严重,但又尚无可解决该问题的完美方案。根据美世的行业微调研结果,宾馆未来3年内将会面临行业吸引力减弱、人才供应不足、难以搭建有竞争力的薪酬体系、业务的不确定带来人才需求的不确定、经营管理人才培养困难这五大人才管理问题。因此,S宾馆的人才短缺是亟待解决的关键问题。

王某几天前才应聘到S宾馆的人力资源部当总监,就收到总经理布置的任务,要求在15天内提交一份本宾馆未来3年的人力资源规划。

为了更好地了解S宾馆的人力资源质量,王某觉得应该去各部门看一看。联想到一线服务员流失率高的问题,他就先到对外营业的餐厅。他发现在就餐时间,员工非常忙碌,服务跟不上顾客需要。他在停留的5分钟内,就发现有服务员上错菜,需要主管与客人沟通来弥补客人的损失。看到这种情况,王某问主管是怎么回事,主管解释说因为员工流动率高,该部门许多外包员工是才来不到10天的新手,做事不熟练,顾客多,这些新手就容易忘记服务流程。由于老员工离职率高,新员工又很难招聘,许多外包员工和小时工仅经过简单培训后就直接上岗。

在与管理者和员工的交谈中,王某发现了一些新问题。虽然S宾馆最近几年陆续通过校园招聘的方式招聘了一些有潜力的大学生,吸纳他们的目的就是想增加后备人才,但是现在看来,并没有达到这样的目的。这些大学生认为自己不被重视,安排的工作太简单,没有挑战性,已经有了离开的想法。王某还发现许多部门经理尽管工作经验丰富,但是很少学习新的知识和技术。

王某还有10天就得交出S宾馆未来3年的人力资源规划方案。

(资料来源:瞿如芳《WH酒店人力资源规划研究》,吉林大学2023年硕士学位论文,有较大修改。)

**▶ 案例分析:**

1.王某在编制S宾馆的人力资源规划时应考虑哪些情况和因素?

2.在预测企业人力资源需求时,应该采取哪些预测技术?

3.S宾馆应该采取怎样的人力资源政策和措施来降低员工流失率?

4.假设你是案例中的王某,请制订出该宾馆未来3年的人力资源规划方案。

实务案例2-2

**某连锁酒店集团17个关键岗位的劳动力现状**

 **复习思考题**

一、简答题

1.什么是人力资源战略?它分为哪些类型?

2.简述人力资源战略与企业经营战略的关系。

3.简述与波特的竞争战略相匹配的人力资源战略的特点。

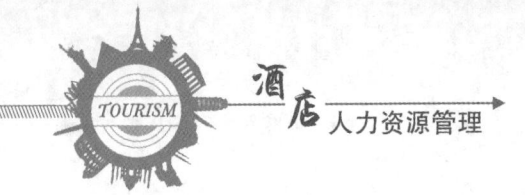

4. 什么是人力资源规划？它包括哪些内容？

5. 如何进行人力资源供给预测和需求预测？

6. 酒店人力资源供给预测和需求预测的方法有哪些？

7. 酒店在人力资源供不应求时应该采取哪些策略来实现供需平衡？

8. 酒店在人力资源供过于求时应该采取哪些策略来实现供需平衡？

9. 针对目前酒店企业人力资源流动率高的问题，请制定相应的措施。

二、实践练习

由3～4人组成一个小组，选定一家酒店作为分析对象，利用本章所学知识或相关分析工具对其人力资源现状进行调研，形成该酒店人力资源现状调查报告，并对人力资源工作效果进行评估。

三、运算题

1. 南园酒店集团有四类人员：高层管理者、中层管理者、基层管理者和服务员。已知2023年初这四类人员的数量分别是80人、180人、300人和900人。假设四类人员2023年的流动情况为：高层管理者有80%留任，其余20%离职；中层管理者有70%留下，10%成为高层管理者，20%离职；基层管理者有80%留下，8%成为中层管理者，1%被破格提拔为高层管理者，1%转为服务员，10%离职；服务员有50%留下，15%成为基层管理者，35%离职。

请根据马尔科夫转移矩阵法编制转移矩阵表，并计算出2024年南园酒店集团四类人员的供给总数。

2. 某酒店2016—2023年的员工人数如表2-17所示，根据这些数据，利用移动平均法和回归分析预测法，预测该企业在2024年所需员工的数量。

表2-17　某酒店2016—2023年员工人数统计

| 年度 | 2016年 | 2017年 | 2018年 | 2019年 | 2020年 | 2021年 | 2022年 | 2023年 |
|---|---|---|---|---|---|---|---|---|
| 员工人数/(人) | 370 | 360 | 358 | 360 | 350 | 321 | 310 | 352 |

# 第三章 →

## 酒店工作分析与工作设计

### 学习目标

通过本章的学习,你应该能够:

(1)了解工作分析和工作设计的定义;

(2)掌握工作分析在酒店人力资源管理中的重要作用;

(3)掌握工作分析和工作设计的内容和程序;

(4)掌握工作分析和工作设计的常见方法;

(5)了解工作说明书和工作规范的定义;

(6)掌握数智化时代工作分析和工作设计的内容。

### 前期思考

酒店在人才招聘前,为什么要进行工作分析和工作设计?

### 重点和难点

重点掌握工作分析和工作设计的内容和程序。难点是工作分析和工作设计的方法。

### 引导案例

**如何搞定部门之间"扯皮"现象**

酒店管理过程中很容易出现两个问题:一是一线员工的操作经常出错;二是酒店内部部门之间"扯皮"、推诿情况常常发生。虽然酒店已经出台了很多制度,但是问题还是不断出现。酒店行业的特点,加之直线职能型组织固有的专业化分工,无形之中会造成部门之间的壁垒,随之就会产生部门之间的"扯皮"现象。比如,有管理权限的人说"我的地盘我做主,没经过我,如果我不知道,如果我不知道,我拒绝执行";有为了个

人利益的人说"干了有好处,越界了也要干";不愿意承担责任的人说"多一事不如少一事,干了搞不好上级会怪罪下来"。解决跨部门的问题需要做到以下四点。

第一,分工。分工是管理的起点。有一次与一位酒店的总经理交流,我问了一个简单的问题:酒店的部门职能做得如何?答案是有岗位职责,没有部门职能。从管理的角度出发,分工主要是为解决秩序与效率的问题。如果在分工这个环节没有做到位,合作必然存在大量的问题,酒店的效率低下就成为必然,频发的问题会把管理者搞得四处救火。如果完整地按照部门职能的内容进行分工,会把部门的所有工作分配给每一个岗位,较好地做到部门职能与岗位无缝对接。酒店的岗位职责也叫岗位说明书。比较完整的岗位说明书会从多方面对岗位进行细致的描述,包括岗位的名称、概况描述、工作职责、专业要求、任职条件、职业通道、工作环境等方面。

第二,用跨部门流程打通部门壁垒。目前酒店的组织架构90%是直线职能型的,10%是类似矩阵式的组织架构。直线职能型组织架构强调专业化分工,容易形成部门壁垒,造成部门之间合作的障碍或者执行不力。酒店如果不能打通跨部门的流程,强化边界流程关键点,就会产生管理秩序问题和低效率。矩阵式的组织架构一般是酒店集团采用的。这种组织架构对被管理者要求较高,因为矩阵中的每个人都有两个上级,一个是有任免权的行政领导,另一个是主管业务的上级领导。这种情况容易导致员工不知道该听谁的,左右为难。酒店流程按照范围可以分为:酒店层面流程,如酒店预算管理流程;跨部门流程,如新员工入职管理流程;部门内部的标准操作流程(SOP)。跨部门流程中,最重要的是部门之间流程的节点。这个节点最容易出现问题,是打通部门之间壁垒的关键点。所以,一旦把流程关键节点梳理出来,就需要界定这个工作由谁来完成,完成到什么程度,数量指标是多少,质量指标是多少,什么时间完成,等等。总之,酒店需要对这个节点进行细致的量化,如果量化不了就需要描述清楚,或者举例说明。

第三,用制度保障流程节点顺畅。酒店都有SOP,但是问题还是出现,这时需要管理者思考部门内部的SOP在正确性、速度和易操作性等方面是否存在问题,同时还要考虑相关流程是否有制度来保障实施、做没做培训和宣传、管理者是不是起到了示范作用等。流程和制度的关系就像一条河,流程是河流,制度是两岸的堤坝。流程强调疏通河道,而制度强调的是加固堤坝。制度往往是针对局部而制定的规则,制度之间不存在非常严密的上下游或者层级关系。而流程则是体系化的,流程之间存在从属关系,同级流程之间存在上下游关系。流程和制度作为酒店管理的主要内容,往往同时存在,有时候会互相转换。当制度具体到业务的每一个步骤时,也可以称其为流程。当流程以手册、管理办法的形式呈现出来,并且在酒店管理中被宣讲推行时,即流程制度化,那同样也可以称之为制度。要想减少酒店内部部门之间的"扯皮"现象,比较好的方法是设计编制跨部门的流程,把核心的业务、重要的跨部门工作用流程的形式呈现出来,再用制度来保障流程的顺利推进。建议可以按照如下五个步骤进行:第一步,梳理流程间的协同关系(尤其是部门之间);第二步,编制流程清单,明确流程职责人,确定优先级;第三步,流程管理部门统筹编制流程;第四步,流程(配套制度)编制完成后,要研讨、试行;第五步,完善优化,宣讲与培训,编制成正式文件(必要时可以进行绩效考核)。

流程和制度涉及的内容有很多,不同的酒店问题也会有所不同,所以目标也会不同,但是无论什么样的酒店,也无论有什么样的问题,我们都要上升到酒店整体层面,需要以客人为中心、以业务为主线来设计和编制自己酒店的流程。

第四,通过绩效考核评价流程节点结果。找出流程节点的关键量化指标,尤其是如果这些指标不完成会影响其他部门的工作,酒店要将其作为对应岗位的关键考核指标,这样做的目的是让流程顺畅高效地运作起来。在流程梳理的过程中,量化节点指标是很重要的一项工作。如果流程有了,而忽略了量化指标,一样会频繁发生问题。

举个现实的例子:某酒店前厅现金收款管理流程是保险箱开箱(时间? 责任人?)—核对账单—核对收款金额—异常(假币或者账单与收款不符)—对应责任人做异常处理—存款(谁去,什么时间去)。以上只是一个简单的例子,我们会发现,这一流程还有很多细节需要完善,还有很多量化指标需要明确,然后用制度约定,并进行绩效考核(可以把账单与收款不符次数作为考核的关键量化指标),存在的问题才会迎刃而解。一个完整流程的具体内容应该有哪些,绝不是一张纸,画个箭头,写几个步骤这么简单。简单的事情可以,部门内部的事情可以,一旦遇到较为复杂的跨部门事情,采用这样简单的做法就容易出现"扯皮"现象。

(资料来源:彭占利《酒店管理:如何搞定部门之间"扯皮"现象》,载于知乎专栏,2022-03-15,https://zhuanlan.zhihu.com/p/481480383。)

▶ **案例讨论:**

酒店应该如何做好岗位职责分工和服务流程优化?

# 第一节　酒店工作分析和工作设计概述

酒店是一个功能多元、业务复杂的综合性服务企业,酒店日益增多的服务项目使得其内部工作更加错综复杂。从接待前台、客房到餐饮、会务等各个部门,每个环节都涉及不同的职能和工作流程。这种多样性不仅体现在服务项目上,同时也表现在工作人员的技能和知识水平上。由于酒店各工作岗位之间存在显著的差异,招聘、选拔、录用和工资标准的制定变得相当复杂,这也为酒店的人力资源开发工作带来了一系列的挑战。

在这样的背景下,酒店迫切需要建立完善的工作分析体系,以便更好地适应复杂多变的市场环境。酒店通过深入的工作分析,可以全面了解各个职位的工作内容、技能要求、责任范围以及相应的工作环境。同时,完善的工作设计也是人力资源开发的关键环节。通过科学合理地设计工作流程、分配任务和完善工作细节,酒店可以优化工作流程,提高员工的工作满意度。一个完善的工作分析和工作设计体系不仅有助于招聘和选拔阶段的工作,也能在员工入职后为其提供明确的岗位职责和发展路径。通过清晰的工作分析和工作设计,酒店也能够更好地适应市场的变化,提高服务质量,有效应对业务的复杂性和多样性。

## 一、工作分析和工作设计的定义、联系与区别

（一）工作分析和工作设计的定义

1. 工作分析的定义

工作分析（job analysis）是一个系统性的过程，旨在深入了解和记录工作内容、职责、要求以及工作环境。它涉及收集和分析有关工作的信息，以明确每个职位的特定要素，如任务、责任、技能、资格和工作条件。工作分析是为了更好地理解和描述工作，以便支持招聘、培训和绩效管理等活动。

2. 工作设计的定义

工作设计（job design）是根据工作分析的结果，有目的地组织和安排工作任务，以实现组织的目标和提高工作效率。工作设计涉及确定工作内容、工作流程、工作方式以及员工在组织中的角色。其目标是确保每个职位上的任务都能够有效地完成，同时满足员工的需要和组织的要求。

（二）工作分析和工作设计的联系

第一，信息关联。工作分析提供了有关工作内容和要求的详细信息，为工作设计提供了基础。工作设计建立在工作分析的结果之上，以确保设计的工作任务和流程符合实际需求。

第二，相互依赖。工作分析和工作设计是相互依赖的过程。工作分析为工作设计提供了关键的输入，而工作设计的结果可能需要进一步的工作分析来进行验证和调整。

第三，人力资源管理。工作分析为人力资源管理提供了基础信息，支持招聘、培训、绩效评估等活动。工作设计则通过有序的工作安排和任务划分，促进员工更好地发挥其潜力，实现组织目标。

（三）工作分析和工作设计的区别

第一，焦点不同。工作分析主要关注于收集和分析有关工作的信息，明确每个职位的要求和职责。工作设计更注重如何组织和安排这些工作，以实现更高效的业务运营。

第二，过程不同。工作分析是一个收集和整理信息的过程，通过调查、观察和记录来理解工作的要素。工作设计则是在理解工作的基础上，有目的地规划和安排工作流程和任务。

第三，目的不同。工作分析的目的在于提供关于工作的详细信息，以支持各种人力资源管理活动。工作设计的目的是通过合理的工作安排和任务设计来提高工作效率，确保工作流程的顺畅运作。

第四，时间差异。工作分析通常是在组织建立初期进行，以建立基础的工作信息。工作设计可能是一个连续的过程，随着组织的发展和变化而调整和优化。

## 二、工作分析和工作设计的内容

（一）工作分析的主要内容

系统的工作分析依照下列项目进行，其通常称为"工作分析公式"（job analysis formula）。

"工作分析公式"是一个系统的工作分析框架,旨在全面深入地了解特定工作岗位及其对应的员工个体特征和工作要素。工作分析提供的信息可以用"6W1H"来概括,具体如图3-1所示。

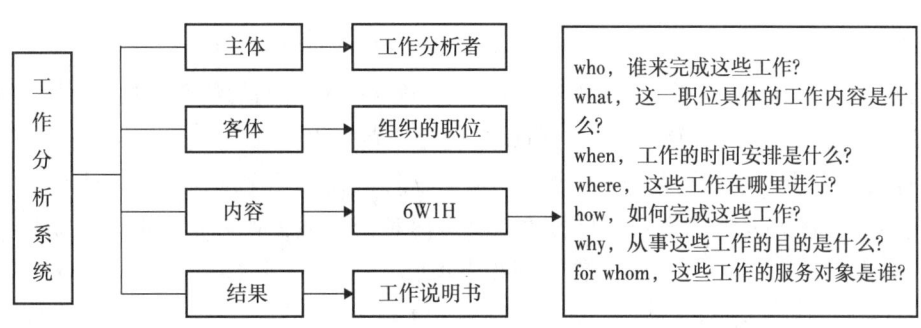

图3-1　工作分析系统

1. 工作主体(who)

这一项目关注特定工作岗位所需员工的个体特征和素质。工作主体的分析主要包括描述员工在该岗位上需要具备的技能和能力,如沟通技巧、团队协作能力、专业知识等;还包括确定该岗位对员工工作经验、学历背景、培训经历等方面的要求,以及确定员工适应该岗位所需具备的个性特征,如适应性、责任心、抗压能力等。

2. 工作内容(what)

工作内容项目详细描述了员工需要完成的具体任务、职责和行为过程。该部分需要具体列举每项工作的主要任务和职责,确保员工能清晰地了解工作内容;还要描述完成每项任务的具体流程和步骤,确保工作按照规定的程序进行。

3. 工作时间(when)

工作时间项目明确了员工完成工作的具体时间要求。该项内容需要描述工作的常规时段,例如上班时间、轮班制度等;还要明确某些任务或项目的紧急性和截止日期,以便员工能够有效规划时间。

4. 工作环境(where)

工作环境项目涉及工作所在的物理环境和组织文化氛围,比如描述工作地点的物理条件,如办公室、客房、餐厅等,以及组织文化、价值观、团队氛围等软性方面,确保员工能够适应组织文化。

5. 工作方式(how)

工作方式项目关注员工完成工作所需的物质条件、工作方法和程序。该项内容需要描述员工需要使用的设备、工具和技术,确保员工有必要的资源来完成工作;还要描述完成工作的步骤和程序,确保员工按照规定的方式操作。

6. 工作原因(why)

工作原因项目解释工作的性质和重要性,包括描述工作的终极目标,确保员工了解其工

作的意义和贡献,以及说明工作对整体业务和组织成功的重要性,激发员工的责任感和工作动力。

### 7. 工作关系 (for whom)

工作关系项目涵盖了员工在工作中的隶属关系和与酒店内外各对象之间的关系。这包括描述员工在组织中的位置、上下级之间的关系、确保工作流畅的组织结构,以及描述员工与外部对象如客户和供应商等的关系,确保工作与外界协调一致。

通过这样一个系统的"工作分析公式",酒店能够确保对每个职位的全面理解,为招聘、培训、绩效评估和人力资源规划提供有力支持。这种全面的工作分析有助于建立科学的招聘标准,优化工作流程,提高员工工作效率和满意度。

### (二)工作设计的主要内容

工作设计是一个组织过程,旨在规划和组织工作的内容、流程和方法,以确保员工能够有效地完成自己的工作,同时实现组织的目标。工作设计涉及各个层面的工作,包括任务分配、工作流程、工作环境以及员工角色等方面。

### 1. 任务分配和分工

工作设计的关键要素之一是明确每个员工需要承担的任务和职责,包括将整体工作分解为具体的任务,以确保每个员工明确其工作范围,以及确定每个员工在团队中的角色和职责,实现任务协同和高效分工。

### 2. 工作流程设计

工作设计涉及规划和设计工作的流程,以确保任务有序进行,包括制定详细的工作流程,清晰展示任务起始、流转和完成路径,以及确定完成任务所需的步骤和程序,以规范员工的操作流程。

### 3. 工作环境设计

工作环境设计涉及组织和管理工作场所,以提供良好的工作条件,包括确定员工工作的地点、设备、工具等物理条件,以及建立良好的组织文化价值观,确保员工在积极的文化氛围中工作。

### 4. 角色和职责设计

工作设计要确保每个员工的角色和职责都是清晰而明确的。这包括详细描述每个岗位的职责和期望,以确保员工了解其在组织中的角色,以及确保员工的职责与其权力相匹配,提高组织的灵活性和效率。

### 5. 工作方法和程序设计

工作设计涉及确定员工完成工作的具体方法和程序。这包括确定高效科学的工作方法,确保员工在工作中能有高质量的表现,以及制定符合组织标准和行业规范的工作程序和规范,确保一致性。

6.培训和发展计划设计

工作设计要考虑员工的培训和发展需求,以提高其工作技能和素质。这包括制订培训计划,确保员工具备完成工作所需的技能和知识,以及确保员工在组织中有明确的职业发展通道,激励其投入和发展。

7.工作评估和反馈机制设计

工作设计要建立有效的工作评估和反馈机制,以确保员工的绩效得到有效管理。这包括绩效评估标准(制定明确的绩效评估标准,确保员工能被客观科学地评估)和反馈机制(提供定期的反馈和评价,帮助员工了解自己的工作表现,为其提供改进建议)两个方面。

8.员工参与和沟通程序设计

工作设计要考虑员工的参与和沟通,以提高员工满意度和组织凝聚力。这包括鼓励员工参与工作设计过程,增强员工对工作的投入感,以及建立良好的沟通机制,确保员工能够理解工作设计的目的和变化。

## 三、工作分析和工作设计的作用

（一）有利于酒店招聘与选用人才

酒店业是一个服务导向的行业,员工对于提供优质服务至关重要。一方面,通过工作分析和工作设计,酒店管理层能够明确不同职位的工作职责、技能要求以及心理素质要求,从而制订更加精准的招聘计划。例如,不同职位可能对沟通技能、团队协作能力、服务态度等方面的要求有所不同,通过工作分析可以明确这些差异,有助于酒店制定招聘标准,避免招聘时的主观性和随意性,提高招聘的准确性和针对性。这种有序的招聘流程有助于提高招聘效率,缩短招聘周期,迅速为酒店补充符合要求的员工。另一方面,具备相关技能和经验的员工更容易适应工作环境,从而有助于提高入职效率。员工在招聘前就对工作内容有充分的了解,并且自身的技能和兴趣与职位匹配时,他们更有可能在工作中有出色的表现,对自己的工作也更满意。这有助于降低员工流失率,减少因工作不匹配而导致的员工流失。

（二）有利于酒店进行员工培训与发展

工作分析为制订有效的培训计划提供了基础。了解每个职位的技能和知识要求,酒店可以有针对性地开展培训,以帮助员工不断提升专业水平。通过培养员工的技能,酒店可以更好地适应市场的变化,提供新颖的服务,并保持竞争力。同时,员工在不同岗位上的成长也有助于自身在酒店内部的晋升和提高绩效。

（三）有利于酒店进行绩效评估

通过工作分析,酒店能够明确每个职位的关键绩效指标。这有助于建立科学的绩效评估体系,使评估更加客观、公正。有效的绩效评估是激励机制的基础,有助于员工清楚了解达到预期绩效水平所要付出的努力,也有助于酒店更有针对性地制订激励计划,增强员工的工作动力。

（四）有利于激励员工，提高员工满意度和团队凝聚力

工作分析有助于员工明确自己的工作职责，了解自己在整个服务链中的重要性。这种清晰的角色认知可以增强员工的自豪感和归属感，从而提高员工对酒店的满意度。员工满意度的提高不仅能够降低员工流失率，还有助于创造一种积极向上的工作氛围，提高整个酒店团队的凝聚力。

（五）有利于优化组织结构与流程，提高服务水平和客户满意度

通过工作分析，酒店能够优化组织结构，明确各个职能部门之间的协作关系和责任划分。这有助于提高工作效率，减少冗余和混淆，确保组织更好地适应变化和发展。明确的组织结构和流程使得酒店能够更灵活地应对市场变化，提供更高水平的服务。工作分析不仅关注员工的工作内容，还关注员工与客户互动的方面。了解不同职位在服务链中的作用，有助于酒店提供更加个性化和高效的服务。通过精细化的工作流程，酒店可以更好地满足客户需求，提高客户满意度，建立良好的口碑，吸引更多的客户。

## 第二节　酒店工作分析的流程和方法

### 一、工作分析的流程

酒店工作分析是确保酒店业务运作高效、员工表现优异以及客户满意度提高的关键步骤之一。工作分析要经历准备阶段、调查阶段、分析阶段和完成阶段，以确保工作分析的准确性和有效性。

（一）准备阶段

准备阶段是工作分析的第一阶段，该阶段的主要任务是解决"为什么要进行工作分析"和"如何进行工作分析"两方面的问题。

1. 确定工作分析的目的和范围

准备阶段的第一步是确定工作分析的目的和范围。这需要清晰地明确分析目的，是为了招聘新员工、优化现有工作流程、提升员工绩效，还是解决某些特定的问题。同时，也需要确定分析范围，包括具体分析哪些工作岗位或业务流程。

2. 成立工作分析小组

成立工作分析小组是为了协调和整合多方资源，包括人力、时间和知识等，以更高效地完成工作分析任务，并确保分析的准确性和有效性。不同部门和岗位的人员可能对工作内容和要求有不同的理解和认识，因此可以邀请具有不同专业和专长的人员参与，以充分发挥各自的优势和专业知识，汇集多元化的视角和经验，提高工作分析的专业性。工作分析往往涉及多个环节和步骤，需要团队合作来完成。组建工作分析小组可以促进团队之间的协作和沟通，提高工作效率和凝聚力。

根据工作分析的目的和范围,确定适合的小组成员。成员可以包括相关部门的管理人员、岗位负责人、业务专家、人力资源专家等。一是要确保小组成员具有相关的专业知识和经验。小组成员确定后,要制订详细的分工方案,明确每个成员的责任和任务。根据成员的专业背景和能力,合理分配工作任务,确保每个成员都能充分发挥自己的优势。二是要建立有效的沟通机制,确保小组成员之间的及时沟通和信息共享,以便协调工作进度和解决问题。这可以通过定期开会、使用多样化的沟通工具等方式实现。此外,如果有必要,可以为小组成员提供相关的培训和支持,以提高他们的工作能力和效率。可以组织专业培训课程或提供相关资料和资源,帮助成员更好地理解工作分析的方法和技巧。

3. 与相关人员沟通和协调

工作分析开始之前,与相关的管理人员、员工和其他利益相关者进行沟通和协调非常重要。这有助于了解他们的期望和需求,明确分析的方向和重点,避免偏离实际需求。同时,通过沟通和协调,还可以获得他们的支持和配合,提高工作分析的效率和准确性。在工作分析过程中,需要注意法律和伦理问题,确保分析过程合乎法律法规和伦理标准,保护员工的隐私和权益。特别是在收集和处理员工的个人信息和敏感数据时,需要遵守相关的法律法规,确保数据的合法性和保密性。

4. 制订详细的工作计划和时间表

制订详细的工作计划和时间表是确保工作分析顺利进行的关键。工作计划应该包括分析的具体步骤、时间安排、责任人和资源需求等。确保所有步骤和任务都得到合理安排和分配,以保证工作分析的顺利进行和按时完成。

(二)调查阶段

调查阶段是工作分析的第二阶段,主要任务是对某个职位的工作流程、工作环境、工作内容和任职人员等进行全面调查。

1. 收集工作分析所需的相关资料和信息

收集与酒店业务运营和员工表现相关的各种资料和信息是调查阶段的重要步骤。这些资料和信息可以包括酒店的组织结构、人员编制、岗位描述、工作流程图、员工手册、过往的绩效评估报告等。通过收集和分析这些信息,可以更好地了解酒店的运营情况和员工的工作内容。

2. 确保数据的准确性和可靠性

需要确保收集和准备的数据具有准确性和可靠性。验证数据的来源和完整性,确保所使用的数据能够真实反映酒店的运营情况和员工的工作表现。如果有必要,可以进行数据清洗和修正,以确保数据的质量和准确性。

(三)分析阶段

收集完相关信息之后,就要进入工作分析的下一个阶段,即分析阶段。在这一阶段,需要对有关工作特征和人员要求进行全面分析。

1. 整理和审核资料

将收集到的资料归类整理，看是否有遗漏的项目；如果有，就要返回到上一个步骤。资料归类整理后，要对所获资料的准确性进行审核；如有疑问，就需要找相关的人员进行核实，或者重新进行调查。

2. 确定分析方法和工具

选择适合的分析方法和工具是开展工作分析的关键步骤之一。常用的分析方法包括任务分析法、观察法、访谈法、问卷调查法等。根据工作分析的目的和范围，以及可用的资源和时间，选择最合适的分析方法和工具。

3. 通过创造性地分析，发现有关工作和任职人员的关键信息

如果收集的资料没有遗漏和错误，也确定了分析方法和工具，接下来就要对这些资料进行深入的分析。对于将要分析的工作职位，创造性地分析其对任职人员的要求。完成工作分析后，对职位的任职人员和其他有关人员进行访问，并根据访问结果对工作分析的结果进行修正。仔细审核、整理、归纳工作分析所需要的各种材料和相关要求。通过整理文档和材料，记录分析工作的过程和结果，为后续的工作提供参考和借鉴。

（四）完成阶段

完成阶段是工作分析的最后阶段。该阶段的主要任务是在前面三个阶段工作的基础上，形成工作分析的最终结果，即工作说明书和工作规范。

1. 编写工作说明书和工作规范

根据收集的有关工作的信息，按照一定的格式编写工作说明书和工作规范的初稿，然后反馈给相关人员进行核实，重点讨论意见不一致的地方，将无法达成一致的地方返回到第二或第三阶段，重新进行分析。经过多次反馈、修订后，形成工作说明书和工作规范的定稿。

2. 成果运用

将工作分析的成果运用于人力资源管理以及酒店管理的相关方面，如招聘、培训、绩效评估和管理优化等，提高酒店的运营效率、服务质量和员工表现，从而提高客户满意度和酒店的竞争力。

3. 设立反馈和改进机制

收集相关人员的反馈意见，不断优化工作分析的方法和步骤，提高工作分析的效率和准确性。同时，也可以通过反馈机制，及时发现和解决分析过程中的问题和困难，保证分析工作的顺利进行。

4. 分析总结

对整个工作分析的过程进行总结，找出其中成功的经验和存在的问题，并将工作说明书和工作规范归档保存，建立工作分析成果的管理制度，以便以后更好地进行工作分析。

## 二、工作分析的方法

工作分析需要收集工作职位的相关信息,收集信息的方法多种多样,但没有哪一种方法可以独立地完成整个工作分析。编制一份完整的工作分析表,必须运用多种工作分析方法,收集到足够的有关工作的信息。工作分析的方法分为定性方法和定量方法两种。

(一)定性方法

1. 观察法

在工作分析的过程中,观察法是一种常用的技术,它通过直接观察工作场景和员工行为来获取关于工作内容和要求的信息。观察法是指研究者直接观察工作场景和员工行为,以获取关于工作职责、任务和要求的信息的一种研究方法。通过观察工作场景中的实际情况,研究者可以了解工作过程中所涉及的活动、技能和知识,以及员工在工作中的行为和表现。观察法通常结合其他数据收集方法,如访谈法和问卷调查法,以获取更加全面和准确的信息。

观察法可以根据观察的对象、观察的内容和观察的方式进行分类。

(1)根据观察的对象,观察法分为个体观察和团队观察。在个体观察中,研究者主要观察单个员工在工作场景中的行为和表现。这种观察通常用于了解特定员工的工作情况,评估其工作绩效和技能水平。在团队观察中,研究者主要观察整个团队在工作场景中的协作和互动情况。这种观察通常用于了解团队的工作效率、沟通方式和协作能力。

(2)根据观察的内容,观察法分为任务观察和行为观察。在任务观察中,研究者主要观察员工在工作场景中执行的具体任务和操作。这种观察通常用于确定工作职责和任务的具体内容,以及评估员工的工作表现。在行为观察中,研究者主要观察员工的行为和表现。这种观察通常用于了解员工的工作态度、沟通能力和团队合作能力。

(3)根据观察的方式,观察法分为直接观察和间接观察。在直接观察中,研究者直接观察工作场景和员工行为,记录观察到的情况和现象。这种观察方式能够提供准确和客观的信息,但可能受到研究者主观偏见的影响。在间接观察中,研究者通过监控录像、文件记录或其他间接手段获取工作场景和员工行为的信息。相对于直接观察来说,间接观察更加灵活和便利,但可能受到信息局限性和不完整性的影响。

观察法在工作分析中有着广泛的应用,特别适用于需要了解工作过程和员工行为的情况。它可以帮助研究者获取关于工作内容、任务要求、工作环境和员工表现的详细信息,为制订培训计划、制定绩效评估标准、优化工作流程等提供有力支持。同时,观察法也可以帮助研究者识别和解决工作中存在的问题和挑战,促进组织的持续改进和发展。观察法通常不适用于工作周期较长和以脑力劳动为主的职位和工作,如部门经理、酒店产品设计和策划工作等。此外,观察法无法获取有关任职资格方面的信息。

2. 面谈法(访谈法)

面谈法是通过与工作人员直接交谈,询问他们关于工作内容、任务要求、工作环境以及

技能和知识等方面的信息来收集数据的一种方法。这种方法通常包括与员工、管理人员和相关专家进行面对面的访谈,以获取他们的意见、观点和经验。

面谈法可以根据面谈对象的不同分为以下几类。第一,员工面谈。这种面谈主要针对普通员工,通过直接与他们交谈了解他们对工作内容、工作环境、任务要求等方面的看法和体验。员工面谈通常包括个别面谈和集体面谈两种形式,旨在获取员工的真实反馈和建议。第二,管理人员面谈。这种面谈主要针对管理人员,包括部门主管和人力资源管理人员等。通过与管理人员交谈,可以了解他们对工作职责、任务要求、绩效标准等方面的看法和期望,以及对员工表现和工作环境的评价。第三,专家面谈。这种面谈主要针对具有专业知识和经验的人士,如行业专家、培训师、顾问等。通过与专家交谈,可以获取他们对工作内容、技能要求、行业趋势等方面的专业见解和建议,为工作分析提供专业支持和指导。

面谈法有诸多优点。第一,面谈法能够深入了解员工的工作情况和需求,获取他们的真实反馈和意见,提供详细和全面的信息。第二,面谈法具有较高的灵活性,可以根据具体情况调整面谈的内容和方式,以适应不同的研究目的和需求。第三,面谈法能够促进员工与研究者之间的交流和互动,建立良好的沟通氛围,增进彼此的理解和信任。第四,面谈法可以收集多个不同人群的意见和观点,包括员工、管理人员和专家等,为工作分析提供多视角的数据支持。

面谈法也同样存在一些缺点。第一,面谈法容易受到面谈者主观意识和偏见的影响,面谈者可能会出于个人喜好或立场倾向而提供不准确或不客观的信息。第二,面谈法依赖于面谈者的记忆和主观评价,存在记忆偏差和主观扭曲的风险,从而导致面谈结果不够准确和可靠。第三,面谈法需要花费大量的时间和人力物力来准备和实施,特别是在面对大规模或复杂的工作分析时,时间成本较高。第四,面谈法的有效性和可靠性受到面谈对象的影响,如果面谈对象不愿意配合或提供真实信息,可能会影响面谈结果的质量和准确性。在采用面谈法进行工作分析时,需要综合考虑其优缺点,合理选择和结合其他数据收集方法,以获取更加全面和准确的信息。

3. 参与法

参与法也称为工作实践法。这种方法是指由工作分析人员亲自从事所需研究的工作,扮演员工的工作角色,以获取全面、准确的信息。参与法的内容主要包括进行工作描述(具体的工作流程、操作步骤、技能要求等,以获取对工作内容的深入理解)、任务分析(确定任务的优先级和重要性,以及任务之间的关联和依赖关系)、环境描述(工作场所、工作设备、工作安全和卫生等方面的情况,以获取对工作环境的全面了解)和技能要求描述(专业技能、沟通能力、团队合作能力等方面的要求,以确定员工的培训和发展需求)。

参与法的优点体现在以下几个方面。第一,参与法能够促进员工的参与和沟通,提高员工对工作内容和要求的理解和认同,增强员工的归属感和责任感。第二,参与法通过让员工和管理人员共同分析和描述工作情况,能够获取更加全面、准确的信息,反映实际工作情况和需求。第三,参与法能够促进团队之间的合作和互动,增进彼此的理解和信任,建立良好的团队合作氛围,提高工作效率和质量。第四,参与法通过让员工和管理人员共同分析和讨论工作情况,能够激发员工的创新意识和改进动力,促进组织的变革和创新。

参与法的缺点在于需要花费大量的时间和人力物力进行准备和实施,特别是在组织大规模的工作坊或焦点小组讨论时,时间成本较高。此外,参与法容易受到参与者主观意识和偏见的影响,参与者可能会出于个人喜好或立场倾向而提供不准确或不客观的信息。在采用参与法的过程中,员工可能感受到来自管理层或同事的压力,不敢或不愿意提出真实的意见和建议,导致信息不完整或不准确。因此,参与法只适用于短期内可以掌握的工作职位或者工作内容比较简单的职位,如餐厅服务员,而不适用于需要进行大量训练和具有危险的工作职位。

4. 工作日志法

工作日志法旨在详细记录员工在工作过程中所完成的任务、所花费的时间以及遇到的问题及其解决方案。记录工作日志可以帮助管理者更好地了解员工的工作情况,评估工作效率,发现问题并提出改进建议。

首先,工作日志的记录应包括工作日期、时间段、具体工作内容和完成情况。员工应当在每天开始工作时记录当天的工作计划,并在工作结束时对实际完成情况进行总结。这种记录方式有助于管理者了解员工在不同时间段的工作安排和工作效率。其次,工作日志还应包括员工在工作过程中遇到的问题及其解决方案。员工可以记录下工作中遇到的困难、障碍或者技术性问题,并描述他们是如何克服这些问题的。这些记录有助于管理者了解员工解决问题的能力和工作技巧,并为今后的工作安排提供经验参考。再次,工作日志还可以记录员工的工作心得和改进建议。员工可以在日志中分享自己的工作体会、感悟和建议,并提出有针对性的改进方案。这些记录不仅有助于管理者了解员工的工作态度和思路,还可以为团队的整体提升提供参考。最后,管理者应当定期审阅员工的工作日志,并对其中的信息进行评估和反馈。管理者可以根据员工的工作日志评估其工作表现和工作质量,及时发现问题并提出改进建议。此外,管理者还可以通过审阅工作日志来了解团队的工作情况,发现团队存在的问题并及时解决。

5. 关键事件分析法

关键事件分析法强调通过对员工在工作中发生的关键事件进行分析和总结,以便深入了解工作过程中的问题和优势。

首先,该方法要求工作人员在日常工作中,每隔一段时间(通常是一小时)记录过去这段时间内发生的关键事件。这些关键事件可能包括客户服务交流、工作流程中的关键步骤、员工之间的协作等。例如,对前台工作人员记录的关键事件可能包括客户登记、办理入住手续、处理客户查询等。其次,记录的关键事件应当尽可能具体和详细。可以记录事件的时间、地点、参与人员、事件描述以及员工对事件的评价等信息。例如,如果记录的是客户登记这一关键事件,可以记录客户的姓名、到达时间、房间类型选择等信息,并记录员工服务的表现(如礼貌、效率等)。

关键事件的记录可由任职者的直接主管或其他目击者去完成,按照行为发生的顺序来记录。为了确定某一职位的任职资格,往往需要记录大量的关键事件,并把它们划分成不同

的类别和等级,实际操作中有如下几个步骤。①把每一个关键事件打印在卡片上。②让多位有经验的工作分析人员对所有卡片进行分类。分类的标准可以统一,也可以不统一。对那些有争议的事件分类要重新讨论,直到取得一致意见。③对类别予以明确的概括和定义。④比较职位任职资格条件,根据关键事件分类与概括,可能得出多个任职资格条件,其中一些可能比另一些重要,重要程度可按下面的标度评分:1=很不重要;2=比较重要;3=重要;4=非常重要;5=极其重要。然后,以工作分析人员的平均分数值作为各个任职资格条件的权重值。

通过分析记录的关键事件,可以发现工作过程中存在的问题和优势。管理者可以根据记录的信息,评估工作人员的表现和工作效率,并发现工作流程中的瓶颈和改进空间。例如,如果发现客户登记过程中耗费了较长时间,这可能意味着需要改进前台工作人员的操作流程或提升其工作效率。此外,关键事件分析法还可以用于评估服务质量和客户满意度。通过记录客户服务过程中的关键事件,可以了解客户在服务过程中的感受和需求,并根据其反馈对服务进行改进。例如,如果客户在登记过程中遇到了问题,可以及时对问题进行处理并提供解决方案,以提高客户满意度。关键事件分析法要求管理者和员工共同参与,形成良好的反馈机制。管理者应当定期审阅员工记录的关键事件,并根据其中的信息提出改进建议和培训计划。员工也可以根据管理者的反馈和建议,不断改进自己的工作方法和服务态度,提高工作效率和服务质量。

（二）定量方法

定量方法主要是问卷调查法。问卷调查法是一种应用非常普遍的工作分析方法,它通过向员工、主管或其他相关人员发送问卷来收集数据和反馈,以获取关于工作内容、工作环境、技能要求等方面的信息。

1. 设计问卷

问卷设计是问卷调查的关键步骤之一。一个好的问卷应该有助于全面、准确地了解到相关工作岗位的情况。在设计问卷时,需要考虑多个方面。①工作内容:了解员工在日常工作中所从事的具体任务和活动。问卷可以涵盖工作内容的具体描述,以及工作任务的重要性和优先级。②技能要求:了解工作岗位所需的技能和能力。问卷可以包括对各种技能的评估,例如专业技能、沟通能力、领导能力等。③工作环境:了解员工在工作环境中所面临的条件和挑战。问卷可以涵盖工作压力、工作时间安排、协作与支持等方面的情况。④岗位要求:了解员工对该岗位的认知和期望,以及对工作的满意度。问卷可以包括员工对工作要求的理解和满足程度,以及对工作条件和待遇的看法。

问卷调查法在问卷设计上通常采用结构化和开放式两种形式。结构化问卷由工作分析人员事先准备好的项目组成,代表了分析人员希望了解的工作信息。被调查者只需要在问卷项目后填空、选择或对各个项目进行分数评定。结构化问卷简单、明确,填写方便,不需要被调查者去思考题目选项是否合理。开放式问卷让被调查者表达自己的意见和看法,如"请叙述您工作的主要职责",被调查者需要花费较多的时间才能完成调查问卷。因此,最好的问卷是介于两者之间,既有结构化问题,也有开放式问题。

2.确定受访对象

确定受访对象是问卷调查的另一个重要步骤。通常情况下,可以选择涉及该工作岗位的员工、直接主管以及其他相关人员作为受访对象。通过多方的反馈,可以更全面地了解工作岗位的情况,发现问题和优势。

3.发送问卷和收集数据

发送问卷可以采用多种方式,包括在线调查平台、电子邮件或者纸质调查表的方式。在发送问卷之前,需要向受访对象说明问卷的目的和重要性,并向他们保证回答信息将被保密和尊重。另外,还可以设定截止日期来限制问卷的回收时间。在收集数据的过程中,需要注意保证数据的完整性和准确性。可以通过设立必答题、逻辑性验证等方式来确保数据的质量。

4.数据分析和解读

收集到足够的问卷后,就需要对数据进行分析和解读。数据分析可以采用统计分析方法,包括频率分析、占比分析、相关性分析等。通过分析问卷数据,可以获取员工对工作内容、工作环境和技能要求等方面的看法和反馈。在数据分析的过程中,需要注意发现问题和优势,并加以分析解释。通过对数据的深入理解,可以为组织提供有针对性的改进建议。

5.提出改进建议,反馈和沟通

根据问卷调查的结果,可以提出相应的改进建议。这些建议可以包括优化工作流程、改善工作环境、加强员工培训、注重员工发展等方面。提出改进建议是为了提高工作效率、满足员工需求、提高工作质量,从而实现组织的发展目标。最后,需要将问卷调查的结果反馈给相关人员,并进行沟通和讨论。通过与员工和管理者的有效沟通,可以增强他们的参与感和归属感,并促进改进建议的顺利落实。

问卷调查法有许多优点:一是能够从许多员工身上快速地收集到工作分析所需的信息,节省时间和人力,费用低,速度快;二是员工可以在工作之余填写问卷,不影响员工的正常工作;三是对于通过问卷得到的资料,分析时可以数量化,由计算机进行数据处理,节省资料分析时间。同时,问卷调查法也存在一个问题:问卷设计的质量直接影响到调查的成败,因此需要花费大量的时间和人力去设计问卷。在实施问卷调查时,需要注意问卷设计的科学性和合理性,以及受访对象的代表性和回复率,以保证问卷调查的有效性和可靠性。在问卷使用前,还应该进行测试,以保证受访对象能理解问卷中的问题。为了避免误解,有些时候需要调查人员亲自解释和说明。问卷调查表主要有两种:一种是问卷内容具有普遍性,适合于各种职务的工作内容调查表;另一种是专门为特定工作职务设计的特殊问卷。

## 三、工作说明书和工作规范的制定

不同的酒店进行工作分析的侧重点是不一样的,有的酒店是为了设计更合理的培训方案,提高员工的技术素质;有的则是为了制定更切合实际的奖励制度,提高员工的工作积极性;还有的是为了根据工作要求改善酒店工作环境,提高安全性。但是,酒店工作分析的结果都会形成工作说明书和工作规范。

（一）工作说明书

工作说明书要对工作的目的与任务、工作内容与特征、工作责任与权利、工作标准与要求、工作时间与地点、工作流程与规范、工作环境与条件等特征进行描述。企业不同，工作说明书的内容会不相同，但是制定规范的工作说明书通常包括以下内容。

1. 确定工作说明书的结构

在开始编写工作说明书之前，首先需要确定工作说明书的结构。通常情况下，工作说明书应该包括以下几个部分。

（1）职位概述：简要介绍工作职位的背景和目的，包括所属部门、工作职责、上级主管等信息。

（2）职责和任务：具体描述工作职位的主要职责和任务，包括日常工作内容、项目任务、工作目标等。

（3）技能要求：确定适合该职位的技能、知识和能力要求，包括专业技能、沟通能力、领导能力等。

（4）工作条件：说明工作环境、工作时间、薪资福利、晋升机会等方面的信息。

（5）绩效评估：确定绩效评估标准和评价方法，包括目标设定、绩效指标、考核周期等。

2. 收集工作分析数据

在编写工作说明书之前，需要收集工作分析的数据和信息。这些数据可以来自工作分析的结果，如员工反馈、管理者评估、工作流程分析等。通过收集数据，可以确保工作说明书的准确性和全面性。

3. 编写工作说明书的内容，反复审阅和修改

确定了工作说明书的结构，并收集到必要的数据后，就可以开始编写工作说明书的内容了。完成工作说明书的初稿后，需要进行审阅和修改。

4. 最终沟通和发布

完成工作说明书的修改之后，就可以发布了。在发布工作说明书之前，需要与相关人员进行沟通和确认，以确保他们对工作说明书的内容和要求有清晰的理解。同时，可以考虑将工作说明书以电子或纸质形式进行分发，以便员工随时查阅和参考。

编写工作说明书是工作分析的重要结果之一，它可以帮助组织明确工作岗位的职责、要求和期望，促进组织的有效管理和员工的良好表现。在编写工作说明书时，需要注意结构的合理性、内容的准确性和清晰性，以及审阅和修改的及时性。合理编写和使用工作说明书，可以为组织提供明确的工作指导，促进组织的持续发展和进步。

（二）工作规范

酒店工作规范，说明了从事某项工作的人所必须具备的知识、技能、能力、兴趣、体格和行为特点等素质要求。制定工作规范的目的是确定重要的个体特征，以此作为人员筛选、任用和调配的依据。酒店工作规范反映了职位要求，其主要内容包括以下几个方面。

1. 服务态度和行为规范

(1)礼貌待客:员工应礼貌对待每一位客人,主动问候客人,并提供周到的服务。

(2)耐心倾听:员工应耐心听取客人的需求和意见,确保客人感受到被尊重和被重视。

(3)礼仪规范:员工应穿着整洁、得体,保持良好的仪容仪表,符合酒店形象要求。

(4)语言文明:在与客人沟通时,应使用文明礼貌语言,避免使用不适当或冒犯性的言辞。

2. 工作流程和操作规范

(1)标准操作程序:员工应熟悉并严格遵守酒店的标准操作程序,确保服务质量的一致性。

(2)工作安全:员工在工作中应注意安全,正确使用设备和工具,并遵守安全操作规程。

(3)节约资源:员工应节约用水、用电等,避免浪费,保护环境。

(4)卫生整洁:员工应保持工作环境的整洁和卫生,包括客房、公共区域、餐厅等地方。

3. 客户服务标准

(1)响应速度:员工应及时回应客人的需求和投诉,确保客人的问题得到及时解决。

(2)个性化服务:员工应根据客人的需求和喜好,提供个性化的服务,提高客人满意度。

(3)问题解决:员工应善于解决客人的问题和矛盾,提供合理解决方案,并尽力让客人满意。

(4)保密原则:员工应严格遵守客人的隐私和保密要求,不得泄露客人的个人信息。

4. 团队协作和沟通准则

(1)团队合作:员工应积极与同事合作,相互支持,共同完成工作任务。

(2)信息共享:员工应及时分享工作相关的信息和经验,促进团队的学习和成长。

(3)沟通协调:员工应保持良好的沟通以解决工作中的问题和冲突,确保工作顺利进行。

5. 遵守酒店规章制度

(1)遵守规章制度:员工应严格遵守酒店的各项规章制度和工作纪律,不得违规操作或违反相关规定。

(2)消防安全:员工应了解并遵守酒店的消防安全规定,掌握应急逃生知识和技能,确保自己和客人的安全。

6. 培训和绩效评估

(1)持续培训:员工应参加酒店的培训和学习活动,不断提升专业技能和服务水平。

(2)绩效评估:酒店对员工的工作表现进行定期评估,根据评估结果提供奖励。

(三)工作说明书和工作规范的编写原则

编写工作说明书和工作规范是每一个管理者都应当具备的技能,因为工作说明书和工作规范的编写,体现了管理者对相关职位的熟悉程度和控制水平。编写酒店工作说明书和

工作规范是确保酒店运营顺利、服务高效的关键步骤。

1. 酒店工作说明书的编写原则

工作说明书的编写是人力资源管理中的一个关键环节,在酒店业,员工的工作直接关系到客户满意度和酒店的整体表现,因此编写一份有效的工作说明书尤为重要。酒店工作说明书的编写要遵循以下原则。

(1)准确性。酒店工作说明书的编写应基于对岗位的深入分析,确切地描述岗位的核心职责和日常任务,以避免任何可能的误解或期望偏差。随着酒店业务的发展和岗位职责的变化,工作说明书应定期更新,以保持其准确性和相关性。

(2)全面性。酒店工作说明书应涵盖酒店各个部门和岗位的所有重要方面,包括前台、客房、餐饮、保安、行政等,确保工作说明书的内容全面而详尽。清晰地界定每个岗位与酒店其他部门和岗位之间的关系,明确其在组织中的作用和贡献。明确技能与资格要求,包含岗位所需的专业技能、教育背景和任何必要的资格证书,以便员工和潜在应聘者了解所需能力。

(3)清晰性。酒店工作说明书的语言应清晰简洁,易于理解。避免使用过于专业化或晦涩的术语,确保员工能够准确理解工作要求。除非绝对必要,否则避免使用行业术语和缩写,可以在文档中提供这些术语的定义和解释。使用清晰的标题和子标题,以及项目符号或编号列表,以提高工作说明书的可读性和易用性。

88

2. 酒店工作规范的编写原则

在酒店业,工作规范对于确保服务质量和维持酒店的声誉至关重要。酒店工作规范的编写应遵循以下原则。

(1)规范性。酒店工作规范应明确工作岗位的规范和标准,包括服务态度、工作流程、行为准则等方面。确保员工明确工作标准,遵循规范操作。工作规范应详细到每项任务的执行方式,从客户接待到客房服务的每一个细节,都应有清晰的步骤和预期的服务水平。应考虑行业最佳实践和标准,并将其融入工作规范中,以确保服务的专业性。

(2)一致性。酒店工作规范应统一所有员工的工作行为和标准,确保服务质量和形象的一致性。所有员工都应遵循同一套工作规范。不同部门的工作规范需协调一致,确保从顾客入住到退房的整个体验都符合同一标准。工作规范应反映并强化酒店品牌的价值观和形象,确保所有员工的行为均能传递品牌信息。

(3)可执行性。酒店工作规范应具有一定的可执行性,即员工能够理解并有效地执行其中的规定。工作规范的内容应简单明了,易于操作。工作规范应基于实际操作能力和资源,制定合理的期望和要求,避免过于理想化的标准。根据不同岗位的复杂性,工作规范应提供分级指导,确保每个层级的员工都能找到相应的指南。

工作说明书和工作规范编写完成后,将打印成一式三份。一份为任职者所在的部门负责人保管,一份为任职者自己保管,一份由人力资源部备份保管。

**第三节 酒店工作设计的流程和方法**

## 一、工作设计的流程

酒店工作设计是一个系统化的过程,旨在打造高效能的服务团队和提高客户满意度。酒店工作设计的流程通常包括以下几个关键步骤。

1. 需求分析

对酒店的业务需求和目标进行分析,确定工作设计的目标和范围。这包括对客户需求、市场竞争、人力资源情况等方面的调查和评估。全面的业务分析,包括市场趋势分析、竞争对手分析、客户满意度调查,以及内部资源和能力的评估。与管理团队、员工和客户等利益相关者进行讨论,以获取多方视角的看法和需求。

2. 岗位分析与职责划分

对酒店内各个岗位进行分析,明确每个岗位的任务和职责。制定详细的职位描述书,阐明各岗位的关键任务、技能要求以及预期的工作成果。根据工作性质和需求,划分不同岗位的工作职责和权限,确保工作分工合理明确。确保岗位之间的职责分配不会重叠,并提供足够的资源来支持每个岗位的工作。

3. 流程设计与优化

确定了各个岗位的任务和职责后,要设计和优化工作流程与业务流程。这包括入住和退房流程、客房清洁流程、餐饮服务流程等方面的设计,以提高服务效率和质量。通过流程映射技术描绘现有的工作流程,识别瓶颈和改进点。运用工程学和运营管理原理来评估和提高流程效率,包括简化任务、减少浪费和优化时间管理。

4. 制定标准操作程序

根据工作流程和业务需求,制定标准操作程序(SOP)。SOP是规范化的工作操作流程,包括各个环节的具体操作步骤、质量标准和责任分工,确保工作的一致性和规范性。编写清晰的SOP文档,并确保它们易于理解和执行。在实际工作环境中审查和测试SOP,确保它们是实用的,并且能够达到既定的服务质量标准。

5. 员工培训与技能提升

对员工进行培训,使其了解工作流程、掌握操作技能、熟悉SOP等。培训内容可以包括岗位培训、技能培训、服务理念培训等,以提升员工的专业素质和服务水平。培训后要跟踪评估,确保培训效果,并为员工提供持续的反馈和成长机会。

6. 建立团队协作与沟通机制,预防部门间互相"扯皮"

建立团队协作和沟通机制,促进员工之间的合作和交流,包括定期开展团队会议、建立内部沟通平台、制订协作计划等,以提高团队的凝聚力和协作效率。营造开放和支持性的工

作环境,培养员工分享信息和解决问题的协作文化。开发沟通策略,包括常规的团队建设活动和沟通培训,以提高员工的沟通能力。

7. 持续改进和监督管理,适应性调整和创新

工作设计完成后,需要定期监督和评估,发现问题并及时改进。通过收集反馈意见、开展绩效评估、定期审查SOP等方式,持续优化工作流程和服务质量。随着市场环境和客户需求的变化,还需要对工作设计进行适应性调整和创新。根据反馈信息和市场趋势,及时调整工作流程和服务策略,保持酒店的竞争力和持续发展能力。在工作设计中增加灵活性,以便酒店能快速适应内部和外部环境的变化,如旅游旺季或淡季的人力资源调配。对于突发事件,如自然灾害或健康危机,工作设计中需要包含应急方案和流程。

尽管上述流程和步骤提供了一个全面的工作设计框架,但实际上,每家酒店都有其独特性,这要求酒店工作设计必须具有高度的定制化。首先要考虑酒店特色和文化与工作设计的融合。酒店的历史、定位、品牌价值观和文化应该被纳入工作设计之中,确保工作流程和员工行为与酒店的独特氛围和服务承诺保持一致。在员工培训和日常运营中加强酒店文化的宣传,使每个员工都能成为品牌文化的传播者。其次,要考虑客户群体的特殊需求。根据酒店的目标市场和客户群体特征调整服务流程,可能需要为特定的客户群体设计特别的服务流程,比如高端商务客人或家庭旅游者。再次,建立高效的客户反馈机制,及时调整工作设计,确保服务流程能够满足客户的期望和需求。最后,随着新技术的不断涌现,酒店需要将这些技术融入工作设计中,比如使用移动设备进行客户服务或使用数据分析来优化工作流程。鼓励和支持员工在工作中采用数字工具,如在线订房系统、智能客房管理系统等,以提高效率和服务质量。

## 二、工作设计的方法和原则

### (一) 工作设计的方法

通过任务分析确定每个工作岗位的具体任务和职责。这涉及详细地了解工作内容、工作环境和工作所需的技能等方面。工作特征模型(job characteristics model, JCM)是一种任务设计理论,它提出了影响员工工作动机和绩效的五个关键工作特征:任务重要性、任务一致性、任务自主性、任务反馈和技能多样性。这些特征对于酒店任务分析有着重要的启示,可以指导酒店管理者设计和安排工作,提高员工的工作满意度、投入度和绩效水平。

1. 任务重要性

在酒店任务分析中,任务重要性意味着员工能否意识到自己的工作对于提升客户体验和酒店形象的重要性。对于前台接待员来说,能够及时准确地为客人解决问题,让客人感受到温暖和关怀,这对于酒店整体形象至关重要。管理者应确保员工理解自己的工作对于酒店的价值,并提供相应的培训和支持,以增强员工的工作意义感。

2. 任务一致性

任务一致性在酒店行业中是一个关键的工作特征,它描述了工作任务从开始到结束的

连贯性和完整性。这意味着一个工作任务应当有一个明确的起始点,通过连续的工作流程,最终达到明显的成果。例如,一个房间的订餐服务任务从接受客人的订单开始,包括准备食物,递送至客房,最后确认客人满意并完成订单。这种一致性不仅确保了服务的流畅性,也有助于提高员工对其工作的理解和掌握,使他们能够看到自己努力的直接结果,从而提高工作满意度和效率。在酒店管理中,确保任务一致性可以使得服务流程标准化,减少错误和遗漏,提高客户服务质量。

### 3. 任务自主性

任务自主性是指员工在工作中能否自主决策和控制工作流程。在酒店任务分析中,员工可能需要灵活应对各种客人需求和突发事件,因此需要一定程度的自主权。例如,客房服务员在处理客房清洁时可能需要根据客人需求调整清洁时间和方式。管理者应该给予员工一定的自主权,让他们在工作中感到更加自主和有动力。让员工自主设计工作方式和方法,可以提高员工的自主性和创造性。增强员工的任务自主性可以提高员工的满意度和工作动力,同时增加员工的创造性;但其潜在的缺点是员工的设计方案可能不符合组织的实际需求,影响工作效率和质量。

### 4. 任务反馈

任务反馈指员工能否及时了解自己的工作表现。在酒店业中,任务反馈是衡量员工表现的关键组成部分,对于提高服务质量和员工满意度至关重要。酒店需要建立有效的反馈机制,确保员工可以及时获得关于自己工作表现的具体信息。这通常通过客户满意度调查、直接的客人反馈以及投诉处理程序来实施。通过这些渠道,员工不仅能了解客人对服务的满意程度,还能获得必要的信息来调整和改进工作方法。此外,管理者的定期评价和即时反馈也极为重要,它们帮助员工更好地了解自己的表现,并明确今后的发展方向。这样的反馈机制不仅增强了员工的责任感,也提高了他们的职业成就感,最终促进了整个酒店服务质量和业绩的提升。

### 5. 技能多样性

技能多样性反映了完成工作所需的技能和才能的广泛性。在酒店业中,工作通常涉及广泛的技能,如人际沟通能力、解决问题能力、组织规划能力和技术能力等。例如,餐饮服务人员不仅需要掌握基本的餐饮服务技能,还需具备良好的客户服务技巧和团队合作能力。技能多样性直接影响员工的职业成就感和工作动机,使员工能够在多变的工作环境中保持高效和积极状态。

工作特征模型为酒店任务分析提供了重要的启示。通过关注任务重要性、任务一致性、任务自主性、任务反馈和技能多样性等方面,酒店管理者可以更好地设计和安排工作,提高员工的工作满意度和绩效水平,进而提升酒店的服务质量和竞争力。

知识拓展

## 掌握优化流程的四种方法，提高流程运转效率

流程建立之后，需要根据实际情况不断进行优化，才能使流程更加符合业务发展需要，更加科学、高效、有序。一般来说，优化流程可以从清除、简化、整合、自动化四个方面考虑。

一、清除

清除，就是对流程中的每一个环节进行评估，对每一项活动进行评价，确保每项业务实现最大化增值，尽可能减少无效的或不增值的活动。各项流程之间要尽可能实现单点接触，避免多头管理，减少多头对接，保证流程的顺畅。清除可以从改变多点接触、避免重复环节、缩短等待时间、减少不必要的步骤等方面入手，不断清除冗余流程，实现高效运作、高水平运转，降低沟通成本，减少等待时间。

二、简化

流程要做到简单、规范和明确。一般来说，每个流程都有一个从简单到复杂，再到简单的过程。刚开始建立流程时，由于我们对业务流程不太熟悉，有些流程可能制定得比较简单。在执行过程中，会出现这样或那样的问题。为解决这些问题，我们会对流程进行不断丰富，增加一些必要的环节。但随着业务流程不断成熟，特别是随着内外部环境和形势发生变化，我们要对所有过于复杂的流程进行简化，包括形式上的、程序上的、沟通渠道上的简化。通常，对于一些正常业务，要做到变"复杂"为"简单"；对于一些例外事件，要做到变"灰色"为"规范"。在流程执行方面，要变"模糊"为"明确"。明确各个活动负责部门和岗位人员的职责和权限，同时要对流程执行过程进行必要的监督和监控，保证流程的贯彻与执行。通过简化，使职责更加明确，程序更加规范，流程更加清晰，沟通更加顺畅。简化的过程是一个不断提高、不断升华的过程。

三、整合

整合是从工作的角度出发，同步开展多项活动，打破部门间的界限，增加互相沟通的机会，减少多次监督和审核。对现有流程进行整合，建立相互协调的协作沟通机制，减少部门壁垒，消除沟通障碍，实现多头联动，有助于提高工作效率，减少管理成本，提高经济和社会效益。对流程的整合可以从工作活动、部门（团队）、顾客、供应商等几方面的优化进行考虑。对工作活动进行整合，可以有效减少活动的数量、频率，缩小活动的幅度、范围，使活动更加高效，更加灵活，更加符合工作实际。对部门（团队）进行整合，有助于发挥团队的协作能力，减少内耗，缩短信息沟通的渠道和时间，提高工作和办事效率。对顾客进行整合，可以提高服务质量和服务水平，别除不能满足其需要和无法有效沟通的顾客。对供应商进行整合，可以减少供应商数量，提高供应商的供货效率、供货质量，保证供货合格率。

通过整合，将业务的审核与决策点定位于业务流程与执行，而不是职能部门，缩短信息沟通的渠道和时间，从而提高对客户和市场的反应速度。

四、自动化

所谓自动化,就是要加快信息化建设,搭建信息化平台,引入"共享信息库""逻辑管理库",以"信息单点输入,共享使用"为原则,增强流程之间的关联,努力消除"信息孤岛"现象。自动化可以通过数据采集、数据传送、数据分析三个步骤来实现。通过实现自动化,可以增加信息共享内容,扩大信息共享范围,缩短信息共享延时,减少信息共享障碍,全面提高信息共享的质量和水平。实现自动化、信息化、智能化,是管理的必然趋势,也是流程管理的必然选择。实现信息共享,减少中间环节,提高运行效率是流程管理的必由之路。

搭建流程是流程管理的主要阶段,而对流程进行持续优化,让流程符合不断变化的市场和需求,则是流程管理的重要内容。

(资料来源:《掌握优化流程的四种方法,提高流程运转效率》,2021-03-07,见 https://baijiahao.baidu.com/s?id=1693587520717922306&wfr=spider&for=pc。)

(二)工作设计的原则

酒店工作设计应该遵循以下原则。

1. 适应性原则

酒店工作设计应该根据酒店的类型、规模、定位以及客户需求的变化而灵活调整。不同类型的酒店(如豪华型酒店、经济型酒店)具有不同的服务要求和特点,因此工作设计需要根据具体情况进行调整。此外,随着市场环境和客户需求的变化,工作设计也需要及时调整,以保持酒店的竞争优势。同时,工作设计还要确保工作任务和职责与员工的能力和兴趣相匹配,以提高员工的工作满意度和绩效水平。

2. 客户导向原则

酒店工作设计应以客户为中心,将客户的需求和体验放在首要位置。工作设计应根据客户的需求和期望,合理安排各个岗位的职责和工作流程,以提供优质的服务和满足客户的需求。客户导向原则可以帮助酒店更好地了解客户的需求,提高客户满意度和忠诚度。

3. 效率与效益原则

酒店工作设计应追求高效率和高效益。通过合理分配工作任务、优化工作流程、提高资源利用率等方式,确保工作的高效执行和资源的有效利用。同时,工作设计也应注重成本和效益,合理控制成本,提高经济效益,实现酒店经营的可持续发展。

4. 灵活性原则

酒店工作设计应具有一定的灵活性,能够适应不同情况下的变化和调整。在制定工作流程和分配职责时,应考虑人力资源的灵活调配和工作安排的弹性。工作设计应该是一个持续改进的过程,要不断优化工作流程和提高服务质量,适应市场和客户需求的变化,保持酒店的竞争力和发展能力。工作设计遵循灵活性原则有助于酒店应对突发事件、客户需求的变化以及市场竞争的挑战,提高应变能力和市场竞争力。

5.全员参与原则

酒店工作设计应鼓励员工参与工作设计和改进过程,充分发挥员工的创造力和积极性,提高员工工作满意度,增强他们的归属感。促进内部沟通和协作,营造良好的团队合作氛围。不同岗位之间需要进行有效的沟通和协调,共同完成工作任务,提供优质的服务。此外,酒店员工与客户之间的沟通也至关重要,通过有效的沟通可以更好地了解客户的需求,提高客户满意度。

### 三、标准操作程序的制定

在酒店业,工作设计的结果一般会形成标准操作程序(standard operating procedures,SOP)。SOP是一系列详细而规范的指导文件,涵盖了各个岗位的工作流程、操作规范、责任分工等内容,对于确保服务质量、提高效率以及保障安全卫生至关重要。以下是酒店工作设计完成后制定标准操作程序的一般步骤和注意事项。

1.确定目标和使用范围

在制定SOP之前,首先需要明确SOP的目标和适用范围。目标包括提高服务质量、优化工作流程、规范操作规程等。适用范围则包括涉及的部门、岗位和具体工作流程等。

2.收集信息和资料

制定SOP需要收集相关的信息和资料,包括各个部门的工作流程、操作标准、安全卫生规范等。此外,也需要了解相关的法律法规、行业标准以及客户需求等信息。

3.制定流程和步骤

根据收集到的信息和资料,制定清晰、详细的工作流程和操作步骤。在制定流程和步骤时,需要考虑各个岗位的具体工作内容、操作流程、时间节点等因素,并确保每个步骤都是可执行的和可监控的。

4.确定责任人和监督机制

在制定SOP时,需要明确每个环节的责任人和具体职责,确保每个步骤都有专人负责并能够及时落实。此外,也需要建立监督机制,确保SOP的执行情况能够得到监督和检查。

5.编写SOP文件

根据制定的流程和步骤,编写SOP文件。SOP文件应该包括清晰的标题、目的、适用范围、操作步骤、责任人、监督机制等内容,并且要求文档简洁明了,易于理解和执行。

6.审核和修改

将编写好的SOP文件提交给相关部门领导和专业人员审核,根据审核意见进行修改和完善,确保SOP的准确性和可行性。此外,在SOP实施过程中,也需要定期对SOP进行审查和评估,及时进行修订和更新。

7.培训和实施

对相关员工进行SOP培训,介绍SOP的内容、要求和执行流程。确保员工了解并掌握

SOP的内容,能够正确执行。此外,在SOP实施初期,也需要对员工进行跟踪培训和辅导,帮助他们逐步适应和落实SOP。

8.监督和评估

建立定期监督和评估机制,检查SOP的执行情况和效果。根据评估结果对SOP进行调整和改进,保持SOP的实效性和适用性。同时,也要及时反馈和沟通,鼓励员工提出意见和建议,促进SOP的持续改进和优化。

在酒店工作设计完成后,制定标准操作程序是保障工作流程顺畅、服务质量稳定的重要手段。通过以上步骤和注意事项,可以确保SOP的制定和实施达到预期目标,为酒店的高效运营和优质服务奠定坚实的基础。

## 四、工作再设计

酒店工作再设计是指酒店在运转一段时间后,对职位设置、职务职责等进行重新思考和设计,是酒店为了提高工作效率而采取的修改工作说明书和工作规范的行为。工作再设计的目的是优化人力资源配置,为员工创造更加能够发挥自身能力、提高工作效率、提供有效管理的工作环境,其实质是对现有工作说明书的认定、修改或对新设职位的完整描述。酒店在实践中采取的工作再设计方法主要有工作简化、工作扩大化、工作丰富化、工作轮换法和弹性工作法等。

(一)工作简化

酒店工作简化是指通过优化工作流程、精简操作步骤,以及采用有效的管理方法,实现工作效率提高和成本降低。酒店工作简化可以采取一些关键措施,这些措施各有优势。第一,流程优化。对酒店的各项工作流程进行全面评估和分析,识别出烦琐的环节和不必要的步骤,通过简化和优化,缩短工作流程,提高工作效率。第二,标准化操作。制定和执行标准操作程序(SOP),确保各个工作岗位的操作规范一致,降低因个人差异而引起的工作错误和延误。第三,技术应用。引入先进的技术设备和管理系统,如酒店管理软件、自助服务设备等,简化工作流程,提高工作效率和服务质量。第四,人力资源管理。合理配置人力资源,根据实际需求进行岗位调整和人员配备,确保岗位之间的协调配合,避免人力资源的浪费和过度投入。

工作简化的优点体现在酒店经营的各个方面。第一,提高整体工作效率。通过简化工作流程和优化操作步骤,可以减少时间浪费和重复劳动,提高工作效率,缩短客户等待时间。第二,降低成本。简化工作流程和减少不必要的人力、物力和时间投入,可以有效降低酒店的运营成本,提高经济效益。第三,提高服务质量。工作简化可以使员工更专注于服务质量的提高,更快速地响应客户需求,提高客户满意度和忠诚度。第四,提高员工工作积极性。简化工作流程可以减少员工的工作压力和疲劳感,提高工作的舒适度和满意度,提高员工的工作积极性和工作投入度。第五,促进团队协作。工作简化可以减少岗位之间的冲突和矛盾,提高团队协作和沟通效率,增强团队的凝聚力和战斗力。

酒店 人力资源管理

**知识拓展**

### 优化打扫流程，减少无效浪费

A酒店为提升客房出品效率，通过反复研讨，结合对工作实践的分析统计，最终确定了精益改善方案，通过优化做房工作流程，实现了客房出品效率提升14%左右，实现了精益改善目标。

**一、做房和铺床前效率提升**

专车专用及规范物品摆放。原有工作流程中服务员工作车上的物品摆放相对凌乱，做房时寻找易耗品花费时间较多。通过将物品归类摆放，服务员掌握了工作车上配备物品的摆放位置，帮助减少配齐易耗品所需时间约1分钟。

一次性清洁垃圾。进房后，要求服务员按顺时针方向收集房间垃圾。卫生间台面、浴室的垃圾统一收拾，尽量带出脏"五巾"，避免进房时只收出房间和卫生间的垃圾袋，没有清理房间其他地方的垃圾，比如床头柜、茶几等地方的垃圾，从而减少因零星小垃圾造成重复收拾。该举措帮助减少服务员在房间重复走动时间约1分钟。

**二、做房步骤调整**

做房清洁顺序调整。因清洁卫生间时需对淋浴墙面、地面进行冲洗，而后擦干，实际操作中冲洗后需等待地面流水时间。经过调整，卫生间冲洗完，要求服务员先进行客房卫生的整理，减少工作中等待流水的时间和地面水渍残留时间。该改善举措帮助缩短时间3分钟左右。

双床房撤床、铺床顺序调整。通过A/B床撤床、铺床的先后顺序调整，尽可能地考虑服务员工作的方便性及实操性，改变撤换时棉织品临时存放位置，提升效率。该改善举措帮助减少来回走动时间30秒左右。

易耗品一次性配齐。客房卫生整理完毕后，将所需的全套易耗品放在收纳盘中带入，一次性配齐，减少原操作过程中因遗漏或配备物品数量不对而重复进出的次数，省时30秒左右。

边抹尘边检查硬件，保证设备的完好性。日常工作中服务员只进行家具抹尘，而忽略了对房间硬件完好性的检查；改善后，各项工作能较好地被整合，房间设备检查流程得到强化，以保障设备及时得到维修，保证其完好性。

**三、通过各项步骤的整合，为整体提升做房效率提供依据**

原做房从开始到结束，根据操作步骤，服务员进房至少9次；通过将相关联的做房步骤进行整合，服务员共进房6次。行走路线原估算约30米，现行走路线估算约20米，员工行走距离减少30%左右。

（资料来源：天行健咨询《精益改善案例：优化打扫流程，减少无效浪费！》，哔哩哔哩，2021-10-25，见https://www.bilibili.com/read/cv13722603/。）

（二）工作扩大化

酒店工作扩大化是指工作范围的扩大或工作种类的多样化，从而扩展或增加工作任务，使员工有更多的工作可做。通常这种扩大后的新工作同员工原先所做的工作非常相似，和原来的工作一起变成一个完整的有意义的操作过程。工作扩大化和工作简化是两种相反的人力资源管理活动。工作扩大化能够带来工作的高效率，因为不必要把酒店中一个简单的任务从一个员工手中交接给另一个员工，从而节约了时间。此外，由于完成的是整个任务，而不单单是其中的某个细节，员工有完成任务的成就感。

酒店工作扩大化的一些关键措施包括以下几点。第一，服务项目增加。酒店可以增加各种服务项目，如增加餐饮、会议、娱乐等项目，丰富客户的选择，满足不同客户群体的需求。第二，拓展市场领域。酒店可以通过拓展市场领域，开拓新的客户群体，如开展团体旅游业务、接待会议活动、举办主题活动等。第三，提升服务水平。酒店可以提升服务水平，通过提供更加个性化、专业化的服务，吸引更多的客户并提高客户满意度。第四，推出增值服务。酒店可以推出各种增值服务，如定制旅游行程、提供私人管家服务、提供特色体验活动等，提高客户的消费价值和忠诚度。

工作扩大化的主要优势体现在酒店的客户服务层面，具体包括以下几个方面。第一，增加市场份额。酒店工作扩大化可以拓展市场领域，吸引更多的客户群体，增加市场份额，增强竞争优势。第二，增加收入来源。通过增加服务项目和提升服务水平，酒店可以增加收入来源，提高经济效益，实现利润最大化。第三，提高客户满意度。酒店工作扩大化可以满足客户多样化的需求，提供更加个性化的服务，提高客户满意度和忠诚度。

（三）工作丰富化

工作丰富化是指工作任务的纵深扩展，是工作内容和工作职责在纵向层次上的改变。工作丰富化的核心是使从事某项职位工作的员工感到有更大的责任，并给予他们更大的自主权和控制权，从而使员工感到工作更有意义。工作丰富化与工作扩大化的根本区别在于，工作丰富化是工作的深化，从垂直方向增加工作内容；工作扩大化是扩大工作的范围，从水平方向增加员工的工作内容。

工作丰富化的理论基础是赫茨伯格的双因素理论。赫茨伯格认为，在丰富工作内容时应遵从下列五条原则。第一，增加工作要求。应该以增强责任和提高难度的方式来改变工作。酒店可以设置多种类型的岗位，涵盖前台接待、客房服务、餐饮服务、销售推广、行政管理等多个领域，让员工有更多的选择和发展机会。第二，赋予员工更多的责任。在经理保留最终决策权的条件下，应该让员工对工作拥有更多的支配权。第三，赋予员工工作自主权。在一定的限制范围内，应该允许员工自主地安排他们的工作进度。第四，反馈。将有关工作业绩的报告定期地、及时地反馈给员工，而不是反馈给他们的上司。第五，培训和发展。酒店可以提供各种培训和学习机会，如岗前培训、专业技能培训、领导力培训等，让员工不断学习和成长，提升工作技能和职业素养。通过灵活的轮岗安排，让员工有机会接触和参与不同的工作内容和项目，丰富工作经验，提升综合能力。

工作丰富化的主要优势体现在培养和发展员工方面。第一，增强员工工作动力。酒店

工作丰富化可以让员工参与到更多有趣的工作内容和活动中,增加工作的乐趣,激发工作热情和积极性。第二,提高员工工作满意度。丰富多样的工作内容和活动项目可以满足员工不同的需求和兴趣,提高员工的工作满意度和忠诚度。第三,促进员工成长发展。酒店工作丰富化可以为员工提供更多的学习和成长机会,拓宽视野、增长经验,提升综合素质和职业能力。第四,增强员工团队凝聚力。丰富多样的员工活动和团建活动可以增加员工之间的沟通和交流,增强团队凝聚力,促进团队协作和合作。第五,丰富多样的工作内容和活动项目可以激发员工的创新和服务热情,提高服务质量和客户满意度,增强酒店的竞争力。

（四）工作轮换法

工作轮换法是为减轻员工对工作的厌烦感而把员工从一个岗位换到另一个岗位的方法。工作轮换需在保证酒店正常运转的前提下进行。这样做有三个好处:一是比起日复一日地重复同样的工作,轮换岗位更能让员工对工作保持兴趣;二是员工从原先只能做一项工作的专业人员转变为能做许多工作的多面手;三是员工增加了对自己工作的最终成果的认识。这种方法并没有改变工作设计本身,只是使员工定期从一种职位转到另一种职位。员工换了一个新的工作,往往会有新鲜感,愿意投入更多精力去从事新工作,工作积极性更高。这种方法对于管理人员的培养有较大意义和作用,管理培训生的培训就包括工作轮换环节。

（五）弹性工作法

员工除了从事工作,还有家庭生活。因此,有些企业还提供弹性工作时间制和远程办公来帮助员工实现工作和生活的平衡。弹性工作时间制是指在完成规定的工作任务或固定的工作时间长度的前提下,员工可以自由选择工作的具体时间安排,以代替统一固定的上下班时间制度。弹性工作时间制对员工的绩效、工作满意度、责任感和减少旷工等方面有积极影响;但是,它会给管理者指导下属员工的工作造成困难,特别是弹性工作时间容易导致工作轮班发生混乱。酒店的绝大多数职位都需要面对面与顾客沟通,因此不宜使用弹性工作时间制。

远程办公指的是允许员工部分或全部时间在家工作,通过电话、计算机、互联网与办公室保持联系和通信。大量的酒店可以用远程办公来招聘员工。远程办公的优点包括员工可以避开高峰出行时间,避免办公室的烦扰,能够灵活安排工作时间。此外,远程办公给员工提供了处理家庭问题的灵活性。其缺点是管理者可能不能全面指导下属,缺乏相应的监控机制。

# 第四节　数智化时代的酒店工作再设计

## 一、数智化时代的酒店工作分析

### （一）数智化时代酒店工作变革

在数智化时代,酒店业面临着前所未有的挑战和机遇。人工智能技术从根本上迅速地改变着服务的性质、顾客的服务体验以及顾客与企业的关系,这些转变将改变服务行业的营销策略、商业模式和顾客行为。如今,人工智能越来越多地应用于服务业,甚至成为酒店业创新的主要来源。例如,酒店和餐馆的机器人已经将我们生活中的许多部分自动化,虚拟机器人将客户服务变成了自助服务,Pepper等社交机器人被用来取代人类迎宾员,在面向客户的服务中欢迎客户。随着酒店服务智能化成为新的发展方向,甚至已经出现了全面使用数智化技术提供服务的智能酒店。例如,2018年阿里巴巴首家无人智能酒店菲住布渴酒店(FlyZoo Hotel)于杭州正式开业;2020年华住集团在其旗下5700多家酒店内推行AI服务,加快了AI服务在酒店业全面铺开的进程。随着科技的发展和智能化技术的应用,酒店员工的工作也正在经历深刻的变革和重塑。

1. 数字化服务平台

数字化服务平台是数智化时代酒店工作变革的重要内容之一。通过构建数字化服务平台,酒店可以整合各项服务和资源,提供在线预订、在线支付、智能客房控制等功能,实现客户的一站式服务体验。客户可以通过数字化服务平台随时随地进行预订、查询和支付,提升了服务的便利性和客户的满意度。数字化服务平台还可以自动处理客户的预订和支付等事务,减少人工操作和人力成本。通过数字化服务平台,可以实时监控客户需求和资源利用情况,优化资源配置和服务分配。

2. 智能客房设施

智能客房设施是数智化时代酒店工作变革的另一个重要内容。酒店可以配备智能门锁、智能电视、智能空调等智能设备,提升客房的舒适度和便利性,增强客户体验。客户可以通过智能客房设施实现自助入住、智能控制等功能,获得更舒适、更便利的入住体验。智能客房设施可以自动控制客房环境和设备,减少员工的操作和管理成本,提高服务效率。智能客房设施还可以根据客人的实际需求智能调节温度和照明等设备,节约能源资源,降低能源消耗。

3. 智能客服系统

智能客服系统是数智化时代酒店工作变革的重要组成部分之一。通过人工智能和机器学习技术,可以实现客户自助查询、智能问答和在线咨询等服务,提高服务效率和客户的满意度。智能客服系统可以自动处理客户的常见问题和咨询,减少人工干预和处理时间。客户可以通过智能客服系统随时随地获取到所需的信息和帮助,提高客户的满意度和体验感。智能客服系统可以代替部分客服人员处理常见的问题和咨询,降低人力成本和运营成本。

4. 数据分析和预测

数据分析和预测是数智化时代酒店工作变革的重要内容之一。通过大数据和数据分析技术,可以更好地对客户行为和偏好进行分析和预测,为酒店营销和服务决策提供支持。基于数据分析和预测,酒店可以更精准地了解客户需求和偏好,从而开展个性化和定制化的营销活动,提高营销效果和客户转化率。通过数据分析和预测,酒店也可以及时发现客户需求和行为的变化,调整服务策略和产品定位,提高服务质量和客户满意度。此外,数据分析和

预测还可以帮助酒店优化资源配置和运营管理,提高运营效率和利润水平。

综上所述,数智化时代酒店工作变革的内容涵盖了数字化服务平台、智能客房设施、智能客服系统、数据分析和预测等多个方面。这些内容的应用和实践,不仅提升了酒店的服务质量和客户满意度,同时也改变了员工的工作方式和工作环境,使酒店员工更加适应数智化时代的工作需求和挑战。

### (二)数智化时代酒店工作的特征

在数智化时代,酒店业正在经历着前所未有的变革,这主要是由于数字化技术的快速发展和普及。这种变革不仅改变了酒店的经营模式和服务方式,也深刻影响着酒店员工的工作特征和工作环境。数智化时代酒店工作的特征包括以下几个方面。

#### 1. 技术密集

在数智化时代,酒店业变得越来越依赖于技术。酒店员工需要具备更多的技术技能,以适应技术密集型的工作环境。他们需要熟练掌握各种数字化设备和系统的操作,如预订系统、智能客房设备、在线支付系统等。此外,他们还需具备一定的数据分析能力。因此,技术密集是数智化时代酒店工作的显著特征之一。由于数字化技术的快速发展和应用,酒店员工需要具备良好的学习适应能力,不断更新自己的知识和技能,以适应数智化时代的工作要求。他们需要不断学习和掌握新的技术和工作方法,以适应数智化时代的发展需求。提高学习适应能力是数智化时代酒店员工的基本要求之一,也是酒店保持竞争力和持续发展的关键。

#### 2. 大数据驱动决策

在数智化时代,越来越多酒店凭借客户数据分析市场变化规律,改善自身经营,市场大数据驱动决策已经成为酒店业的重要趋势。酒店员工需要具备基本的数据分析能力,能够理解和应用数据分析工具和方法,从数据中提取有用的信息,为酒店的发展和提升贡献自己的力量。他们需要积极参与到大数据的收集、分析和应用中,为酒店管理层的决策提供大数据支持。大数据驱动决策是数智化时代酒店工作的重要特征之一,也是提高酒店运营效率和效益的关键。

#### 3. 服务个性化

在数智化时代,客户体验和满意度变得更加重要。随着客户需求的多样化和个性化,酒店员工需要更加注重提供个性化、定制化的服务体验。他们需要与客户进行深入的沟通和了解,根据客户的需求和偏好,为客户提供量身定制的服务。例如,根据客户的喜好提供定制的客房布置,提供个性化的用餐推荐等。服务个性化是数智化时代酒店工作的重要特征之一,也是提高客户满意度和忠诚度的关键。客户导向是数智化时代酒店工作需要把握的重要导向,也是保持竞争优势和提升市场地位的关键。

## 二、数智化时代的酒店工作设计

结合数智化时代的酒店工作特征,工作设计需要考虑数字化技术的广泛应用和业务流程的数字化转型,以及对员工技能和工作方式的新要求。数智化时代的酒店工作设计可能涵盖以下内容。

1.任务和角色重新定义,注重自主性和灵活性

根据数智化时代的技术发展和业务需求,重新定义工作岗位的任务和角色。这可能涉及增加新的任务和职责,或者调整原有任务的优先级和重要性。酒店工作设计更注重考虑员工的自主性和灵活性,允许他们根据任务的性质和个人偏好自主安排工作时间和方式。这有助于提高员工的工作满意度和生产力。

2.数字化工具和技术应用

引入和应用各种数字化工具和技术来支持工作设计。这包括利用数据分析工具、自动化软件、协作平台等,以提高工作效率和质量。在酒店工作设计中,大数据分析是一种有效的方法,可以帮助酒店管理者更好地理解客户需求、优化服务流程、提高运营效率和增强竞争力。其主要包括以下内容。

(1)客户行为分析。大数据分析可用于跟踪和分析客户在预订、入住和离店过程中的行为模式。通过分析客户的预订偏好、入住时长、消费习惯等信息,酒店可以优化客房价格策略、服务定位和市场推广方案,以满足不同客户群体的需求。

(2)服务质量评估。利用大数据分析客户评价和反馈,酒店可以了解客户对服务的满意度,找出服务短板和改进空间。管理者可以有针对性地改进服务流程、培训员工和提升服务水平,以提高客户满意度和忠诚度。

(3)需求预测与资源分配。大数据分析可根据历史数据和市场趋势,预测客房需求、餐饮需求等,帮助酒店做出合理的资源分配和管理决策。通过合理安排人员、物资和设备的使用,酒店可以最大化资源利用率,提高酒店的经济效益。

(4)市场营销策略优化。基于大数据分析得出的客户画像和市场分析结果,酒店可以制定更加精准的市场营销策略。通过精准定位目标客户群体、个性化推送优惠活动和提供定制服务,酒店可以提高市场营销效果,吸引更多客户和提高品牌影响力。

(5)运营效率提升。大数据分析可帮助酒店管理者发现并解决运营过程中的瓶颈和问题。通过分析员工工作效率、设备利用率等数据,酒店可以优化工作流程、改进管理方式,从而提高运营效率和服务质量。

大数据分析的优点体现在以下几个方面。第一,精准决策支持。大数据分析为酒店管理者提供了全面、深入的数据支持,帮助其做出精准决策和战略规划,提高决策的准确性和效率。第二,客户体验优化。通过分析客户行为和需求,酒店可以提供个性化、定制化的服务,优化客户体验,提高客户满意度和忠诚度。第三,资源优化利用。大数据分析可帮助酒店管理者合理分配和利用人力、物力和财力资源,最大化资源利用率,降低成本,提高经济效益。第四,市场竞争力提升。借助大数据分析,酒店可以更好地了解市场趋势和竞争对手动态,制定差异化、创新性的竞争策略,提升市场竞争力。

在工作设计中强调数据的重要性,让员工了解并能够运用数据来做决策和优化工作流程,有助于提高决策的准确性和效率,促进业务的持续改进和创新。

3.依据人-任务-技术匹配框架进行工作分配

人-任务-技术匹配框架是一种用于评估和设计工作系统的方法,它考虑了员工能力、任务要求和技术支持之间的匹配程度。这种框架对于酒店工作设计有着重要的启示,可以帮助酒店管理者更好地设计和安排工作,提高员工的工作效率和满意度,增强酒店的竞争力。其主要包括三个方面的匹配。

(1)人-任务匹配。人-任务匹配指的是员工的能力和工作任务的要求之间的匹配程度。在酒店中,不同岗位的员工具有不同的技能、知识和经验,因此任务的安排应该考虑员工的能力水平。例如,对于需要处理客户投诉的前台接待员岗位,员工需要具备较好的沟通能力、问题解决能力等,而对于客房清洁员岗位,员工需要具备细致、耐心和勤奋等品质。因此,管理者应根据员工的能力和特长,合理安排工作任务,避免员工因任务过于复杂或简单而产生压力或失去兴趣。

(2)人-技术匹配。人-技术匹配考虑了员工的能力与所使用的技术工具之间的匹配程度。在酒店中,使用先进的技术设备和管理系统可以提高工作效率和服务质量,但前提是员工必须具备相应的技术能力和操作技能。例如,使用酒店管理系统、客房清洁设备、在线预订平台等技术工具,需要员工具备一定的技术素养和操作能力。管理者应该通过培训和教育,提高员工的技术水平,使其能够熟练操作和应用各种技术工具,从而更好地完成工作任务。

(3)任务-技术匹配。任务-技术匹配考虑了工作任务与所需技术工具之间的匹配程度。在酒店工作设计中,任务的安排应考虑所需的技术支持和设备设施。例如,在客房清洁工作中,使用先进的清洁设备和工具可以提高工作效率和清洁质量,但需要管理者提供相应的技术支持和培训。另外,在餐厅服务中,使用点菜系统和结账系统可以提高服务效率和客户满意度,但需要员工熟练掌握并运用这些技术工具。因此,管理者应根据任务的要求,提供适当的技术支持和培训,确保任务与技术工具之间的匹配程度。

人-任务-技术匹配框架为酒店工作设计提供了重要的启示,指导着酒店管理者更好地平衡员工能力、工作任务和技术支持之间的关系,从而提高工作效率、员工满意度和酒店的竞争力。在具体的工作中,酒店管理者应注意以下三方面。一是技术设备投入和更新。酒店管理者应不断关注新技术的发展和应用,投入适当的资金来更新和升级技术设备,提高工作效率和服务水平,同时确保员工能够掌握并应用这些技术工具。二是任务分配和管理。酒店管理者应根据员工的能力和技术水平,合理安排工作任务,避免任务过于复杂或简单,保持任务与员工能力的匹配程度,从而提高工作效率和员工满意度。三是沟通和协作。在酒店工作设计中,应注重团队之间的沟通和协作,促进员工之间的信息共享和技术交流,提高团队的整体绩效和竞争力。

## 三、数智化时代的员工工作重塑

在数智化时代,酒店行业面临着数字化和智能化技术的快速发展,其不仅改变了酒店的工作特征、经营模式和服务方式,也对酒店员工的任务、技能、关系和认知提出了新的挑战和要求。下面将详细讨论数智化时代酒店员工任务重塑、技能重塑、关系重塑和认知重塑的内容。

（一）任务重塑

在数智化时代，酒店员工的任务发生了重塑，主要表现在以下几个方面。

1. 自动化和智能化任务

随着数字化技术的发展，许多酒店的日常运营工作已经实现了自动化和智能化，例如客房清洁、订单处理、库存管理等任务。员工不再需要花费大量的时间和精力在烦琐的操作上，而是可以借助智能设备和系统来完成这些任务，从而提高工作效率。

2. 数据驱动决策

酒店员工需要积极参与到数据的收集、分析和应用中，为酒店管理层提供有数据支撑的决策。员工需要了解如何收集和处理数据，分析数据背后的趋势和规律，并根据分析结果提出合理的建议和策略。

3. 个性化服务任务

随着客户需求的多样化和个性化，酒店员工需要更加注重提供个性化、定制化的服务体验。他们需要与客户进行深入的沟通，根据客户的需求和偏好，提供量身定制的服务方案，以满足客户的个性化需求。

（二）技能重塑

在数智化时代，酒店员工的技能需求也发生了变化，主要体现在以下几个方面。

1. 数字化技能

员工需要具备操作和使用数字化设备和系统的能力，例如智能门锁、预订系统、在线支付系统等。他们需要熟练掌握这些工具和系统的操作方法和功能，以便为客户提供更加便捷和高效的服务。

2. 数据分析能力

酒店员工需要具备基本的数据分析能力，能够理解和应用数据分析工具和方法，从数据中发现问题、分析趋势，并提出改进建议。这需要员工具备一定的数理统计基础和数据处理能力，以及良好的逻辑思维和分析能力。

3. 沟通和协作能力

随着数字化技术的普及，员工需要更加注重沟通和协作能力，与智能设备和系统进行有效的协作。同时，员工之间的沟通和团队协作也变得更加重要，他们需要有效地与同事合作，共同完成工作任务。

（三）关系重塑

在数智化时代，酒店员工的关系也发生了重塑，主要体现在以下几个方面。

**1. 与新技术智能设备的关系**

员工需要与智能设备协作,理解并维护这些设备的运行和使用,以确保客户服务的顺畅进行。他们需要学会与智能设备进行互动和合作,了解并解决设备可能出现的问题和故障。

**2. 与客户的关系**

酒店员工需要与客户建立更加紧密的关系,加强与客户的沟通和互动。员工需要积极倾听客户的意见和建议,及时解决客户遇到的问题,提高客户的满意度和忠诚度。

**（四）认知重塑**

在数智化时代,酒店员工的认知也需要进行重塑,主要表现在以下几个方面。

**1. 提高数字化转型意识,摒弃对数字化技术的恐惧**

员工需要意识到数字化转型对酒店业务的重要性,并愿意支持和积极参与数字化转型的过程。他们需要了解数字化技术对酒店业务的影响,以及如何适应和应对这些变化。

**2. 提升技术创新意识和创新能力**

随着科技的不断发展,员工需要具备创新意识和开放思维,不断探索和尝试新的工作方式和服务模式。他们需要积极主动地提出创新和改进的建议,为酒店的发展和提升贡献自己的力量。

总的来说,数智化时代员工的任务、技能、关系和认知都发生了重塑,需要员工不断学习和适应新的技术和工作方式,以适应数字化和智能化时代的发展需求。酒店可以通过培训、教育和引导,帮助员工适应和应对这些变化,提升员工的综合素质和竞争力,从而更好地适应数智化时代的发展。

 **本章小结**

工作分析是酒店人力资源管理的基础。工作分析主要是对企业职位的设置目的、中心职责、工作内容、权限范围、结构关系以及工作环境、工作条件等进行全面的分析、描述和记录。工作分析为其他人力资源管理活动提供了实践依据和信息。要想顺利完成工作分析,必须采用适当的方法有效收集工作分析所需的信息,这些方法包括观察法、面谈法、参与法、工作日志法、关键事件分析法、问卷调查法等。酒店工作分析的成果有工作说明书和工作规范。

工作设计是根据工作分析的结果,有目的地组织和安排工作任务,以实现组织的目标和提高工作效率。工作设计涉及确定工作的内容、工作流程、工作方式以及员工在组织中的角色。其目标是确保每个职位上的任务都能够有效地完成,同时满足员工的需要和组织的要求。工作设计要基于科学的理论,如工作特征模型和人-任务-技术匹配框架。酒店工作设计的成果有标准操作程序。工作设计不是一个静止的过程,随着企业环境的变化和员工需求的变化,企业需要不断地对工作进行重新设计,其方法包括工作简化、工作扩大化、工作丰富化、工作轮换法和弹性工作法等。

在数智化时代,随着科技的发展和智能化技术的应用,酒店员工的工作也正在经历深刻的变革和重塑,呈现出技术密集、大数据驱动决策、服务个性化等特征。数字化和智能化技术的快速发展不仅改变了酒店的工作特征、经营模式和服务方式,也对酒店员工的任务、技能、关系和认知提出了新的挑战和要求。

### 实务案例3-1:数字化时代的流程优化

数字化时代的流程优化是指通过数字化技术和数据分析等手段,对企业内部的各种业务流程进行优化和升级,以提高效率、降低成本、提高质量和客户满意度。这需要将传统的流程管理理念与新技术相结合,实现更加精细化的流程监控和管理。企业可以通过引入人工智能、机器学习等技术,实现自动化决策和自适应优化,进一步提高流程效率和准确性。

一、与传统流程优化的区别

与传统流程优化相比,数字化时代流程优化的特点主要体现在以下几点。

(1)采用自适应流程设计,根据不同情况和需求,动态调整流程和资源分配,实现更灵活的流程优化。

(2)运用人工智能技术实现智能流程控制和自动化决策,并不断学习和优化,提高流程效率和质量。

(3)借助精细管理技术,对各个流程环节进行全面监控和优化,并通过数据分析等手段不断完善和优化流程。

二、数字化时代的业务流程优化方法

1. 以数字化技术助力业务流程重塑

随着物联网、区块链、大数据分析等技术的广泛应用,企业可以通过重新设计业务模式,实现更高效、更灵活、更智能的业务流程。

(1)物联网技术。利用传感器、网络等物联网基础设施,实现设备互联和数据自动采集,并借助数据分析和人工智能等技术进行分析和决策。例如,物流公司可以利用物联网技术来实现设备互联和数据自动采集。在运输车辆上安装传感器,可以实时监测车辆的位置、油耗、速度等信息,并将这些数据发送到数据中心。然后,通过对数据的分析,物流公司可以及时识别出潜在的问题并采取措施,如避开车辆拥堵、改变线路规划等,从而提高运输效率和降低成本。

(2)区块链技术。利用区块链技术构建安全可靠的数据共享平台,并形成去中心化的商业模式,实现资源共享和价值转移。例如,银行可以利用区块链技术构建安全可靠的数据共享平台。不同部门和业务之间可以共享客户信息和交易记录,从而提高办事效率和减少纸质文件的使用。同时,银行也可以通过智能合约来简化复杂的业务流程,并提供更加便捷和安全的服务,如在贷款申请方面,智能合约可以自动审核客户信息、评估风险等,并在满足条件时自动放款,从而提高

贷款处理速度。

（3）大数据分析技术。运用大数据分析技术对客户需求和内部运营情况进行分析和挖掘，以便制定精准的商业模式和流程优化方案。例如，酒店可以运用大数据分析技术对客户需求进行分析和挖掘。酒店可以通过客户的预订记录、住宿体验和评价等数据来了解客户需求，然后根据这些数据来制定更加精细化的服务策略，如提供个性化的客房布置、送上客户喜爱的水果等。同时，酒店也可以运用大数据分析技术来监测自身的业务运营情况，并采取相应措施进行调整和优化，如改进餐饮菜单、优化员工排班等。这些举措可以提高顾客满意度和员工工作效率，从而推动酒店业务发展。

上述内容都应成为引导业务流程优化的关键输入。

2. 注重创新生态的建设

数字化时代的流程优化也需要更加注重创新生态的建设。企业需要通过建立开放式平台、构建开放型生态圈、运用众包模式等手段实现多方协同创新。

（1）建立开放式平台。建立开放式平台，吸引各界人才参与到创新中来，并制定相应的奖励和鼓励机制。例如，科技公司可以建立一个开放式的创新平台，邀请各行业的专家学者、创业者以及公司内部员工等参与到创新活动中来。这个平台可以提供资源共享、技术支持、投资机会等多种服务，并通过奖励机制来激励人们积极参与。通过这种方式，该公司可以获取更多的创新灵感和商业机会，并推进自身的数字化转型和业务升级。

（2）构建开放型生态圈。构建开放型生态圈，为企业提供更加广泛的创新资源和支持，并帮助企业在生态圈中发挥自身优势，实现协同创新。例如，互联网公司可以构建一个开放型生态圈，与合作伙伴、客户、投资方等建立紧密联系，并搭建共享的技术平台和商业模式。通过整合各方优势资源，该公司可以在生态圈内实现协同创新和资源共享，并不断扩大自身业务规模和提高市场地位。

（3）运用众包模式。运用众包模式，将流程优化问题进行公开招标或邀请竞标，并选择最优质的方案进行实施。例如，制造业企业就可以运用众包模式。这种模式可以吸引海量人才的参与并得到优质解决方案，从而提升企业的产品质量和生产效率。同时，众包模式也可以为企业节省研发成本和时间，并增强企业的创新能力和竞争力。

总之，在数字化时代背景下优化流程已经成为企业竞争的必要手段。数字化时代的流程优化需要注意数字化技术的应用、创新生态的建设等方面，并结合新兴技术不断推动业务和商业模式的创新。

（资料来源：《郑州华泰联合：数字化时代业务流程优化怎么做？》，2023-07-06，见 https://baijiahao.baidu.com/s?id=1770637048898308368&wfr=spider&for=pc。）

▶**案例分析：**

1. 与传统流程优化相比，数字化时代的流程优化具有哪些特点？

2. 数字化转型是否会改变组织的工作流程和业务模式？

实务案例3-2

法国餐厅工作说明书和工作规范的编写

复习思考题

一、简答题

1.在酒店中,为什么对关键工作进行工作分析是至关重要的?

2.工作分析通常被称为人力资源管理的"基石",简要描述工作分析是如何在招聘、培训和职业发展中发挥作用的。

3.工作分析包括哪些基本的内容?怎样进行有效的工作分析?需要完成哪些步骤?

4.什么是工作日志法?工作日志法的优缺点各有哪些?

5.假设你是某集团人力资源部总监,你被要求对集团新兼并的一家度假酒店的总经理职位进行工作分析,你最可能运用哪种工作分析方法来收集相关资料?请说明理由。

6.在一个没有工作描述的旅行社里,你将如何进行工作分析?

7.什么是工作说明书?工作说明书应该包括哪些内容?

8.酒店如何利用工作轮换来进行工作设计?

9.未来酒店应如何利用工作分担来进行工作设计?

二、能力训练

1.试对下列职位进行工作分析:酒店人力资源部总监、餐饮部经理、餐饮部领班、餐厅服务员。可任选上述职位中的一个进行工作分析,并分别写出工作描述和任职资格描述。

目的:锻炼学生编写工作说明书的能力。

要求:工作描述和任职资格描述,应至少分别写出两个方面的内容。

2.调查酒店管理专业学生在实习过程中存在的问题及其解决对策。

目的:通过调查,分析问题并提出解决问题的对策,如校方问题、实习生问题、企业管理问题等,由小组合作完成。

要求:字数在2000字以上,充分调查本届及历届学生实习中存在的问题,案例不少于3例。

# 第四章 →

## 酒店员工招聘和甄选

学习目标

招聘是获得人才的重要途径。数字经济时代的员工招聘呈现出了不同于传统招聘的新特征和新要求,招聘的效率和质量大幅提升。通过本章的学习,你应该能够:

(1)了解招聘的基本概念和特点;

(2)掌握酒店员工招聘的有关具体操作流程和方法;

(3)阐释内部招聘与外部招聘的区别以及二者的利弊;

(4)了解酒店员工招聘简章和求职申请表设计的相关知识;

(5)掌握甄选的步骤和方法;

(6)掌握面试的相关技巧以及提高面试有效性的方法。

前期思考

酒店招聘实习生、服务员、管理者、技术人员是否需要采用不同的策略?

重点和难点

重点掌握招聘的有关具体操作流程和方法;难点是人员甄选的方法。

引导案例

### "蒲公英"管培生计划:格兰云天酒店集团校园招聘简章

深圳格兰云天酒店管理有限公司是《财富》"世界500强"中国航空工业集团有限公司下属中航国际的全资子公司。公司总部位于大湾区核心城市深圳的福田区,起步于1985年开业的深圳上海宾馆,至今已拥有近40年的酒店投资、建造顾问、运营管理经验,公司专注于中高端酒店领域,旗下品牌包括精致五星商务酒店

"格兰云天国际"、精品四星商务酒店"格兰云天"、中端轻质生活酒店"格兰云天·阅",以及中高端公寓、度假酒店。当前公司在运营和在建设的酒店有100余家,分布在北京、上海、广东、四川、江苏、江西、湖南、贵州、内蒙古等地区,以及国外部分国家和地区,如肯尼亚。

公司获得了较高的社会评价和业内认可,获得了"中国最佳本土酒店管理集团""十佳酒店管理公司""中国饭店金星奖""最受常旅客喜爱的大中华酒店品牌""深圳连锁经营50强"等荣誉。

未来五年,公司规划开业酒店将超过130家,签约酒店项目超过200家。同时,大力推进数字化变革和业务创新,用科技信息手段助力完美服务体验。

一、招聘岗位:管理培训生

1.公司总部(深圳)

岗位和人数:

(1)客户与产品中心1人,培养方向为客户研究、产品研究;

(2)发展中心1人,培养方向为项目拓展;

(3)工程事业部1人,培养方向为技术咨询;

(4)战略及财务管理中心2人,培养方向为战略分析、财务管理分析、会计核算;

(5)人力行政中心1人,培养方向为人才发展。

岗位要求:本科及以上学历,通过CET-4;具有较强的创新、学习能力;具有较强的逻辑归纳、数据分析能力;具有良好的组织协调、沟通能力。

工程事业部优先专业:室内设计、电气工程等。战略及财务管理中心优先专业:财务管理、会计学、工商管理。人力行政中心优先专业:人力资源管理、工商管理、心理学。其余不限专业。

2.下属酒店

岗位和人数:房务管培生10人;餐饮管培生10人;销售管培生5人;人力资源管培生2人;财务管培生2人。

岗位要求:本科及以上学历,通过CET-4;热爱酒店行业,关注细节,同理心强;目标坚定、脚踏实地,有韧性;具有良好的沟通、团队协作能力。

房务管培生和餐饮管培生优先专业:酒店管理、旅游管理。销售管培生优先专业:市场营销、电子商务、旅游管理、网络与新媒体等。人力资源管培生优先专业:人力资源管理、工商管理、心理学。财务管培生优先专业:会计学、财务管理。

工作地点:北京、深圳、贵阳、南昌、吉安、赣州、岳阳。

二、"蒲公英"管培生计划

"蒲公英"管培生计划是公司针对具有强烈成长动机、愿意长期从事酒店业及未来多元服务行业的优秀高校毕业生的专项发展计划。公司致力于为"蒲公英"们提供长期的事业发展机会。我们培养的是"从一线成长的高级管理者""专业骨干""变革领域人才"乃至公司未来的"事业合伙人"。

1.运营线成长路径

1年,具备酒店经理任职能力;3年,达到酒店总监或"格兰云天·阅"酒店总经理任职要

求;5年,成为卓越的酒店专业总监;7年,高度认同公司文化和价值观,具备全球化发展视野,成为管理200间以上客房的高星级酒店总经理。

2.职能线成长路径

3年,专业经理,独立负责职能中心某一模块工作;5年,专业高级经理,带团队,独立负责总部、指导区域及单店的职能工作,主导并负责集团战略性项目;7年,专业总监或部门负责人、新业务负责人,能够进驻新区域、组建新团队、开拓新业务。

双线可交叉发展。不论哪条线,均可能通过内部股权激励或项目跟投成为公司"事业合伙人"。

3."蒲公英",我们认真负责

我们视你们为实现公司战略目标、见证公司高速发展的成长伙伴,为此,我们不吝惜投入。

我们深知,管培生身份在你的职业生涯中只经历一次,弥足珍贵。为此我们调研了公司内部30余位酒店总经理、资深总监及数十位往届优秀管培生,精心为你设计发展路径和培养体系。

4."蒲公英",我们给你提供多元化资源

我们深知,走出象牙塔的你,希望学到更多、挑战未知。入职培训后,我们会结合个人特点和岗位,安排有挑战性的一线轮岗实践,使你有充足的机会接触到每个工作模块,为日后管理工作打下基础。

5."蒲公英",我们帮你体会管理者视角

我们深知,年轻优秀的你,愿意创新,乐于挑战。我们特别设计了"管理者时间"项目,你将有机会参与公司级会议,跟随管理者工作,感受管理者视角,体验管理者思维,在实际工作和碰撞中为未来的管理工作建立良好的思考习惯。

6."蒲公英",我们为你想得更多

我们深知,成长的道路充满孤独,"悟时自渡、迷时师渡",我们将统一组织"蒲公英"入职训练营,搭建社交平台,为每位管培生配备工作成长双导师,定期组织座谈,帮助你快速度过职业初始期和瓶颈期,为你赢得未来的行业资源和人脉。

7."蒲公英",伴你成长

在长达一年的时间内,我们提供学习资源、培训项目,提供工作方式、工作思路的引导,帮助心理转变、职场思维塑造。通过科学设计、持续关注,不论是在工作上还是在生活上,我们伴你一起成长。

三、在薪酬福利、发展机会上,我们"和而不同"

薪酬福利:有竞争力的差异化薪酬、完善的"五险一金"、各项补贴、员工体检、节日礼品、文体社团;免费提供一日三餐及干净整洁的员工宿舍,让你不再为一线城市高额的生活支出和拥堵的交通烦恼;享有百元入住公司旗下所有酒店的特殊权益;最高可达10万元的重大疾病救助及突发灾难紧急小额救助;24小时员工心理辅导热线。

发展机会:在快速发展期,我们尤其重视为人才提供创新土壤和快速成长的机会,包括开展员工微创新大赛和员工技能大赛、两性均等发展机会、有担当的央企提供规范性保障等,让你获得更快的成长。

四、投递简历

方式一:登录公司官网 http://www.gshmhotels.com,左下方选择工作机会—校园招聘—服务与贸易—格兰云天。

方式二:关注公司微信公众号 GSHM-SZ,选择时刻关注—校园招聘—投递简历。

五、招聘流程

宣讲会、招聘会(现场收取简历)/在线网申;在线测评;初试;复试;签约。

六、联系我们

电话:×××

邮箱:×××

(资料来源:【"蒲公英"管培生计划】格兰云天酒店集团校园招聘简章,2023-11-29,见 https://www.ngrcw.net/w/391591,有修改。)

▶ **案例讨论:**

1.与一般的员工招聘相比,格兰云天酒店集团的管培生招聘有哪些特点?对你有哪些启示?

2.格兰云天酒店集团的招聘流程是怎样的?你认为在具体的招聘活动中应注意哪些问题?

# 第一节 酒店员工招聘

招聘是企业获得人才的主要渠道,也是企业快速提升人力资本的重要方法。酒店人力资源管理的一项重要工作就是为企业获取合适的人才。酒店员工的高流失率和全球劳动力的短缺,使得酒店在招聘新员工过程中面临着激烈的竞争。虽然在智能化趋势下,诸如配送、清洁等场景的服务机器人一定程度上可以解决酒店人力短缺与效率低下的痛点,但是每家酒店仍然希望招聘到能提供有"温度"的服务的优秀人才。

## 一、招聘的概念、意义和原则

### (一) 招聘的概念

招聘的概念随着招聘活动的科学化和丰富化不断得到充实和提炼。韦恩·蒙迪(Wayne Mondy)认为,招聘是及时地、足够多地吸引具备资格的人,并鼓励他们加入组织中来工作的过程。罗伯特·马希斯(Robert Mathis)等认为,招聘和甄选就是选择潜在的任职者。西蒙·多伦(Shimon Dolan)等认为,招聘是指组织依据一定的制度和法规,通过一系列活动和过程,从大量高素质人员中挑选出最佳人选,以满足组织的需要,同时也满足应聘者个人的需要,以提高他们留在组织中的可能性。因此,酒店员工招聘可以表述为酒店为了发展的需要,根据人力资源规划和工作分析的要求,结合酒店的经营状况,及时、足够多地吸引具备合

适资格的人员来补充酒店职位空缺的过程。招聘与人力资源规划及甄选有直接的关系。

招聘的最直接目的就是弥补企业人力资源的不足。具体地说,酒店的员工招聘一般源于以下几种目的。

(1)目前的人力资源总供给量不能满足实现酒店或各个职位总任务目标(即计划总业务量或计划总产量)的要求,需要补充人员总量。

(2)补充酒店各个职位正常人员流动引起的职位空缺。

(3)补充酒店各个职位工作任务或管理方式的变化对人力资源的可能需求量。

(4)满足酒店新规划的事业或新开辟的业务所需的人员数量。

(5)为当地人提供就业机会,履行企业的社会责任。

当人力资源绝对或相对不足时,酒店有很多解决办法,包括提高员工工作效率的效率弥补法,如延长员工工作时间或增加工作负荷量、培训或引入服务机器人、改进技术以提高员工的工作效率等,以及增加人员的数量弥补法,如平行性岗位调动、招聘新员工、增加临时性员工和使用退休员工、从人才租赁公司租借所需人员等。相对而言,以招聘为主的数量弥补法更为有效、快捷,因为效率弥补法需要一定的时间或资金,可能无法满足酒店急迫的用人需求。

(二)招聘的意义

招聘除了能快速地解决酒店人力资源不足的问题,还在人力资源管理工作中具有以下重要意义。

1.关系到酒店的经济绩效

招聘到合适的人员,会给酒店带来可观的利益。有专家认为,在平均水平之上的员工给企业带来的价值会比企业支付给他们的薪酬高出40%。而如果招聘到不合格或不积极的员工,他们可能会给顾客提供不正确的信息,甚至让顾客转向竞争对手。因此,招聘和留住合适的员工,从经济绩效上看是必要的。

2.减少离职,增强酒店凝聚力

有效的招聘意味着酒店可以从诸多候选者当中选出与酒店发展目标相一致并愿意与酒店共同发展的员工。如果员工的意愿与职位相匹配,酒店和所从事的工作就能带给员工较高的满意度和组织责任感,有助于减少员工士气低落、旷工和流失等现象的发生,增强酒店的内部凝聚力。

3.减少人力资源管理的费用

招聘作为人力资源管理的一项职能,产生了包括招聘广告费用、宣传资料的印刷费用、面试费用、招聘人员的工资等直接成本,这些构成了人力资源管理成本的重要组成部分。据国外学者的测算,一个酒店前台员工从招聘、流失到替换所需的成本大约为2882~5688美元。有效的招聘活动能节省整个招聘的费用,并且减少随后的员工培训费用。因为招聘到素质高、知识技能水平高、专业对口的员工,酒店更容易开展入职培训和在岗培训,培训效果会更好,培训费用会更低。

4.提高酒店知名度,塑造企业良好形象

招聘工作需要严密的策划,好的招聘策划和活动,不仅能吸引众多的求职者,让求职者更深入地了解酒店,而且能为酒店树立良好的公众形象,是酒店一次免费的广告宣传。成功的招聘活动,能够使酒店在求职者心中和公众心目中留下美好的印象。

5.为酒店输入新生力量,增强酒店活力

新招聘的员工会带来新的思想和新的工作模式,这会促进酒店在制度、管理、技术、文化等多个方面进行创新,从而使得酒店更有活力。

(三)招聘的原则

在招聘中应该坚持以下原则:

1.合法合规原则

招聘要符合国家的相关法律法规、政策和国家利益。

2.公开、公平、公正原则

公开是指将招聘的岗位种类和数量、简历投递方式和时间、任职资格条件等信息向社会公告。公平和公正要求对所有的应聘者一视同仁,避免人为地制造各种不平等,确保招聘制度给予应聘者平等的获选机会。

3.竞争择优原则

竞争择优原则是指在员工招聘过程中引入竞争机制,在对应聘者的思想素质、道德品质、业务能力等方面进行全面测评的基础上,按照测评的成绩择优录用员工。

4.量才录用原则

招聘录用时,必须做到"用其所长""人尽其才""职得其人",认真考虑人才的专长,量才录用,量职录用。酒店员工招聘的最终目的不是录用最优秀的人才,而是尽可能选到最适合的人才。

5.收益最大化原则

这里的收益是指招聘成本和招聘效果的比较。酒店经营的本质是营利性的,因此需要用最低的成本来招聘到最合适的人才。一方面,酒店在招聘活动过程中要注意对成本进行有效控制,降低招聘成本,提高招聘效率;另一方面,酒店要注意控制隐性成本,即未来的成本,如培训成本、管理沟通成本、员工流失成本等。这就要求在招聘中注意招聘有忠诚、稳定意识的员工,以降低未来员工的流失率,这一点对于酒店尤其重要。

## 二、招聘的理论基础

(一)人岗匹配理论

人岗匹配就是根据岗位特征来选择合适的人才,做到人才和岗位的相适应。人与岗位是相辅相成的,人能够胜任岗位工作、承担岗位职责,而岗位能帮助人成长和收获技能。人

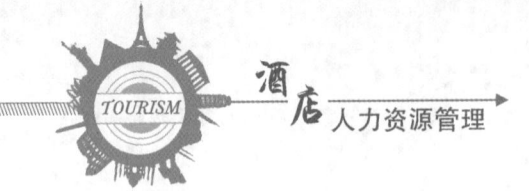

岗匹配理论中的两个关键因素是人的因素和岗位因素,其中人的因素是个人心理活动和行为表现出来的特征,岗位因素则是在工作中对岗位职责的具体描述。有学者对人岗匹配理论进行了进一步研究,认为人岗匹配是企业在充分了解岗位需求和个人主客观能力之后,将人与岗位进行合理匹配,使岗位能为人所驱动而人也能在相应岗位上感到舒适。

### (二)素质模型理论

素质模型理论有两个影响较为广泛的模型:一个是素质冰山模型,另一个是素质洋葱模型。素质冰山模型于1973年由麦克利兰(McClelland)提出,麦克利兰认为知识和技能是表象的、可以被发现的,并且可以通过后天学习和培训习得,属于"冰山水面以上部分";但个人认知、个人特征、性格等是难以从表面判断的,是个人与生俱来的特性,很难通过后天改变,也很难被量化和观察到,属于"冰山水面以下部分"。有学者在素质冰山模型的基础上进一步提出了新的理论模型,博亚特兹(Boyatzis)更为全面地考虑了各项要素并将其从里及外排列分析,由此提出了素质洋葱模型,它是对素质冰山模型的理论补充。在素质洋葱模型中,学者将个人认知、个人素质、目标动机、价值判断等设置为内部核心要素,认为这部分要素是难以习得并且难以评价和定论的;而个人知识、职业技能、社会地位等要素则分布在模型外围,这部分要素是可以通过学习努力改变的,且更容易被发现和评价。

### (三)胜任力模型理论

胜任力模型又称为胜任素质模型、能力素质模型。它由一系列胜任力要素组成,这一系列要素是为完成某项任务所必需的,包括个人技能、品质、学习能力等。通过运用胜任力模型,企业能够较为直观地对比员工在知识技能、个人品质、目标动机等方面的差异,能够更好地识别优秀员工。恩尼斯(Ennis,2018)认为胜任力是指个人为完成某项工作所需要具备的直接的工作技能、个人素质以及对相关专业知识的掌握程度。企业通过胜任力模型可以对员工进行胜任力评价,判断其与岗位的匹配程度,以便及时做出人力资源调整。

## 三、招聘流程

招聘流程是指从酒店出现空缺到候选人正式入职的整个过程,具体包括确定招聘需求、制订招聘计划、招募、甄选、录用、效果评估等环节,如图4-1所示。

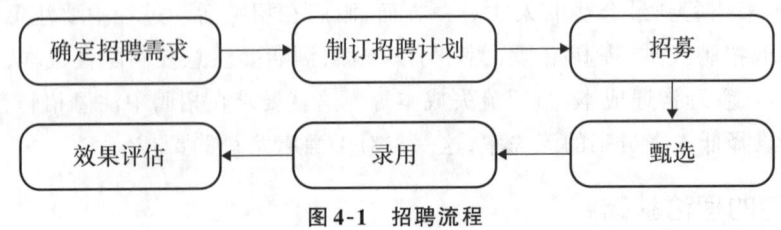

**图4-1 招聘流程**

### (一)确定招聘需求

确定招聘需求是酒店员工招聘活动的起点。招聘需求包括空缺职位的数量和所需人员的质量(任职资格与素质)两个方面。只有明确了招聘需求,才能开始招聘计划的制订。酒店招聘需求一般出现在：人力资源规划中明确规定的人员招聘需求；酒店在职人员离职产生空缺职位；部门经理递交的招聘需求申请，并经相关领导批准。

（二）制订招聘计划

招聘需求明确后，酒店人力资源部门需要与用人部门沟通，共同制订招聘计划和具体的招聘活动的执行方案。招聘计划的内容主要包括确定招聘的规模、招聘的范围、招聘的时间和招聘的预算等。其中，招聘的规模是指酒店准备通过招聘活动吸引多少应聘者，招聘活动吸引的人员数量不能太多也不能太少，应该控制在一个合适的规模，一般酒店的每个空缺职位，最好有3～10人来应聘。招聘的范围是指酒店在多大的地域范围内进行招聘活动。酒店的招聘范围最好以当地的劳动力为主，如果当地的劳动力比较紧缺，相关职位的人员供给较少，那么招聘的范围就要扩大。招聘时间的选择最好考虑劳动力供给的一般规律。在我国，通常每年的一二月份是人才供给的低谷，每年的三四月份和六七月份是人才供给的高峰。按照收益最大化的原则，酒店发布招聘信息时应避免人才供给的低谷，而应在人才供给的高峰进行招聘。招聘的预算是指开展招聘活动所需要的费用。招聘过程中发生的费用通常包括人工费用、广告费用、业务费用。有的酒店的招聘预算还包括为应聘者报销食宿及往返路费。在确定招聘预算时，要仔细分析费用来源，以免漏算或重复计算导致成本估计产生较大偏差，这不利于日后对招聘效果的评估。

制订招聘计划还需编写招聘工作时间表。招聘是一个过程，各个环节都需要一定的时间，因此，要计划好招聘的各个环节的时间。比如，收集个人简历表需要10天，邮寄面试邀请信需要4天，进行面试需要2天，录用决策需要3天，确定的候选人需要在7天内做出是否接受录用的决策，接受岗位的人员一般要30天后才能到酒店报到，等等。因此，酒店应该在岗位空缺出现之前两个月左右发布招聘广告，这样才能保证出现岗位空缺时能及时地招聘到新员工。

（三）招募

招聘计划审批通过后，就进入了招募阶段。招募是指企业采取多种措施吸引应聘者来申请企业空缺职位的过程。招募的具体任务包括选择招聘来源、确定招聘方式、发布招聘信息，并接收应聘者的应聘资料。其中，招聘来源是指潜在的应聘者所在的目标群体，招聘方式是指潜在的应聘者获知招聘信息的方式和途径。

招聘来源和招聘方式的选择对招聘活动的效果具有非常重要的影响。每一类人才都有自己喜欢的传播媒介，为了吸引某一类人注意，酒店必须选择在他们喜欢的渠道发布招聘信息，这样才能保证应聘者所在的目标群体能及时获知招聘信息。发布的招聘信息应包括酒店的基本情况、招聘岗位、应聘人员的基本条件、报名方式、报名时间和地点、报名时需携带的证件和材料，以及其他注意事项。发布的招聘信息要遵循"AIDAM"原则：引起注意（attention）原则、产生兴趣（interest）原则、激发愿望（desire）原则、采取行动（action）原则、留下记忆（memory）原则。

招聘信息发出后，要及时对应聘者的应聘资料进行回收，以便进行下一步的甄选工作。招聘人员在回收应聘者的应聘资料时，最好进行初步筛选，剔除明显不符合要求者，以减轻

甄选的工作量。

（四）甄选

甄选阶段是企业根据岗位职责要求，对应聘者的综合素质进行系统的、客观的测量和评价，最终选拔出适合企业所需的应聘者的过程。甄选是酒店选拔合适人才的关键，可以采用笔试、面试、情景模拟、心理测验、背景调查等多种方式来选拔。

（五）录用

录用是根据甄选的结果做出决策，主要涉及员工的初始安置、试用、正式录用几个环节。正式录用一般由酒店高层批准，向录用人员发放录用通知单并签订劳动合同。

（六）效果评估

效果评估是对招聘活动的效益与录用人员的质量进行评估。它为下一次人员招聘提供参考。

### 四、招聘工作的职责分工

招聘小组应由人力资源部门、具体用人部门以及其他相关职能部门的人员组成。用人部门直接参与整个招聘过程，拥有计划制订、初选和面试、录用、人员安置与绩效评估等的决策权，对招聘结果起决定作用。其他职能部门主要从专业角度出发，协助用人部门多方面地测试候选人，人力资源部门则更多地是扮演组织者和建议者的角色。招聘过程中用人部门与人力资源部门的工作职责分工如表4-1所示。

表4-1　招聘过程中用人部门与人力资源部门的工作职责分工

| 用人部门 | 人力资源部门 |
| --- | --- |
| 1. 招聘计划的制订与审批 | |
| 2. 提出招聘职位录用标准 | 3. 发布招聘信息<br>4. 组织应聘者登记、资格审查 |
| 5. 组织应聘者初试，确定参加面试的人员名单 | |
| 9. 安排复试工作<br>11. 确定录用人员名单、人员工作安排及试用期待遇 | 6. 通知参加面试的人员<br>7. 组织考试、面试工作<br>8. 考试、面试<br>10. 核实个人资料，组织人员体检<br>12. 签订劳动合同 |
| 13. 员工入职培训 | |
| 14. 试用期考核，合格者填写员工转正审批表 | 15. 填写考核意见，经上级批准后，办理转正手续；有些酒店会重新签订正式劳动合同 |
| 16. 录用员工的绩效考核与招聘评估<br>17. 新的人力资源规划修订 | |

说明：表中的数字表示招聘工作中各项活动的顺序。

## 第二节　酒店员工招募的渠道

人员招募是酒店招聘活动的重要环节之一,只有将人吸引来了,才可以进行下一步的甄选和录用工作。所以,招募活动质量的好坏直接关系到后续招聘工作的质量。为了使发布的信息有较强的针对性,首先要确定是从企业内部选拔,还是使用外部资源,以及以何种方式招聘。酒店内部提升或内部调换(内部招聘)和从酒店外部聘请(外部招聘)各有利弊。

### 一、内部招聘

内部招聘是在企业内部进行人员选拔,以补充空缺或新增职位的一种招募途径。尽管招聘通常意味着去找招聘公司或就业机构以及发布各种招聘广告,但内部的在职员工往往是企业最大的招聘来源。一些学者的调查甚至发现,90%以上的管理层是从企业内部提拔出来的。

（一）内部招聘的形式

酒店内部招聘的形式有很多种,主要形式有以下几种。

1. 内部提升

内部提升是酒店出现岗位空缺时,提拔酒店内部符合条件的员工从一个较低岗位晋升到一个较高岗位的过程。这种选拔方式可以为员工提供更大的发展空间,充分调动他们的工作积极性与竞争意识。同时,由于内部员工对酒店相对比较熟悉,可以减少招聘风险。这种选拔方式的缺点是容易导致内部员工过度竞争、"近亲繁殖"等。所以,酒店在运用这种方式时,一方面要坚持公正、公平的原则,另一方面要结合其他选拔方式一起进行。另外,内部提升仍然会自动产生另外需要填补的岗位空缺。

2. 内部调换

与内部提升的纵向式不同,内部调换一般是平级式的。内部调换一般是指员工在相同或相近的级别间调动,职务级别不发生变动,工作岗位发生变化。这种调换可以满足员工的个人能力发展需求,给员工提供更多尝试其他工作的机会,缓解单一工作带来的枯燥、无聊,降低员工流失率,同时为其晋升更高岗位做好准备。内部调换要考虑很多因素,例如调换频率、调换时机等,过度频繁的员工调动不利于酒店工作效率的提高。

3. 员工重聘

员工重聘是指酒店在淡季让一部分员工离岗待聘,等酒店经营形势转好,再重新聘用这部分员工。员工重聘往往在突发事件发生之后和旅游旺季经营时采用。例如,由于金融危机和疫情等突发事件,全球酒店业受到大冲击,大批员工离岗,危机过后经济复苏,酒店便重新聘用以前离岗的员工。另外,许多季节性明显的旅游目的地的酒店会在淡季选择关门并遣散员工,在旺季时重新聘用这些员工。

（二）内部招聘的操作方法

1. 工作岗位布告

工作岗位布告是内部招聘的主要方法。酒店可通过工作岗位布告系统向员工公布岗位空缺的情况，以便员工申请特定的岗位，如表4-2所示。如果没有这类岗位布告，员工很难发现酒店内部的其他工作机会。酒店可以通过多种途径来向员工通报工作空缺，如在公告牌上张贴公告、发布员工实时通信、在企业公众号和微信工作群公布、向经理和员工发送电子邮件和微信等。现在，越来越多的酒店在内部网和互联网上公布人才需求信息。

**表4-2  工作岗位布告示例**

内部招聘职位公告

编号____

公告日期：年  月  日

结束日期：年  月  日

在本酒店的____部门有一个全日制职位____可供申请。此职位对/不对外部候选人开放。

一、薪酬支付水平

最低：____元；中间点：____元；最高____元。

二、职责（略）

三、该职位所要求的工作绩效或能力

1. 在现在/过去的工作职位上表现出良好的工作绩效（候选人必须具备此职位所要求的所有技术和能力，否则不予考虑），其中包括：

（1）能够完整、准确地完成任务；

（2）能够及时地完成工作并能够坚持到底；

（3）有同其他人合作共事的良好能力；

（4）能进行有效的沟通；

（5）有良好的出勤率；

（6）有较强的组织能力；

（7）有积极的解决问题的态度和正确的解决问题的方法；

（8）有积极的工作态度，热心、自信、开放、乐于助人，有奉献精神。

2. 可优先考虑的技能和能力（这些技能和能力将使候选人更具有竞争力）

（1）_____；

（2）_____；

（3）_____；

（4）_____。

四、员工申请程序

1. 电话申请请拨打号码____，每天上午__点至__点，下午__点至__点。

2. 确保在同一天将已经填好的职位申请表连同截至目前的履历表一同交到__。

3. 申请者也可以通过酒店内部网络进行申请，申请表可以从网上下载。

机会对每个人都是一样的。我们将根据上述的资格和能力要求对所有申请者进行初步审查。

该项工作由人力资源部负责，联系人：×××

（资料来源：吕菊芳《人力资源管理》，武汉大学出版社2018年版，第107页。）

**2. 档案记录法**

绝大多数酒店采用了酒店管理信息系统,管理信息系统的数据库里有员工详细的档案资料,从中可以了解到员工的教育程度、培训经历、技能和能力、工作经历、职业兴趣、绩效、职业发展规划等方面的信息。通过这些信息,酒店的高层和人力资源部可以确定出符合空缺职位要求的内部候选人。接下来,人力资源部可以与候选人联系,确定他们是否有兴趣申请。

**3. 主管或相关人员推荐**

这种方法是指主管或相关人员根据酒店的需要推荐其熟悉的合适的人员,供人力资源部门选拔和考核。推荐人对酒店的人员需求和被推荐者都比较了解,推荐成功的概率较大,因此主管或相关人员推荐是酒店经常采用的一种方法。酒店主管推荐非常有效,因为主管一般比较了解潜在候选人的能力水平,其推荐的候选人比较容易符合岗位需要。同时,在推荐的过程中,主管会感到自己有一定的决策权,其工作满意度会更高。但是,主管推荐可能会受个人因素的影响,出现任人唯亲而不是任人唯贤的局面。

## 二、外部招聘

酒店从外部招聘员工的具体渠道主要有以下几种。

**1. 校园招聘**

学校是酒店人力资源的主要外部来源。由于对旅游产业的重视,许多高校都开设了旅游或酒店相关专业,每年有大批正规的酒店管理专业和旅游管理专业的毕业生走出校门,这些年轻的毕业生构成了酒店人力资源的主力军,成为酒店专业技术人员和后备管理人员的重要组成部分。

校园招聘主要包括三种方式:酒店直接派招聘人员到学校去公开招聘;学校组织学生到酒店实习;酒店和学校联合培养人才。其中,人才联合培养模式越来越受到学校和酒店的欢迎。在人才联合培养模式下,学校部分实践性强的课程由酒店精英授课,可提前做好学生的"培训";酒店提供实习机会,使学生将所学理论知识和酒店实践紧密结合起来。另外,酒店还可以通过组织职业发展宣讲会、商业策划大赛,邀请老师和学生到酒店参观,派发酒店宣传小册子到学校就业指导中心等方式来加强酒店与学校的联系。

校园招聘具有优秀人才集中、人才专业结构多元、成本相对较低等优点,有利于酒店建立稳定的人才储备。但是应聘者是纯职场新人,容易高估自己的能力,对未来的工作可能产生不切实际的美好期望,短期离职可能性大。

**2. 劳动就业机构**

劳动就业机构是社会劳动力资源集中的地方,具有代表性的劳动就业机构有人才交流中心、职业介绍所、劳动力就业服务中心等。酒店一方面可以直接去学校招聘人员,另一方面也可以从人才交流中心等机构招聘到往届毕业生、社会待就业者和灵活就业者。

**3. 猎头公司**

猎头公司是一种特殊的职业中介机构。它是为适应企业对高层次人才的需求与高级别

人才的求职需求而发展起来的。这种招聘方式虽然成本较高,但可以快速招聘到所需要的高素质人才,缩短招聘周期,减少酒店的招聘风险。

猎头公司招聘人才的成功率较高,一方面是因为它与用人企业保持长期密切的合作关系,熟悉企业需要的人才层次、人才种类,以及企业文化、企业战略目标、岗位特征等,这使得它可以有针对性地为酒店选择合适的人才;另一方面是因为它对求职者的情况也掌握得很全面,可以为求职者提供用人企业的相关情况,使求职者投递合适的简历,提高求职的成功率。猎头公司的收费一般较高,酒店无论是否招聘到中意的候选人,都必须向其付费。

4. 网络招聘

互联网已经成为用人单位物色候选人和求职者寻找工作机会的重要工具。网络招聘也称为电子招聘,是指运用网络技术手段,帮助企业完成招聘的过程,也就是说,企业通过公司网站、第三方招聘网站、社交媒体等,使用简历数据库或搜索引擎等工具来完成招聘过程。

酒店可以通过以下方式进行网络招聘:一是在酒店自身网站上发布招聘信息,搭建招聘系统;二是与专业招聘网站合作,如智联招聘、前程无忧、Boss直聘、最佳东方、中华英才网等,通过这些网站发布招聘信息,利用专业网站已有的系统进行招聘活动;三是利用微博、微信公众号、微信群、HR社区论坛等社交平台发布招聘信息,使招聘信息广泛传播;四是通过小红书、抖音、快手等直播平台发布招聘信息,快速直接地联系各地的求职者。求职者通过直播间与招聘方沟通,并上传自己的资料和需求,就能匹配到合适的岗位。直播招聘可以由带岗主播进行实时的现场视频展示,求职者能身临其境地看到酒店和岗位的真实情况,并随时和主播交流,便于做出准确的选择。

互联网招聘最突出的优点是不受地域限制,受众人数多,可以在较短时间内获取大量应聘者信息;但也存在信息量过大、虚假信息和无用信息混杂、简历筛选工作量增大等缺点。

5. 员工推荐

企业现有员工的朋友、家庭成员及其他熟人是应聘者的可靠来源。员工会告诉这些潜在应聘者在本企业工作的好处,提供介绍信,并鼓励他们到企业应聘。员工推荐是酒店招聘新员工较有效的方法之一,因为这种方法节省了酒店对应聘者进行真实性方面的考察,应聘者事先能了解酒店运营管理各方面的内部情况,更容易做出理性选择。一些研究表明,与通过其他方法招聘的员工相比,当前员工推荐而来的员工留在酒店的时间较长,对工作的满意度与对酒店的忠诚度也更高。但这种方法可能会造成任人唯亲的现象,酒店必须严格执行招聘甄选标准。

6. 人才租赁

人才租赁是指酒店根据自己的工作实际需要,向人才中介组织提出所需人才的标准条件和薪酬福利水平,人才中介组织通过查询自己的人才库,搜索到符合条件的人才,把人才派往酒店工作的服务方式。人才租赁的主要形式有两种:一种是按一定期限租赁人员,如酒店负责公共区域的员工大多是通过这种方式租赁的;另一种是以完成某个工作项目为目的而租赁人员,这种形式通常是临时聘用。

人才租赁实行管人与用人的分离,租赁单位与所租人才不发生人事隶属关系,由专门的人才中介组织对各类人才进行社会化、集约化管理,用人的酒店可以摆脱具体、琐碎的人事管理,达到降低成本、提高效率的目的。

**7. 广告招聘**

通过媒体广告的形式向社会公开招募人才是酒店招聘的重要方式之一。广告的类型多种多样,按照广告使用的媒体可以分为广播电视广告、报纸广告、杂志广告和互联网广告等。酒店在选择刊登广告的媒体时,需要考虑媒体本身传播信息的能力以及刊登广告的费用。表4-3对不同类型媒体广告的优缺点进行了比较。

表4-3　不同类型媒体广告的优缺点比较

| 媒体种类 | 优点 | 缺点 |
| --- | --- | --- |
| 广播电视 | 1. 创作的余地大,有利于增强吸引力;<br>2. 可传达到一些并不想找工作的人;<br>3. 企业形象宣传 | 1. 广告费用高;<br>2. 只能传送简短、易记住的信息;<br>3. 时效性强,缺乏永久性 |
| 报纸 | 1. 广告大小弹性可变;<br>2. 传播周期短;<br>3. 可以限定特定的招聘区域;<br>4. 分类广告为求职者提供方便 | 1. 信息过多,容易被忽略;<br>2. 没有特定的读者群;<br>3. 印刷质量较差 |
| 杂志 | 1. 广告大小弹性可变;<br>2. 保存期较长;<br>3. 印刷质量较好;<br>4. 专业性杂志可将信息传递到特定的人群 | 1. 传播周期较长;<br>2. 难以在短时间内达到招聘效果 |
| 互联网 | 1. 能增加音频和动画,广告制作效果好;<br>2. 信息容量大,传播速度快;<br>3. 可统计浏览人数;<br>4. 可单独发布招聘信息,也可以集中发布 | 1. 信息过多,容易被忽略;<br>2. 有一些人不会上网 |

广告招聘必须仔细地斟酌广告语,把酒店招聘的条件界定清楚,避免许多不符合招聘条件的人员蜂拥而来,给筛选工作造成麻烦。

**8. 其他渠道**

酒店是一个集众多不同职位于一体的复杂的企业,高层管理者的职位要求具备较高学历、高综合素质的人才,如酒店职业经理人、酒店集团运营总监、区域总监等;基层职位如清洁工、洗碗工等,一般下岗人员即可胜任。因此,酒店需要采用多渠道的招聘方式。现代社会除了以上酒店主动招聘的直接、间接渠道,求职者还可采用自荐的方式,如在人员流动量大的地方可以看到很多自荐者,酒店一般可以在这些地方招聘到需要的服务人员;酒店的官方邮箱或微信号会收到求职者主动提交的电子版简历,这种求职者自荐方式减少了酒店招聘的成本。

 **知识拓展**

**中国酒店招聘现状调查(2023)**

2023年11月16日,中瑞酒店管理学院酒店业研究中心发布《中国酒店人力资

源现状调查报告（2023）》（以下简称报告）。针对酒店招聘现状，该报告指出了以下几点。

第一，酒店灵活用工比例进一步提升。2022年，除了正式工，81%的酒店使用了实习生，68%的酒店使用了小时工，63%的酒店采用了外包形式，34%的酒店采用了劳务派遣形式，还有4%的酒店选择了其他，如退休返聘等。对比2021年，灵活用工的比例都有不同程度的上升，其中小时工和外包的上升相对明显，比例均达10%左右。酒店外包的岗位主要有客房服务员、洗碗工、保洁、保安等。

第二，酒店招聘仍然面临较大的挑战。具体表现为："酒店人员流动大导致需求过大"位列第一位（77%），其次是"应聘人员的专业能力下降"（51%）和"酒店收到的简历数量减少"（47%），最后是"酒店招聘成本收缩"（28%）。酒店招聘难，首要的原因是"酒店薪资待遇吸引力不足"，其次是"服务行业就业观念的束缚""非正常工作排班、劳动强度大"和"职业发展空间有限"。

第三，应对招聘难，酒店采取了一些策略。例如，约29%的酒店提到了"鼓励员工推荐"，15%的酒店提到了"提高薪资和福利待遇"以及"灵活用工"，还有13%的酒店提到了"多宣传、多渠道开发"。此外，"压缩编制，一人多岗""开展员工职业规划""加强校企合作"等也是酒店提到的应对举措。

第四，在酒店招聘渠道上，排在前三名的依然是"网络平台"（90%）、"员工内部推荐"（87%）和"校园招聘"（73%），且校园招聘的比例连续三年上升，2022年相比2019年高出近30%。社区招聘是一种新型的招聘方式，有39%的酒店采用，如图4-2所示。

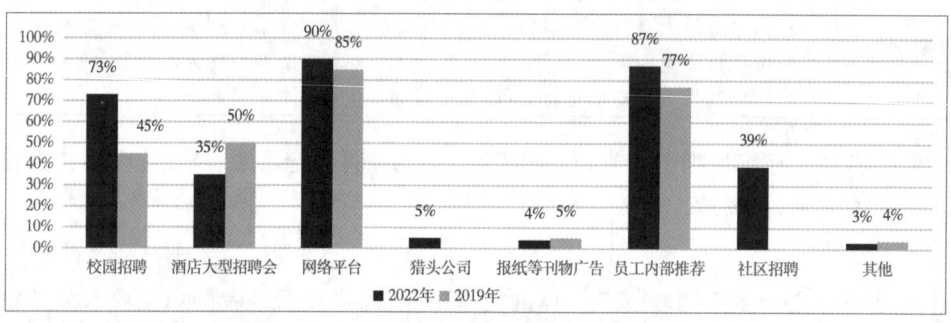

**图4-2  2019年和2022年酒店招聘渠道情况**

第五，人才紧缺的部门中，餐饮部（67%）、前厅部（53%）、客房部（49%）人才紧缺状况依然位居前三甲。

（资料来源：吴琼瑶《＜中国酒店人力资源现状调查报告（2023）＞解读》，环球旅讯，2023-12-06，见https://www.traveldaily.cn/article/178422。）

### 三、内部招聘和外部招聘的比较

内部招聘和外部招聘各有优缺点，如表4-4所示。选择哪种或哪几种渠道要根据酒店的经营战略、人力资源规划、招聘职位以及员工上岗速度等综合考虑。

表 4-4　内部招聘和外部招聘的优缺点比较

|  | 内部招聘 | 外部招聘 |
|---|---|---|
| 优点 | 1. 对企业的了解全面,文化认同感强;<br>2. 选择的人员可信度高;<br>3. 可鼓舞士气,激励员工进取;<br>4. 应聘者可更快地适应工作,辞职可能性小;<br>5. 招聘效率高,费用较低 | 1. 人员来源广、选择多,更利于招到优秀人才;<br>2. 新员工能带来新观点、新思路、新方法等,能够增强企业活力;<br>3. 一定程度上能缓和或平息内部竞争者之间的矛盾,新员工不会卷入企业内部派系斗争;<br>4. 给内部员工压力,激发他们的工作动力 |
| 缺点 | 1. 局限于企业内部,应聘者可能能力有限,角色转换困难;<br>2. 容易造成"近亲繁殖",出现思维和行为定式,缺乏创新和活力;<br>3. 不公平的晋升容易造成员工矛盾,容易影响员工团结和降低士气;<br>4. 可能因领导选拔方面的好恶而导致内部优秀人才外流或被埋没 | 1. 筛选难度大,成本高,甚至出现外部应聘者甄选企业的"逆向选择";<br>2. 新员工不了解企业,角色适应慢,较难融入;<br>3. 内部员工和外部招聘的新员工相互不信任,容易产生冲突;<br>4. 内部员工得不到机会,积极性可能受到影响;<br>5. 外部招聘的新员工培训成本较高;<br>6. 外部招聘的新员工不一定认同企业的价值观和企业文化,给企业稳定造成影响 |

## 第三节　酒店员工的甄选

### 一、人员甄选的程序

人员甄选是指综合利用心理学、管理学和人才学等的人员测评技术和方法,根据特定岗位的能力素质要求,对应聘者的综合素质进行系统的、客观的测量和评价,最终选择适合酒店所需的应聘者的过程。应聘者的任职资格和对工作的胜任程度,主要取决于他所掌握的与工作相关的知识和技能、个人特征及个人价值观取向等因素。因此,人员甄选的过程主要是对应聘者的这几个方面进行测量和评价。

酒店人员的甄选过程一般要经历以下步骤:初步筛选、初试、复试、背景调查、岗能匹配度分析、体检、录用和签订合同,如图 4-3 所示。

(一) 初步筛选

初步筛选是酒店人力资源部综合各部门的岗位用人要求,根据这些要求设计出应聘条件,然后根据应聘条件对职位申请表、个人简历进行初步筛选,选出符合要求的应聘者名单和资料。

1. 职位申请表的筛选

职位申请表的最大优点是结构完整且直截了当,酒店通过应聘者填写职位申请表,获取酒店所需要了解的全部信息。因此,职位申请表是快速、公正且准确地获得应聘者有关资料的较好工具。职位申请表是由酒店招聘者设计的,因此酒店可以根据自身对应聘者的要求

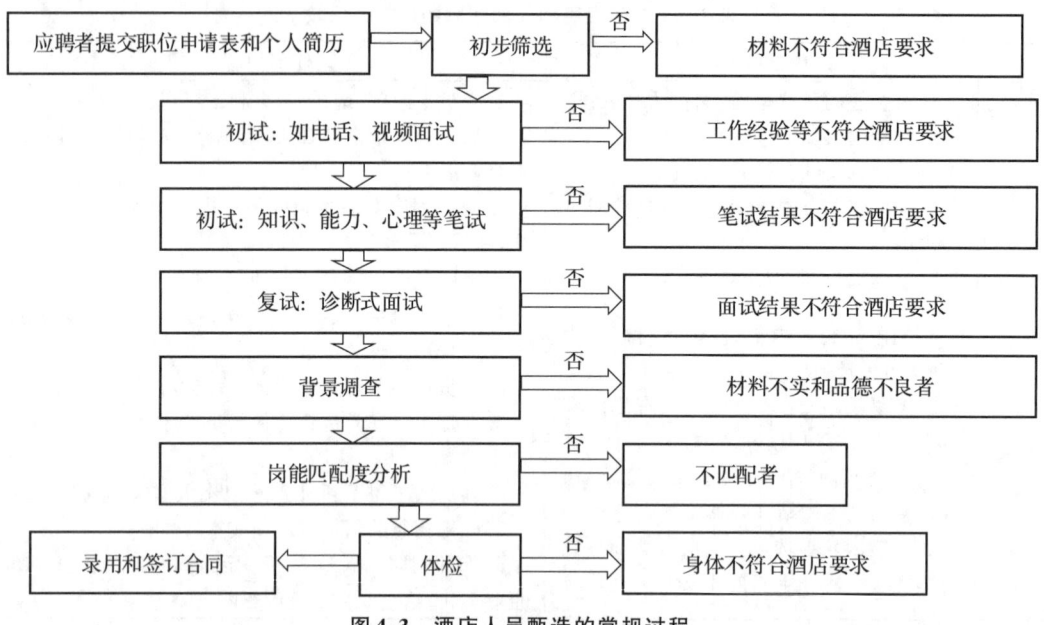

图4-3 酒店人员甄选的常规过程

设计一些有针对性的或非常具体的问题,便于应聘者了解酒店招聘的基本要求,从而根据要求对自我条件进行评估,判断自己是否符合职位申请表中所列的条件,然后填写职位申请表。

职位申请表中所包含的信息是酒店希望得到的关键信息。它一般包括求职者的基本个人信息、教育培训信息、工作经历信息、与所申请职位相关的背景信息、工作特殊要求信息及其他一些相关信息,具体如表4-5所示。

表4-5 酒店招聘职位申请表

| 申请部门: | | 申请职位: | | 申请日期: | | |
|---|---|---|---|---|---|---|
| 姓名: | | 年龄: | | 性别: | | |
| 国籍: | | 民族: | | 婚否: | | 照片 |
| 联系电话: | | | 身份证号码: | | | |
| 通信地址及邮政编码: | | | 电子邮箱: | | | |
| 受教育程度: | | | 身高: | | | 体重: |
| 现在工作单位及地址: | | | | | | |
| 职称: | | 专业: | | 现在从事的专业或工作: | | |
| 掌握何种外语: | | 掌握程度: | | 外语等级证书: | | |
| 技能与特长: | | 技能等级: | | | | |
| 个人兴趣和爱好: | | | 健康状况: | | | |
| 个人简历(包括主要学习、培训和工作经历): | | | | | | |

续表

| 离开原工作单位的主要原因： | | |
|---|---|---|
| 是否与原工作单位有在期的保密协议或竞业禁止约定？ | | |
| 加入本企业的主要原因： | | |
| 现在的薪酬：　　元/年 | 期望薪酬：　　元/年 | 最早可报到时间： |
| 晋升期望(职位、时间)： | | |
| 培训期望(内容、时间)： | | |
| 其他期望： | | |
| 个性特征： | | |
| 家庭成员情况： | | |
| 备注： | | |
| 申明:我承诺本表中所提供的信息全部真实有效,聘用方可对表中的有关信息进行调查核实,包括但不限于本人品德、声誉、信用记录、工作和教育经历等,如以上信息被证实含有虚假成分,聘用方有权即刻终止雇佣关系,不予支付工资并追诉本人法律责任。 | | |
| 填表人(签名)：　　　　　　　　　填表日期： | | |

为了提高职位申请表的效度,在实际工作中,酒店需要准备几种不同的申请表。例如,对管理人员的招聘,申请表的设计应让应聘者提供更具体的教育、技能、工作经验等情况;而对于一线员工或临时工的申请表设计,应请应聘者提供对工具和设备的使用及相关经验等信息。

2.个人简历的筛选

个人简历能够给予应聘者较大的自由,能够表现应聘者的创造性和书面表达能力。在个人简历中,应聘者会强调自己认为重要的部分,提到其他一些有用的信息,从中招聘者可以获取自己想要的信息,进行相应的筛选。

但同时要注意的是,部分应聘者会在简历中隐瞒不好的方面,夸大自己的成绩。例如,编造以往的薪资、职位头衔、技能水平和工作业绩,虚构教育背景,隐瞒处分甚至犯罪记录等。

3.职位申请表和个人简历的自动筛选

职位申请表和个人简历的筛选一般由酒店的人力资源部执行。当前通过招聘网站提交的简历和申请表可以实现智能评估与自动筛选,即由各招聘平台协助酒店进行初步筛选。这样做的目的在于两个方面:一是减少传统简历筛选中的大量重复性工作;二是提高简历筛选的准确率。

职位申请表和个人简历智能评估与自动筛选的流程如下。

(1)利用网络爬虫技术抓取所需评估与筛选的职位申请表和个人简历。如果已经收集到职位申请表和个人简历,自动获取与采集的过程可以省略。在实际的招聘过程中,这一步还需要进行简历去重。因为部分求职者可能会在多个不同的求职平台上投递简历,同一个求职者可能通过不同渠道向同一家酒店投递了数份简历。通过简历去重,过滤重复投递的简历,可以减少随后的筛选工作。

（2）利用深度学习等技术根据过往招聘数据构建相关岗位的招聘知识图谱。基于知识图谱构建智能化的简历画像模型，利用自然语言处理技术对职位申请表和个人简历中的关键信息进行自动化抽取与解析，提取简历标签，构建人才画像。与此同时，通过逻辑分析及海量简历写法的比对分析，也可以训练模型对职位申请表和个人简历中的风险点、虚假内容及注水内容进行标注。

（3）通过机器学习根据简历标签对职位申请表和个人简历进行评分，从而最终自动筛选出评分符合要求的职位申请表和个人简历。

 **知识拓展**

### 智能招聘

人工智能技术的发展为招聘模式的数字化转型提供了契机，当前线上招聘逐渐成为常态化的招聘模式。相比于传统线下招聘会等招聘模式，数字化网络招聘平台具有操作方便快捷、不受地域限制、时间安排灵活等优点，可以为招聘的顺利进行提供极大的便利，并减少招聘与求职双方的开支，为保证社会就业具有重要的作用。但数字化招聘系统的多元化也给招聘过程中的人才筛选工作带来了一定的困难。对于招聘者而言，线上招聘网站的便捷性，使得原本线下只有几十余人投递的岗位在线上可能会得到成百上千求职者的投递，人才筛选难度加大。因此，招聘领域的数字化转型与智能化改造是非常必要的。

智能招聘是基于人工智能技术设计的一款具备简历填写、简历筛选、在线交流、场景面试、素质评估和精准录用等功能的招聘面试管理系统，有助于减少企业招聘的成本（杨玫等，2021）。智能招聘基本包含AI面试、性格测评、聊天机器人、智能笔试、人才画像等方面的应用，这些应用涉及神经网络、机器学习、文本分析等智能技术。市面上使用比较广泛的几款智能招聘产品及其主要功能如表4-6所示。

表4-6 智能招聘产品及其主要功能

| 智能招聘产品名称 | 功能介绍 |
| --- | --- |
| 智联招聘 | 简历自动筛选、AI易面、智能人才评估 |
| Ideal | 简历自动筛选、人才搜寻、候选人挖掘、聊天机器人 |
| 中华英才网 | 人才图谱、技能图谱 |
| 百度人才智库 | 简历解析、智能人岗匹配、考题推荐、机器人招聘助手 |
| e成人才库 | 人才库、人才去重、人才地图 |

（资料来源：①王舒怡《数字化转型背景下求职招聘领域智能方法的应用及治理研究》，华东师范大学2022年硕士论文，第21-22页；②杨玫、吕振华、陈微微《基于人工智能的招聘面试管理系统设计》，载于《微型电脑应用》2021年第7期，第100-103页。）

（二）初试

初试通常是以电话或视频面试和笔试的形式进行。电话或视频面试是酒店对应聘者的求职动机进行深入了解，并对求职申请表的信息进行核实和补充的方式。笔试主要考察应聘者特定的知识水平、专业技能水平、文字运用能力以及对酒店的了解程度。笔试是一种常用的基本的测试方法，可以有效地测量应聘者的性格、素质及能力等。笔试是让应聘者完成事先拟好的试题，然后由主考官对应聘者的解答给予一定的评价的测试方法。

随着AI技术、神经科学及行为科学的发展，笔试可以远程进行，酒店测试系统根据给定的岗位职责、岗位要求，自动匹配相应领域的个性化笔试题对应聘者进行远程测试，另外酒店还可采取游戏化测评等新兴测评方式对应聘者的性格、能力等方面进行评估。应聘者完成测评后，系统会自动判定。如果评估结果不符合酒店要求，则测评结果为不合格。

（三）复试

通过笔试初试后，往往进入面试环节。面试是甄选的一种重要方式，它是经过精心设计，在特定场景下，以面试人员（可以是智能聊天机器人）和应聘者的面对面交谈与观察为主要手段，由表及里测评应聘者的知识、能力、经验等有关素质的方式。面试人员通过观察应聘者的应变能力、处理问题能力、谈吐气质风度、镇定冷静程度等，能更全面地了解应聘者的个人素质和能力，尤其是对于酒店来说，可直接观察应聘者是否具备酒店业所需要的服务意识和服务精神。而对于应聘者而言，面试更能够让他们畅所欲言地表达自己的想法和观点，表现自己的风度和形象，好的表现能够增加他们成功的概率。

（四）背景调查

经过一系列测试和面试后，酒店会确定一小部分比较符合企业招聘需求的应聘者，对这些应聘者一般还要进行背景调查。

背景调查即背景及资格的审查。这种审查的具体内容包括应聘者的品德、信用、学历和工作经历等。审查的方法是对学历和资格证书等证明文件，如毕业证书、学位证书、职业资格证书、专业职位资格（职称）证书等进行审核，也可以查阅人事档案，或向应聘者以前的学习或工作单位进行咨询和调查。

（五）岗能匹配度分析

为了保证录用的质量，酒店还需在录用之前，对有意向录用的应聘者进行岗能匹配度分析，以保证每个被录用的员工能得到一个适合自己能力和特征的工作岗位，同时酒店的每项工作和每个岗位也都能录用到合适的员工。岗能匹配度分析是根据岗位的素质模型，系统地对候选人的能力进行评估和比较。

（六）体检

已基本确定被酒店录用的应聘者还需参加全面的身体检查。酒店通过体检了解员工身体的一般状况和特别情况，如是否有传染性疾病、是否有严重影响工作的生理缺陷、是否有酗酒等问题。如果应聘者的体检结果证明有些问题会影响未来的工作，酒店可做出拒绝的

决定,在通知应聘者的同时对拒绝理由做出充分的说明。

（七）录用和签订合同

经过初步筛选、初试、复试、背景调查、岗能匹配度分析和体检后,便进入人员录用环节。酒店对应聘者进行综合评价,并参照既定的工作标准确定最终录用人员名单,交由人力资源部存档,人力资源部向应聘者发送录用通知。录用后通常是任用面谈,以使双方在互相清楚的状态下进入合同签订阶段。面谈通常先由人力资源部代表讲解合同条款,再由部门负责人进行相关情况介绍,求职者在完全同意的前提下签订劳动合同。另外,对于所有被拒绝录用的应聘者,酒店也应给予一定的反馈,这样会使应聘者对企业产生好印象。

## 二、甄选方法

酒店人员甄选的技术有很多种,考察内容主要涉及员工的知识、能力、个性特点、职业倾向、管理潜能、兴趣爱好等。不同的职位、不同的工作性质对应聘者的要求不同,如高层管理者要侧重其领导能力、沟通能力、战略决策能力等,而基层员工则更侧重其服务技能、观察能力、沟通能力等。所以,对管理人员较适用的可能是心理测试、情景模拟等测评方法,而对基层服务人员可能侧重在技能测试和生理素质测试等方面。下面介绍几种常用的甄选方法。

（一）笔试

笔试是酒店常用于基层职位的一种人员测评技术。它的主要特点是针对性强、涉猎的知识面广、经济适用、结果可以量化,是目前各类测评技术中被普遍采用的方法。它主要用于对员工的知识水平进行测试,例如对员工英语水平的考察就可以通过笔试加口试的方式进行,对管理人员专业知识的考察也可通过笔试的方式进行。性格（人格）与兴趣考察通常也是采取笔试方式,主要是运用心理测试等专门技术来测量。

1. 能力测试

能力测试旨在针对个人工作的潜力进行测试,包括认知能力测试、运动和身体能力测试、情商测试等。

（1）认知能力测试。

认知能力测试包括智商测试和能力倾向测试。

智商（IQ）测试属于一般性的智力测试,是对从事各项工作的必要条件的测试,被企业广泛使用。智商测试所测量的不是人的某种单一智力,而是人的多种能力,如记忆能力、数学能力、词汇、口头表达能力等。智商测试得分越高,表示人的学习能力越强,能够更迅速地适应外界条件的变化,工作绩效通常更好。韦氏成人智力测验和斯坦福-比奈智力测验（Stanford-Binet Test）是常用的智商测试方法。

能力倾向测试是测量一个人从事某种特定职位的潜在能力。能力倾向测试包括综合能力倾向测试和特殊能力倾向测试两种。综合能力倾向测试用于测量个人多种特殊潜在能力,如美国著名的区分能力倾向测验（DAT）,其包括八个分测试——言语推理、数学能力、抽象推理、空间关系、机械推理、文书速度与准确性、语言拼字习惯、语言造句习惯。测试后,根据个人在各个部分测试所得分数,评估其哪些方面能力倾向较高。特殊能力倾向测试只测量个人在某一方面具有的特殊潜能,如机械能力倾向、文书能力倾向、艺术才能倾向等。

(2)运动和身体能力测试。

运动和身体能力测试主要测试手指灵活性、手工操作灵巧性、身体移动的速度以及反应速度等,它对选拔调酒师、茶艺师、厨师、按摩师等工作职位的应聘者是十分必要的。克劳福德小零件灵巧性测试(Crawford Small Parts Dexterity Test)就是这方面的测试,它测量一个人做出简单判断的速度及准确性,以及手指、手掌、手臂的运动速度。

除了运动协调能力的测试,有些酒店还会对求职者进行身体能力测试。身体能力包括静态力量(例如举重)、动态力量(例如引体向上)、身体协调性(例如跳绳)以及耐力等方面。

(3)情商测试。

情商(EQ)又称情绪智力,主要是指人在情绪、情感、意志、耐受挫折等方面的品质,是衡量人的涵养、性格和素质的重要指标。心理学家在研究中发现,在决定成功的多种因素中,智商大约只起20%的作用,80%的因素来自其他方面,其中主要是情商。情商包括五个方面的内容。

① 自我意识,即认识自身的情绪。工作中会有各种各样的因素影响人们的情绪,因此,高情商的人能更好地把握自己的情绪,做好本职工作。

② 控制情绪,即妥善管理情绪。人在工作和生活中,好情绪和坏情绪会交替出现,人们在情绪受到影响时很容易缺乏控制力。

③ 自我激励,即激励自己在工作中不断取得成就。自我激励程度高的人会树立明确的目标,在困境中激励自己努力拼搏,将情绪专注于目标,将注意力集中在目标之上。

④ 认识他人的情绪,即能够敏锐地感受到他人的需求与欲望。在工作、友谊、爱情和家庭生活中,能体察他人的心情很重要。

⑤ 处理人际关系。人在工作中离不开与他人交往,在交往过程中要注意他人的情绪变化,关注他人的需求。这是与他人正常交往、实现顺利沟通的基础。

一个高智商的人可能成为一名专家,而高情商的人具备综合与平衡的能力,可能成为杰出的管理者。酒店领导者的情商通常比较高。情商测试主要是运用现代心理学、管理学及相关学科的研究成果,通过心理测试、情景模拟等手段,对人的情商进行测量和评定的活动。

2.人格测试

人格测试评估的是特质,是个体一贯的和持久的特征。在人员甄选过程中,通过人格测试来了解应聘者的性格、情绪、态度等方面的特征,从而判断其性格等特征是否符合工作的要求和是否能与工作相匹配。一个人即使能力突出,但如果其性格不适合其所从事的职位,仍然难以胜任工作。

当前"大五"人格模型被心理学家认为有较高的信度而被广泛使用。"大五"人格模型包括外向性(extroversion)、宜人性(agreeableness)、情绪稳定性(emotional stability)、开放性(openness)和责任意识(conscientiousness)五个维度。其中,外向性是指个体健谈、擅长社交、活跃、有进取心、易于激动的程度;宜人性是指个体信赖他人、亲切、慷慨、宽容、诚实、合

作、灵活的程度;情绪稳定性是指个体安心、冷静、独立且自主的程度;开放性是指个体有智慧、哲理、见解、创意、艺术特质以及好奇心的程度;责任意识是指个体可靠、有组织、对工作坚持不懈的程度。"大五"人格模型被认为能有效地预测工作绩效,国外学者的研究表明,外向性、开放性和责任意识是有效领导力的预测指标。

酒店的员工,特别是直接面对顾客提供服务的员工,大多要求具备冷静、擅长沟通、有亲和力等特质,所以,人格测试能够提高酒店甄选员工的有效性。

3. 兴趣测试

兴趣测试是对应聘者的兴趣与从事各种不同职业的人的兴趣进行比较,从而发现应聘者在哪些职业中可能具有较高的潜质。兴趣测试是一种非常有用的甄选方法。通常来说,如果某一空缺职位的候选人的兴趣与已经在此类职位上取得成功的任职者的兴趣大致相同,这些候选人在这些职位上取得成功的可能性会更大。斯特朗-坎贝尔兴趣调查表(Strong-Campbell Interest Inventory)是一种兴趣测试工具,通过该测试的人通常会得到一份报告,该报告会将应聘者的兴趣与已经在从事某些工作,比如财务管理、运营管理、营销工作等的人的兴趣进行比较。

(二)面试

面试是酒店最常使用的一种招聘测试手段。据调查,99%的酒店在招聘中都会采用这种方法。为了保证面试过程的公平、公正、客观,许多酒店采用多轮面试,例如,先由人力资源部人员面试,再由用人部门主管面试,最后由酒店或集团公司高层管理人员面试。

酒店可以采取多种方式进行面试,面试根据不同标准可分为不同的类型。

1. 根据面试问题的结构化程度分类

根据面试问题的结构化程度,面试一般可以分为结构化面试和非结构化面试。

(1)结构化面试。结构化面试也称为标准化面试。它是根据所制定的评价指标,运用特定的问题、评价方法和评价标准,严格遵循特定程序,通过面试人员与应聘者的言语交流,对应聘者的回答进行评价的过程。结构化面试测评的要素涉及举止仪表、语言表达、综合分析能力、动机与岗位的匹配性、人际协调能力、计划组织能力、应变能力、情绪稳定性、控制力等综合能力,以及专业知识水平和培训经验、专业应用技能和操作技能、一般性技术能力、外语水平等专业知识和技能。

结构化面试一般会要求应聘者叙述过去工作经历中的具体事实来证明其所说的内容,即采取行为事件访谈(behavior event interview,BEI)技术面试。这一面试技术的假设前提是:一个人过去的行为最能预示其未来的行为。因此,面试人员可以按照"应聘者从事过的某项工作的所处情景(situation)→应聘者在这一情景中所执行的任务(task)→应聘者为完成任务所采取的行动(action)→应聘者完成上述工作任务后导致的结果(result)"这样一种逻辑层次来设置面试问题,即面试的STAR原则。例如,以下问题都是遵循STAR原则而设置的:

① 你在大学期间,有没有受到过巨大的压力? 如果有,当时你是怎么处理的?

② 请你说说过去跟客户打交道最困难的例子,你是怎么做的?

AI智能聊天机器人的发展为结构化面试提供了一种新的方式。酒店可以将结构化面试的问题提前录入文字及语音聊天机器人中,通过AI结构化面试过滤部分候选人,从而节省面试时间,也方便应聘者有弹性地安排面试时间。部分特殊的面试也可以引入AI技术进行辅助,如心理测试、诚信测试可以使用AI软件识别应聘者的肢体动作、面部微表情、情绪以及语音语调等,从而更加全面地对应聘者进行评估。AI技术的辅助,一方面可以有效避免面试现场面试人员没有及时捕捉细节而造成的疏漏;另一方面可以为准确评估应聘者提供依据,使面试更客观。

（2）非结构化面试。非结构化面试是没有既定的模式、框架和程序,面试人员可以"随意"向应聘者提出问题,而对应聘者来说也无固定答题标准的面试形式。面试人员提问的内容和问题顺序都取决于其兴趣和现场应聘者的回答。这种方式给了面试双方充分的自由,面试人员可以针对应聘者的特点进行有区别的提问,并允许应聘者围绕某一主题自由发表议论,面试人员从中观察应聘者的组织能力、知识面以及谈吐和风度等。虽然非结构化面试为面试人员和应聘者提供了自由发挥的空间,但这种方式也有一些问题,例如,容易受面试人员主观因素的影响,面试结果无法量化以及无法同其他应聘者的测试结果进行横向比较等。非结构化面试中提出的问题示例如下:

① 最能概括你自己的三个词是什么?

② 你为什么选择我们酒店?

③ 你如何理解对客服务?

④ 你对加班有什么看法?

⑤ 你如何规划自己未来的事业?

⑥ 你是如何评价成功的?

⑦ 如果遇到客人因酒店其他部门的服务失误问题向你投诉,你会怎样处理?

2. 根据面试所达到的效果分类

根据面试所达到的效果,面试可以分为初步面试和诊断面试。

（1）初步面试。初步面试一般时间较短,内容比较简单,主要是了解应聘者的形象、仪表、基本素质、教育背景、就业动机等,并将明显不符合企业要求的人员初步筛除。初步面试可以增加酒店面试人员与应聘者的相互了解,应聘者可以在面试过程中对其书面材料进行补充,如对技能、经历等进行说明;面试人员可以对应聘者的求职动机进行更深入的了解。在初步面试过程中,面试人员还可向应聘者介绍酒店情况,解释职位招聘的原因及要求,让应聘者更全面地了解职位的特征。

（2）诊断面试。诊断面试是针对初步面试筛选出的合格的并通过笔试测试的应聘者进行实际能力与潜能方面的考察,以期全方位、深层次地了解应聘者的工作能力、发展潜力、个性特征等,并最终确定录用人选。诊断面试的目的在于帮助酒店与应聘者双方补充了解深层次的信息,如应聘者的语言表达能力、应变能力、沟通能力、个人工作兴趣与期望等,酒店的发展前景、个人职业发展路径、培训机会、薪酬水平等。

**3. 根据面试的组织形式分类**

根据面试的组织形式,面试可以分为电话面试和视频面试、面对面面试。其中,面对面面试包括一对一面试、多对一面试、多对多面试。

(1)电话面试和视频面试。电话面试和视频面试一般发生在面对面面试之前,其主要目的是对应聘者的状况进行基本了解,补充了解应聘资料中不详细或有疑问的信息;确定应聘者的意愿,以便面试人员进一步筛选出合适人选并安排面对面面试。酒店通常在面对面面试之前,采用电话面试或视频面试来排除明显不合适的人选,避免双方更多无效的精力投入。

(2)一对一面试。一对一面试即单独面试,是由一个面试人员面试一个应聘者。这种面试有利于双方建立亲密的关系,双方能深入地相互了解,但这种面试的结果易受面试人员主观因素的干扰。这种面试形式主要适用于应聘者比较多、面试时间比较分散或预计淘汰率比较高的情况。

(3)多对一面试。多对一面试即小组面试,是由多个面试人员组成面试小组,然后对各个应聘者分别进行面试。应聘者可以同时也可以分别与这些面试人员进行面谈,回答面试人员的问题。测试结果是综合各位面试人员的评价做出的,因而比较准确。其缺点是费时费力。

(4)多对多面试。多对多面试即集体面试(group interview)。它是由面试小组同时对若干应聘者进行面试。在集体面试过程中,面试人员通常提出一个或多个问题,引导应聘者相互讨论,从中发现、比较各个应聘者的语言表达能力、思维能力、组织领导能力、解决问题的能力、交际能力等。集体面试的效率比较高,但对面试人员的要求较高,面试人员在面试前要对每个应聘者都有大致的了解,而且在面试过程中应善于观察,善于控制面试进程。

**4. 根据面试问题的提出方式分类**

根据面试问题的提出方式,面试可以分为压力面试、行为描述面试和情景面试。

(1)压力面试。压力面试(stress interview)往往是在面试开始时就有意制造紧张、具有敌意或攻击性的场景,如面试人员故意提出生硬的、不礼貌的问题使应聘者感到不舒服,或者针对某一事项或问题做一连串的发问,打破砂锅问到底,直至应聘者无法回答等,面试人员就此场景来观察应聘者的反应。通过使用这种方法,面试人员可以了解应聘者承受工作压力、调整情绪的能力,测试应聘者的应变能力和解决紧急问题的能力。但是,面试人员在使用这种方法时要注意把握分寸,要在法律允许的范围内进行。压力面试多用于招聘酒店营销人员和中高层管理者。

(2)行为描述面试。行为描述面试(behavior description interview)是基于行为的连贯性原理发展起来的。面试人员按照行为连贯性原理发出一系列的提问,例如:"过去半年中,你建立客户关系最困难的经历是什么? 当时你面临的主要问题是什么? 你是怎样分析的? 采取了什么措施? 效果怎样?"通过这一系列的工作行为问题,能较全面地考察一个人的工作经历,了解他的特定行为模式与空缺职位所期望的行为模式是否一致。

(3)情景面试。情景面试是指通过设置工作中的各种典型场景,要求应聘者在特定的场景中完成一定的工作任务,从而考察其多方面能力的一种面试方法。情景面试是考察应聘者实际操作能力、心理素质、潜在能力的方法,这种方法具有针对性强、直接和可信度高等特点,但是情景面试也存在标准化程度不高、对面试人员的要求比较高等局限性。

### 5.面试的常见错误

(1)首因效应。面试人员在面试中往往根据外貌特征、行为举止等第一印象,判断应聘者是否适合岗位,而且这种印象较固定,很难在短时间内改变。因此,酒店应该对面试人员进行培训,让他们认识到首因效应的存在及影响,并要求他们在面试时避免首因效应。

(2)晕轮效应。面试人员对应聘者某一个优秀或者劣势特征的判断,可能会影响对应聘者整体的判断。如果应聘者在某个方面特别突出或优秀,面试人员可能会认为应聘者整体都非常优秀;如果应聘者在某个方面存在比较大的缺点,面试人员可能会认为候选人整体都非常差,完全不符合岗位要求。为了避免晕轮效应,面试人员应对岗位所要求的胜任特征进行逐一判断。

(3)相似误差。面试人员往往会对那些和自己具备相似经历、兴趣爱好、民族、籍贯、背景等特征的应聘者产生好感和亲近感,进而从情感上偏向于录用这类应聘者;而对那些与自己在各方面都不相似的应聘者产生明显的负面偏见,认为他们不够优秀,不愿意录用这类应聘者。为了避免相似误差,酒店应要求面试人员使用结构化面试方式,减少面试人员个人喜好的影响。

(4)对比效应。面试人员对应聘者的评价,可能受到前面应聘者的影响,对应聘者的相互比较可能会影响正确的判断。例如,如果前面几位应聘者的能力和素质与岗位要求相差太多,这时有一位应聘者虽然也不符合岗位要求或者面试表现一般,但在对比之下,面试人员会对这位应聘者形成较好的印象。因此,面试人员应努力在应聘者与岗位标准之间做比较,而不是在应聘者之间做比较。

(5)刻板印象。面试人员可能对某类人有固定的印象,当看到应聘者符合这类人的特征时,便自动以固定印象作为判断和评价应聘者的依据。比如,有的面试人员认为工作经验不足3年和没有工作经验一样,有的面试人员认为跳槽次数多的应聘者,工作态度一定不好,等等。在大多数情况下,刻板印象并不准确。因此,面试人员应多与应聘者沟通,深入了解他们,尽可能避免刻板印象的负面影响。

### (三)评价中心技术

评价中心技术是酒店要求应聘者在2~3天的时间内完成一连串的情景模拟任务或练习,观察者会对应聘者在情景模拟中的表现进行评分,并以此推断应聘者拥有的管理技巧和能力的测评方法。评价中心技术耗时长、成本高,但它是预测管理岗位绩效的有效工具。因此,评价应聘者在组织、计划、决策和领导等方面的管理能力时,通常采用这种方法。常用的评价中心技术有以下六种。

### 1.文件筐测试

文件筐测试也叫公文筐测试,是让应聘者扮演某一管理角色,在规定的时间内处理一些

亟须处理的公文。通常,面试人员让应聘者根据自己的经验、知识、能力、性格、风格,对5～10份文件做出处理,比如做出决定、要求合作、撰写回信和报告、制订计划、组织和安排工作等,面试人员在应聘者处理公文过程中可以观察到其处理文件的数量、顺序、方法以及质量。这种测试方法不仅可以考察应聘者的组织领导能力、决策能力、计划能力、控制能力、分析能力、判断能力、书面表达能力、工作主动性和独立性,而且可以考察应聘者对环境的敏感性以及对信息的收集和利用能力。在酒店的日常工作中,管理者、文员、秘书等往往需要处理大量的公文,包括审批、汇总、整理等,因此,这样的测试是非常必要的。

2. 即席演讲

即席演讲即出其不意地给应聘者安排一个题目,让其稍做准备便开始演讲,从而观察和了解应聘者的应变能力、理解能力、语言表达能力、言谈举止、风度气质和思维方式等。这种方法多用于招聘酒店的管理人员、营销部门人员、人力资源培训师、宾客关系经理等。

3. 无领导小组讨论

无领导小组讨论是临时将应聘者(一般是5～7人)组成小组,不指定小组领导者,也不规定讨论规则,让小组集体讨论一个真实的或带有争议性的管理问题或管理案例,面试人员在一旁观察应聘者的行为表现,并评价应聘者心理素质和潜在能力的测试方法。面试人员观察应聘者在小组讨论中的自我定位倾向,考察应聘者的权力欲、主动性、语言表达能力、自信心、说服能力、分析归纳能力、抗压力、协调性和集体意识等,并对每一位应聘者的表现进行评分。这个方法用在集体面试上,效果非常明显。

4. 角色扮演

角色扮演要求应聘者扮演一个特定的角色来处理日常工作中的问题,面试人员观察应聘者的多种表现,从中了解应聘者的工作习惯、工作条理性、工作态度、应变能力、心理素质和潜在能力等。角色扮演法强调解应聘者的心理素质和潜在能力,而不仅仅是看其临时的角色表现。这种测试方法多用于实践性很强的职位,如厨师、工程师等。

5. 管理游戏

管理游戏是让应聘者参与到根据酒店真实的经营管理案例编写的"游戏"中,面试人员通过观察应聘者的"游戏"参与过程,考察应聘者的相关素质的测试方法。通常,在商业游戏中,应聘者每4～7人组成一个团队,算是一个"微型企业",团队成员自愿组合或指派均可,每个人在"游戏"中可以自荐或被推荐承担"微型企业"中某一角色或职务,经团队成员协商确定。团队内是否要分工或分工到什么程度,由各团队自定,不予强求。各团队按照"游戏"所提供的统一的商业信息(如贷款来源与条件、市场需求和营销渠道、企业经营环境调研等),自行决定自己的"微型企业"的筹款、生产、经营管理决策等并输入"游戏",最后"游戏"输出决策盈亏结果。面试人员对每个人在团队中的表现进行评分。管理游戏可以考察应聘者的进取心、主动性、组织计划能力、沟通能力、群体内人际协调能力、创新能力等。这一方法对"游戏"的选择和设计水平要求较高,"游戏"中往往包含了酒店精心设计的测试项目。

6. 案例分析

案例分析通常是让应聘者阅读一些关于酒店经营管理中存在问题的材料,然后让其提出一系列建议,提交给酒店高层管理者。这种方法可以考察应聘者的综合分析能力和判断决策能力。分析结果既可以采取口头报告也采取书面报告的形式。如果案例分析结果采取书面报告形式,还可以对应聘者所撰写报告的内容及形式进行评价。案例分析与文件筐测试有些类似,都是让应聘者对文件材料进行分析。但是文件筐测试中所提供的材料可能稍显零散,而且是原始文件;案例分析中所提供的文件大多是经过加工的,例如一些图表。案例分析操作非常方便,主要适用于中高层管理者的选拔。在实际应用中,它还可以作为管理者的培训手段。

(四)其他甄选方法

为了尽可能避免招聘失误,酒店还会采用背景调查、推荐信核查、诚实性测试、笔迹分析、现实工作预览等其他甄选方法。

1. 背景调查和推荐信核查

对应聘者未来表现的预测,较好的方式之一就是看他们过去的工作经历。因此,酒店需要对应聘者的履历和推荐信进行调查和核实。对文凭的核实,可以直接与颁发文凭的学校或机构的学籍管理部门联系,让他们协助调查该文凭的真伪;也可以登录有关网站如中国高等教育学生信息网(www.chsi.com.cn),对文凭的有效性和真实性进行查询。对工作经历和推荐信的核实,一般通过电话、电子邮件、信函或登门拜访等方式,向应聘者以往工作过的企业了解其工作能力、品行和人际关系等情况。对从事直接对客服务的酒店来说,对应聘者进行背景调查和推荐信核查是非常有必要的。国外一项关于安全管理的研究表明,经理们认为背景调查是预防企业内部盗窃的首选措施。酒店人力资源部对应聘者进行背景调查的内容如表4-7所示。

表4-7　酒店人力资源部背景调查示例

| 项目 | 主要工作内容 |
| --- | --- |
| 介绍 | 介绍自己的姓名、职位、酒店名称,询问对方是否方便提供背景调查 |
| 核实 | 核实对方与应聘者的工作汇报关系;若为非直接汇报关系,则结束背景调查。核实应聘者的职位、具体职责、聘用时间 |
| 性格和态度 | 询问应聘者的性格、工作态度、诚信和声誉、上班出勤等情况 |
| 个人发展 | 询问应聘者的职业发展情况以及应聘者最明显的优势 |
| 与职位相匹配的能力评估 | 参照工作中所需的要素了解应聘者的能力,如沟通能力、管理技巧、客户服务技能等 |
| 离职原因 | 确认终止合同或辞职的主要原因 |
| 收尾工作 | 强调背景调查只是诸多考虑因素中的一项,并感谢对方 |

2. 诚实性测试

诚实性或正直性测试是对应聘者对诚实的态度、不诚实倾向以及其他反生产行为倾向的测试。诚实性测试可以采用书面、电话和网络等方式进行,但不可以使用测谎仪。测试内

容可以是应聘者对别人偷窃行为的容忍度,也可以是应聘者在多大程度上相信大多数人会经常偷窃,还可以是应聘者是否认为不诚实的行为是一种常态,而不算犯罪。

3. 笔迹分析

笔迹分析是根据应聘者的写字习惯和字体来判定一些特定的人格特质的方法。欧洲是笔迹学的发源地,大约85%的欧洲公司会使用笔迹分析来帮助筛选和安置应聘者。笔迹分析在美国的使用没有像欧洲那样普遍,但是仍有不少美国企业在甄选过程中使用这项分析工具。不过,越来越多的企业仅偶尔使用笔迹分析,因为学者研究发现,笔迹分析不能有效地预测工作绩效。

4. 现实工作预览

现实工作预览(realistic job previews)是指通过让应聘者到酒店参观,酒店进行解释和回答提问等方式,使应聘者对今后就职的工作岗位的情况和要求有一个全面、真实的了解,从而让应聘者自我甄选。这种甄选方式重视应聘者的意愿,降低了其在应聘过程中对酒店的过高期望,也减少了应聘者在随后工作中对酒店不满意而主动离职的情况。

## 第四节　录用与评估

### 一、录用与员工入职

许多酒店不太重视员工的入职环节。应聘者在被录用后就被立即安排上岗,容易造成应聘者对酒店的印象不好,从而不愿长期在酒店工作的情况。因此,酒店必须认真做好录用和员工入职工作。

（一）确定并公布录用名单

录用通知或辞谢通知最好尽早反馈给应聘者。与其他高新技术企业相比,进入酒店相对比较容易,优秀的应聘者会受到多家酒店的青睐。为了避免错失优秀的应聘者,酒店一旦做出录用决策,就应该立即通知被录用者。具体的做法有电话通知、书面通知和E-mail通知等。不论采用哪种通知方式,都应该向被录用者准确说明报到时间、报到地点、需要携带的证件以及正式工作的日期。书面通知还需注明被录用者的薪酬标准和主要工作职责。

在招聘过程中的任何一个阶段,对于没有被选中的应聘者,酒店都应及时委婉地拒绝。但是,对于已经通过测试和面试但由于职位有限不能聘用的应聘者,除了给予答复,还应告诉应聘者会将其应聘资料存档备案,一旦有新的职位空缺,酒店会优先考虑他们。

除了告知应聘者录用结果,酒店最好通过一定的方式张榜公布录用名单,增加透明度,尤其是内部招聘更应该公布,接受酒店所有员工的监督。这样才能体现招聘工作公开、公平和公正的原则。

（二）办理录用手续并签订劳动合同

在酒店规定的时间内,被录用者应办理各项报到手续,特别是签订劳动合同。

劳动合同依法设定,即具有法律约束力,当事人必须履行劳动合同规定的权利和义务。

被录用者和酒店一旦签订劳动合同,双方都必须履行劳动合同规定的权利和义务。合同签订后报劳动管理部门备案,或请劳动管理部门对合同进行鉴证。备案或鉴证制度,促使劳动合同符合国家的法律、法规和政策,便于维护酒店和被录用者双方的合法权益。特殊性的岗位可以先签订试用合同,如管培生项目,试用期结束转正后签订劳动合同。

（三）建立新员工档案

新员工报到时,酒店还应该立即着手建立个人档案。档案的内容包括职位申请表、面试测评表、录用通知书、劳动合同、体检合格证明和该员工的其他有关资料。这些档案资料反映了员工任职前的基本情况,并将伴随员工在酒店的工作情况而增加,是影响员工未来职业生涯规划和发展的文字资料。

（四）初步介绍工作环境

在入职培训前,为了让新员工迅速适应工作职位要求,酒店可以让其熟悉企业的基本情况,如组织结构、员工手册、主要管理人员等;认识部门同事,明确隶属关系、横向联系及酒店人力资源基本制度和规章规则等。这项工作有利于新员工对酒店产生良好的印象,增强感性认知,防止部分老员工将自己的偏见传递给新员工。

（五）入职培训和试用

入职培训是将酒店有关的基本信息全部提供给新员工,这是新员工做好工作所必需的。新员工只有顺利通过入职培训并上岗试用,招聘工作才真正完成。

新员工上岗试用期一般为2个月。试用期内员工享受试用期待遇。用人部门对试用期内的员工进行考核鉴定。员工在试用期内表现优异,可以提前转正,但试用期最短不得少于1个月。试用期满考核不合格者,酒店可以根据实际情况决定延期转正或辞退。试用期内员工如不能胜任本职工作或在工作中出现重大失误,酒店有权将其辞退。

（六）转正

试用期满并且考核合格者,用人部门填写试用员工转正审批表,员工本人填写试用期间工作小结,由人力资源部门填写考核意见,经副总经理批准后,员工就可办理转正手续,确定岗位和级别以及相应待遇。有些酒店还会和员工重新签订正式劳动合同。

## 二、评估

在完成招聘工作后,酒店人力资源部门还需对整个招聘过程进行总结,评估招聘效果。招聘效果评估主要是对招聘结果的成效进行评估,包括成本效益评估、录用员工数量与质量的评估等,招聘效果会直接影响酒店下一期人员招聘计划的制订和实施。有些酒店还会对甄选方法的成效进行评估。

（一）成本效益评估

通过成本效益评估,招聘人员能清楚地了解到费用的支出情况,区分哪些是应支出部分,哪些是不应支出部分,有利于降低今后的招聘费用,为酒店节省开支。成本效益评估主

要对招聘成本、成本效用、招聘收益-成本比等进行评估。

1. 招聘成本

招聘成本分为招聘总成本与招聘单位成本。

（1）招聘总成本是人力资源的获取成本。它由两个部分组成：一部分是直接成本，包括招聘费用、选拔费用、录用员工的家庭安置费用和工作安置费用、其他费用（如招聘人员差旅费、应聘人员招待费、招聘公众号营运费等）；另一部分是间接费用，包括酒店内部招聘专员的工资、福利，其他参与招聘工作的有关人员的时间花费和其他管理费用等。

（2）招聘单位成本是招聘总成本与录用人数的比值。其计算方法如下：

$$招聘单位成本＝招聘总成本÷录用人数$$

$$外部招聘单位成本＝外部招聘总成本÷外部录用人数$$

很显然，招聘总成本与单位成本越低越好。

2. 成本效用

成本效用评估是对招聘成本所产生的效果进行的分析，主要包括招聘总成本效用分析、招募成本效用分析、人员选拔成本效用分析、人员录用成本效用分析等。计算方法如下：

$$总成本效用＝录用人数÷招聘总成本×100\%$$

$$招募成本效用＝应聘人数÷招募期间的费用×100\%$$

$$人员选拔成本效用＝被选中人数÷选拔期间的费用×100\%$$

$$人员录用成本效用＝正式录用的人数÷录用期间的费用×100\%$$

其中，招募期间的费用就是招募成本，是为吸引和确定酒店所需要的人力资源而发生的费用，主要包括招聘人员的直接劳务费用、直接业务费用、其他相关费用等。选拔期间的费用也称人员选拔成本，是对应聘人员进行鉴别选择，以便做出录用决策所支付的费用。录用期间的费用也称人员录用成本，是指经过招聘选拔后，把合适的人员录用到酒店所发生的费用，包括录取手续费、调动补偿费、搬迁费和旅途补助等由录用而引发的有关费用。显然，成本效用越大，表示招聘的效果越好，而最能体现招聘效果的就是总成本效用。

3. 招聘收益-成本比

招聘收益-成本比既是一项经济评价指标，同时也是对招聘工作的有效性进行考核的一项指标。招聘收益-成本比越高，说明招聘工作越有效。其计算方法如下：

$$招聘收益\text{-}成本比＝所有新员工为企业创造的总价值÷招聘总成本×100\%$$

新员工为酒店创造的总价值在实际操作中是很难确定的，因此，招聘收益-成本比很少在实践中使用。

（二）录用人员数量评估

录用人员数量评估反映应聘人数、录用人数、计划招聘人数之间的比例关系，主要指标包括录用比、招聘完成比和应聘比等。录用人员数量评估反映的是录用人员数量是否满足企业的招聘需求；若不满足需求，将分析其原因，发现薄弱环节并进行改进。

$$录用比＝录用人数÷应聘人数×100\%$$

$$招聘完成比＝录用人数÷计划招聘人数×100\%$$
$$应聘比＝应聘人数÷计划招聘人数×100\%$$

如果录用比较低,则说明被录用者的素质可能较高。若招聘完成比大于$100\%$,则说明在录用数量上全面完成招聘计划,并可能临时增加了招聘指标。应聘比说明招聘的效果,该比例越大,说明招聘信息发布的效果越好。

（三）录用人员质量评估

录用人员质量评估是指对实际录用人员的能力、潜力和素质的评估,也是检验招聘有效性的一个重要方式。质量评估实际上在人员甄选过程中对应聘者进行测试时就开始了,最终录用人员的质量评估可以采用录用人员胜任率、录用人员留职率等来评价。

$$录用人员胜任率＝录用者中胜任工作的人数÷录用人数×100\%$$
$$录用人员留职率＝录用者中留任工作的人数÷录用人数×100\%$$

在实际岗位中,胜任工作的录用员工越多,表明招聘录用的质量越好。与此类似,留在酒店的高质量员工越多,也表明招聘录用的质量越好。

录用人员质量评估还可采取用人部门满意度来衡量。用人部门满意度反映了用人部门领导对所招聘员工的满意程度。如果用人部门严重不满意,对该职位的招聘很可能会重新启动。

（四）招聘的时间评估

对招聘过程的评估可以通过填补职位空缺所使用的时间来评价。平均职位空缺时间计算公式如下:

$$平均职位空缺时间＝职位空缺总时间÷补充职位数×100\%$$

该指标反映平均每个职位空缺多长时间能够有新员工补缺到位,可以反映招聘人员的工作效率。该指标越小,说明招聘的效率越高,填补空缺职位的速度越快。如果不能迅速招聘到合格的人选,将会影响到酒店的正常工作。

另外,计算从各种渠道招聘求职者所花费的平均时间也是非常必要的,从中可以发现从某些渠道比从其他渠道能够更快速地招聘到合适的人员,为以后招聘计划中的渠道选择提供参考。

（五）甄选方法的成效评估

酒店可以采用多种甄选方法来选拔员工。衡量和选择各种甄选方法,信度和效度是两个非常重要的指标。

信度（reliability）指测试结果的一致性,表示测试结果因测试时间或测试者的不同而表现出的差异性。如果测试结果完全一致,结果就是非常可信的。例如,如果五个不同的面试人员对某位应聘者的社交水平的评分相同或相近,表明他们的判断具有极高的信度。如果在某个智力测试的甄选中,应聘者这周测试得分为120分,而上周测试得分为80分,表明这

个智力测试的信度不高。

效度是甄选方法测量出应聘者知识、能力和技能水平的有效程度,以及测试结果与应聘者日后实际工作绩效的一致性程度。效度不高的测试不但会导致不好的录用决策,而且还会给酒店带来潜在的法律责任。例如,如果诚实性测试没有测量出员工的偷窃倾向,而在随后的酒店客房服务工作中,员工偷窃了住店客人的钱财,酒店也要承担一定的法律责任。招聘营销人员,需要在甄选中测试应聘者的沟通能力、进取心和性格外向性等,而实际的面试和纸笔测试若没有或较少涉及相关内容,测试结果的效度就不高。

 **本章小结**

酒店招聘是指酒店为了发展的需要,根据人力资源规划和工作分析的要求,结合酒店的经营状况,及时、足够多地吸引具备合适资格的个人补充企业职位空缺的过程。

招聘工作要遵循一定的程序,即确定招聘需求、制订招聘计划、招募、甄选、录用、效果评估等环节。

人员招募是酒店招聘活动的重要环节之一,只有将人吸引来了,才可以进行下一步的甄选和录用工作。常见的酒店外部招聘渠道有校园招聘、劳动就业机构、猎头公司、网络招聘、员工推荐、人才租赁、广告招聘及其他渠道。

员工甄选的主要步骤有初步筛选、初试、复试、背景调查、岗能匹配度分析、体检、录用和签订合同。

招聘效果评估是通过对录用员工的绩效、实际能力、工作潜力的评估,检验招聘结果成效与方法的有效性,将有利于招聘方法的改进。

**实务案例4-1:游戏化招聘**

游戏化招聘是一种将游戏的元素(如奖励、等级、勋章等)、游戏的思维(如博弈、创造性解决问题等)以及游戏的机制(如自愿参与、实时反馈、与陌生人结盟等)应用于人才选拔中的招聘方式。游戏化招聘使企业的招聘变得好玩有趣,并同时将任务情景与所招聘的岗位相匹配,使应聘者能够快速找到适合自己的岗位,进而使企业迅速找到"门当户对"的人。

相对于传统的招聘方式,游戏化招聘具有以下4个显著特点。

(1)互动性。在游戏中玩家之间可以通过"对话""评论""共同作战""晒经验值"等方式保持联系。游戏化招聘融入了游戏的实时反馈机制与互动平台,因而不仅能够使应聘者之间相互沟通与交往,而且应聘者与企业间的交流也由原来的单向沟通转变为互动的形式。

(2)公平性。一款优秀的游戏是在"公平世界"的理念下进行的,公平的游戏规则是成功的关键,因而游戏化招聘能够使应聘者感受到被尊重,感受到在利益面前人人平等。

（3）内在激励性。优秀的游戏蕴藏着无限的内在激励，能够无限地唤起玩家的积极情绪，从而使其在最有可能收获满意回报的地方付出最大的努力（McGonigal,2011）。游戏化招聘能够为应聘者提供一个自由展现个人特长、实现自我价值的平台，因而它不仅能够识别出优秀的人才，还能给应聘者带来无限的激励。

（4）趣味性。通常把参与某个游戏称为"玩游戏"，把参与游戏的人称为"玩家"，由此可见，游戏能给人带来无限的乐趣。同样，相对于传统的招聘方式，游戏化招聘少了几分严肃，却增添了无限乐趣。

目前比较典型的已经投入使用的游戏化测评方式如Pymetrics。Pymetrics是一款职业评估测试，共包括12款游戏，没有正确与错误答案之分，不受被测试者年龄、性别、受教育水平等方面因素影响，常被应用于招聘流程中的前期阶段。Pymetrics系统会自动生成一份关于90种不同特征的多维度评估结果，包括注意力、创造力、适应能力、反应力、记忆力等，能测试出从简历中看不到的性格特性、行为能力等，辅助企业更好地筛选符合岗位特征的人选。

万豪国际酒店集团主要面对国际用户，为了能吸引和招揽更多的国际人才，万豪国际酒店集团较早运用游戏化招聘进行人才选拔。其在2011年推出了一款名为"我的万豪酒店"（My Marriott Hotel）的网页在线游戏，开始了使用游戏进行人才选拔的最初尝试。应聘者通过玩与酒店工作相关的情景游戏，如管理一间餐厅厨房，包括购买原料、审查已制作完成的食品订单等，对自己所应聘的酒店进行全方位的了解和体验。任务完成后，应聘者可获得积分并进入更难的任务或应聘酒店工作，酒店对应聘者所有游戏参与行为进行多方位考察。游戏化招聘使企业不仅能全方位地对应聘者的专业技能进行可量化考察，还能对应聘者的品质以及是否具备领导才能或执行才能等传统短时间难以精确考察的应聘者个体属性进行精准评判。

"我的万豪酒店"这款游戏一经推出，就大受欢迎，短短两周内，来自83个国家的玩家都玩过这款游戏。这款游戏界面的右上角有个"Do It For Real"按钮，点击这个按钮就直接进入了万豪国际酒店集团的职业招聘网站。万豪国际酒店集团曾经利用这款游戏在半年内招聘到5万名新员工。这款游戏对于酒店业来讲无疑是一种新的吸引全球求职者加入酒店事业的新手段。

（资料来源：①杨振芳、孙贻文《游戏化招聘：人才选拔的新途径》，载于《中国人力资源开发》2015年第24期，第45-50页；②王舒怡《数字化转型背景下求职招聘领域智能方法的应用及治理研究》，华东师范大学2022年硕士论文。）

▶ 案例分析：

1. 游戏化招聘具有哪些特点？为什么"90后"更喜欢游戏化招聘？

2. 游戏化招聘为什么能全方位考察应聘者的技能、能力和行为？

3. 访谈你的同学，了解他们对游戏化招聘有怎样的看法？

实务案例 4-2

J酒店的员工招聘

## 复习思考题

1.什么是招聘？它在人力资源管理中的作用如何？

2.请简述招聘的基本流程。

3.请分析内部招聘相对于外部招聘的优点和缺点。

4.招聘的渠道有哪些？各有什么优势？

5.假设你在一个供不应求的劳动力市场上招聘酒店餐厅服务员,你会用何种新颖的招聘方式？

6.酒店常用的甄选方法有哪些？它们各有什么特点？

7.什么是结构化面试？如何设计结构化面试？

8.如何检验员工甄选方法的有效性和可信度？

# 第五章 →

## 酒店员工培训

### 学习目标

通过本章的学习,你应该能够:

(1)了解酒店进行员工培训的主要目的和作用;

(2)掌握酒店员工培训应遵循的理论和原则;

(3)掌握酒店员工培训的类型和内容;

(4)掌握酒店员工培训的常见方法及其各自的优缺点;

(5)了解酒店员工培训的主要工作流程;

(6)掌握数智化时代的酒店培训内容和培训方法;

(7)了解Z世代酒店员工的特征及培训方法。

### 前期思考

在完成酒店人才招聘后,为什么要对员工进行培训?

### 重点和难点

重点掌握培训的常见方法和原则。难点是培训需求分析和学习型组织。

### 引导案例

**香格里拉酒店集团的员工培训体系**

成立于1971年的香格里拉酒店集团,经过50多年的经营发展,现在已经成为亚洲乃至全世界著名的酒店管理集团之一。任何企业的发展和壮大,都离不开人才的鼎力支持,而员工的培训工作更是企业培养和开发人才的有效途径。香格里拉酒店集团非常重视员工的培训工作,集团要求下属酒店拨出用于培训与发展的专项预算,每年至少投入员工工资总额的2%用于员工的培训与发展。资金上的支

持能保证培训工作的有效进行。除此之外,集团人力资源管理层还在企业内部打造了一套全方位的培训体系,无论是新员工,还是普通员工,亦或是中高层管理人员,都有针对性的培训方案。

### 1. 新员工的入职培训

新员工入职后,酒店首先安排入职培训,后期会根据员工在酒店的工作状况和实际工作需要安排不同阶段的培训课程。香格里拉酒店集团在员工培训方面提出了独具特色的"Shang Care Ⅰ-Ⅳ"四阶段培训,每阶段的培训根据入职时间制定不同的培训主题和内容。Shang Care Ⅰ为服务意识和企业理念的培训。Shang Care Ⅱ为服务理念及技能培训,包括关注客人旅途劳顿、客人期望管理等内容。Shang Care Ⅲ包括如何处理客人投诉,及时做出反应赢得客人忠诚感。Shang Care Ⅳ包括倾听客人感受、道歉,如何当场处理无法解决的问题等方面。"Shang Care Ⅰ-Ⅳ"四阶段培训是员工的基础培训课程,随着员工对自己工作的不断熟悉,四阶段课程将会穿插进行,使员工对客服务更加标准化。新员工进行以上四个阶段培训的同时,也在进行着各部门的岗位培训,同时接受理论知识与服务技能培训,以更快地适应岗位要求。

### 2. buddy trainer

除了以上四个阶段的入职培训,酒店还为每位新员工指派所在部门的一名老员工来帮助新员工,并使二者结成工作伙伴关系。这两位员工要满足两个前提条件:第一是职级接近,第二是能融洽相处。这种伙伴式的"老带新"称为"buddy trainer"。这是香格里拉酒店集团员工初到岗位时最普遍的一种培训机制。buddy trainer首先强调"带领",即新员工在老员工的带领下逐渐适应新的环境,融入新的组织文化,了解所在行业的特点等。其次,buddy trainer还强调"伙伴"。给新员工安排职级相近、在职时间稍久一点的员工作为搭档,两个人都会觉得非常亲切。让上级或者导师制里所说的"导师"去指导新员工,难免带有上下级的色彩;而"伙伴"之间,无论是在工作上还是生活上,都会给对方提出一些具有平级色彩的建议,并且这样的建议更容易被对方接受。对于刚入行的新员工来说,一个亲切的伙伴能够帮助他们更快速地融入新环境。需要特别指出的是,buddy trainer中的两个人一定是属于同一部门的,如果员工被调转到另外一个部门或另一个岗位,其在调入的部门或岗位还会有新的"伙伴"。比如咖啡厅新来了一个员工,部门就会为其选择一个已在咖啡厅就职一年左右的"伙伴"。如果这位新员工被调到前台,前台也会指派一个"伙伴"帮助他(她)适应新岗位。

酒店业是一个非常强调服务品质的行业,香格里拉酒店集团格外重视对员工情商的培养,特别是与顾客积极互动能力的培养。同时,酒店业的离职率是相当高的,工作一年后仍能够留在酒店的,基本上就算是老员工了。特别是现在年轻一代的员工,他们的职业期望普遍较高,可能希望两到三年内就能做到部门主管。虽然这些年轻人一心求"快",但其自身的素质有时并不符合行业的标准和要求。无论是buddy trainer中的"师傅",还是"徒弟",香格里拉酒店集团都希望他们能有一个更加平等、融洽的关系,能够在工作中互帮互助,扎扎实实地迈好职业生涯中的每一步。

3. 管理人员培训

针对不同层次的管理人员,香格里拉酒店集团制订了不同的培训计划。酒店为主管级员工安排"部门培训",以在岗集中培训方式为主,培训内容围绕工作中的基本流程和服务技巧展开;针对部门经理级员工的培训,集团称为"天使培训",以介绍香格里拉的服务文化为主;而针对总监和副总监级的培养领导力的制度体系,集团称为"卓越督导培训"。

香格里拉酒店集团有自己的培训学院,集团每年都会选出较为优秀的员工送到这里进行更深入的培训,这也是香格里拉酒店集团内部培训的一大特色。

4. 导师制

与基层员工伙伴式的"老带新"相比,香格里拉酒店集团为中高层管理人员提供的则是较为复杂的"导师制"。目前,香格里拉酒店集团已形成了一系列针对中高层管理人员的培训方案,如集团管理培训生(cooperate management trainee,CMT)项目,还有集团行政管理培训生(corporate executive trainee,CET)项目和集团高级行政管理培训生(corporate senior executive trainee,CSET)项目。这些培训的目的基本上都是将三级经理培养为二级经理,将二级经理培养为一级总监,将一级总监培养成为未来的总经理或驻店经理。员工一旦被确定为CMT、CET、CSET人选,就要接受为期约16个月的专项培训。培训分为三个阶段:轮岗培训(3~4个月)、重点职能培训(6个月)和执行培训(6个月)。培训期间,员工要在不同的酒店接受特定训练,培训后集团会对其做出评价,判断其是否能够顺利"毕业",培训合格的才能担任新职务。比如,集团在青岛将一个三级厨师确定为CMT人选,在轮岗培训阶段,他要在酒店转岗熟悉不同部门的情况;在重点职能培训阶段,他可能要被派往其他酒店加强重点技能的训练;在执行培训阶段,他将作为二级行政副主厨在另一家酒店任职。这期间,各个酒店的总经理将作为他的导师,每隔一段时间(1~2个月)就会找他进行一次面谈,了解他的学习过程和遇到的困难,给予指导,并在每个阶段完成后对其进行培训效果评估。所有培训结束并评估合格后,他才有可能正式被晋升为行政主厨,派驻到酒店任职。

与此同时,部门的总监还将承担起副导师的责任和角色。刚才例子里的行政副主厨,每到一家酒店工作,行政主厨就自然成为他的副导师,这种关系和buddy trainer类似,但最后还是由总经理对行政副主厨的表现进行评估。每一个员工在接受培训之前,先由他的上司进行能力评估,总结出其在能力素质方面还有哪些欠缺,并上报集团形成培训计划。派驻到酒店时,酒店会提前收到集团下发的培训计划,并根据培训要求,制订相应的培训方案。在执行培训阶段,员工通过直接上岗,在实践中接受训练和导师的指导,导师也会对其提出更具有针对性的反馈意见。在培训结束时,导师(总经理)会对员工的领导力、执行力和辅导能力进行综合打分。香格里拉酒店集团的人力资源管理层认为,在更强调合作和服务品质的酒店行业,"老带新"和"导师制"这两种培养模式是可以共存并互为补充的。

(资料来源:《香格里拉酒店集团的员工培训体系》,载于微信公众号"HR案例网",2019-08-05。)

▶ **案例讨论:**

在这个案例中,香格里拉酒店集团的培训体系契合了酒店行业的哪些特征?

## 第一节　酒店员工培训概述

### 一、酒店员工培训的定义

员工培训是指企业为了使员工获得或改进与工作有关的知识、技能、态度和行为,提高其绩效,更好地实现企业目标并满足员工发展需要而制定的系统化的教育训练过程。酒店作为劳动密集型的服务型企业,仅仅依赖豪华的硬件设施和先进的技术设备是远远不够的。酒店提供优质服务需要依赖有良好的工作态度和训练有素的服务人员。无论是服务人员还是管理人员都离不开培训。培训是现代酒店管理中的重要内容。酒店通过培训等手段提高管理人员与员工的工作能力、知识水平,促进员工潜能发挥,最大限度地使员工的个人素质与工作需求相匹配,进而提高员工工作绩效。因此,为了使每位员工都能够快速适应酒店的工作环境,并胜任其工作职责,酒店必须开展全面的员工培训。

酒店员工培训是一种有计划、系统和目标导向的活动,旨在提高酒店员工的综合素养,包括知识、技能、工作态度等方面,以满足酒店业务需求并提供更高质量的服务。这种培训包括多个方面,例如专业技能培训、客户服务培训、团队协作培训、安全培训等。

### 二、酒店员工培训的重要意义

酒店员工培训是酒店人力资源管理的关键组成部分,不仅是酒店人力资本增值的重要手段,也是提高酒店效益的关键途径。不管是从员工个人角度还是从酒店整体来看,培训都具有重要意义。

（一）员工个人层面

1.培训可以提高员工的专业知识和技能水平,提升绩效水平

酒店员工完成岗位工作,必须具备完成本职工作所需要的专业知识和相关知识,以及相应的服务技能和服务技巧。而只有通过系统的培训,员工才可以在短时间内掌握专业知识和相关知识。只有通过不断地培训、工作、再培训、再工作的过程,员工才能真正掌握服务技能和服务技巧。培训不仅是员工掌握专业知识的过程,也是全面提高员工素质的过程。

2.培训可以增强员工的团队协作能力,提升工作效率

培训活动通常包括团队建设和沟通技巧的培训,有助于增强员工的团队协作能力,确保整个团队更好地协同工作。通过培训,员工可以更好地理解和运用工作流程、系统和技术,提高工作效率,从而更好地应对日常工作中的各种挑战。

3.培训可以为员工的职业发展提供机会,提高员工工作满意度

通过不断培训,员工扩大了知识面,熟练掌握了专业技能,随着专业素养和专业能力的不断提高,员工个人的综合素质也随之提高,对工作的自信心也提高了。当晋升机会来临

时,培训过的员工获得晋升的可能性也就比较大。所以,培训为员工提供了发展的机会。

4.培训可以提升员工适应变化的能力

酒店行业常常受到市场、技术和顾客需求变化的影响,培训有助于员工适应这些变化,保持对新趋势和新技术的敏感性。

（二）酒店层面

1.培训可以提高酒店服务质量

酒店是服务行业的代表,提供卓越的客户服务是至关重要的。培训有助于员工掌握专业知识、技能和服务标准,从而提高他们的服务水平,确保客人获得良好的体验。酒店服务质量的高低主要取决于员工素质的高低,而培训是提高员工素质的有效方法。培训可以使员工掌握良好的工作技能与工作方法,以及丰富的行业知识,使员工工作起来得心应手,进而提高酒店的服务质量。因此,培训是提高酒店服务质量的重要途径。

2.培训可以增强酒店凝聚力,培育企业文化

酒店人力资源管理的核心目标就是员工素质的提高。员工的高素质不是先天的,酒店要对员工进行定期的培训,不断提高员工的文化、技术素质,帮助员工更好地完成现在所承担的工作,为员工的自身发展提供条件,满足员工的心理需求,从而增强酒店的凝聚力。同时,通过培训过程中的宣传、讲解,酒店能够强化企业文化建设,增强员工对酒店的认同感和归属感。

3.培训可以降低酒店损耗率和事故率

研究表明,有效的培训可以减少73%的浪费与损耗,特别是在餐饮部、客房部、洗衣部等损耗较大的部门。另外,相关研究发现,未经培训的员工所造成的事故数量是受过培训员工的事故数量的3倍。未经培训的员工不了解正确的操作方法和技巧,只凭经验进行操作,导致酒店损耗率和事故率上升;而受过良好培训的员工会有意识地避免一些错误操作,操作规范正确,从而减少损耗和事故的发生。在酒店业,有一系列的法规和标准需要遵循,培训有助于确保员工了解并遵守相关法规和标准,减少潜在的法律和合规风险。

4.培训可以增强酒店组织对市场环境的适应能力

当今的酒店面临的市场环境瞬息万变,新技术、新的经营理念不断涌现,要想在激烈的市场竞争中生存与发展,企业的应变能力至关重要。企业的应变能力最终要体现为员工的应变能力。管理人员能否掌握新的经营管理理念、员工能否掌握新的技术和技能,这些能力和技能的提高归根结底要靠培训来实现。培训有助于增强员工对企业决策的理解和执行能力,使员工掌握企业的管理理念和先进的管理方法,不断提高自身素质,从而不断提高企业的市场竞争力。

5.培训是建立学习型酒店组织的最佳手段

总的来说,酒店进行员工培训的目的是通过提高员工的能力、适应性和专业素养,为客户提供卓越的服务,保持酒店在市场上的竞争优势。学习型组织是现代企业管理理论与实

践的创新,是企业员工培训开发理论与实践的创新。酒店要想尽快建立学习型组织,除了要有效开展各类培训,更重要的是贯穿"以人为本"提高员工素质的培训思路,建立一个能够充分激发员工活力的人才培训机制。

### 三、酒店员工培训的分类

#### (一) 按培训性质划分

酒店员工培训按性质分,可分为职业培训和发展培训两大类。职业培训主要是针对操作人员,而发展培训主要是针对管理人员。

1. 职业培训

职业培训的主要对象是酒店操作层的员工,培训目标是提高员工的专业知识水平、服务技能,端正员工服务态度,培训重点是员工的操作能力。职业培训通常分岗前培训和岗位培训。培训的重点是培养和开发他们的技能,使他们更好地胜任工作。

(1)岗前培训。

岗前培训是对新员工在上岗前所开展的入职培训。岗前培训有助于酒店建立一支专业知识、业务技能与工作态度均符合经营要求的员工队伍。岗前培训根据培训内容侧重不同又可分为一般性岗前培训和专业性岗前培训。

一般性岗前培训主要是对新员工进行的一种企业文化熏陶,让他们尽快地融入企业环境,尽快熟悉工作环境。一般性岗前培训的目的是增进新员工对酒店业及本酒店的了解,其内容包括本酒店的历史和现状、方针政策、规章制度、安全知识,以及酒店业的法律知识、职业道德、礼貌礼节等。

专业性岗前培训是对新员工在岗的专业知识的入门教育,让其尽快熟悉业务。专业性岗前培训的目的是使新员工掌握岗位技能,其内容包括服务规程、服务技能与技巧、专业外语、卫生防疫知识等。

(2)岗位培训。

岗位培训是常用的一种培训类型,是员工不脱离工作岗位所接受的培训,是岗前培训的继续和发展。对一个重视培训的酒店来说,岗位培训会贯穿每一个员工就业的全过程。岗位培训一般由各级管理人员和经验丰富、技术娴熟的老员工担任培训师,也可以有针对性地外请一些当地旅游院校、培训中心的专家来为员工培训。在培训过程中,受训者也在履行自己的岗位职责,因此岗位培训需要的培训费用相对较少。

2. 发展培训

发展培训主要针对酒店的管理人员,培训的核心内容是观念和技能。发展培训要求管理人员通过培训能够了解和掌握酒店内部和外部的经营环境,提高洞察力,把握酒店的发展方向,选择适合酒店发展的经营之道,处理好酒店内部和外部的各种关系。

另外,发展培训应注意培训管理人员处理人际关系的技巧和开拓进取的创新能力,以促使他们做好协同工作,创造使员工满意的工作环境。

（二）按员工类型划分

1.按员工职称等级划分

酒店员工从服务员、主管、部门经理到总经理，大致可分为操作层（服务人员及各部门的工作人员）、执行层（主管、领班等基层管理人员）、管理层（部门经理、经理助理）和决策层（总经理、副总经理、酒店顾问等）四个层次。不同层次的员工所需掌握的技能和使用各种技能的比例各不相同，因而要分别进行不同的培训。

（1）操作层培训。操作层员工以基本技能的培训为主，包括操作技能、团队沟通能力、服务礼仪、协作能力等，这是保证工作顺利完成、团队健康有序运作的前提。操作层员工的专业技能培训，其对象是不同业务、职能部门的专业技术人员。

（2）执行层培训。酒店基层管理人员，如领班、主管等，其工作重点是执行中高层管理者的指示和决策，直接面对员工从事具体的管理工作。因此，其培训内容应侧重于酒店管理的基本原理、人事劳动管理、沟通方法、人际关系技能等。

（3）管理层培训。酒店管理层培训是针对各部门的中层管理者，如各部门经理和经理助理等。中层管理者必须精通本部门的经营管理，熟悉本部门工作的每个环节和具体安排。其培训内容应侧重于本部门的运行与管理，以及组织、控制、指挥能力等，特别是沟通技巧和督导技巧等。

（4）决策层培训。决策层培训是针对酒店高层管理者，如总经理、副总经理等。高层管理者的工作重点在于对整个酒店的经营管理，其培训重点应放在创新精神、决策管理能力、用人能力、协调能力和控制能力等方面，培训课程可包括经营预测、经营决策、市场营销、财务管理、组织行为学、旅游经济学等内容。

2.按员工工龄划分

酒店员工按照工龄可以分为三类：实习生、新员工和老员工。酒店应针对不同工龄员工，开展不同的培训。

（1）实习生培训。现在愈来愈多的酒店倾向于聘用实习生，实习生的实习时间一般为半年或一年。实习生入职时需要参与酒店人力资源部组织的入职培训，以确保掌握相关的知识、技能和树立正确的工作态度。三个月后，人力资源部会对实习生进行岗位技能掌握程度的考核，让实习生清楚自己的岗位技能，同时也让酒店管理者对实习生做出客观的评述，为日后实习生转为正式员工提供参考。

（2）新员工培训。新员工培训具有多方面特征。第一，新员工培训的长期性与多批少量性。酒店在发展过程中需要不断补充新人，依据经营状况，酒店每次招聘员工不会太多。但是培训经理必须确保每位新员工都得到充足的培训，不会出现有损酒店形象的事情。第二，新员工培训的不确定性。新员工会因各种原因而出现入职报到时间不确定，这种不确定使得入职培训时间也不能确定。为了确保新员工都参加过培训，培训经理需要及时调整工作来应对这种不确定。第三，新员工培训的约束性。酒店要有意识地给新员工传达酒店服务意识与纪律方面的规定，这方面的第一印象很重要，酒店要求每位新员工必须明确地遵守一

些规则或具备一定的服务意识和服务技能,否则会以该员工不符合酒店的要求为由而拒绝录用。

(3)老员工培训。对酒店老员工进行培训是酒店管理中非常重要的一项任务。老员工是酒店运营的中流砥柱,其培训不仅可以提升个人能力和素质,还可以促进酒店的稳定发展。老员工培训主要包括再培训、交替培训和更换培训。再培训的目的是使上岗后的员工复习已经忘记或不大熟悉的业务,通过培训来提高技能技巧;交替培训的目的是使员工成为多面手,这样无论是对员工个人还是对酒店的人力资源调配都大有好处;更换培训是指对已经上岗但不能胜任或者不适合某职位的员工进行新的培训,让他们发挥自己的才能。

(三)按培训内容划分

酒店员工培训的内容可以分为三个方面,即职业态度(attitude)、职业技能(skill)和职业知识(knowledge),简称"ASK"培训。

1. 职业态度培训

职业态度主要是指员工对自己所从事职业的看法以及所表现出的行为举止。职业态度培训包括员工正确的观念、价值判断、责任感、事业心等方面的培训。职业态度培训可以通过酒店文化宣讲、企业使命和价值讲解、诚信教育等形式展开,这是持续影响酒店生存和发展的具有深远意义的企业文化力培育。酒店对员工的利他精神和服务精神的培训是至关重要的,这些品质直接关系到酒店的服务质量和客户满意度。培训课程应当帮助员工理解利他精神的重要性,并说明如何在工作中体现出来。员工需要明白,提供优质的服务并不仅仅是完成工作任务,更是为了满足客人的需求和带给客人愉悦和舒适的体验。利他精神不仅体现在对客服务上,也体现在同事之间的合作和支持上。培训课程可以强调团队合作的重要性,鼓励员工互相帮助、互相尊重,共同努力为客户提供优质的服务。

2. 职业知识培训

职业知识培训是按岗位要求对员工开展的专业知识和相关知识的教育活动。在酒店业,员工的服务和产品知识培训至关重要,因为他们需要深入了解酒店提供的各种服务和产品,以便能向客人提供准确、详细和专业的信息,满足客人的需求和期望。职业知识培训具有很强的专业性和客观操作性,有助于提高员工的工作能力。根据不同知识层次的员工,酒店要组织不同的职业知识培训,力求所有员工在接受培训后都能有进步。酒店知识培训的内容主要包括:①酒店设施和服务培训,培训使得员工了解酒店的各项设施和服务,包括客房设施、餐饮服务、会议设施、健身中心、游泳池等,以及如何为客人提供相关信息和帮助;②客房类型和特点培训,培训使得员工了解各种客房类型的特点和区别,包括标准间、套房、豪华房等,以及客房的布局、设施和配套服务;③餐饮菜单和饮品知识培训,培训使得员工熟悉餐厅菜单和饮品知识,包括各种菜品和饮品的制作原料、口味特点、配套搭配等,以便能够向客人提供详细的菜品介绍和建议;④会议和活动设施培训,培训使得员工了解酒店的会议和活动设施,包括会议室、宴会厅、婚礼场地等,以及各种活动的组织流程和服务内容;⑤附属服务和特色体验培训,培训使得员工了解酒店提供的各种附属服务和特色体验,包括接送服务、观光旅游、SPA按摩、文化活动等,以及如何向客人推荐和安排这些服务和体验。

3. 职业技能培训

职业技能培训是指与员工岗位相关的技术和能力培训。酒店从业人员的能力表现在多个方面,如观察能力、记忆能力、思维能力、想象能力、操作能力、应变能力、交际能力、艺术欣赏能力等。能力的培训就是训练员工在具体工作中,能综合运用多项能力,保证服务质量。在酒店业,员工的基本工作能力还集中体现在服务技能上,主要包括客户接待技巧(培训员工如何在客户到来时礼貌接待、主动问候,以及引导客户到达目的地或接待区域)、沟通技巧(培训员工如何与客户进行有效的沟通,包括倾听技巧、表达技巧、语言礼貌、非语言沟通等)、客户需求分析能力(培训员工学习如何准确识别客户的需求和偏好,以及如何根据客户需求提供个性化的服务)和问题解决能力(培训员工如何应对客户提出的问题和投诉,及时解决问题并且保持礼貌和专业)。

除了以上这些基本的服务技能培训,情绪智力在酒店员工的能力培训中至关重要。情绪智力指的是个体识别、理解、管理自己与他人的情绪的能力。在酒店服务行业中,员工需要处理各种情绪化的客人,而情绪智力能力的提升可以帮助员工更好地应对客户需求,提高服务质量和客户满意度。情绪智力培训能够帮助员工更好地理解客户的情绪和需求。通过情绪智力培训,员工可以学会观察客户的情绪表达,识别客户的情绪状态,并且根据客户的情绪变化调整自己的服务态度和方式,提供更贴心、更个性化的服务。情绪智力能力的提升可以帮助员工更好地管理自己的情绪,并且保持积极的情绪状态。在面对客户挑衅、抱怨或情绪化的情况时,员工可以保持冷静、理性地应对,避免情绪冲突。情绪智力能力的提升可以帮助员工减少情绪波动和负面情绪,从而减轻工作压力,提高工作满意度和幸福感。通过情绪智力的培训,员工可以学会有效地应对工作中的挑战和压力,保持良好的心态和工作状态。

## 第二节　酒店员工培训的流程

酒店员工培训是一个系统的工程,主要由培训需求分析、培训计划制订、培训计划实施以及培训效果评估这四个步骤组成。

### 一、培训需求分析

#### (一)培训需求的类型

酒店生存和发展所要求具备的一些因素暂时还未具备,而这些因素是能够通过培训加以解决的,于是产生了培训需求。酒店只有了解员工的培训需求,才能够提供有针对性的有效培训。因此,发现培训需求是酒店培训工作的开始,有效的酒店员工培训工作必须针对培训的实际需求对症下药。酒店管理者应通过工作评估、客人反映等多种渠道,采用任务分析、绩效分析、资料分析、现场观察、问卷调查、座谈面谈等方法,找到酒店员工在实际工作中

的不足之处,并进行分类分析,从而确定员工的培训需求。

具体的培训需求包括组织培训需求与人员培训需求两部分。组织培训需求分析需要确定组织的长期目标与短期目标,包括组织的人力资源需求分析、组织效率分析、组织文化分析。人员培训需求分析包括人员的能力、素质和技能分析,工作绩效评估等。确定培训需求既是酒店培训工作的开始,又是衡量培训工作效果的主要依据。其包括分析目前员工的工作状况,并与所应达到的工作标准相对照,如果存在差距,那就需要进行培训,比较典型的有新员工上岗前的培训、工作标准变化后的培训、新设备技术使用前的培训以及外语培训等。此外,还可根据顾客投诉、员工抱怨和检查发现的问题开展针对性的培训。

（二）培训需求的识别

了解酒店培训需求是每位培训经理的首要任务,唯此培训经理才能明确自己工作的具体项目与内容。尽管同为服务型企业,但各个酒店对市场的定位不同,其所服务的顾客的特点和需求也有所不同,因而要求酒店服务人员掌握的技能也略有不同。了解酒店培训需求的方法一般有以下几种。

1. 观察法

(1)从旁观者的角度去观察员工平时的工作表现。培训经理可以询问员工一些岗位业务知识,观察其完成各工作程序的正确性与效率,观察其在顾客服务过程中的表情、语言、姿势,等等,并且将这些记录下来,针对员工做得不够好的地方确定培训的内容(或项目),此时可使用日常观察登记表。

(2)主动征询顾客意见。很多酒店都设有一些调查表格以供顾客填写,但回收率很低,顾客一般没有心思去给自己增加额外的工作,因此各部门主管要主动出击,去询问顾客的意见。各部门可根据本部门的实际情况有目的地拟出一些调查项目,如餐饮部门菜式的色、香、味,出菜的速度,员工服务态度,等等。同时,这种方式也有利于增强酒店和顾客的沟通。

2. 问卷调查法

问卷调查法比较直观,特别是对新来的主管而言,问卷调查法是了解本部门员工的岗位业务水平很有效且比较迅速的方法。将岗位工作涉及的业务知识、操作技能及服务态度,以及员工关心的问题组合成问卷,然后请员工填写。

3. 自我诊断法

培训员或主管须将自己了解到的员工的各项业务水平情况向员工解释清楚,然后让员工依照自己的实际情况做自我鉴定,并且让他们列出自己工作的优势、劣势及期待。

4. 工作考核法

工作考核包括理论知识考核、实际操作及角色模拟考核,酒店可以通过工作考核来鉴别员工的业务水平,这也是常用的识别培训需求的方法。岗位所需要的工作能力减去员工实际的工作能力后就是员工应该开发的能力。培训内容增加员工应该开发的能力,以便他们能达到工作所需要的能力水平。

（三）培训需求的判别原则

尽管有些培训项目反映了某部分员工的需求，但并非所有的培训项目都是必要的，培训经理应站在酒店整体的立场来对各项培训需求进行判别，而不是无论员工提出什么需求都尽力去满足。例如，有的员工想学驾驶汽车，这是从该员工自身的立场出发想往此方向发展，但这对酒店而言没有太多的帮助，酒店不太会开展此方面的培训，当然也不反对员工利用业余时间自费去培训。因此，培训经理应注意对培训需求进行判别，遵循培训需求判别的两大基本原则。

1.酒店需求与员工需求相平衡的原则

培训经理应更多地从酒店的实际出发，优先考虑酒店的培训需求，酒店培训部本身是从酒店自身发展的需要出发而设立的，希望培训项目能帮助酒店为顾客提供优质服务，提高酒店经济效益，因此在此意义上而言，酒店的培训项目带有某种程度的强制性，要求酒店从业人员必须接受相应的培训。而员工的需求是从其自身的发展需要出发而提出来的，酒店没必要满足员工如此众多的个性化的培训需求（而且事实上严格地说，酒店培训部也不可能做到这一点）。酒店培训经理首先应从酒店利益出发，考虑有益于酒店和员工共同发展的培训项目，如酒店各岗位工作技能的培训，这是酒店也是员工的共同培训需求。

2.培训 ABC 原则

辨别培训需求还应该遵循培训的 ABC 原则，将培训需求分为 ABC 三级，ABC 原则有如下特点。第一，ABC 原则体现培训的及时性。培训是指在适当的时候给适当的人员培训适当的课程，培训经理应认识到培训工作应紧跟酒店经营的需要，及时变动培训强度与节奏，迅速开展培训工作。第二，ABC 原则体现培训的可行性。有些培训项目也许根本无法开展，起码就酒店目前掌握的培训资源而言，培训是不可行的，培训经理应清楚通过何种途径来获取此类培训项目的资源。第三，ABC 原则体现培训的重要性。并非每个培训项目对酒店都是非常重要的，它们应有一个重要与次要的顺序，培训经理应懂得辨别哪些项目是重要的，哪些项目是次要的，以便在时间安排上更为合理。

## 二、培训计划制订

对于不同的培训对象和培训内容，培训计划也各不相同。制订培训计划是培训管理工作的重要环节，是实施培训的开端。培训计划涉及的主要内容有期望做什么，为什么要做，什么时候做，谁去做，以及如何做。酒店的培训计划可分为长期计划与短期计划两类。长期计划一般指年度计划。短期计划一般是针对不同内容的培训活动或课程的具体计划。培训工作的顺利开展离不开培训计划的指导。酒店制订培训计划的依据主要包括三个方面：一是酒店主管部门的要求；二是酒店持续发展的要求；三是酒店员工发展的要求。

培训计划的内容一般包括培训目标、培训对象、培训内容、培训师资、培训方法、考核方式、培训时间、培训地点和培训费用估算等。酒店培训部制订培训计划的步骤如下。

（1）确定培训目标。根据培训需求分析来确立目标，培训目标必须能体现整个培训过

程所期望的结果。确定的培训目标必须与酒店的长远目标相吻合,与酒店的实际情况相适应,使员工在培训后能够达到目标。同时还应注意,培训目标应尽量具体、集中,尽可能有可度量性。

(2)制订培训方案。根据培训目标和培训对象制订适合的培训方案。

(3)设计培训课程。课程的设计应具有针对性和实用性,如针对一线员工的培训,应开设礼仪类、技能类的课程;针对管理人员的培训,应注重政策法规、管理学等方面的课程安排。

(4)编制培训预算。培训部在制订培训计划时对总费用的预算是通过方案中培训活动所需要的器材和设备的成本,以及教材、教具、外出活动等所需费用算出来的。

### 三、培训计划实施

实施培训计划是整个培训工作中的关键步骤,其具体工作主要分为三个部分,即培训前的准备工作、培训实施的过程管理、培训实施的结尾工作。

培训材料应准备齐全,印刷要求整齐、清晰。在材料的编排上,尽可能考虑趣味性,内容深入浅出,易懂易记。应充分利用现代化的培训工具,采用视听材料,以增加感性认识,激发员工认真练习的动力。特别是要准备好工作分析表,它是详细、系统地说明某一岗位的工作具体做什么、如何做,以及要注意的问题及所使用的工具与资料等的实用培训工具,可以运用工作分析表来对员工进行实战性培训。

知识与技术的熟练掌握和运用,是以记忆为基础的。据调查,人通过不同方式实现记忆的效果如下:通过阅读可记住10%,通过听课可记住20%,又看又听可记住50%,自己复述一遍可记住80%,一边复述一边动手做可记住90%。因此,应尽量采取视听、研讨和角色扮演这些身临其境的培训方式,以增强培训效果。

### 四、培训效果评估

要提高培训效益,对培训效果进行评估是不可忽略的一项工作。培训效果评估的手段是多样化的,可以是问卷调查、面谈调查,也可以是对受训者进行知识和实操考核,还可以运用统计学、数学、经济学的方法,常见的如成本收益分析、生产率或产量变化分析等。要将培训前后的相关数据进行对比分析,检查实际效果与预期之间的差距。通过分析培训效果,酒店可以改进和完善相应的培训项目,并指导今后培训工作的开展。

培训效果可以通过四个方面进行衡量:一是满意度评估,培训结束后可以就受训员工对课程设计、培训方法、培训师等的满意度进行评估;二是技能评估,针对受训员工所掌握的技能与知识进行评估;三是行为类考核,一般是培训结束员工返回工作岗位后,对比员工培训前后行为有哪些改善;四是结果评估,即评估是否达到了预期的培训效果,通常通过离职率、业绩完成率等指标进行衡量。对酒店业而言,无论采用何种培训方法,受训员工获得知识技能、理念上的进步后,要巩固培训效果,就必须进行实践,通过实践有效且持续地将所学到的知识、技能等运用于服务工作中。对酒店员工培训效果的评估主要是分析和比较受训员工培训前后在专业知识、业务技能或工作态度等方面是否有改变,是否与培训目标相符合。一且成效不理想,就要分析查找原因,如果是由于员工或培训师素质的问题,就要教育或者撤换他们;如果是由于培训方法不合适,就要改进培训方法。

目前常用的培训评估模式有以下两种。

（一）柯氏四级评估模式

柯氏四级评估模式是一种经典的培训评估模式,由唐纳德·柯克帕特里克(Donald Kirkpatrick)提出。它包括四个层次:反应层、学习层、行为层和结果层(见表5-1)。

表5-1　柯氏四级培训评估模式

| 评估级别 | 主要内容 | 衡量方法 |
|---|---|---|
| 反应层评估(培训中) | 观察学员反应 | 评估调查表,访谈 |
| 学习层评估(培训中) | 检查学习结果 | 评估调查表,考试 |
| 行为层评估(培训后) | 衡量培训前后的工作表现 | 360°绩效考核 |
| 结果层评估(培训后) | 衡量酒店业绩变化 | 考察投诉率、流动率、士气 |

1. 反应层(reaction level)

反应层关注的是受训者对培训活动的反应和满意度。在酒店培训中,可以通过反馈调查、问卷调查等方式评估员工对培训活动的满意程度和认可度。这可以帮助管理者了解员工对培训内容、培训方法、培训师等方面的看法,从而及时调整和改进培训活动,提高员工的参与度和投入度。

2. 学习层(learning level)

学习层关注的是员工在培训中所获得的知识、技能和态度的变化。在酒店培训中,可以通过测试、考核、观察等方式评估员工在培训后的学习成果。例如,管理者可以考核员工在服务技能、沟通技巧、团队合作等方面的表现,以评估培训的效果。这有助于管理者了解培训是否达到了预期的目标,是否能够提高员工的专业能力和工作质量。

3. 行为层(behavior level)

行为层关注的是员工培训后在工作中的行为变化和知识技术的应用情况。在酒店培训中,管理者可以观察员工在工作中的表现、行为和态度,以评估培训的实际应用效果。例如,管理者可以评估员工在客户服务、团队协作、问题解决等方面的表现,以了解培训是否能够有效地帮助实际工作中的行为改变。这有助于管理者了解培训的实际应用效果,培训是否能够提高员工的工作绩效和服务质量。

4. 结果层(results level)

结果层关注的是培训活动对酒店业绩和绩效的影响。在酒店培训中,管理者可以评估培训对酒店业绩、客户满意度、员工满意度等方面的影响。例如,管理者可以比较培训前后的客户满意度调查结果,以评估培训对客户满意度的影响。这有助于管理者了解培训对酒店整体业绩和绩效的影响程度,从而为未来的培训计划提供指导和改进方向。

（二）CIPP评价模式

CIPP评价模式是一种综合性的评价方法，它包括四个维度的评价：情景评估（context evaluation），输入评估（input evaluation），过程评估（process evaluation），以及成果评价（product evaluation）。这些评价维度可以用于评估项目、政策、计划或组织的不同方面，为决策提供有效的指导和改良方向。

1. 情景评估

酒店在培训项目开始之前，进行情景评估是至关重要的。管理者需要了解酒店所处的行业环境、市场竞争情况、员工的培训需求等信息。例如，酒店可能处于不断变化和竞争激烈的市场中，需要开展员工培训以应对市场的挑战。通过情景评估，管理者可以确定培训项目的目标和方向，为培训项目的设计提供参考。

2. 输入评估

输入评估关注的是酒店培训项目所投入的资源、人力、时间等。在制订培训计划时，管理者需要评估培训资源的充足性和有效性。例如，培训项目可能需要预留足够的资金预算、招聘专业的培训师资等。通过输入评估，管理者可以确保培训项目能够顺利进行，并充分满足员工的培训需求。

3. 过程评估

过程评估关注的是培训项目的实施过程和效果。在培训过程中，管理者需要监督和评估培训的实施情况，包括培训内容的设计、培训方法的选择、培训师的授课效果等。例如，管理者可以通过观察培训课程、收集学员反馈等方式评估培训项目的有效性和质量。通过过程评估，管理者可以及时发现问题并采取措施加以解决，确保培训项目的顺利实施。

4. 成果评估

成果评估关注的是培训项目的成果和效果。在培训项目结束后，管理者需要评估培训的实际效果和影响。例如，管理者可以通过观察员工的工作表现、客户满意度调查等方式评估培训的成果。通过成果评估，管理者可以了解培训项目是否达到了预期的目标，是否能够满足员工的培训需求，从而为未来的培训计划提供参考。

# 第三节 酒店员工培训的理论、方法和原则

## 一、酒店员工培训的理论

### （一）成年人的学习认知规律

酒店培训课程的主要对象是成年人，他们有自己的经验和学习经历，也有自己惯用的学习方法。因此，培训课程的执行要尽量地遵循成年人的学习认知规律，注意选择那些能调动他们学习积极性的培训方法，以提高培训效果。成人学习原理是在认知心理学基础上，通过

顺应成年人的学习认知规律,形成的提高学习效果的理论。成人学习原理的内容一般包括成人学习特点、成人学习的原则、成人学习的注意曲线、成人学习金字塔等。

 **知识拓展**

### 学习金字塔理论

　　1946年,美国专家埃德加·戴尔提出"学习金字塔"的概念。简单来说,这个概念就是说人是一种"忘性"很大的动物,如果只是单纯地通过文字阅读和听讲学习,就算当时学得再认真再明白,一段时间以后,大部分知识还是会被遗忘。埃德加·戴尔尝试比较不同学习方式下学习者在一段时间后的记忆效果,提出了不同学习方式下学习者两周后的学习内容平均留存率,以一个金字塔的形式展现,如图5-1所示。

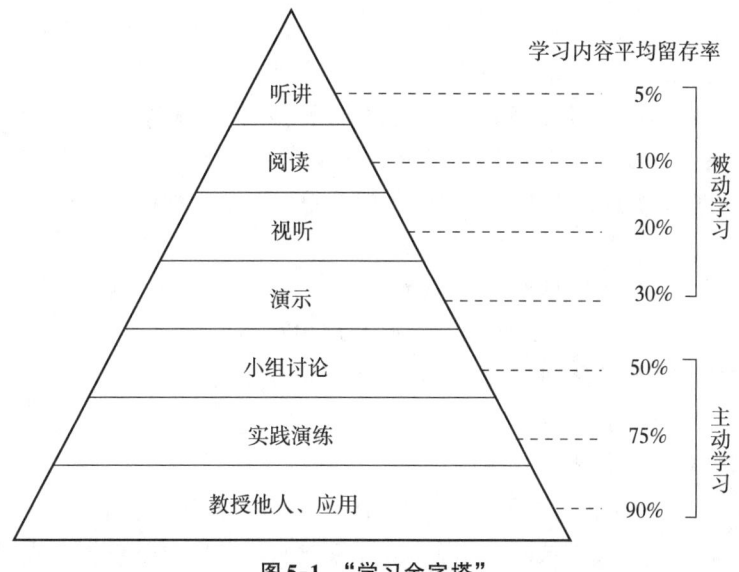

**图5-1 "学习金字塔"**

　　在塔尖,第一种是"听讲",也就是老师讲、学生听,这是我们最熟悉、最常用的方式,学习效果却是最低的,两周以后学习的内容只能留下5%。

　　第二种是通过"阅读"方式学习,内容可以保留10%。

　　第三种是用"视听"的方式学习,留存率可以达到20%。

　　第四种是"演示",采用这种学习方式,可以记住30%的内容。

　　第五种是"小组讨论",可以记住50%的内容。

　　第六种是"实践演练",留存率可以达到75%。

　　最后一种是在金字塔基座位置的学习方式,即"教授他人"或者"应用",可以记住90%的学习内容。

　　可以看出,从"听讲"到"演示"是一个被动的"输入"过程,大脑只接收信息,并

没有积极地去构架知识体系；从"小组讨论"到"教授他人、应用"是一个主动的"输出"过程，经过思考、梳理和重新组织，大脑加深了对知识的记忆。通过学习金字塔，我们知道了为什么学过的知识容易忘记，这是因为单方面获取知识却不输出，并不代表你真的掌握了，用自己的话教会别人，才代表你会了。最好的学习其实是教会别人，以教促学，对应学习金字塔底层最高效的学习方式。

（资料来源：百度百科词条：学习金字塔。）

### （二）现代系统理论

现代系统理论，源自20世纪的系统科学，强调各部分之间的相互作用和整体之间的联系，这些部分通过交流和反馈循环，使得系统能够维持稳定、适应变化和演化。现代系统理论的这些原则已被应用于各种领域，包括组织管理、心理学、工程学和生态学等，以解释复杂系统的行为。培训与现代系统理论紧密相连，尤其是在设计和实施有效的培训计划方面。将这一理论应用于培训中，可以帮助组织更好地理解培训在整个组织系统中的作用，以及如何通过培训实现组织目标。现代系统理论对培训的启示可以体现在以下几个方面。

第一，整体观念。现代系统理论强调考虑整体，而非仅仅关注其部分。在培训中，这意味着需要考虑培训计划如何适应组织的整体战略目标，以及如何与其他人力资源管理实践相互支持。

第二，互联性。现代系统理论关注部分之间的互联性和相互依赖性。在培训上，这强调跨部门合作的重要性，以及不同培训项目之间如何相互补充，以支持员工的全面发展。

第三，适应性。现代系统理论认为系统必须适应环境的变化。对于培训而言，这意味着培训计划需要有灵活性，能够适应组织需求、行业趋势和技术进步的变化。

第四，反馈循环。现代系统理论强调反馈在维持系统稳定和促进改进中的作用。在培训过程中，有效的反馈机制（包括课程评价和后续监测）是不断改进培训内容和方法的关键。

第五，子系统。在现代系统理论中，一个大系统包含了多个子系统。在组织中，不同的部门或团队可以视为子系统，每个子系统可能需要特定的培训计划来满足其独特的需求。

第六，开放系统。现代系统理论通常将组织视为开放系统，即组织能与外部环境交换信息和资源。在培训方面，这意味着引入外部知识和学习资源（如行业专家、在线课程等）可以丰富培训内容，帮助组织保持竞争力。

### （三）人力资本理论

人力资本理论认为，个人的教育、培训、健康状况和工作技能等是一种资本形式，可以提高个人的生产率和收入潜力，从而对组织的发展和经济发展产生重要影响。这一概念强调对人力资源的投资，如教育和培训，是提高个人和整个社会经济福祉的关键因素。

随着时间的推移，人力资本理论逐渐扩展到组织层面，强调组织通过投资于员工的培训和发展来提升其整体价值。人力资本开发是一个广泛和长期的过程，它是通过教育、培训和个人发展等手段提升员工的能力和价值。人力资本开发不仅注重提升员工当前的工作绩效,更重视员工综合素质的提升和长期职业发展。其包括领导力培养、职业规划、继续教育和职业技能提升等方面,旨在构建一个高效能、高参与度和高忠诚度的工作环境。

培训是人力资本开发的一个组成部分,它为员工提供了必要的技能和知识,以满足其当前岗位的需求。在酒店行业,高质量的服务直接依赖于员工的专业技能和服务态度,因此培训在酒店的日常运营中占据重要地位。同时,酒店业面临着员工流动率高的挑战,有效的人力资本开发策略不仅可以提高员工的工作满意度和忠诚度,还可以吸引和保留人才,通过提升员工的整体素质和能力来提高服务质量和客户满意度。

（四）学习型组织理论

学习型组织（learning organization）的概念由彼得·圣吉（Peter Senge）在其1990年出版的著作《第五项修炼:学习型组织的艺术与实践》中提出并被广泛应用。他在书中详细阐述了学习型组织的五大修炼,即个体学习、团队学习、共享愿景、心智模型和系统思考,其中系统思考被他视为连接其他四项修炼的核心元素。这一理论对组织发展、领导力和管理实践产生了深远的影响,鼓励了无数组织转变为更具适应性、创新性和持续学习能力的学习型组织。学习型组织是一个能够持续创建、获取和传播知识,并且能够通过改进其行为来反映新的知识和见解的组织。这样的组织鼓励员工学习并将这种学习应用于实践中,以实现组织的目标。

酒店通过培训打造学习型组织是一种有效的策略,旨在促进持续学习和改进,从而提高整个组织的适应性、创新性和竞争力。

第一,培养学习文化。高层管理者需对学习和发展做出承诺,通过自己参与学习活动来树立榜样。同时,要将学习和持续改进纳入酒店的价值观和使命声明中,确保所有员工都认识到学习的重要性。

第二,制定全面的培训体系。提供广泛的培训课程,覆盖从具体技能训练到领导力发展的各个方面。采用线上和线下培训方式,包括自主学习、小组讨论、研讨会、在职培训等,以适应不同员工的学习偏好。

第三,实施知识共享机制。建立平台和创造机会,如内部论坛、知识库等,让员工能够分享他们的知识、经验和最佳实践。设计激励措施,如奖励制度、认证计划等,鼓励员工参与知识共享和学习活动。

第四,强化员工自主学习。与员工合作制订个人发展计划,设定职业目标和学习目标,提供必要的资源和支持。提供访问在线课程、行业报告、研究论文等资源的渠道,鼓励员工自主探索和学习。

第五,促进团队学习。通过项目团队、工作小组等方式促进跨部门的交流和合作,增强团队学习和解决问题的能力。设计专门针对团队的培训计划,加强团队成员之间的协作和沟通。

第六,建立持续改进机制。定期收集和分析培训反馈,评估培训成效和学习成果,以便持续改进培训内容和方法。根据市场变化、组织目标和员工反馈,灵活调整培训策略,确保培训内容始终保持相关性和有效性。

## 二、酒店员工培训的方法

随着社会的发展,现代企业进行员工培训的方法更加丰富多样,很多优秀企业都能结合培训对象与培训内容,科学选择培训方法,以实现培训效果最大化。因此,为夯实人才基础,实现可持续发展,企业有必要转变培训理念,在保持传统培训方法优势的基础上不断创新培训方法,组织更能激发员工兴趣且培训效果更好的培训活动。酒店员工培训方法多种多样,而且各自都有优缺点。

（一）专题讲授法

专题讲授法特别适用于酒店的管理层和技术人员深入探讨特定专业领域的最新进展或当前的热门议题。通常,此方法涉及邀请经验丰富的行业专家或著名学者来进行系统的课堂教学。课程内容会事先规划,紧密围绕选定的主题,通过理论阐述或促进参与者之间的深入交流和讨论来展开。当酒店采用新的管理策略、引进先进设备、掌握新技术或更新制度规定时,专题讲授法成为确保这些新变化得以顺利实施的关键培训手段。这种培训既可以由酒店自行组织,也可以外包给专业机构。

基于讲师的课堂教学是一种传统的培训形式,且在处理复杂议题时极为有效,因为讲师能够直接回答员工的具体疑问或引导他们寻找更多的学习资源,而且优秀的讲师能够根据在场员工的需求调整培训内容和教学风格。然而,这种培训方法也存在一定的局限性,如成本和时间上的投入较大,对于简单的议题来说可能并不是最高效的选择。尽管讲座能够向大量员工快速传递大量信息,但应谨慎采用,因为研究显示讲座是所有培训方法中效果最不显著的一种。在很多情况下,讲师与学员之间缺乏互动,讲座可能会变得枯燥无味,且学员往往只能记住其中20％的内容。

（二）操作示范法

在酒店培训中,操作示范法是一种常用的教学手段,特别适用于需要传授具体的操作技能和流程的岗位或部门。这种方法通过培训师或有经验的员工展示如何正确地完成特定任务,为学员提供了一个清晰的操作标准和模板,从而帮助学员快速掌握所需技能。操作示范法的优势在于其直观性和实用性,学员可以通过观察专业人士的操作,快速学习专业技能和操作标准。此方法尤其适合于教授那些需要手工操作或有具体操作步骤的技能,如餐饮服务、客房清洁、接待礼仪等。通过实际操作和反复练习,学员能够逐渐提高自己的技能水平,从而提升工作效率和服务质量。

具体的操作中,首先是选择具有高技能水平和良好表达能力的员工或培训师进行操作示范。在开始示范前,向学员介绍操作的背景、重要性和具体目标。在示范过程中,清楚、缓慢地逐步演示操作过程,确保每一个步骤都易于理解和跟随;强调关键操作步骤和需要特别注意的细节,同时指出常见的错误和避免这些错误的方法。在示范结束后,让学员在监督下重复刚才演示的操作,这有助于巩固学习成果。观察学员的操作,并提供正面的鼓励和具体、有建设性的反馈,帮助他们改正错误并提高操作技能。示范和学员操作结束后,总结操作的关键步骤和要点,重申避免常见错误的方法。要鼓励学员在工作中持续练习所学技能,以实现从知识到技能的转变。

（三）岗位轮换法

岗位轮换法作为一种培训和发展手段,在组织中被广泛应用,尤其是在酒店行业中。岗位轮换法是一种高效的培训手段,旨在通过让员工在不同的岗位间轮换来增加他们的技能和知识。这种方法不仅有助于员工更全面地理解酒店的运营流程,还能增强他们的适应性,提升团队合作能力,并激发创新思维。通常优先考虑有潜力的员工和对多岗位感兴趣的员工。根据员工的背景和兴趣以及酒店的业务需求,选择合适的岗位进行轮换,如前台接待、客房服务、餐饮服务、市场营销等岗位。设定在每个岗位轮换的时间长度,通常从几周到几个月不等,以确保员工有足够的时间学习并适应新岗位。在员工轮换到新岗位前,提供必要的初步培训,帮助他们了解即将从事的工作内容及其要求。为每个轮换岗位的员工指派一名经验丰富的导师,以便为员工提供日常指导和支持。让员工在新岗位上开展实际工作,体验不同职责的挑战和乐趣,同时学习相关的技能和知识。在每次岗位轮换后对员工的表现进行评估,重点关注他们的学习成果、技能掌握情况和工作态度。最后,根据员工岗位轮换的表现和兴趣爱好,与员工一起规划其未来的职业发展路径。

岗位轮换法也有其劣势。每次岗位变动都需要额外的培训和适应时间,这可能导致短期内的成本增加和生产力下降。频繁的岗位变动可能导致工作流程混乱,员工可能会对不断变化的工作环境感到不满和困惑。在多个岗位间轮换可能会限制员工在特定领域深入发展专业技能,尤其是对于需要高度专业化知识的岗位。因此,在考虑实施岗位轮换法时,酒店应权衡其优势和劣势,并根据自身的业务需求、组织文化和员工的个人职业目标来制订适合的轮换计划。

（四）师徒制

师徒制培训是一种传统且有效的员工培训方法。其核心思想是让经验丰富的员工(师傅)直接指导新员工(徒弟),实现技能和知识的传承。师徒制强调一对一的教学模式,师傅通过实际工作中的指导和反馈,帮助徒弟快速掌握工作技能。它包括讲解、示范、操作、纠正四个阶段,能使员工较快地掌握基本业务知识、操作技能、职业操守和服务理念。同时,通过建立师徒关系,员工之间的关系会更加融洽。

师徒制培训在酒店行业中具有显著的优势。首先,它提供了高度个性化的培训体验,能够根据徒弟的具体需求和学习速度进行调整,这有助于最大化学习效果。其次,师徒制通过在实际工作环境中学习,强调理论与实践的结合,不仅提高了学习的实用性,还加快了徒弟技能的熟练掌握。最后,这种培训方法能有效传承酒店的服务文化,增强员工对品牌的认同感。

尽管师徒制培训在酒店行业具有多方面的优势,但也存在一些明显的缺点。首先,培训质量高度依赖于师傅的能力和教学技巧,如果师傅的指导方法不当或专业技能不足,可能会影响整个培训的效果。其次,这种培训模式通常需要较为密集的资源,需要投入大量的时间和人力,可能会降低师傅本身的工作效率。再次,师傅之间的教学风格和内容可能存在差异,这种差异性可能导致服务标准化难以实现,影响服务质量的统一性。最后,师徒制虽然

增进了员工之间的友谊,但也容易出现小团体,不利于部门之间的团结合作。

在酒店行业中,师徒制特别适合于需要高水平服务技能和丰富工作经验的职位,如前台接待、客房服务等关键岗位。对于这些岗位,直接的观察学习和实践操作比传统的课堂学习更为有效。例如,新入职的前台员工通过与经验丰富的前台经理进行为期三个月的师徒制培训,可以学习到如何处理复杂的客户投诉、进行有效的客户沟通以及使用酒店管理系统进行日常操作。

(五)角色扮演法

角色扮演法在酒店员工培训中是一种极具互动性和实践性的训练方式,它允许员工通过模拟真实场景来练习和提高服务技能和应对策略。角色扮演法能够为酒店员工提供一个安全的实践平台,让他们在没有真实后果的情况下尝试解决问题和应对挑战,从而增强他们的自信心和职业技能。这种方法不仅能够提高员工的个人能力,还有助于增强团队协作和沟通,进一步提升酒店的整体服务水平。

培训师可以选取工作中主要的、常见的、特殊的场景,这些场景应涵盖酒店的各个关键职能领域,确保员工能够全面地练习所需技能。随后,员工被分配到不同的角色中,实现角色互换,这种角色的多样性有助于员工从不同角度理解和体验服务流程,从而提高服务的质量和水平。其他员工和培训师在角色扮演过程中可以担任观察者的角色,在角色扮演结束后提供反馈。这些反馈应当具体,并富有建设性,旨在指出表现良好的地方和需要改进的方面。此外,也可以将培训场景设计为实践和体验中心,用于模拟事故场景、进行逃生演练、模拟危险工作环境等,让员工亲身经历安全操作和紧急情况的处理。这样的实践活动会提高他们在真实场景中的反应能力。角色扮演法通常需要利用现代技术如在线模拟软件、虚拟现实等,以提供交互式学习体验,让学员能够进入安全操作的虚拟环境中,加深记忆并锻炼应对能力。

(六)参观考察法

参观考察法是一种直观且富有成效的培训手段,通过实地观察酒店的运营和管理,员工能够直接从实践中学习和汲取经验。安排员工参观本酒店或国内外其他酒店是一种有效的培训策略,员工能够通过观察和比较,找到自身工作上的不足之处并学习其他优秀酒店的成功做法。这种方法不仅有助于员工学习他人高效的工作技巧和经验,还能促使他们从更广阔的视角审视酒店业的运作。然而,员工接触到各种不同的酒店运营模式后,可能会对自己的职业发展路径感到困惑,特别是当他们意识到不同酒店之间存在的运营条件和发展机会差异时,这种困惑有可能影响他们的工作积极性。为了应对这一挑战,酒店可以采取措施帮助员工规划职业发展,并在必要时提供心理支持。通过明确的指导和支持,酒店可以帮助员工设定实际可行的职业目标,这不仅能够增强员工的工作动力,还能够帮助他们更专注地投入当前的工作,进而提升整个酒店的服务质量和效率。

(七)案例研讨法

在酒店员工培训中,案例研讨法是一种极其高效的教学策略,它主要通过分析和讨论真实或假设的业务场景来促进学习。这种方法允许参与者将理论知识应用于具体情境,从而加深对材料的理解和记忆。通过案例分析,参与者能够批判性地思考问题,探索不同的解决方案,并学习如何在相似情境中应用这些解决策略。案例研讨法的关键在于选择或创建与参与者的工作环境和挑战紧密相关的案例。这些案例应该具有足够的复杂性,以便参与者能够从多个角度分析问题,并提出多种解决方案。培训过程中,引导者或教练扮演着关键的角色,他们不仅要引导讨论,确保每个人都有机会参与,还要提出挑战性的问题,促使参与者深入思考。

案例研讨最好采用小组讨论的方式。在讨论案例时,参与者被鼓励分享自己的观点和经验,这种交流促进了知识的共享和团队合作能力的提升。此外,应该正面案例和反面案例并重。通过讨论案例中的失败和成功经验,参与者可以学习如何在未来的工作中避免相同的错误并复制成功策略。有效的案例研讨还需要适当的后续行动,比如让参与者制订行动计划,将课程中学到的内容应用于自己的工作实践中。这种实践应用是检验学习成效的关键,同时也是持续改进和个人发展的基础。总的来说,案例研讨法通过模拟真实世界的复杂情况,提供了一个互动式学习环境,参与者可以通过实践、讨论和反思来发展关键思维和问题解决技能。这种方法不仅增强了参与者对理论知识的掌握程度,也提高了他们在实际工作中应用这些知识的能力。

## 三、酒店员工培训的原则

酒店管理者做好员工培训工作,应掌握员工培训的原则。

(一)培训对象的全员性

为确保酒店服务品质,制订明确有序的员工培训计划至关重要,目标是提升全体成员的专业水平。酒店培训应广泛覆盖全体人员,从高级管理层如总经理,到酒店运营的基石——清洁工等各级员工。培训的安排体现出层级性,优先考虑对管理层的培养,尤其是承担关键领导职责的中高层管理人员,以确保他们能够有效地传达和实施酒店的核心价值和运营策略。紧接着是那些与客户直接互动的基层员工。这一环节的培训不仅涉及提高个人技能,如客房维护、餐饮服务等技能,还应包括提升服务意识、团队合作能力及处理客户投诉的技巧。通过这样的系统化培训,酒店能够从上至下建立统一的服务理念和质量标准,从而在激烈的市场竞争中脱颖而出。此外,管理层在接受培训后,将成为理念的传播者,他们的行为和决策将深深影响下属,促使整个团队朝着共同的目标努力,促进酒店的长期发展。

(二)培训内容的针对性

在制订酒店的员工培训计划时,必须注重培训内容的针对性,这种针对性体现在三个方面。第一,培训应该根据员工的职位层级、所属部门及具体岗位需求来定制。管理层需要的可能是领导力和决策制定的培训,而一线员工则可能更需要客户服务和具体操作技能的培训。第二,培训应该考虑员工的个人差异,包括技能、知识水平、工作态度和经验等方面,实施个性化设计,确保每位员工都能从中获得最大收益。第三,培训内容的选择应紧密跟随工作实践的需要,有针对性地解决工作中遇到的具体问题和挑战。这种需求驱动的培训方法

能确保培训内容与员工的实际工作紧密相关,从而提高工作效率和服务质量。这样的培训策略旨在不断提升员工的能力与服务水平,满足酒店业务发展的实际需求。

（三）培训方法的灵活性

有效的员工培训需要通过灵活多样的培训方法来满足不同员工的需求,从而最大化培训成效。现代培训手段涉及专题讲授法、操作示范法、岗位轮换法、师徒制、角色扮演法、参观考察法和案例研讨法等。每种方法都有其独特优势,例如案例研讨法有助于提升决策能力,角色扮演法能增强员工的同理心和应对突发事件的能力。培训过程中,酒店不应将活动限制在传统的室内环境,这样易使人产生刻板的学习印象;相反,可以将培训场地转移到新颖的环境中,如户外场所或模拟工作场景,甚至可以考虑请主持人或演员来活跃气氛,增添趣味性。通过举办小组竞赛或实战模拟等活动,可以激发员工间的互动交流,提升团队合作精神,同时也能通过游戏化的手段提高员工对培训内容的兴趣和参与度。例如,组织一场以服务技能为主题的角色扮演比赛,不仅能够让员工在轻松愉快的氛围中学习,还能让他们在实际操作中体验和学习如何解决客户服务中可能遇到的问题。此外,这种比赛形式的培训能够对员工的表现和进步给予即时反馈,这种即时的认可和奖励能极大地增强员工的学习动力。综合来看,酒店应设计出既有教育意义又能吸引员工参与的培训活动,以此确保培训效果的最大化。

（四）培训进度的渐进性

更新知识和提高技能是一条渐进的路径,不可能在短期内就让员工掌握所有必需的知识并将其应用于工作之中。因此,酒店实施培训时,应该采取由浅入深、循序渐进的策略,系统地规划培训的进度和内容。培训计划应设定清晰且切实可行的目标,这些目标不仅指导培训的具体内容,而且是评估培训成效的关键依据。领导层不应抱有一两次培训就能使员工成为领域专家并显著提高企业收益的幻想。这种期望是不切实际的,因为培训需要时间,员工的成长和能力提升也需要时间。设置不现实的目标只会导致培训结果不尽人意。制订培训计划前,酒店必须明确目标。一个没有明确目标的培训计划就像无舵之船,不仅可能使员工感到迷茫,而且在评估培训成效时也可能偏离正确的方向。正确设定目标,结合适宜的培训方法,才能确保培训计划得以成功实施,真正提升员工的工作能力和业绩。

（五）培训时机的合理性

选择恰当的培训时机对于增强员工的学习动力和提高培训效果至关重要。通常,当员工感觉自己的能力难以满足工作要求或有提升自我技能的愿望时,他们更可能主动寻求培训机会。在这样的情况下进行培训,更容易实现从被动接受培训到积极追求学习的转变,这是激发学习热情和确保培训效果的关键。同时,培训时间的安排也需要细心考量。最佳的做法是在酒店的淡季或员工工作压力较小的时段进行,这样不仅可以确保员工有充足的时间和精力投入学习中,还能避免在高强度工作期间增加额外的负担,从而避免员工感到过度疲劳和产生抵触心理。如果培训安排在工作高峰期,员工可能无法集中精力学习,培训效果也难以达到预期,反而可能引发员工的不满和疲劳。因此,在规划培训时,酒店管理层需要仔细考量员工的工作周期,选择最适宜的时间进行培训,以促进培训效果的最大化。

# 第四节　数智化时代的酒店培训

## 一、数智化时代的员工培训内容

数字化技术在酒店工作场所的广泛应用使得工作任务要求、工作方式及工作场景等发生了改变。这些变化要求员工正确认识并使用数字化技术,以确保能有效处理数字化工作任务,适应数字化变革。当前,酒店企业在数字化转型过程中,普遍存在员工的数字能力与数字化工作要求不匹配、员工数字能力的提升速度跟不上数字化技术发展等问题。员工数字能力、数字化工作要求及数字化技术间的不匹配(人-任务-技术不匹配)不仅会引发员工的消极情绪体验、工作不安全感、绩效下降等问题,更会使得很多酒店企业在数字化转型中陷入绩效难以稳步增长、转型持续力不足的困境。结合数字化转型的时代要求,酒店在进行员工培训时要着重以下几方面的内容。

(一)大数据分析与应用

酒店利用大数据分析技术已经成为提升服务质量、提高管理效率、优化运营模式的重要手段。大数据分析的作用主要体现在五个方面。

第一,客户行为分析。通过收集和分析客户的个人信息、行为偏好、消费习惯等数据,构建客户画像,以便酒店更好地了解客户群体的特征和需求。基于客户行为数据,预测客户的消费趋势和需求变化,为客户提供个性化的服务和定制化的推荐。

第二,客户预订分析。利用历史预订数据和市场信息,预测客房需求量和价格变动趋势,优化客房价格和销售策略,提高客房利用率和收益。分析客户的预订行为和转化路径,了解客户的预订决策过程和影响因素,优化预订流程和网站设计,提高预订转化率。

第三,服务质量分析。通过收集客户的反馈数据和在线评价,分析客户对服务质量的评价和意见,及时发现问题和改进空间,提升客户满意度。分析客户服务需求的热点和关注点,了解客户的主要关注事项和服务偏好,调整服务策略和流程,提高服务质量和客户体验。

第四,运营效率分析。分析客房、餐饮、会议等资源的利用情况和效率,合理调配资源和人力,提高资源利用率和运营效率。分析各项成本和支出的结构和比例,识别成本优化和节约的潜在机会,优化经营决策和资源配置,提高经营效益和利润率。

第五,市场营销分析。分析市场营销活动的投入和回报,评估营销效果和ROI,优化营销策略和资源分配,提高市场营销的效益和效果。基于客户行为数据和市场趋势,制定客户增长和保留策略,吸引新客户和留住老客户,提高客户忠诚度和重复消费率。

具体的培训活动中还需要在必要时对员工使用基本的大数据分析工具和技术进行培训,表5-2所示是一些常用的大数据分析工具在酒店的应用。

表5-2　大数据分析工具在酒店的应用

| 工具 | 描述 | 在酒店服务中的应用 |
| --- | --- | --- |
| Python | 功能强大的编程语言,拥有丰富的数据处理、分析和可视化库,适用于各种大数据分析任务 | 机器学习库(如 Scikit-learn、TensorFlow、Py-Torch)可以用于构建和训练各种预测模型,如客房预订量预测、客户流失预测、市场需求预测等模型。<br>可视化库(如 Matplotlib、Seaborn、Plotly),可以将酒店数据转化为各种图表、图形和仪表板,直观地展示数据分析结果。<br>基于 Python 的数据分析和建模结果,可以为酒店提供优化建议和决策支持,如价格优化、营销策略调整、资源配置优化等 |
| Tableau | 一款数据可视化软件,能将大量的数据转化为图表、图形和仪表板,帮助用户更直观地理解数据 | 可以用来制作客户分析报告、销售分析图表、市场趋势展示等 |
| QlikView/Qlik Sense | 常用的数据分析工具,可以帮助用户进行数据探索和发现 | 用来分析客户行为,预测市场趋势,优化酒店运营等 |
| RapidMiner | 开源的数据挖掘软件,具有丰富的数据分析和机器学习功能 | 可以用来进行客户分群分析、市场细分、预测建模等 |
| Alteryx | 数据自动化工具,可以帮助用户从多个数据源中提取、清洗和整合数据,并且进行分析和建模 | 可以用来处理大量的客户数据、市场数据和运营数据,提取有价值的信息和见解 |

（二）人工智能技术工具的使用

　　人工智能技术工具方面的培训主要是向酒店管理人员介绍各种技术工具和软件应用程序的使用,包括预订系统、客户关系管理软件、在线评论管理工具等,以提高服务质量和管理效率。目前,在服务研究领域,被广泛认可的人工智能分类是 Huang 和 Rust(2018)根据人工智能技术的发展程度而提出的分类。他们将人工智能分为机械型(mechanical)、分析型(analytical)、感知型(feeling)和共情型(empathetic)四种类型。近年来,不同类型的人工智能均在旅游接待业服务场景中有大规模的应用。酒店业存在不同类型的服务需求:标准化服务、个性化服务、情感化服务以及科技创新服务。不同类型人工智能的广泛引入满足了顾客不同的服务需求(见表5-3)。

表5-3　不同类型的人工智能在酒店业的应用

| 类型 | 描述 | 满足酒店服务的需求类型 | 在酒店服务中的应用形态 |
| --- | --- | --- | --- |
| 机械型 | 日常、重复性、基于规则的任务;无须创造力 | 标准化服务 | 自助入住和退房系统<br>迎宾/导游机器人<br>行李搬运机器人<br>智能点餐系统<br>送货机器人<br>做菜机器人 |

续表

| 类型 | 描述 | 满足酒店服务的需求类型 | 在酒店服务中的应用形态 |
|---|---|---|---|
| 分析型 | 通过处理信息和数据来解决和回答问题；通过算法进行迭代学习 | 个性化服务 | 客房服务系统<br>设备监测和管理<br>大数据和客户分析<br>客户营销和推广 |
| 感知型 | 可以运用创造性思维和适应新情境；从错误中学习并修改回应以优化结果；分析互动的人类情感 | 情感化服务 | 客房舒适度控制<br>娱乐机器人<br>社交机器人<br>智能语音助手 |
| 共情型 | 可识别、理解和影响他人的情绪，有自我意识；有体验事物的能力，有情绪智力，可进行情绪劳动 | 科技创新服务<br>拟人服务 | 拟人服务机器人<br>虚拟数字人 |

（三）客户体验和服务流程设计

培训员工如何利用数据分析技术来设计与优化客户体验和服务流程，包括个性化服务、客户关怀、在线沟通等方面，以提升客户满意度和忠诚度。介绍和培训数字化服务流程，包括在线预订、自助入住、在线支付等，以提升客户体验和操作效率。学习使用酒店管理系统和其他技术工具，例如预订系统、客户关系管理软件等，来提高工作效率和服务质量。

（四）网络营销与社交媒体

在酒店业中，网络营销和社交媒体已经成为吸引客户、提升品牌知名度、增加销售的重要手段。酒店培训需要注重培训员工如何利用网络营销渠道和社交媒体平台来推广酒店品牌、吸引客户、提升在线可见度和声誉，并与客户进行互动和沟通。相关的培训内容主要包括以下三个方面。

第一，网站设计与优化。酒店网站需要具备响应式设计，能够在不同设备上（如PC、平板、手机）都能提供良好的用户体验，确保客户可以随时随地访问并预订酒店服务。通过优化网站内容、关键词、页面结构等，提高酒店网站在搜索引擎结果中的排名，增加网站流量和曝光度。设计简洁清晰的页面布局、导航结构和预订流程，提升用户体验，降低用户的流失率。

第二，社交媒体营销。创建和管理酒店在各大社交媒体平台上的账号，包括微博、小红书、抖音、快手、微信公众号等，与顾客建立直接的沟通渠道。利用各种内容形式（如图片、视频、文章、微电影），分享酒店的特色、活动、优惠信息等，吸引用户关注和互动。与用户进行互动，回复评论、分享用户内容，增强用户参与感，提高用户黏性和忠诚度。

第三，网络广告推广。通过第三方网络平台（如百度广告、大众点评、携程）购买关键词广告，提升酒店网站在各大平台的曝光度，增加点击量和预订量。在社交媒体平台上购买广告，定向推送酒店服务和活动信息，吸引目标客户群体。邀请短视频博主和"网红"组成达人

矩阵,对酒店进行居住体验、美食文化和服务意识等全方位的宣传,吸引更多年轻客户群体的兴趣和关注。

（五）数据安全与隐私保护

酒店业务涉及大量的客户信息和敏感数据,包括个人身份信息、信用卡信息、预订记录等,这些客户信息和敏感数据容易成为黑客攻击的目标。如果酒店的数据安全措施不到位,将面临数据泄露和盗窃的风险,导致客户信息泄露和财务损失。同时,许多国家和地区都颁布了相关的数据保护法律和法规,酒店违反了相关法律法规,将面临巨额罚款和法律责任,严重影响酒店的经营和声誉。数智化时代下,客户越来越重视对个人信息的保护,酒店如果泄露了客户的个人信息,也将严重损害客户的信任和酒店自身的声誉。酒店有效保护客户的数据安全和隐私,有助于树立良好的品牌形象,增强客户信任和忠诚,吸引更多客户选择和信赖本酒店品牌。在具体的培训内容设计上,要培训酒店员工如何保护客户的数据安全和隐私,以及如何应对网络安全威胁和信息泄露风险,确保客户信息得到妥善保护。要着重提高员工对数据安全的认识,学习如何保护客户数据和酒店信息免受网络攻击和避免泄露风险。同时,酒店还要了解隐私保护法规和最佳实践,制定相应的隐私保护措施,确保客户信息得到妥善保护。

## 二、数智化时代的员工培训方法

随着数智化时代的到来,以云计算、大数据、AI（人工智能）、物联网、数字化技术为代表的新技术飞速发展,传统企业开始逐渐通过数字化的手段和方法,提升企业培训效率。酒店员工培训需要采用更加灵活、创新的方式,以适应快速变化的技术和业务环境。数智化时代比较流行的培训方法有以下四种。

（一）使用数字化培训和学习平台

数智化时代,更多的企业选择引进企业在线培训和学习平台,来开启数字化转型的第一步,以此推动人才培养的培训等工作。在功能上,在线培训和学习平台支持当下非常流行的直播、制课、微课,以及一些回放搜索等便捷功能,让员工实现"学习培训自由"。在线培训和学习平台提供各种课程,员工可以根据自己的需求和兴趣来学习,并在自己的节奏下完成培训。通过互动游戏、测试、视频、活动,甚至游戏化的组件,在线学习极大地提高了员工参与培训的积极性。当然,在线学习也有其自身的挑战。如果没有完好的教学设计策略,使在线学习变得有趣的视觉效果也可能成为噱头或迅速过时。

数字化培训和学习平台的优点主要体现在以下几个方面。

第一,帮助企业减少培训成本支出。企业开展线上培训可以通过培训平台最大限度地实现课程资源共享,尤其是对一些大型企业来说,线上培训可以打破线下培训的诸多限制,是一种降低培训成本非常有效的方式。员工可以使用智能手机或平板在家中进行远程培训,可以节省线下集中培训的交通和住宿费用。

第二,培训时间更具灵活性。线上培训可以让培训师与学员沟通,为学员们创建一个交流的平台,让他们在整个培训过程中更加自由和放松。比如,一些线上培训平台的界面设置有学习论坛、留言区等模块,员工既可以通过论坛来了解同事们的工作经验、学习心得,也可以分享自己的学习方法与心得。例如近年来出现的网络直播教学,可以更灵活地组织授课人员,扩大培训的参与群体,使得培训突破空间、时间的限制,变得更具灵活性。同时,网络直播教学具有回放功能,能够让更多的员工依据各自的时间参与到培训中,从而获益。由此可见,企业采取线上培训,无论是在沟通交流还是在时间安排上,都具有更大的灵活性。

第三,有效缩短培训周期。按照传统线下培训的周期来看,通常系统化地学习一门课程需要十几个甚至几十个课时,而且不包含往返培训地点路途中所消耗的时间。通常情况下,线上培训周期长短可控性较强,并且在学习一门课程之前,就可以了解到学习该课程所需要的时间,便于员工根据自身情况来合理安排时间,大大缩短了参与培训的周期。线上培训除了传统的视频形式,还有图文课件、直播等形式可以选择,如果员工的个人时间较为紧张,则可以放弃冗长的视频,直接观看图文课件,同样也可以达到培训的目的。除此之外,通过线上培训,酒店也可以对员工进行能力评估,对培训教学的需求进行调查,为线上线下培训提供一些帮助,比如电子签到、在线预习、发放作业、发布考试、自主阅卷、发放电子证书等,都可以通过线上一键完成。

(二)利用大数据对培训学习效果进行分析

在现代化培训技术中,大数据在培训学习效果的分析中发挥着日益重要的作用。通过收集和分析学员在学习平台上的互动数据,如完成的课程、测试成绩、参与讨论的频率以及观看视频的习惯等,培训师可以获得深入的了解,从而更好地理解学员的行为和学习效果。这些数据不仅可以揭示哪些教学内容最吸引人、哪种考核方式最能激励学员,还能帮助识别学员可能遇到的难题。在此基础上,培训师可以及时调整教学策略,比如通过增加更多互动元素或提供额外的辅导来提升学员的参与度和成绩。此外,通过预测分析,培训师可以提前提供帮助,减少学员在学习过程中出现的各种问题和困难,从而实现真正的个性化学习体验,使每位学员都能在适合自己的节奏和方式下学习,最大化学习效果。

(三)应用人工智能教练

随着人工智能技术的飞速发展,AI教练和聊天机器人成为现代化培训领域的一大创新。这些智能系统通过自然语言处理和机器学习算法,能够理解学员的查询,提供个性化的答案和建议,相当于模拟了人类教练或老师的角色。例如,一个AI教练可以根据学员的学习历史和表现,自动推荐适合的学习材料,安排学习计划,甚至在学员遇到困难时及时提供帮助和激励。与传统的一对多教学模式不同,这种一对一的辅导方式可以大大提高学习的针对性和效率。此外,AI教练可以24小时在线,不受时间和地点的限制,为学员提供了极大的灵活性和便利。随着技术的不断进步和学习算法的优化,这些智能系统的应答能力和个性化建议将越来越精准,从而进一步提升学习体验和成效。

(四)采用虚拟现实和增强现实技术模拟培训实践

酒店可以采用虚拟现实(VR)和增强现实(AR)技术创建模拟环境,模拟真实的工作场景和情景,为员工提供身临其境的培训体验,如客房清洁、接待礼仪等。使用虚拟现实(VR)

技术创建模拟环境,如客房服务或紧急疏散演练,不仅可以增强学习的沉浸感,还能在无风险的环境中练习操作技能。利用虚拟现实技术,还可以将培训内容设计成游戏化形式,制作各种培训游戏和互动课程,提高员工学习的趣味性和参与度。通过在这些模拟场景中的训练,员工在真实的业务环境中可以应用所学知识,提高解决问题的能力和决策能力。此外,利用远程辅导和指导工具,酒店可以为员工提供一对一或小组培训,指导员工解决工作中遇到的问题和困难,提供个性化的学习支持。

在具体的实施中,首先需要投资高质量的VR/AR设备和软件,确保它们能够满足培训需求,并保持技术跟上最新的发展。其次需要根据酒店的具体运营需求和员工的培训需求,定制VR/AR培训内容。可以与专业的内容开发商合作,设计符合实际工作场景的模拟训练。最后,在培训过程中还需要确保培训师熟悉VR/AR技术的使用和维护,能够有效指导员工如何利用这些技术进行学习。在培训后收集员工的反馈,评估VR/AR培训的效果,并根据反馈进行调整和改进。

 **知识拓展**

## VR全景培训

传统入职培训中,新员工首先熟读一堆书面资料,然后一遍又一遍地看企业宣传片,必要时企业还专门指派领导或老员工进行上课式讲解和介绍。这样的培训让许多新员工倍感无聊。企业培训的最终目的在于提高员工的工作技能和综合素质,为企业发展输送高质量人才。VR全景技术凭借其沉浸感和互动性,正成为企业培训的重要工具。重庆某建材公司就利用这种手段,将枯燥的培训过程转化为新奇的体验。

我们以员工的第一视角去感受一番:"作为一名刚入职的新员工,我有幸体验了公司的VR全景技术,通过这种全新体验来进行入职前的培训。通过VR全景培训,我深刻体会到了这种培训方式的优势和独特之处。在VR全景培训中,我戴上了VR眼镜,进入了一个实景架构的空间。在这个空间中,我可以看到公司的各个部门、各个岗位和各种工作场景,仿佛置身于一个真实的工作环境中,可以自由地观察、学习和实践。我还可以随时随地切换不同的场景,观察不同的工作流程和操作方法。同时,VR全景还可以配合语音指导和交互式操作,让我更加深入地理解和掌握相关的知识和技能。"

相比传统的培训方式,VR全景培训具有以下优势。

1. 节省培训成本

就像上述提到的,为新员工开展入职培训,企业需要准备图文资料、介绍视频,必要时还需要领导或者老员工参与讲解和介绍。而VR全景中内置解说、图片、视频等辅助素材,不需要专人来为新员工进行讲解。

VR全景培训通过实景体验代替部分实际体验,能在一定程度上减少工作场所和设备的使用,降低培训成本。特别是一些工作环境复杂或设备投入较大的车间、研发室、科研室,一般情况下员工是无法进入的,但使用VR全景员工可以自由出入,在这方面优势更为明显。

2. 视觉冲击让员工印象深刻

VR全景以720°的全视角让员工立即感觉到置身于真实场景中。3D实景画面带来强烈的视觉冲击,让人耳目一新,忍不住驻足观看。这种视觉体验的提升无疑能激发新员工的学习热情,提高记忆效果。

3. 更直观地了解工作环境

VR全景技术将工作环境数字化重构,让员工在虚拟现实中自由浏览并以第一视角来了解全空间。这比平面图片或视频带来的效果更为直观,特别是对于工作地点布局、设备操作等,员工能有基础认知。VR全景技术让员工能够零距离地全面感知工作环境,其效果远非平面图片资料能比。工作场所的各个角落及设施设备一览无余,仿佛已身在工作岗位上,熟练掌握工作流程。这对新员工熟悉工作环境至关重要。

4. 带来身临其境的互动体验

在VR环境中,通过手柄或其他交互设备,员工可以自由与场景进行互动。这种沉浸式的互动方式,让员工产生如在真实的现场操作的体验,能够带来非常高的学习兴致。

在VR全景中自由漫步互动,犹如真实踏入工作场地。利用手柄等操作设备,与场景中的虚拟对象互动,带来如同真实体验工作的错觉,让人心情激荡,全身心投入这出高科技"现实剧"中,从而让人对工作岗位充满热切期待。

5. 构建直观的认知体系

入职培训通常伴随大量理论知识的输入,但这些知识在脑海中往往停留在抽象层面。而VR全景让这些知识转变为数字化场景,员工可以通过轻松的游戏方式进行体验和理解。抽象理论在视觉冲击下变得具象直观,理论知识轻松转化为认知印象,这必将产生更加持久的学习效果。同时,员工在脑海中建立起完整的图景,也为继续熟悉和上手实际工作打下了非常重要的基础。这种基础不容易通过其他手段获得。

这种VR技术带来的新员工培训方式,为新人带来视觉、精神享受,理论知识转变为直观认知,为进一步熟练工作奠定了基石。这必将成为新员工培训的重要新形式,提升学习体验和参与度。

(资料来源:《如何才能提高新员工入职培训的效果和参与度?》,知乎,2023-05-28,见 https://www.zhihu.com/question/603496714/answer/3048474771。)

## 三、对Z世代酒店员工的培训

Z世代(通常指1995年至2009年出生的人)员工与之前的员工群体在许多方面都有所不同。Z世代成长于互联网时代,伴随着知识经济和全面数智化时代背景,他们在价值观念、文化水平、性格特征、抗压能力和工作行为等多方面与其他员工存在较大差异。只有满

足Z世代员工的学习需求,才能促进酒店企业人力资源的持续发展和创新。在对Z世代员工进行培训时需要考虑以下几个方面的培训特征。

（一）数字原生代

Z世代被智能手机、社交媒体和即时通信等数字化技术所包围,他们是数字原生代,对技术的接受和应用更加敏感和熟练,但数字化技术也影响了他们获取信息和学习的方式。因此,在培训中可以更多地利用在线学习、虚拟培训、移动学习等数字化方式,以吸引和激励他们参与。通过直播、视频、音频、图文、社群、活动、问答、圈子、打卡、表单、考试、测评等多种在线学习方式让员工自主参与学习,让员工根据自己的进度和兴趣学习,形成以新生代员工为主导的数字化学习模式。Z世代偏好视觉和视频内容,可以将培训内容制作成高质量的、时尚的、二次元的教学视频,包括动画解说、故事叙述、微电影和现场演示等,提高信息的吸收率,使复杂的概念更易于理解和记忆。

（二）微学习

微学习是指通过短小的学习单元提供教育内容,每个单元聚焦一个具体主题或技能,通常持续几分钟至十几分钟。这种方式适合忙碌且注意力容易分散的Z世代,他们可以在通勤中、休息时间或工作间隙进行碎片化学习。每个微学习单元应围绕一个明确的目标或关键点来设计,避免信息过载。微学习单元的形式多样,包括短视频、图表、快速阅读材料和小测试,旨在提高学习的灵活性和可接受性。企业需要选择合适的技术平台和工具来支持微学习内容的创建、发布和追踪,定期更新和维护微学习库,确保内容的准确性和相关性,将微学习单元整合到更广泛的学习和发展计划中,以构建连贯的学习体验。这种方法也非常有利于在组织中培养一种学习文化,鼓励员工利用微学习资源进行自我提升。

（三）个性化学习

相对于前几代员工,Z世代员工更加独立自主。他们在成长过程中接受的教育理念强调个体的独立性和自主性,他们更加注重自己的个人价值和发展空间。Z世代员工对工作的需求也更加多元化。他们追求工作与生活的平衡,重视工作的意义和成就感,注重个人价值的实现,并且希望在工作中获得自我提升和成长。与传统的一体化培训不同,Z世代员工更倾向于个性化学习路径。他们希望能够根据自己的兴趣、能力和目标来定制学习内容和方式。因此,在培训中应提供多样化的学习资源,并鼓励员工根据自己的需求选择合适的学习路径。

（四）游戏化学习

Z世代员工习惯于快节奏的生活方式,他们希望培训能够及时、快速地满足他们的学习需求。因此,在培训中应提供及时的反馈和评估机制,让他们了解自己的学习进度和表现,并能够随时调整学习策略和计划。游戏化的培训方式比较适合Z世代的员工。游戏吸引人的地方在于游戏有明确的目标,技能与挑战平衡,以及即时的反馈。游戏化学习即在培训活动中引入游戏的常规机制和美学元素,包括关卡、积分、徽章、成就、排行榜和荣誉等。游戏化学习通过设计一些有趣的培训游戏或挑战(例如将培训内容设计为剧本杀、桌游等形式),

激发员工的学习兴趣和动力,提高学习的效率和效果。与传统课程设计最大的区别在于,游戏化课程设计是基于任务的教学,而不是基于知识的教学。它会将一个大任务拆解为若干个小关卡,这些关卡逐渐增加难度,这是游戏化学习的特点。如果学员完成了任务,企业应该立即给予他们鼓励;如果他们的成绩远超其他人,企业也应该给他们一些特殊的奖励,像是独特的勋章、稀缺的权利等。最好的游戏化学习应给予学员完整的体验,这就要求企业对"目标—任务—路径—互动—结果反馈"进行系统化设计,而非将游戏元素进行简单堆叠。

（五）注重互动和参与

Z世代员工更加注重互动和参与,他们希望培训也是一种社交和交流的机会。因此,在培训中可以采用团队项目、小组讨论、社交媒体互动等方式,促进员工之间的交流和学习。Z世代员工习惯于使用社交媒体和在线平台,因此培训可以通过社交媒体平台、在线论坛来开展,以促进员工之间的交流和互动,增强学习效果。建立社交化学习平台,鼓励员工之间分享经验和知识,加强合作学习和团队协作,共同解决问题和挑战,促进创新思维和共享学习。现在,一种名为"社群课程"（cohort-based courses）的新型培训形式已经出现,成为提高线上学习完成率的一种方式。小组成员一起参加的课程有明确的开始和结束日期、定期的作业,还有一位教练定期组织召开在线讨论会。在这种更加结构化的安排中,参与者仍然可以在自己的时间里获取大部分学习材料,因而更容易完成课程,并有机会在课程学习期间应用学到的知识。

173

 **本章小结**

员工培训是企业为了使员工获得或改进与工作有关的知识、技能、态度和行为,提高其绩效,更好地实现企业目标并满足员工发展需要而制定的系统化的教育训练过程。员工培训是一项系统工程。酒店要按照培训需求分析、培训计划制订、培训计划实施和培训效果评估的流程展开培训。

员工培训方法有很多,具体包括专题讲授法、操作示范法、岗位轮换法、师徒制、角色扮演法、参观考察法和案例研讨法等。

数智化时代的员工培训内容应该包括大数据分析与应用、人工智能技术工具的使用、客户体验和服务流程设计、网络营销与社交媒体以及数据安全与隐私保护。在培训方法上要善于使用数字化培训和学习平台、利用大数据对培训学习效果进行分析、应用人工智能教练以及采用虚拟现实和增强现实技术模拟培训实践。

针对Z世代员工设计培训项目时,需要注意的特征有数字原生代、微学习、个性化学习、游戏化学习以及注重互动和参与。

**实务案例5-1:碧水湾通过培训打造顶级服务**

碧水湾温泉度假村地处广州从化区新温泉旅游度假区。如今,众多温泉景区

同质化现象严重,温泉池的风格相互抄袭,服务的内容争相模仿,但是碧水湾温泉度假村(以下简称碧水湾)有很多的不同,比如"5米微笑,3米问好""记住客人名字""给客人敷青瓜面膜""为客人过生日""煮姜茶给感冒的客人"等300多条超值服务,这个数量还在不断增加。自开业以来,碧水湾一直坚持服务制胜理念。要服务制胜,培训和学习是关键。

一、完善的培训体系,多样的培训方法

碧水湾的员工培训体系,分为5个等级:第一级是入职培训,主要是公共知识培训;第二级是部门培训,主要是业务知识和岗位知识培训;第三级是师徒培训,要签订师徒协议,培训结果跟师傅的业绩考核挂钩;第四级是每个月的部门培训,根据部门的业务重点进行培训;第五级是酒店的专项培训。培训形式主要分为3种:案例培训、演练培训和操作培训。此外,碧水湾经常组织经理级以上人员去参观管理和服务较好的酒店,通过实际入住、参观交流,开阔管理人员思路,"哪里服务好,就去哪里学习,再贵都舍得出钱",参观体验之后,碧水湾都要进行专题讨论,结合自身的具体情况,围绕管理做深、建设做精、服务做细、品牌做强等方面进行探讨、改进和创新。

二、每周三次例会,正反案例学习

在碧水湾,每个部门在每周例会上必做一件事,就是至少要花10分钟学习度假村的正反两个案例,让员工知道好的是什么、坏的是什么。案例都是碧水湾上周发生的,所以,被推荐为正面案例的员工很自豪,而被选为反面案例的员工压力就很大。每个案例都有点评,由员工自己来讲。正面案例,要说出好在哪里,符合企业文化的哪一条。反面案例,要说出错在哪里,违背了企业文化的哪一条。案例学习多了,员工就形成了条件反射,以后遇到同样的情况,就知道如何去处理。

三、部门公开课,部门间交叉学习

各部门之间有交叉学习,每个部门都要讲公开课,其他部门的员工可以旁听。想成为一名合格的管理人员,必须会讲公开课。很多人奇怪,开这么多会议,都学习些什么?主要是学习企业文化。碧水湾一直鼓励员工多读传统文化典籍。翻阅碧水湾内部读物时发现,每期都有一些名言警句,多摘自《论语》《孟子》《中庸》和《道德经》。近两年来,碧水湾重点学习的是《弟子规》和《菜根谭》。碧水湾的核心价值观中有一条——"让学习成为一种生活方式",开业以来,从未改变。

四、每月一次的碧水湾大学堂

2008年对碧水湾构建企业文化来说,是非常重要的一年。这一年,《碧水湾文化手册》二次改版,开始推行"用心做事",碧水湾大学堂也从这一年开始。现在,"用心做事"大学堂每月举办一次,连流程都固定下来了。第一部分是"用心做事"中各个部门的分值,包括9个部门的服务排行榜。第二部分是员工满意度,一线、二线员工的满意度。第三部分是精选案例学习,通过好的案例来突出学习主题,这些案例多来自度假村内,也有一些是其他企业的优秀服务案例。第四部分是顾客赞誉,主要是顾客的表扬信和点评,公布各部门受到表扬的情况,选一部分宣读。第五部分是反面案例，谁都不想被选为反面案例，但是每个月总会有3个"倒霉蛋"。第六部分是颁奖环节，碧水湾领导给获得"用心做事"荣誉的员工颁奖，度假村级别的"用心做事"案例，需要层层选报，由各个部门先报，然后每个部门抽一个人在周三评选，最后经过商讨，确定最终人选。刚开始推行"用心做事"的时候，正面案例不多。"看到客人带笔记本电脑没有鼠标垫，给客人配上鼠标垫"这样的事情也能上度假村案例。现在不一样了，这是应该做的，不这样做反而要受到处罚。碧水湾培训的案例分两个等级：部门级、度假村级。评上度假村级案例不是一件容易的事。

五、培训内容因人而异，讲究"天时地利人和"

培训并不是简单地重复，也要讲究技巧和规划。每年10月到次年3月，是传统的温泉旅游旺季，这个时候客人很多，员工会遇到一些服务方面的困惑。因此，在这期间碧水湾会侧重于服务技巧和心态的培训，反复讲优质服务的内容，怎样让客人惊喜和感动，同时增加一些心态方面的课程，关心关爱员工，激励他们，给他们一些正能量。而在温泉旅游淡季，则强化技能培训，为旺季服务做准备。各个部门开展铺床、点钞、礼仪、叠毛巾、送水、厨艺等比赛活动，让员工平时练的基本功有用武之地，还有员工运动会，增强度假村的凝聚力。在六、七月份，也就是新员工入职较多的时候，则加强企业文化的宣传与培训。碧水湾规定，对于入职培训，正式员工培训两天，实习生培训六天。参加培训的人员包括中专生、大专生、本科生。针对不同的员工采取不同方法去引导他们学习。对于中专生，注重实操培训，多跟他们交流、关心他们，做思想工作；本科生做服务心会傲一些，这时候就会给他们做好职业规划。学旅游管理的学生，就不会再讲旅游管理方面的内容；有些学计算机的学生，从来没接触到服务，则更多强调什么是服务、什么是客人、怎么去服务。

六、实现学习与培训数字化转型

随着数字化时代的到来和社会环境的变化，碧水湾深刻地意识到企业的学习与培训也在发生着颠覆性的变化，原来传统的线下培训逐步转到线上进行，在转型的过程中，碧水湾遇到了一些培训方面的挑战。

挑战一：员工培训无法集中在统一时间进行，培训不到位，参与度不高，导致效果不佳。

挑战二：知识迭代加速，内容不佳，员工获取新知识的能力低，导致各部门学习满意度不高。

挑战三：核心岗位人才能力缺乏标准，萃取难，人才培养体系搭建不够完善。

挑战四：线上培训运营能力缺乏，学习激励措施不具吸引力。

碧水湾通过引入第三方线上平台，成功克服了以上挑战。比如，线上平台可以实现一键部署，合理安排学习计划，随时学习，即招即学，降低培训管理成本，缩短培训周期，提升学习效率，解放HR双手，快速赋能员工，实现人才发展匹配企业发展速度。平台内专业的学习资源以及可视化学习资源库的开发运用，帮助企业

搭建品牌标准化知识体系,实现学习场景全覆盖,让员工的培训有趣、有料、有用,提升培训满意度。此外,平台提供行业专属的岗位胜任力体系,并帮助企业实现线上系统运营,通过设计个性化的学习项目,如内训师培养项目、梯队人才培养项目等,助力企业核心人才的培养。

碧水湾引进线上学习平台,得到了全体员工的关注,激发了大家的学习热情和动力。经过3个多月的学习后,他们把学习成果通过线下分享会的形式呈现出来,员工积极响应并分享他们的学习感受。

来自温泉康乐部的员工分享了自己的培训心得:①学习资源配置方面,通过学习系统应用,自己能够按岗位、按时间、按需求配置课程,培训更有针对性;②课程学习方面,海量的学习内容、多种多样的学习形式,让自己拓宽视野、开阔思路、增长见识,线上的课程可以反复学习,不断巩固和强化;③培训转化应用方面,将学习到的知识应用到了实际工作中,比如对温泉标准制度进行归档整理,对小木屋钻卡级客人提供上门入住服务,对滨河区和特色产品体验区进行卖点打造,等等;④学习目标设定方面,对于接下来的学习也设定了目标。

碧水湾就是这样一直在不断地学习、探索、创新中,求进步,谋发展,站在了温泉发展的潮头。

(资料来源:①郭光明《碧水湾温泉管理制胜之道》,2013-01-24,见 http://www.360doc.com/content/13/0124/12/10580899_262120748.shtml;②《实现学习与培训数字化转型,这家酒店做对了什么?》,2022-11-15,见 https://news.sohu.com/a/606234903_121123910。)

**▶ 案例分析:**

1. 碧水湾员工培训机制的优点有哪些?
2. 碧水湾如何克服培训数字化转型过程中的挑战?

实务案例 5-2

迪士尼的快乐培训

## 复习思考题

1. 什么是培训?酒店企业为什么要做培训?
2. 培训有哪些类型?
3. 什么是培训需求分析?其包含哪些程序?
4. 收集培训需求信息的方法有哪些?各有哪些优点与缺点?

5.什么是培训计划？其制订包括哪些步骤？

6.培训效果评估常用的方法有哪些？

7.数智化时代的培训方法有哪些？

8.如何根据Z世代员工的特点设计培训？

# 第六章 →

## 职业生涯规划与发展

### 学习目标

员工职业生涯管理越来越受到企业管理者的重视。通过本章的学习,你应该能够:

(1)掌握职业生涯与职业生涯管理的概念;

(2)掌握职业生涯管理的经典理论;

(3)掌握企业对员工进行职业生涯管理的基本思路;

(4)了解酒店职业生涯管理的现状与存在的问题。

### 前期思考

职业生涯管理的定义是什么? 它对企业的发展起着什么样的作用?

### 重点和难点

重点掌握职业生涯管理的概念、相关理论,以及酒店如何基于员工的特点开展有效的职业生涯管理。难点是掌握职业生涯管理的理论及其应用。

### 引导案例

**万豪国际集团:完善职业生涯管理与规划体系,激发员工的潜力与热情**

万豪国际集团,作为全球顶尖的酒店管理公司之一,在全球范围内拥有众多知名品牌,包括喜来登、丽思卡尔顿、万豪等。万豪国际集团不仅致力于提供卓越的宾客服务,更将员工视为企业成功的关键。万豪国际集团总裁兼首席执行官阿尼·索伦森(Arne Sorenson)曾在多个场合强调员工对于公司成功的重要性,并表示:"我们深知员工是公司最宝贵的资产,他们的才能、热情和专业精神是我们取得成功的关键。因此,我们为员工提供了一系列职业发展机会和资源,帮助他们不断提升技能,实现个人价值。"此外,万豪国际集团人力资源高级副总裁大卫·罗德里格斯(David Rodriguez)也曾表示:"我们致力于打造一个支持员工职业发展的企业文化。我们为员工提供培训、导师制度和晋升机会,让他们在这里实现梦想。"为了吸引和留住优秀人才,并激发员工的潜力与热情,万豪国际集团制定了一套完善的职业生涯管理与规划体系。

1. 职业生涯规划流程

自我评估:万豪国际集团鼓励员工通过自我评估来认识自己的兴趣、价值观、技能和职业目标。通过线上职业测评和面对面的咨询,员工可以深入了解自己的性格特点和适合的职业路径。

职业探索:在了解了自己的兴趣和能力后,员工可以通过参加内部研讨会、行业讲座等活动,进一步探索不同职业领域的发展机会。此外,万豪国际集团还提供了丰富的跨部门交流和学习机会,帮助员工拓宽视野。

目标设定与行动计划:在明确了自己的职业目标后,员工需要制订具体的行动计划。这包括参加相关培训、提升技能、寻求导师指导等步骤。万豪国际集团会根据员工的个人需求和公司战略,为员工提供个性化的职业发展支持。

实施与跟进:员工在实施个人职业规划的过程中,万豪国际集团会定期进行跟进和指导。通过定期的绩效评估和反馈机制,确保员工能够按照既定的路线顺利发展。同时,针对可能出现的问题和挑战,万豪国际集团也会及时调整策略并提供相应的支持。

持续发展与调整:职业生涯规划是一个持续的过程,随着市场和行业的变化以及员工个人情况的变化,万豪国际集团鼓励员工对自己的职业规划进行适时的调整和更新。通过持续的学习和发展,确保员工始终保持竞争力并实现个人价值。

2. 特色实践与创新

导师制度:万豪国际集团实行了独具特色的导师制度,为新入职的员工分配具有丰富经验的资深员工作为导师,帮助新员工更快地适应企业文化、提升职业技能并建立人际关系网络。

跨部门轮岗:为了培养员工的多元化技能和跨领域视野,万豪国际集团鼓励员工在不同部门之间进行轮岗。通过体验不同岗位的工作内容和挑战,员工可以更好地了解自己适合的职业发展方向。

国际化发展机会:作为一家全球化的企业,万豪国际集团为优秀员工提供了广阔的国际化发展平台。通过参与国际交流项目、海外实习等,员工可以拓宽国际视野、提升国际竞争力。

员工培训与教育资源:万豪国际集团非常注重员工的培训与教育。除了提供丰富的内部培训课程,还与国内外知名教育机构合作,为员工提供学历提升、专业技能认证等多样化的学习机会。

企业文化与价值观塑造:万豪国际集团强调以人为本的企业文化,注重培养员工的团队精神、领导力和创新精神。通过开展各种团队建设活动、社会责任项目等,引导员工积极践行企业的价值观和使命。

179

（资料来源：①盛丽《深圳 JW 万豪酒店人员流失问题及对策研究》，湖南师范大学硕士论文，2014 年；②万豪国际集团官方网站 http://www.marriott.com/。）

▶ **案例讨论：**

1. 万豪国际集团为什么认为激发员工的潜力和热情很重要？

2. 为了推动员工的职业生涯发展，万豪国际集团实施了一系列的特色实践，请谈谈哪些实践令你印象深刻，原因是什么。

# 第一节　职业生涯发展概述

## 一、职业生涯相关概念

### （一）职业生涯和职业生涯管理

#### 1. 职业生涯的基本概念和特征

"生涯"一词的英文为"career"，源于古罗马文"via carraria"和拉丁文"carrus"，这两个词汇均指古代的战车。随着时间的推移，它们的意义逐渐演变为"道路"，象征着人生的发展道路。《辞海》将"生涯"解释为一个人一生的经历和事务。知名学者唐纳德·舒伯（Donald Super）在 1953 年提出了"生涯"的概念，即生活中各种事件的演进方向和历程，它整合了一个人一生中的各种职业和生活角色，从而展现出个人独特的自我发展形态。这一概念在学术界与实践界获得了广泛的认可与应用。

自 20 世纪 50 年代末"职业生涯"这一概念正式出现以来，学术界对其定义主要有两种观点。第一种观点由美国学者罗斯威尔（Rothwell）提出，他将职业生涯视为一个人一生中与工作相关的活动、行为、态度、价值观和愿望的有机结合体。第二种观点则出自美国社会学家麦克法兰德（McFarland），他认为职业生涯是一个人在理想的长期目标指导下所做出的一系列工作选择，以及与之相关的教育和培训活动，这是一个有计划、有步骤的发展历程。

在中国学术界，职业生涯的概念从广义和狭义两个层面进行阐述。广义上的职业生涯涵盖了从职业能力的培养、职业兴趣的发掘、职业的选择、就业，一直到最终完全退出职业劳动的整个过程，这个周期可以从 0 岁开始计算。而狭义的职业生涯则是指从职业学习起步，然后进入社会参加工作，直到职业劳动结束并离开工作岗位的这一段人生职业历程。根据学者们的总结，职业生涯具有以下四个特征。

（1）全程性。职业生涯是一个涵盖个体一生所有与工作相关经历的连续过程，而不仅仅是某一特定工作阶段的描述。这意味着职业生涯从个体开始工作起，直至结束职业生涯为止，是一个全面且连续的职业发展历程。

（2）双重性。职业生涯可以从外职业生涯和内职业生涯两个维度来深入理解。外职业生涯主要关注职业生涯的客观特征，如个体的行为和活动；而内职业生涯则聚焦于职业生涯的主观特征，包括价值观、态度、需求、动机、气质、能力和个人的发展倾向等方面。

（3）中立性。职业生涯仅描述个体在各种职业岗位上所度过的整个经历,而不对个人的成功与否或职业发展速度进行评价。这表明职业生涯是一个中性概念,不涉及对个体职业成就的主观判断。

（4）多因素影响。职业生涯的形成是一个复杂的、受多种因素共同作用的过程。这些因素包括个人的性格特点、对职业发展的规划和设想、所在组织的特点和文化、行业的特性,以及社会发展的机遇等。这些因素相互交织,共同塑造了个体的职业生涯轨迹。

2.职业生涯管理的基本概念和特征

从个人发展的角度出发,员工的职业生涯规划是指员工根据对自己的主观条件和客观条件的分析,确立自己的职业生涯目标,选择实现这一目标的职业,以及制订相应的工作、培训和教育计划,并按照一定的时间安排,采取必要的行动实现职业生涯目标的过程。从企业管理的角度出发,职业生涯管理是现代企业人力资源管理的重要内容之一,是企业帮助员工制订职业生涯发展计划并帮助其获得更好的职业发展的一系列活动。职业生涯管理具有以下四个特征。

（1）员工主体性。员工在职业生涯规划中扮演着至关重要的角色。他们需要积极参与,评估自己的兴趣、技能、价值观和职业目标。为了实现有效的职业生涯管理,员工必须对自身的职业发展负责,这包括定期的自我评估、寻求反馈,设定可实现的职业目标,以及为实现这些目标而采取行动。

（2）企业载体性。企业作为职业生涯管理的载体,提供了一个支持性的环境,包括职业发展资源、培训机会、绩效评估和晋升机制。企业的人力资源管理部门负责设计和实施职业生涯管理策略,帮助员工识别职业发展的机会,并提供必要的支持和指导。

（3）利益共享与双赢目标。职业生涯管理的成功依赖于企业和员工之间利益的和谐一致。企业通过帮助员工实现职业目标,可以提高员工的工作满意度和忠诚度,从而促进组织的稳定性和生产力提高。员工在追求个人职业发展的同时,也应考虑企业对人才的需求和市场趋势,以确保自己的职业道路与企业的战略目标相契合。

（4）动态适应与持续改进。职业生涯管理不是一个静态的过程,而是需要随着企业战略、市场环境和员工个人情况的变化而不断调整和优化。企业和员工应定期审视职业生涯规划的成果,并根据反馈和经验进行相应的调整,以确保职业生涯管理的持续有效性。

综上所述,职业生涯管理是一个涉及员工个人和组织整体的综合性过程,它强调员工的主动参与、企业的支持作用、双方利益的共享以及持续的动态适应。通过有效的职业生涯管理,可以实现员工和企业的共同成长和成功。

（二）职业生涯管理的意义与原则

1.职业生涯管理的意义

企业进行员工职业生涯管理的意义主要体现在以下几个方面。

（1）促进员工成长与自我实现。职业生涯管理有助于员工不断提升自身工作技能,获得更好的就业机会和职业发展路径。这不仅有助于员工实现自我价值的提升和超越,还能促使他们在职业生涯中不断成长和发展。同时,员工可以更好地平衡家庭、工作和个人爱好

之间的需求,实现更加丰富多彩的人生目标。

（2）提高工作效率。相对于人员更迭频繁的企业,一个员工相对稳定的企业能更专注于事业发展,提高工作效率。职业生涯管理有助于企业建立一支稳定、高效、富有创造力的团队,从而提高企业的整体运营效率和市场竞争力。

（3）增强企业凝聚力。职业生涯管理有助于在企业内部形成业绩驱动的机制,将最优秀的员工提升到更高层次,让他们发挥更大的作用。同时,为员工提供广阔的职业发展空间,可以激发员工的潜能,增强员工对企业的归属感。这将有助于增强企业凝聚力,使员工更加积极地投入工作,为企业创造更高的价值。

（4）提升企业竞争力。职业生涯管理有助于企业更好地吸引、激励、开发和保留优秀的人力资源,从而在激烈的市场竞争中脱颖而出。通过对员工的职业生涯进行管理,企业可以充分挖掘员工的职业潜能,提高员工的绩效水平,实现人尽其才、人尽其用。此外,成功的职业生涯管理还可以为企业提供稳定的人才队伍,降低离职率,提高员工对企业的忠诚度,从而为企业创造更高的价值。

总之,企业进行员工职业生涯管理对于员工的个人成长、企业工作效率的提高、企业竞争力的提升以及企业凝聚力的增强具有重要意义。通过有效的职业生涯管理,可以实现企业与员工的共同发展,共创美好未来。

### 2. 职业生涯管理的原则

（1）双赢原则。双赢原则要求企业和员工共同努力,整合双方利益,实现共同成长。在制订职业生涯规划和培训计划时,关注员工技能提升与组织目标的匹配度,为员工提供有利于实现职业发展的机会,鼓励员工为组织做出贡献,从而实现个人与组织的共赢。

（2）公开透明原则。公开透明原则强调企业在为员工提供职业发展信息、培训机会以及晋升路径时,对相关信息和选拔条件要做到公开和透明,确保员工对职业生涯管理的过程和结果有充分的了解。这有助于营造公平、公正的工作氛围,增强员工的信任和提高他们工作的满意度。

（3）沟通参与原则。沟通参与原则要求企业在职业生涯管理的各个环节积极与员工保持沟通,让员工充分了解组织的期望以及对自身发展的影响。与此同时,鼓励员工表达自己的需求和感受,积极参与职业生涯规划和培训计划。双方共同参与有助于提高职业生涯管理的效果,同时提升员工对企业的忠诚度。

（4）动态调整原则。动态调整原则强调,随着企业战略、市场环境以及员工自身的不断变化,职业生涯管理的策略和方法应相应地调整。企业应关注员工需求的变化,适时更新职业发展计划;同时,应根据企业发展战略,为员工提供更多元化的职业发展路径。

（5）分阶段实施原则。分阶段实施原则认为,职业生涯管理应根据员工不同的发展阶段,划分多个阶段性目标,并制定明确的时间节点。这有助于实现职业生涯管理目标和过程的有序规划,提高管理的针对性和可操作性。同时,通过分阶段实施,企业和员工都可以更加清晰地了解每个阶段的挑战和机遇,从而做出更加明智的决策。

## 二、职业生涯发展的阶段

（一）舒伯的职业发展阶段理论

20世纪50年代,美国著名心理学家舒伯提出了职业发展阶段理论。这一理论主要围绕个体在整个人生旅程中的职业成长和相应的发展任务展开研究,探讨了个体在不同生涯阶段所面临的发展需求与心理课题,以及如何通过各种职业探索、学习和工作体验来实现职业目标和生涯发展。他认为,个体的职业生涯发展经历了五个主要阶段,每个阶段都有其特定的任务和挑战,如表6-1所示。

表6-1　舒伯的职业发展阶段

| 阶段 | 主要任务与目标 | 发展重点 | 例子 |
|------|--------------|---------|------|
| 成长期<br>(0~14岁) | 建立自我概念,探索兴趣和价值观 | 自我认知,职业好奇心 | 参加各种课外活动,发掘兴趣爱好 |
| 探索期<br>(15~24岁) | 进一步探索职业领域,确定职业偏好和目标 | 职业探索,决策能力 | 参加实习、兼职工作或志愿服务,了解不同职业的实际工作环境 |
| 建立期<br>(25~44岁) | 在选定的职业领域取得成功,追求专业发展和晋升 | 技能提升,职业规划 | 主动承担更多责任和挑战,展示自己的能力 |
| 维持期<br>(45~65岁) | 保持现有的职业地位和成就,继续学习新技能和应对挑战 | 职业稳定,维持动力 | 与年轻同事分享经验和知识,建立导师关系 |
| 衰退期<br>(65岁以后) | 规划退休生活,向年轻一代传授经验和知识 | 平稳过渡,身心健康 | 与家人和朋友分享人生经验和智慧,传承价值观 |

（1）成长期(0~14岁)。在这一阶段,个体对职业世界充满好奇,并开始发展自我概念。他们可能会尝试不同的活动和角色,以了解自己的兴趣和能力。家长和老师在这个阶段起到重要的引导作用,帮助他们建立自信和职业兴趣。

（2）探索期(15~24岁)。在这个阶段,个体会进行更多的职业探索,试图找到与自己的兴趣和能力相匹配的职业。他们可能会参加实习、兼职工作或志愿服务,以便更好地了解各种职业选项。这个阶段的关键任务是确定职业偏好和目标。

（3）建立期(25~44岁)。在建立期,个体进入职业生涯的实施阶段,努力在选定的职业领域取得成功。他们可能会追求专业发展、晋升和更高的职责。这个阶段的成功取决于个体的技能、经验和职业规划能力。

（4）维持期(45~64岁)。在维持期,个体已经在职业领域取得了较高的地位,他们的主要任务是保持现有的地位和成就。这可能需要继续学习新技能、应对竞争压力和适应行业变化。这个阶段的挑战是如何在职业生涯中保持动力和满足感。

（5）衰退期(65岁以后)。随着年龄的增长,个体可能会逐渐减少工作时间,甚至退休。在这个阶段,他们可能会关注如何将自己的经验和知识传授给年轻一代,以及如何规划退休

生活。衰退期的任务是实现平稳过渡,保持身心健康。

舒伯的职业发展阶段理论强调了个体在职业生涯中的自我认知和适应能力。通过了解这些阶段及其特点,个体可以更好地规划自己的职业生涯,实现自我价值。

(二)现代企业中员工的职业生涯发展阶段

综合施恩(Schein)的职业生涯周期理论、格林豪斯(Greenhaus)的职业生涯理论以及现代企业员工的发展特点,可将员工的职业生涯发展阶段划分为职业生涯发展初期、职业生涯发展中期以及职业生涯发展后期三个阶段。

1. 职业生涯发展初期

员工入职后的前1~3年,是员工职业生涯发展的初期。职业生涯发展初期是一个充满新鲜感和挑战的时期。在这一阶段,员工的关键任务与目标包括以下几点。

(1)适应组织文化。员工应尽力了解企业的历史、愿景、使命和价值观,理解并接受企业的行为规范和期望,并积极参加企业组织的各类文化和团队建设活动。

(2)建立人际关系。员工注重倾听他人的意见和建议,尊重他人的观点和感受,主动与同事建立良好的关系,并学会在团队中发挥自己的作用,与他人协作完成任务。

(3)明确工作职责。员工应仔细阅读和理解职位说明书和工作任务,向有经验的同事请教,确保自己对工作内容有清晰的认识,并及时与上司沟通,确保自己的工作符合预期和要求。

(4)提升工作技能。员工应参加企业提供的培训课程和研讨会,提高自己的专业技能,并积极寻求实践机会,将所学应用于实际工作中。

(5)初步规划个人职业发展路径。员工应了解企业的职业发展通道和晋升机制,结合自己的兴趣和职业目标,制订短期和长期的职业发展计划,并定期评估自己的职业发展进度,根据需要进行调整和改进。

在员工的职业生涯发展初期,企业应提供必要的入职培训、导师指导和职业发展资源。此外,企业还应该向员工清晰地说明工作职责和期望,帮助员工快速适应新环境,并鼓励员工参加培训和学习活动,提高自身能力和素质。

2. 职业生涯发展中期

在职业生涯发展中期,员工已经度过了初入职场的适应期,开始进入职业发展的黄金时期。这个阶段通常发生在员工入职后的3~10年,甚至更长的时间。在这个阶段,员工的专业技能已经相对成熟,工作经验也逐渐丰富,他们在企业内部往往拥有更多的职业发展机会,同时也面临更多的挑战。在这一阶段,员工的关键任务与目标包括以下几点。

(1)深化专业技能。员工需要不断地学习和提升自己的专业技能,以适应不断变化的工作环境和市场需求。

(2)拓展职业领域。员工可以寻找新的职业挑战和机会,比如转行、升职或创业,以进一步拓展自己的职业发展空间。

(3)平衡工作与家庭。在这个阶段,员工通常需要承担更多的家庭责任,如照顾孩子、照顾年迈的父母等。因此,他们需要学会在工作和家庭之间找到平衡点,确保两者都能得到妥善照顾。

(4)应对职业高原期。随着员工在某个职位上的时间越来越长,他们可能会遇到职业高原期,即职业发展停滞不前的状态。员工需要学会应对职业高原期,寻找新的突破口和增长点。

在员工的职业生涯发展中期,企业的主要责任包括提供公平的晋升机会、充足的培训和发展资源,关注员工的工作与家庭是否平衡,以及帮助员工预防和应对职业高原期。通过这些措施,企业帮助员工明确职业发展道路,提升专业技能,实现工作与家庭的平衡,以及克服职业高原期带来的挑战,从而为员工创造一个良好的职业发展环境。

**3. 职业生涯发展后期**

在职业生涯发展后期,员工已经进入了职业生涯的最后阶段。这个阶段通常发生在员工入职 15 年后甚至更长时间以后。在这个阶段,员工的职业生涯已经相对稳定,他们大多成为企业内部的资深员工或者专家。在这一阶段,员工的关键任务与目标包括以下几点。

(1)传承经验。员工需要将自己多年的工作经验和专业知识传承给年轻员工,帮助他们更快地成长和进步。

(2)协助培养新员工。员工可以参与招聘和培训工作,为新员工提供必要的指导和支持,帮助他们更好地融入组织。

(3)规划退休生活。员工需要开始为自己的退休生活做规划,包括财务规划、健康规划等,以确保退休后的生活质量。

在员工的职业生涯发展后期,企业应尊重员工的贡献,为他们提供退休规划和咨询服务,并关心员工退休后的生活,增强员工的归属感,以表示对员工长期付出的认可与尊重。

## 第二节 职业生涯发展的经典理论

### 一、个性-职业匹配理论

在员工的职业生涯发展中,个人因素起到了基础性的作用,这些因素包括性别、健康、人格、兴趣、价值观、职业倾向以及能力等。其中,个性对个体的职业选择具有显著影响。个性(personality),也称为人格,源自拉丁语"persona",起初指古希腊戏剧演员在舞台上佩戴的面具,用以表现角色的身份。后来,这一概念演变为指代具有独特性格的演员。简言之,个性是一个人在思想、情感和行为方面的相对稳定的特征,这些特征可以通过内外部测量来识别。

关于个性与职业选择之间的关系,较著名的理论是约翰·霍兰德(John Holland)提出的个性-职业匹配理论。霍兰德是美国约翰斯·霍普金斯大学的心理学教授,同时也是一位著名的职业指导专家。他的理论认为,个性(包括动机、需求和价值观等因素)是决定个体职业

选择的关键因素。一个人的工作与其个性相匹配,将有助于提高员工的工作积极性,使其更加愉快、主动地投入工作,从而提高事业成功的可能性。

霍兰德的个性-职业匹配理论基于三个前提假设:第一,个体之间的个性存在本质差异;第二,工作类型各异;第三,当个体的个性与工作环境相协调时,会产生更高的工作满意度和更低的离职率。根据这一理论,个体可以被划分为六大类型:社会型、企业型、传统型、实际型、研究型和艺术型。

1. 社会型(S)

个性特点:这类人热情洋溢,善于与人交往,乐于结交新朋友。他们擅长言辞,乐于分享知识和经验,愿意教导他人。此外,他们关心社会问题,渴望为社会做出贡献,实现自己的社会价值。在人际关系方面,他们追求广泛的人脉,重视社会义务和道德规范。

适合的职业:教育工作者(如教师、教育行政人员)和社会工作者(如咨询人员、公关人员)等职业适合社会型的个体。

职业特点:这类职业要求从业者具备良好的沟通能力、教育技巧和服务意识。他们需要通过指导、培训、咨询等方式来帮助、教育和服务他人。

2. 企业型(E)

个性特点:这类人具有强烈的权力欲望和对物质财富的追求,展现出卓越的领导才能。他们热衷于竞争,勇于冒险,拥有远大的志向和抱负。在处事上,他们务实且注重实际利益,常以权力、地位和金钱等因素来评估行动的价值,具有很强的目的性。

适合的职业:项目经理、销售人员、营销管理人员、政府官员、企业领导、法官以及律师等职业适合企业型的个体。

职业特点:这类职业要求从业者具备经营、管理、说服、监督以及领导等多方面的才能,旨在实现政治、社会和经济领域的目标。

3. 传统型(C)

个性特点:这类人尊重权威和规章制度,倾向于按照既定的计划和流程行事。他们细心且有组织,习惯于在他人领导下工作,而非主动寻求领导职务。他们关注实际细节,通常表现出谨慎和保守的态度,缺乏创造力和冒险精神。然而,他们富有自我牺牲精神,愿意为团队和组织的利益而努力。

适合的职业:秘书、办公室人员、记事员、会计、行政助理、图书馆管理员、出纳员、打字员和投资分析员等职业适合传统型的个体。

职业特点:这类职业要求从业者注重细节、精确度和系统性,以及有条理地处理数据和文字信息。他们擅长记录、归档和按照特定要求或程序进行组织和整理。

4. 实际型(R)

个性特点:这类人更愿意从事实际操作性的工作,具备较强的动手能力,动作灵活且协调。他们更喜欢处理具体的任务,不擅长言辞,行事保守且相对谦虚。在社交方面,他们可能较为内向,倾向于独自完成任务。

适合的职业:技术性职业(如计算机硬件工程师、摄影师、制图员、机械装配工)和技能性职业(如木匠、厨师、技工、修理工、农民、普通劳动者)等适合实际型的个体。

职业特点:这类职业要求从业者具备使用工具、机器的能力,以及掌握基本的操作技能。他们通常对涉及机械、工具、运动器材、植物和动物等领域的职业感兴趣。

5. 研究型(I)

个性特点:这类人善于思考,具有较强的抽象思维能力,对知识充满渴望。他们乐于探索未知领域,喜欢独立地从事创新性工作。虽然知识渊博,但他们在领导他人方面可能不太擅长。在处理问题时,他们更倾向于理性分析和逻辑推理,追求精确性和深入理解。

适合的职业:科学研究人员、教师、工程师、电脑编程人员、医生和系统分析员等职业适合研究型的个体。

职业特点:这类职业要求从业者具备抽象思维和分析能力,能够独立承担研究任务。他们需要在观察、评估、衡量的基础上形成理论,最终解决复杂问题。

6. 艺术型(A)

个性特点:这类人具有丰富的想象力和创造力,渴望通过独特的表达方式展现自己的个性和价值。他们追求理想化的境界,注重事物的美学层面,但对实际应用可能不够关注。在表达方式上,他们善于运用语言、行为和视觉元素,展现出复杂的情感和内心世界。

适合的职业:表演领域的演员和导演,艺术设计领域的雕塑家、建筑师、摄影师和广告制作人等,音乐领域的歌唱家、作曲家和乐队指挥等,以及文学领域的小说家、诗人和剧作家等职业适合艺术型的个体。

职业特点:这类职业要求从业者具备艺术天赋、创造力和表达能力,能够将直觉、审美和情感融入工作中。他们通常擅长语言、行为、声音、色彩和形式等方面的艺术创作,但不善于处理事务性工作。

根据霍兰德提出的个性-职业匹配理论,大多数个体并非仅具备一种职业人格特征,而是可能同时展现出多种类型的特征。这些个性成分之间的相似性越高,个体在选择职业时所需面对的冲突便会相应减少,从而更有可能取得职业发展的成功。为了直观地展示这一观点,霍兰德采用了正六边形作为模型(见图6-1)。在此模型中,两种职业人格类型的距离越近,它们之间的相容性便越高。因此,当个体所包含的多个职业人格类型彼此相近时,他们在职业选择过程中更容易找到与自身个性相匹配的工作,从而减少内心的矛盾与冲突。相反,若个体所包含的职业人格类型之间存在较大差异,他们在职业选择过程中可能会面临更大的挑战和困惑。在这种情况下,个体可能需要借助自我反

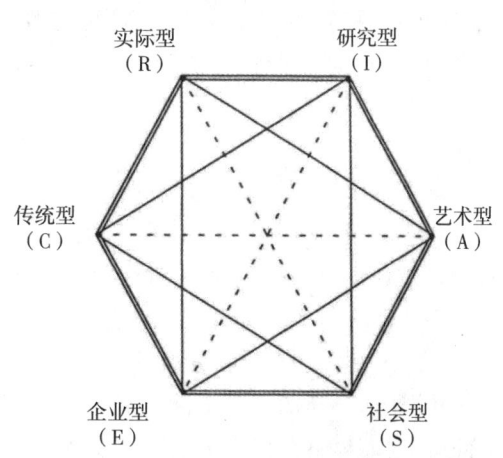

图6-1 霍兰德职业人格类型之间的关系

思、职业咨询等手段来探寻最适合自己的职业道路。综上所述,霍兰德的个性-职业匹配理论揭示了个性与职业选择之间的紧密联系,并为个体提供了认识自我、规划职业发展的有效途径。通过深入理解和运用这一理论,个体不仅能够更好地把握自己的职业方向,还能在实现个人价值的同时,为社会发展做出积极贡献。

## 二、职业锚理论

20世纪70年代,美国著名的职业指导专家施恩对由麻省理工学院斯隆管理学院的44名MBA毕业生组成的一个小组进行了长达12年的职业生涯研究,通过面谈、跟踪调查、公司调查、人才测评、问卷等多种方式,最终分析总结出了职业锚(又称为职业定位)理论。施恩认为,职业锚是一个人"自身的才干、动机和价值观的模式",也是一种职业自我观。一个人只有对自己的天赋、能力、动机、需要、态度以及价值观等有了清晰的认知,并积累了一定的社会阅历,才会意识到自己的职业锚。

施恩最初提出的职业锚有五种类型:技术型职业锚、管理型职业锚、自主/独立型职业锚、安全/稳定型职业锚、创造型职业锚。到了20世纪90年代,施恩又将三种类型的职业锚加入该理论中,分别是服务型职业锚、挑战型职业锚及生活型职业锚。以下是八种类型的职业锚的具体含义。

(1)技术型职业锚。技术型的人,追求在技术领域的成长和技能的不断提高,以及应用这种技能的机会。他们对自己的认可来自自身的专业水平,喜欢面对来自专业领域的挑战。此类型的个体不喜欢从事一般的管理工作,因为这意味着放弃在技术领域的专业成就。

(2)管理型职业锚。管理型的员工致力于追求工作晋升,倾心于全面管理,希望独自负责一个部分。他们可以跨部门整合其他人的劳动成果,并愿意承担整体的责任。对管理型的个体而言,具体的技术性工作仅仅被看作通向更高、更全面的管理型工作的必经之路。

(3)自主/独立型职业锚。自主/独立型的人希望随心所欲地安排自己的工作方式和生活方式。他们渴望能够施展个人能力的工作环境,希望最大限度地摆脱组织的限制和约束。他们宁可放弃提升职业或扩展工作的机会,也不愿意放弃自由与独立。

(4)安全/稳定型职业锚。安全/稳定型的人追求工作中的安全与稳定感。他们追求稳定安全的前程,偏好有保障的工作、体面的收入以及可靠的未来生活,例如较高的退休金和良好的退休计划。尽管有时他们可以达到一个较高的职位层次,但他们并不关心具体的工作内容。

(5)创造型职业锚。创造型的人希望使用自己的能力去创建属于自己的公司或开发完全属于自己的产品或服务,而且愿意为此去冒风险,并克服可能面临的障碍。他们想向世界证明公司是他们靠自己的努力创建的。创造型的人可能会在其他公司工作,但同时他们会观察并评估即将到来的机会,一旦察觉时机到了,他们便会走出去,创建自己的事业。

(6)服务型职业锚。服务型的个体追求他们认可的核心价值,例如帮助他人、改善人们的安全状况、通过新的产品消除疾病等。他们一直追寻这种机会,这意味着即使需要离开当前的公司,他们也不会接受阻碍自己实现这种价值的工作。

(7)挑战型职业锚。挑战型的人喜欢解决看上去无法解决的问题,战胜强硬的对手,克服看似无法克服的困难障碍等。对他们而言,在工作中完成各种看似不可能完成的任务是最大的乐趣。而如果事情非常容易,他们就没有兴趣去做。追求变化和挑战困难是他们的终极目标。

(8)生活型职业锚。生活型的人喜欢允许他们平衡个人需要、家庭需要和职业需要的工作环境。他们希望将生活的各个主要方面整合为一个整体。正因为如此,他们需要一个具有足够弹性的职业环境,以使他们实现这一目标。对于生活型的个体而言,职业的成功只是人生成功的一部分,他们甚至可以牺牲职业发展的某些方面,如晋升机会等,来降低工作压力,从而保证生活的质量。

职业锚的具体类型如表6-2所示。

表6-2　职业锚的具体类型

| 职业锚类型 | 主要特点与倾向 | 适合的职业领域 |
| --- | --- | --- |
| 技术型 | 追求技术技能提升,喜欢解决技术问题,不喜欢过多的管理工作 | 工程、技术、科研等领域 |
| 管理型 | 有强烈的领导欲望和管理能力,追求职位晋升和组织中的影响力 | 管理工作,如部门主管、项目经理等 |
| 自主/独立型 | 重视个人自由和独立性,倾向于自主安排工作 | 自由职业者、咨询师等 |
| 安全/稳定型 | 追求稳定的工作环境和可预测的职业发展路径 | 公务员、教师等传统稳定职业 |
| 创造型 | 有强烈的创造欲望和创新精神,希望建立自己的事业 | 创业或在企业中从事创新工作 |
| 服务型 | 关注他人的需求和社会问题,致力于提供服务和帮助 | 非营利组织、教育机构、医疗服务等领域 |
| 挑战型 | 喜欢面对高难度的任务和项目,追求工作中的刺激和挑战 | 高风险、高压力的工作 |
| 生活型 | 强调工作与生活之间的平衡,追求个人和家庭生活的质量 | 工作时间灵活或能够兼顾家庭的职业 |

近年来,职业锚理论在企业人力资源管理中发挥着越来越重要的作用。企业可以通过提供多样化的工作经历,如工作轮换,帮助员工了解自己的职业锚类型。此外,企业还可以根据不同员工的职业锚类型为其设计不同的职业发展路径。为了满足员工的职业发展需求,企业可以利用职业锚理论为员工提供个性化的职业规划,这将有助于提高员工的工作满意度和忠诚度,降低员工流失率,从而提升企业的竞争力。同时,了解员工的不同职业锚类型还有助于企业在组建团队时充分考虑成员的互补性,提高团队的协作效率和整体绩效。

## 三、社会认知职业理论

社会认知职业理论(social cognitive career theory,SCCT)由心理学家罗伯特·兰特(Robert Lent)、史蒂文·布朗(Steven Brown)和盖尔·哈克特(Gail Hackett)在1994年提出,是一种解释个体职业发展和职业选择的理论。SCCT基于阿尔伯特·班杜拉(Albert Bandura)的社

会认知理论,强调认知因素在职业发展过程中的重要性。SCCT 主要包括三个核心概念:自我效能、结果预期和个人目标。这三个概念共同构成了职业决策和职业发展的基础。

**1.自我效能**

自我效能是指个体对自己完成特定任务或实现目标的信心和信念。在职业领域,自我效能涉及个体对自己在特定职业环境中的能力的评估。自我效能的高低影响着个体对职业的选择、努力程度和坚持程度。例如,一个具有较高自我效能的个体可能会选择更具挑战性的职业,并且在面临困难时更能坚持。相反,自我效能较低的个体可能会选择较为稳定的职业,以避免可能的失败。

**2.结果预期**

结果预期是指个体对自己行为结果的预测和期望。在职业领域,结果预期涉及个体对从事某项职业所能带来的经济、社会和心理收益的预期。结果预期对职业选择和发展具有重要影响。例如,一个对收入有较高预期的个体可能会倾向于选择高薪职业,而对社会地位有较高预期的个体可能会选择更具声望的职业。同时,结果预期也会影响个体在职业发展过程中的投入和努力程度。

**3.个人目标**

个人目标是个体为实现自我效能和结果预期而设定的具体行动计划。在职业领域,个人目标可以是短期的,如找到一份工作;也可以是长期的,如在某个行业取得卓越成就。个人目标的设定有助于个体明确职业方向,制定有效的职业发展策略,并激发内在动力。同时,个人目标的实现过程也是个体不断积累经验、提升技能和自我效能的过程。

社会认知职业理论在教育、职业培训和职业发展咨询等领域具有广泛的应用价值。首先,在教育领域,教育者可以根据学生的自我效能、结果预期和个人目标来设计个性化的职业指导课程,帮助学生树立正确的职业观念,提高职业决策能力。其次,在职业培训领域,培训师可以根据员工的自我效能、结果预期和个人目标来制订有针对性的培训计划,提高员工的工作技能和职业发展潜力。最后,在职业发展咨询领域,咨询师可以利用SCCT的理论框架来帮助个体分析职业问题,找到解决问题的途径和方法,促进个体的职业发展。

总之,社会认知职业理论为我们提供了一个全新的视角来理解和解释职业选择和发展的过程。通过关注自我效能、结果预期和个人目标这三个核心概念,我们可以更好地理解个体在职业发展过程中的心理机制和行为模式,为职业指导和咨询提供更加科学和有效的支持。在未来的研究中,我们还可以进一步探讨社会认知职业理论在不同文化背景、性别和年龄群体中的应用差异,以期为更多人的职业发展提供帮助和指导。

## 第三节　各阶段的职业生涯规划

职业生涯规划是员工与企业共同参与的综合性活动,旨在通过明确和实现员工的职业发展目标,进而推动企业目标的实现。这一过程不仅有助于企业发展目标与员工个人职业目标的协调一致,而且能够建立起企业与员工之间的双赢关系,形成利益共同体,乃至命运共同体。

在职业生涯管理的实践中,企业承担着重要的责任。鉴于员工在不同的职业发展阶段具有不同的个人需求、任职状态和职业行为,企业需根据员工所处的职业生涯阶段特点,制定具体的职业生涯管理任务和职业发展内容。以下是对新员工、职业生涯中期员工以及退休前期员工的职业生涯规划策略的详细分析。

## 一、新员工的职业生涯规划

新员工的职业生涯规划是企业人力资源管理中的关键环节,对于留住新招聘人才具有重大意义。新员工的社会化过程,即新员工适应企业文化、规范和价值观的过程,对于其职业生涯的稳定性至关重要。根据员工离职的"二三二"原则,新员工在入职的前两周、前三个月和前两年是离职的高发期。因此,企业需帮助新员工顺利度过这些关键时期。

新员工通常具有以下特点:虽缺乏工作经验,但创造力旺盛,对工作充满热情。他们关注自己对工作环境的满意度、招聘承诺的兑现以及组织对自己的接纳程度。企业应通过入职导向帮助新员工熟悉工作环境,了解企业基本信息,如产品、薪酬发放形式、工作设施条件、同事信息等。

此外,企业应提供全面的新员工培训项目,减少新员工入职初期的紧张和不安,帮助他们适应企业文化。人力资源管理部门应向新员工介绍企业的基本情况、发展历史、战略目标等,培养新员工的归属感。当员工分配到具体岗位后,主管和资深同事应继续对其进行上岗引导,介绍工作内容和流程,帮助新员工了解岗位要求。

（一）新员工社会化

新员工的社会化不仅是其职业生涯规划的起点,更是其成功融入企业的关键阶段。在这一阶段,企业通过精心设计的社会化策略,帮助新员工迅速适应组织环境,深入理解企业文化,并将企业的价值观内化为自己的工作准则和行为标准。社会化过程的成功实施,对新员工的工作满意度、工作投入度以及长期的职业发展都具有重要影响。以下是一些具体的方法,用以促进新员工的社会化过程。

（1）入职培训的深化。企业应设计全面的入职培训计划,不局限于介绍企业的历史和文化,还应包括企业的使命、愿景、价值观以及长期战略目标。此外,培训内容应涵盖企业的业务流程、市场定位、客户服务标准、安全规范等关键信息,确保新员工能够快速掌握工作所需的基本知识和技能。

（2）个性化的导师制度。为每位新员工配备一位与其职业发展路径相匹配的导师,可以是部门内的资深员工或管理层成员。导师不仅提供工作上的指导,还应提供职业发展的建议,帮助新员工规划未来的职业道路。导师制度的实施,应注重导师与新员工之间的沟通和互动,确保导师能够及时解答新员工的疑问,并提供必要的支持。

（3）团队建设活动的多样化。组织各种形式的团队建设活动,如户外拓展、工作坊、角色扮演等,以促进新员工与团队成员之间的相互了解和信任建立。这些活动应设计得既有

191

趣味性,又能够增强团队合作精神,提高团队的整体效能。通过参加团队建设活动,新员工能够更快地融入团队,感受到组织的温暖和支持。

(4)持续的反馈与评估机制。建立一个持续的反馈和评估机制,确保新员工在工作中能够得到及时的反馈,了解自己的表现以及需要改进的地方。这种机制可以通过定期的一对一会议、工作评估报告、360°反馈等方式实现。通过这种持续的评估,新员工能够明确自己的职业发展目标,并获得实现这些目标所需的资源和支持。

(二)企业对新员工的职业生涯规划

除了提供入职导向,企业还应针对新员工的特点因势利导,满足新员工的心理需求,有效地开展职业生涯规划活动。孙妍(2008)提出,根据新员工在企业内部的成长节奏,对新员工的职业生涯规划可以分为价值认定阶段、价值评估阶段和价值开发阶段这三个阶段。

(1)价值认定阶段。这一阶段主要解决新员工的定位问题。一方面,企业要对新员工的职业发展路径进行规划;另一方面,个人也需要找到自己在团队或部门中的定位。在此阶段,企业应向员工介绍企业愿景和企业战略发展目标,帮助员工根据企业的需要确立自身的职业发展愿景,并帮助其初步设计具体的职业发展路径。

(2)价值评估阶段。这一阶段一般是在员工工作的第一年至第二年期间,其重点在于做好对员工能力与素质的评估。企业首先要评估员工的综合素质,包括沟通技巧、工作方法、工作态度、人际关系处理能力、管理能力等,以确定员工是否具有在管理通道发展的潜力。其次要评估员工的专业素养和专业能力。根据评估情况,可以基本判断出员工适合的职业发展通道,并为后续的岗位配置与培训方案制订提供依据。

(3)价值开发阶段。这一阶段一般从新员工工作一年以后开始,其重点在于挖掘和培养员工在综合素质与专业素养等方面的潜力。在这个阶段,企业可通过充分授权和建设职业通道、任职资格体系,鼓励员工充分发挥潜力,提升工作技能。企业根据设立的职业发展通道,帮助员工进一步确立或调整适合自身情况的职业发展方向,并依照所选定的职业发展通道的能力等级标准,对其能力提升提出要求。对于职业发展方向尚不明确的员工,企业可以考虑为其提供岗位轮换的机会,让员工获得不同岗位的工作体验,进而选择适合自己的职业发展方向。

## 二、职业生涯中期的职业发展规划

职业生涯中期是员工发展的关键时期,这一阶段对员工的个人成长和企业的长远发展都具有深远的影响。在这一时期,员工的个人生命周期、心理特质和工作能力都会经历显著的变化,这些变化不仅会影响员工的职业发展轨迹,也对企业的人力资源管理提出了新的挑战。职业生涯中期的员工通常已经积累了丰富的工作经验,他们的工作能力得到了提升,职业素养趋于成熟。然而,随着对个人梦想与现实之间差距的认识加深,员工可能会感到焦虑和不满。加之随着年龄的增长,职业晋升的机会可能减少,面对年轻一代的竞争压力,员工需要更加努力地维持自己的职业地位,这可能导致更大的心理压力。

在这样的背景下,企业必须加强对职业生涯中期员工的管理,通过实施一系列策略,帮助员工实现职业生涯的高峰,同时解决可能出现的职业发展危机。以下是对职业生涯中期员工的发展规划策略的详细分析。

(一)晋升和调动

对于职业生涯中期的员工,企业应当提供清晰的晋升路径和充分的工作调动机会。员工在某一岗位工作多年后,可能会感到工作内容单一,缺乏新鲜感,这种现象被称为"职业疲钝效应"。为了激发员工的工作热情和创新精神,企业需要从晋升和调动两个方面着手。

1. 晋升机制的优化

企业应当建立和完善内部晋升机制,尤其是对于基层和中层管理岗位,应优先考虑内部员工的晋升。对于职业生涯中期的员工,企业应当进行定期的绩效评估和职业发展潜力分析,根据评估结果,为员工制订个性化的晋升计划。

(1)潜力员工的培养。对于那些具有晋升潜力但尚未达到晋升标准的员工,企业应当制订有针对性的培养计划,投入必要的人力资本,通过多种培训和开发方式,帮助员工提升必要的素质和能力,以便他们能够尽快达到晋升的标准。

(2)晋升后的培训。对于已经晋升的员工,企业应当与其进行深入的沟通,确认其职业生涯的发展方向,并根据员工的个人需求和企业的战略目标,为其制订短期和中期的培训计划,确保员工能够快速适应新的岗位并展现出出色的工作表现。

2. 工作调动的策略

随着组织结构的扁平化,中层和高层管理岗位的数量变得越来越有限。在这种情况下,企业需要探索新的方式来为职业生涯中期的员工提供发展机会。

(1)新业务领域的开拓。企业可以通过开辟新的业务领域和发展项目,创造新的管理岗位,为员工提供新的职业挑战和发展机会。

(2)多样化的职业发展通道。企业应当建立多样化的职业发展通道,除了管理岗位,还可以为员工提供专业技能发展的机会。例如,企业可以设置专业通道,让那些对管理岗位不感兴趣或无法晋升的员工,通过提升专业技能,在专业发展通道上获得晋升。

(3)工作成绩的认可。企业应当通过多样化的形式认可员工的工作成绩,给予他们应有的荣誉和激励。例如,企业可以实施导师制,让经验丰富的职业生涯中期的员工担任新员工的导师,通过这种方式,资深员工可以传授自己的经验和智慧,同时也能够获得职业成就感。

(4)岗位轮换的实施。企业可以实施岗位轮换制度,让员工有机会在不同的岗位上工作,这不仅可以增加员工的工作新鲜感,还能够激发他们的学习兴趣和工作动力。通过岗位轮换,员工可以学习到新的技能和知识,这对于他们的职业发展和企业的创新都具有积极的意义。

(二)职业生涯高原现象

20世纪70年代,西方社会经济发展速度放缓,企业中出现了组织结构扁平化、精简化等趋势,加之越来越多在生育高峰时期出生的人进入职业生涯中期,更多的人在更低的组织层

193

级上就进入了职业生涯停滞期(career stagnation)。在此背景下,费伦茨(Ference,1977)等提出了"职业生涯高原"的概念,并很快受到了组织管理学家和人力资源管理实践者的关注,该概念成为职业生涯管理中一个非常重要的研究内容。

西方学者主要从晋升和流动这两个角度来定义职业生涯高原现象。学者们认为,职业生涯高原不仅包括更小的晋升可能性(垂直流动的停滞),而且还包括水平流动(横向运动)的停滞。经历职业生涯高原的员工长期居于某一职位,从而无论是垂直流动还是水平流动的可能性都变得很小,并且也不可能承担更大或更重要的责任(谢宝国和龙立荣,2005;Veiga,1981;Feldman 和 Weitz,1988)。

研究表明,职业生涯高原现象为员工及企业都带来了显著的负面效应。遭受职业生涯高原的员工往往会变得愈加愤怒、沮丧、烦躁,不能专心工作。此类员工还容易出现不能很好地服务顾客、故意旷工等诸多问题,从而对所在部门或团队的绩效产生负面影响。面对职业生涯高原现象,企业应当采取积极的措施,与员工共同应对这一挑战。

(1)加强职业生涯管理。企业应当加强对职业生涯中期员工的职业生涯管理,帮助他们分析出现职业生涯高原的原因,并引导他们进行自我评估,以便制订合适的职业发展计划。

(2)选择新的职业道路。对于那些无法适应组织发展需要的员工,企业可以帮助他们探索新的职业道路,提供必要的培训和支持,以便他们能够在新的领域或岗位上重新开始。

(3)改进晋升机制。企业应当改进内部的晋升机制,确保晋升过程的公平和透明,为所有员工提供平等的发展机会。

194

(4)岗位轮换和工作设计的创新。企业可以通过创新岗位轮换机制和工作设计方案,为员工提供更多的发展机会,帮助他们突破职业生涯高原,重新找到职业发展的动力。

通过实施上述策略,企业不仅能够帮助职业生涯中期的员工克服发展瓶颈,还能够激发他们的工作热情和创新能力,为企业的持续发展注入新的活力。

### 三、退休前的职业发展规划

即将退休的员工为企业的人力资源管理带来了挑战,同时也创造了机遇。员工退休虽然意味着企业将失去一部分经验丰富的人力资源,但这也是企业更新换代、注入新鲜血液的良机。这一过程有助于企业维持活力,促进组织结构的优化和人才的合理流动,为年轻员工提供成长和晋升的空间。然而,对即将退休的员工来说,这一转变可能伴随着深刻的心理和情感波动,因此,企业对处在这一过渡期员工的职业生涯管理尤为重要。企业应当采取一系列措施,以确保员工能够平稳地过渡到退休生活,并最大限度地利用这些员工的经验和智慧。以下是企业可以采取的策略。

(1)知识传承与工作交接。企业应当重视即将退休员工的知识和经验的传承。这些员工在多年的工作中积累了大量的专业技能和行业洞察,这些都是企业宝贵的无形资产。企业应通过建立知识管理系统,记录和整理这些员工的工作方法、案例分析和客户关系等信息,确保这些知识能够被保存并传承给新一代员工。同时,企业应制订详细的工作交接计划,确保即将退休的员工能够将他们的职责和任务顺利移交给接替者。这不仅应包括工作内容的交接,还应涵盖工作方法和企业文化的传递。

（2）退休前的职业咨询与心理准备。企业应为即将退休的员工提供全面的退休前咨询,帮助他们做好退休生活的准备。这包括财务规划、健康管理、法律咨询等多方面的支持。企业可以邀请专业的财务顾问和心理咨询师,为员工提供个性化的咨询服务。此外,企业还应帮助员工建立正确的退休观念,引导他们积极面对职业生涯的结束,减轻退休可能带来的心理压力。通过组织退休员工分享会、心理健康工作坊等活动,帮助员工调整心态,积极规划退休后的生活。

（3）退休生活的规划与支持。企业应当为即将退休的员工提供退休生活的规划指导和支持。这可以通过组织退休生活规划研讨会、提供退休生活指南等方式实现。企业可以鼓励员工参与社区活动,如老年大学、志愿服务等,以丰富他们的退休生活。同时,企业还可以考虑与社区合作,为退休员工提供更多的社会参与机会,如社区健康项目、文化活动等,帮助员工保持社会联系,提高生活质量。

通过上述措施,企业不仅能够帮助员工平稳地过渡到退休生活,还能够最大限度地利用这些员工的潜力和经验,为企业的持续发展做出贡献。同时,这也有助于企业建立对员工全生命周期负责的良好形象,增强在职员工的归属感,提高他们对企业的忠诚度。

## 第四节 酒店员工的职业生涯规划

195

### 一、酒店职业发展通道模式

酒店职业发展通道是指酒店为内部员工设计的自我认知、成长和晋升的管理方案,其为企业内部员工提供了可能的职业发展方向和机会,使得企业内的每位员工均可沿着企业的职业发展通道变换工作岗位。酒店员工的职业发展通道主要有以下四种模式。

（一）纵向职业发展通道

纵向职业发展通道是指员工沿着组织的等级层次跨越等级边界,获得职位的晋升。这种模式将员工的发展限制在一个职能部门内或一个组织单位中,员工的职位发展通常是由员工在组织中工作的年限和表现决定的。在这种模式下,员工必须一级接一级地向上晋升,不断获得自身发展所需要的知识和技能,以实现最终职业目标。例如,一家酒店的餐饮部管理者的纵向职业发展通道如图6-2所示。纵向职业发展通道能让员工清楚地了解自己向上发展的特定职位序列。这种通道的不足之处在于员工很容易因为高一层级的岗位数量有限而受阻。

（二）横向职业发展通道

横向职业发展通道是指跨越职能边界的调动。例如,员工由一线的对客服务部门转到二线的人力资源部门、财务部或总经理办公室等。这种职业发展通道能够为员工提供多样化的工作机会,促使员工保持不断学习的状态以迎接新的挑战。横向的职业变换虽然没有

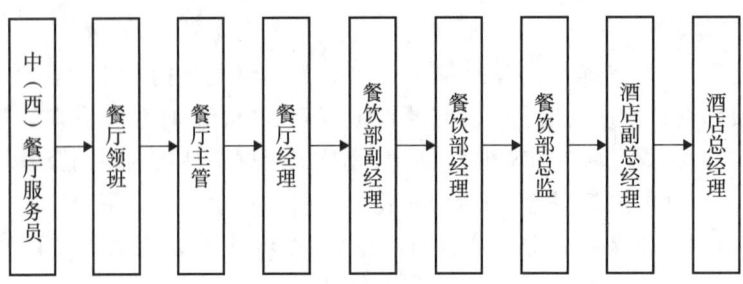

**图 6-2　某大型酒店餐饮部管理者的纵向职业发展通道**

晋升,但员工可以增加专业知识和经历,有利于员工的职业发展并提高对组织的价值。特别是在组织结构扁平化的今天,企业往往没有足够多的高层次岗位让员工实现纵向发展,而提供横向发展通道来促进员工职业发展的多样化,是留住员工的重要策略。例如,工作轮换就是横向职业发展通道的具体应用。

（三）行为职业发展通道

行为职业发展通道是一种建立在工作分析基础上的职业发展通道设计。企业可通过工作分析明确各个岗位的素质、技能和行为要求,在此基础上,将具有相同要求的工作岗位归为一类,成为簇。接着,企业可以以簇为单位进行职业发展设计。这种职业发展通道为员工提供了更多样的职业发展机会。员工在某一部门的职业发展机会较少时,可以根据自己的兴趣,去从事相似部门的工作,实现自己的职业目标。例如,图 6-2 中提到的酒店餐饮部经理,可以选择去康体娱乐部担任经理或晋升为康体娱乐部总监。同时,这种职业发展通道也有利于提高组织的应变能力,即当企业环境发生变化或需要调整战略时,企业能够顺利实现人员的转岗安排,以保持整个企业的稳定性。

（四）多样化的职业发展通道

多样化的职业发展通道主要是为了解决专业技术领域员工职业发展的问题。实施多样化的职业发展通道,可在将部分专业技术人员提升到管理岗位的同时,为其他专业技术人员提供专业技术方面的发展空间。部分专业技术人员可能不适合担任管理职务,但可以通过提升技能在专业技术发展通道中实现晋升,并获得加薪等待遇。以酒店中的厨师为例,在多样化的职业发展通道模式下,部分文化水平相对较高、具备管理者素质的厨师可逐步晋升为管理人员,而其他厨师可通过提升厨艺逐步发展为技术骨干。

## 二、酒店员工的职业生涯管理现状与策略

在酒店业的人力资源管理实践中,员工流动率居高不下已成为一个亟待解决的问题。数据显示,在中国的发达地区,如北京、上海、广东等地,酒店员工的平均流动率大约为 30%,部分酒店甚至达到了 45%,而有些酒店的员工流动率更是高达 50% 至 60%,特别是高学历人才的流动率尤为突出。相较于其他行业 5% 至 10% 的人员流动率水平,酒店业的高流动率对企业的经营管理造成了显著影响,如招聘和培训新员工的高昂成本,员工经验不足导致的服务质量下降、顾客投诉率上升等。

酒店员工流失的原因是多方面的,包括工作强度大、薪酬待遇竞争力低、社会地位不高等。员工对当前供职的酒店乃至整个酒店行业的发展前景感到失望也是一个不容忽视的因素。调查结果表明,酒店行业中25岁以下的年轻基层员工流动率最高,他们往往在加入酒店三年内就会选择离职,而且很多人在离职后会彻底离开酒店行业。

为了有效降低员工流失率并更好地保留人才,酒店必须改进人力资源管理策略,尤其是要加强员工职业生涯规划的管理。通过实施有效的职业生涯规划,酒店不仅能够帮助员工建立对酒店行业的信心,还能特别为处于职业生涯起步阶段的年轻员工提供支持。

(一)男性员工的职业生涯发展规划

酒店员工不仅是服务的直接提供者,更是塑造客户体验的关键因素。员工的服务态度和行为举止直接影响服务质量,进而决定顾客的满意度和忠诚度。因此,酒店对员工的行为表现有着严格的要求和管理标准,强调员工应在工作场所展现出积极的情绪,同时控制和隐藏愤怒、委屈等负面情绪,以便更好地服务顾客。然而,这种要求与传统的对男性角色的普遍认知存在显著差异,男性通常被期望展现出"粗犷、大气、自我"的形象;在性别角色理论中,男性被定义为追求成功、自信的象征,通常与专业性强、技术性强的职业相联系。相反,酒店业等服务业在社会观念中往往被视为具有高度女性化特征的行业,这导致男性员工,尤其是处于职业生涯初期的基层男性员工,在认同自己所从事的酒店行业角色时面临挑战,感到自己的性别特征受到了威胁。

此外,服务性工作在社会主流话语中常常被视为"苦活、脏活",并且这些工作往往伴随着较低的待遇和较低的社会地位。这些因素进一步强化了"男性不适合酒店业"的观念。在这样的背景下,酒店业面临着较高的男性员工流失风险,尤其是那些处于职业生涯发展初期的基层男性员工。研究数据表明,酒店业的男性员工流失率普遍高于女性员工。

为了应对这一挑战,酒店管理者在男性员工的职业生涯发展规划方面应采取以下措施。

(1)职业生涯规划与指导。酒店管理者应帮助新入职的男性员工进行职业生涯规划,使他们充分了解酒店的晋升通道和发展前景。这不仅有助于员工树立信心和建立希望,还能帮助他们理性认识酒店业的特点和挑战,减少短期内的人员流失。酒店还应提供多样化的培训机会,包括服务管理、情绪管理以及性别角色等方面的培训,以帮助男性员工摆脱传统性别偏见,正确认识服务行业的特点。

(2)提供发展机会与晋升机会。对于处于职业生涯发展中期的男性员工,酒店管理者应重视他们的事业发展需求和家庭财务压力。通过提供晋升机会和有竞争力的薪酬福利,满足男性员工追求事业发展和改善财务状况的需求。对于核心岗位的男性员工,酒店应提供与其贡献相匹配的薪酬福利,并适当增加薪酬宽度,以提高员工的工作积极性和忠诚度。

(3)转岗与轮岗机会。酒店应为男性员工提供转岗和轮岗的机会,通过交叉培训提升员工在不同岗位的适应能力和学习能力。轮岗不仅可以帮助员工提升跨职能的协调能力和沟通能力,为未来可能承担的其他工作职责打好基础,还可以避免员工对熟练工作产生厌倦,从而提高工作积极性。对连锁型酒店而言,可以通过跨酒店、跨区域调动的形式,为男性员工提供更广阔的职业发展道路。例如,万豪国际集团就允许员工调动到新开业的酒店,以

获得更多的晋升机会。

通过上述措施,酒店可以有效地降低男性员工的流失率,同时为他们的职业生涯发展提供有力的支持。这不仅有助于酒店吸引和保留男性人才,还能促进整个行业的性别结构优化和服务质量的提升。

（二）女性员工的职业生涯发展规划

1. 酒店女性员工职业生涯管理现状分析

酒店业作为服务行业的核心部分,对员工的服务态度和行为表现设定了极高的标准。在这一行业中,女性员工占据了显著的比例,这在很大程度上得益于她们与生俱来的亲和力、卓越的沟通技巧以及出色的情绪调节能力。这些能力对于提供高质量的客户服务至关重要,因为它们直接影响着顾客的满意度和酒店的声誉。

女性员工的外向性格使她们在与顾客的互动中更加自如,能够与顾客迅速建立起友好的关系,从而更好地理解并满足顾客的需求。她们的友好和亲和特质不仅能够营造出温馨的氛围,还能够在处理顾客投诉和不满时发挥重要作用,通过有效沟通和同理心来缓和紧张的氛围。此外,女性员工在面对高压工作环境和顾客误解时,通常能够展现出强大的自我调节能力。她们能够迅速地从负面情绪中恢复过来,保持专业和积极的态度,这对于维持酒店的服务质量和客户满意度至关重要。在酒店各个层面,从前台接待到客房服务,再到餐饮和后台管理,女性员工都以其独特的优势贡献着力量。她们在细节处理上的敏锐度和对客户体验的深刻理解,使得酒店能够提供更加个性化和细致的服务。这种对服务质量的持续追求,不仅提升了顾客的满意度,也为酒店带来了良好的口碑和更多的回头客。

尽管女性员工在酒店业中展现出了显著的优势,但在职业生涯管理方面,仍面临着一系列挑战。首先,酒店管理者对女性员工的潜力和特点的认识往往不够全面,这导致了在制订职业生涯规划时忽视了女性员工的长期发展需求。在职业生涯的起步阶段,管理者可能会过分强调女性员工的外表和气质,而忽略了对她们专业技能和领导能力的培养。这不仅限制了女性员工的发展潜力,也影响了酒店整体的人才储备和发展。其次,酒店业普遍存在的"玻璃天花板"现象,即女性员工在晋升到高层管理岗位时面临隐形障碍,也是一个严重问题。尽管女性员工在基层和中层管理岗位上表现出色,但她们很少能够进入酒店的高层管理团队。这种现象的存在,不仅阻碍了女性员工的职业发展,也影响了酒店的性别结构优化和创新能力的提高。在高层管理团队中,女性领导的缺失意味着酒店失去了利用女性独特视角和领导风格的机会,从而在决策和战略规划中可能造成盲点。

为了解决这些问题,酒店需要从根本上改变对女性员工的职业生涯管理策略。这包括提供更多的职业发展机会,建立公平的晋升机制,以及为女性员工提供必要的支持和资源,以帮助她们克服职业发展中的障碍。

2. 酒店女性员工的职业生涯规划和管理策略

（1）充分发挥女性员工的独特优势。酒店管理者在制订职业生涯规划时,首先需要深刻理解并认识到女性员工所具有的独特优势。女性员工展现出的亲和力、沟通能力和情绪调节能力,使她们在客户服务和团队协作方面具有天然的优势。管理者应当鼓励女性员工发挥这些优势,同时培养她们的管理能力和领导技巧,以便她们能够在职业生涯中取得更大的成功。为此,酒店应当调整现有的绩效评估工具和晋升评估机制,确保这些机制能够公正地反映女性员工的贡献和潜力,避免因性别偏见而限制她们的职业发展。这不仅有助于女性员工实现个人职业目标,也有利于酒店吸引和保留优秀人才,提升整体服务质量。

(2)提供富有弹性的职业发展通道。女性员工在职业生涯的不同阶段可能会面临不同的家庭责任,特别是在婚育期间。因此,酒店管理者应当提供更有弹性的职业发展通道,以适应女性员工在不同生活阶段的需求。这可以通过提供灵活的工作时间、临时的工作调整甚至是职业发展暂停和重启的机会来实现。例如,酒店可以为女性员工设计长期的职业发展规划,其中包括在关键时期如婚育期间的短期停滞,以及在她们准备好回归工作后,提供必要的支持和资源,帮助她们迅速恢复职业发展的步伐。此外,酒店还可以建立"高潜力"人才储备库,为那些有志于长期在本酒店发展的女性员工提供更多的发展机会,确保她们的职业生涯不会因为暂时的中断而受到影响。

(3)打破性别区隔,拓宽职业发展通道。酒店业中的性别区隔现象不仅限制了女性员工的职业发展,也影响了酒店的创新和多元化。为了打破这种区隔,酒店管理者应当采取积极措施,比如提供跨性别的培训项目,鼓励女性员工参与传统上由男性主导的岗位,如保安部、厨房和工程部等部门的岗位。同时,酒店应当确保这些岗位的工作环境对女性员工友好,为她们提供必要的支持和资源,以便她们能够在这些领域取得成功。

通过这些措施,酒店不仅能够充分发挥女性员工的潜力,还能够促进性别平等,提升整个行业的竞争力。

3.酒店女性员工职业生涯规划的实践建议

(1)建立科学的职业生涯规划体系。为了帮助女性员工更好地规划和管理自己的职业生涯,酒店管理者应当建立一个科学的职业生涯规划体系。这个体系应当包括职业咨询服务、职业生涯规划培训、个人发展档案的建立等。通过这些服务,女性员工可以更清晰地了解自己的职业兴趣、优势和发展方向,从而制订出符合个人职业目标的发展计划。此外,酒店还应当提供定期的职业发展评估和反馈,确保女性员工的职业发展计划与酒店的业务需求相匹配,同时也能够适应市场的变化。

(2)强化职业发展支持和资源配置。酒店应当为女性员工提供必要的支持和资源,以促进她们的职业发展。这包括提供专业培训、开展职业发展研讨会、提供外部交流机会等。通过这些支持,女性员工可以提升自己的专业技能和知识,拓宽视野,增强职业竞争力。同时,酒店还应当确保女性员工在晋升和发展过程中能够获得与男性员工同等的资源和机会,包括参与决策、承担重要项目和领导职位的机会。

(3)促进工作与家庭生活的平衡。为了帮助女性员工更好地平衡工作与家庭生活,酒店管理者应当采取一系列措施。这包括提供灵活的工作时间、远程工作选项、家庭友好政策等。通过这些措施,女性员工可以在很好地承担家庭责任的同时,继续在职业道路上取得进步。此外,酒店还可以提供育儿支持、家庭护理服务等,以减轻女性员工的家庭负担,使她们

能够更专注于职业发展。

（4）建立公正的晋升和评价体系。酒店应当建立一个公正透明的晋升和评价体系,确保女性员工的晋升机会不受性别偏见的影响。这包括定期审查晋升政策,确保政策的公平性;提供性别平等的培训和发展机会,鼓励女性员工参与各种职业发展项目;建立多元化的评估团队,确保评估过程的客观性和公正性。通过这些措施,酒店可以为女性员工提供一个公平竞争的环境,促进她们的职业成长和发展。

### 三、酒店员工职业生涯规划和管理的焦点问题与解决策略

（一）工作与家庭冲突问题

在酒店人力资源管理领域,工作与家庭的冲突问题已成为导致员工离职的一个关键因素,尤其是对于女性员工而言。这一问题与酒店工作的特性紧密相关。酒店业务通常要求员工承担高强度的工作,工作时间长,且经常需要加班和在节假日工作。员工面临的服务要求日益提高,这也增加了工作难度和压力,要求员工投入更多的时间和精力。这些因素不仅影响了员工履行家庭责任的能力,还可能引发家庭成员的不满,导致工作与家庭之间的冲突加剧。

长期的工作与家庭责任的冲突可能导致员工的身心健康受损,工作绩效下降,最终可能迫使员工选择离开酒店业。为了保持人才队伍的稳定性,并确保员工职业生涯的持续发展,酒店管理者必须通过一系列政策和机制来缓解员工的工作与家庭冲突,努力实现员工工作与家庭生活的平衡。

（1）管理者理念革新。酒店管理者需要更新观念,正确认识员工工作与家庭冲突的严重性,以及维持员工工作与家庭平衡的重要性。目前,许多酒店管理者仍然持有传统的观念,认为服务顾客是首要任务,员工的个人生活需求相对次要。这种观念导致员工为了工作而牺牲家庭需求的现象被默认为是正常的甚至是值得被鼓励的。酒店应当推动管理者参与工作与家庭平衡的相关培训,帮助他们深刻理解工作与家庭的冲突对员工和组织的负面影响,并鼓励他们成为支持员工家庭需求的领导者。管理者的支持对于提高酒店政策和制度的有效性至关重要。

（2）建设家庭友好的企业文化。酒店应当建立一种支持员工工作与家庭平衡的企业文化,并通过具体的政策和制度将这种文化落到实处。例如,实施弹性工作制度,提供灵活的请假和休假安排,使员工能够根据个人情况调整工作时间。此外,酒店可以制订儿童看护计划和老人护理计划,帮助员工减轻家庭责任的负担,使他们能够更专注于工作。酒店还可以通过邀请员工家庭成员参与企业活动,增强家庭成员对员工工作的理解和支持,同时展示酒店对员工工作与家庭平衡的重视。

（3）提供个性化支持。酒店管理者应当根据员工的不同个性特征和需求,提供个性化的支持。例如,对于有小孩的员工,可以提供育儿资源和支持;对于需要照顾老年家庭成员的员工,可以提供护理资源和帮助。通过这种差异化的支持,酒店可以帮助员工更好地应对工作与家庭的双重挑战。

（4）提升员工应对冲突的能力。酒店应当为员工提供培训项目,帮助他们发展解决工作与家庭冲突的策略和技巧。培训内容可以包括情绪管理、时间管理、沟通技巧等,以增强员工在面对工作与家庭压力时的应对能力。此外,酒店还应培养员工的自我效能感,即对自己的能力增强信心,这也是帮助他们有效处理工作与家庭冲突的关键。

（5）建立支持系统。酒店应当建立支持系统,为员工提供心理咨询、职业规划和法律咨询等服务。这个系统可以帮助员工解决工作与家庭冲突中遇到的具体问题,为其提供专业的建议和解决方案。

（6）评估和反馈。酒店应当定期评估工作与家庭冲突管理政策的效果,收集员工的反馈,以便不断优化和调整相关政策。这种持续的评估和反馈机制可以确保政策的有效性,并帮助酒店更好地满足员工的需求。

通过实施上述策略,酒店可以有效地缓解员工的工作与家庭冲突,提高员工的工作满意度和忠诚度,降低员工流失率。这不仅有助于酒店吸引和保留人才,还能够促进企业的长期稳定发展。

（二）员工老龄化问题

联合国《2022年世界人口展望》报告指出,人口老龄化有可能成为21世纪重要的趋势之一,几乎所有社会领域都受其影响,能否较好地解决人口老龄化问题是影响一个国家长期经济增长动力的关键因素。作为全球最大的老龄化社会,2022年我国60岁及以上人口比例已达到19.86%,预计到2050年将上升到34%,即每3个人中就有1个是老年人。从劳动力人口角度观察,老龄化趋势同样明显。2013—2023年,我国劳动年龄人口总量显著缩减了5473万人,2022年我国40~60岁的中高龄劳动力群体已占比30.99%（国家统计局,2023）。

对酒店业而言,劳动力老龄化的问题尤为突出。住宿和餐饮业的数据显示,40岁以上年龄段的从业人员比例逐年攀升,2020年与2021年这一比例分别为47.6%和47.9%,2022年已升至51.9%（国家统计局,2022）,显著高于各行业平均水平。除了我国整体人口老龄化趋势,行业因素也是造成这一现象的重要原因。由于旅游业的工作岗位,特别是服务相关的工作岗位通常存在门槛低、起薪低、压力大、晋升前景不佳等问题,对年轻人缺乏吸引力。相比之下,随着退休年龄的延迟,可能会有更多的年长人群选择在酒店业中延长职业生涯,缓解经济压力。

面对劳动力老龄化的严峻挑战,更好地保留、管理与开发年长员工的资源已经成为酒店业必然的选择。对酒店业而言,年长员工的优势具有巨大的价值。他们具有成熟的情绪管理能力,可以在提升服务质量、优化客户关系管理与危机处理等方面发挥重要作用;他们的稳定性、责任心和忠诚度有助于提高团队的凝聚力和组织的稳定性;在"银发经济"蓬勃发展的背景下,年长员工可能会更好地为老龄顾客提供服务。

然而,长期以来,酒店管理者对年长员工持有负面的刻板印象,缺乏全面的了解。管理者通常认为年长员工的体力和健康状况逐步下降、技能和知识相对过时,可能更难适应酒店的工作环境。此外,管理者普遍认为年长员工倾向于抵抗变化,学习新技术的意愿和能力低,随着AI等新兴技术在酒店业的广泛应用,管理者可能更加不愿意聘用及培养年长员工。

这些都为酒店应用老龄人力资源带来了极大的障碍。为了实现对老龄人力资源的有效利用,酒店应采取一系列策略和措施。

（1）打破对年长员工的刻板印象。酒店管理者首先需要认识到年长员工的潜力和价值,改变对年长员工的负面看法。管理者应向年长员工群体分配一定的培训资源,为年长员工设计专门的适应性培训项目,帮助他们更新知识和技能,特别是技术和数字化方面的能力,以便他们能够更好地适应酒店业急剧变化的工作环境。通过这些措施,不仅可以提高年长员工的工作满意度和效率,还能促进酒店的创新和发展。

（2）创造一个包容和支持性的工作环境。酒店应该充分考虑年长员工的身体和认知需求,建立对年长员工友好的工作环境。这包括提供灵活的工作时间和安排,以及健康管理和福利计划,以支持年长员工的福祉。这种做法不仅有助于留住经验丰富的员工,还能提升整个团队的工作积极性和士气,从而提高酒店的整体绩效。

（3）发挥年长员工的经验和知识优势。为了充分发挥年长员工在工作经验、情绪管理等方面的优势,酒店应该鼓励年长员工分享他们的专业知识和经验,通过导师制度等方式指导年轻同事。同时,酒店应充分利用年长员工的稳定性和责任心强等优势,提高团队的凝聚力和组织的稳定性。通过跨代际的合作,促进知识的传承和创新,增强酒店的竞争力,为酒店的长远发展奠定坚实基础。

（4）建立有效的激励和晋升机制。为了建立有效的激励和晋升机制,酒店应该设计公平的薪酬和福利体系,激励年长员工保持高水平的工作投入度和工作绩效。此外,酒店应为年长员工提供职业发展和晋升机会,使他们保持对职业发展前景的积极预期。这些措施有助于提高年长员工的忠诚度,从而降低员工流失率,提高酒店的竞争优势。

（5）持续评估和改进管理策略。酒店应该定期收集和分析关于年长员工绩效和满意度的数据,以评估现行管理策略的效果。根据反馈调整和优化策略,确保它们能够满足年长员工的需求和期望。通过持续的评估和改进,酒店可以确保在人力资源管理方面保持领先地位,有效应对劳动力老龄化的挑战,从而实现可持续发展。

 **本章小结**

职业生涯有广义和狭义之分。狭义的职业生涯是指从职业学习开始,到踏入社会、从事工作,再到离开工作岗位为止的这段人生职业工作历程。对职业生涯进行管理有利于提升员工的自我价值,增强企业人力资源管理的有效性,实现员工和企业的双赢。

现代企业员工的职业生涯发展阶段可以划分为发展初期、发展中期以及发展后期三个阶段。职业选择与个人因素密切相关,霍兰德提出的个性-职业匹配理论和施恩提出的职业锚理论为员工进行职业选择及企业筛选员工提供了借鉴参考。

新员工、处于职业生涯中期的员工以及处于退休前期的员工处在不同的职业生涯发展阶段,企业需根据不同阶段的个人需求、任职状态及职业行为等确定相适应的职业生涯管理和发展内容。

### 实务案例6-1:希尔顿酒店集团的员工职业生涯规划与发展

希尔顿酒店集团(Hilton Hotels & Resorts,以下简称希尔顿)是全球领先的酒店品牌之一,以其高标准的服务和广泛的地理位置而著名。作为酒店业的巨头,希尔顿认识到员工的成长对公司的成功至关重要,因此,希尔顿投入了大量资源来规划和发展员工的职业生涯。

随着业务的不断扩展,希尔顿面临着如何有效培养和保留人才的挑战。为了维持其市场地位,希尔顿需要确保员工不仅具备必要的技能,还能够在公司内部实现长期的职业发展。为此,希尔顿实施了一系列创新的员工职业生涯规划与发展计划。

1. 希尔顿全球管理培训生项目(Hilton Global Management Training Program)

这是一个为期两年的结构化培训项目,专为有志于在酒店管理领域发展的年轻人才设计。参与者将在酒店的不同部门轮岗,包括前厅部、客房部、餐饮部、人力资源部等,以获得全面的业务理解。每个轮岗阶段都有明确的学习目标和绩效指标,确保培训生的实践经验与理论学习相结合。培训生将定期与希尔顿的高级管理人员交流,获得宝贵的行业洞察和职业指导。项目结束时,培训生将根据表现和个人职业偏好,获得管理岗位的正式职位。

2. 在线学习与发展平台(Online Learning Platform)

希尔顿提供了超过2000门在线课程,涵盖从基础服务技能到高级管理技能的各个方面。员工可以根据自己的兴趣和职业发展需求,自定义学习路径,并通过在线考试来验证学习成果。平台还提供了虚拟课堂和网络研讨会,员工可以实时与全球各地的同事和讲师互动,共享最佳实践。希尔顿鼓励员工每年设定学习目标,并跟踪学习进度,以确保持续的专业发展。

3. 领导力发展计划(Leadership Development Program)

针对中高层管理人员,希尔顿设计了一系列领导力发展课程,包括定制的工作坊、领导力挑战和战略项目。参与者将与跨部门的团队合作,解决实际的业务问题,同时发展关键的领导技能,如团队建设、战略规划和决策制定。该计划还包括与外部商学院合作的高级研修课程,可以提供更深层次的商业知识和领导力理论。

4. 职业发展研讨会和工作坊(Career Development Seminars and Workshops)

希尔顿定期在各个酒店举办职业发展研讨会,邀请行业专家和内部领导分享职业规划的策略和职业发展的案例。工作坊侧重于实用技能的培养,如公共演讲、谈判技巧和时间管理,帮助员工在日常工作中提升效率。通过模拟面试和角色扮演活动,员工可以在安全的环境中练习新技能,并接受同行和导师的点评。

5. 全球职业机会(Global Career Opportunities)

希尔顿的全球职位空缺系统为员工提供了一个透明的平台,让他们可以探索世界各地的职位机会。通过国际内部调动计划,员工可以申请到其他国家的希尔顿酒店工作,这不仅增加了他们的工作经验,还拓宽了他们的文化视野。希尔顿提供全面的搬迁支持,包括签证申请、住宿安排和文化适应培训,确保员工在新环境中能够顺利过渡。

6. 员工福利与激励计划(Employee Benefits and Recognition Programs)

希尔顿提供全面的员工福利计划,包括健康保险、退休储蓄计划、员工住宿优惠等,以吸引和保留人才。团队成员认可计划旨在表彰那些在客户服务和团队合作方面表现出色的员工,通过奖励和公开表扬来激励员工。希尔顿还实施了员工推荐计划,鼓励员工推荐优秀人才加入公司,成功推荐者将获得奖励,这不仅增强了员工的参与感,也提高了招聘效率。

通过这些综合性的职业发展措施,希尔顿不仅成功地提高了员工的职业技能和工作满意度,还显著降低了员工流失率。员工感受到了公司对他们个人成长和发展的承诺,这反过来又提高了员工的工作投入度和客户服务质量。希尔顿的这些努力为其在全球酒店业中的持续成功提供了坚实的人才基础。

(资料来源:王乔楠《浅谈酒店员工高离职率控制——以北京希尔顿逸林酒店为例》,载于《现代企业文化》2018年第27期,第3页。)

▶ **案例分析:**

1. 希尔顿酒店集团是如何对员工进行职业生涯管理的?

2. 希尔顿酒店集团员工的职业发展路径对员工流失率高的酒店业有什么启示?

**实务案例6-2**
▼

洲际酒店集团的员工职业生涯发展

 **复习思考题**

1. 职业生涯和职业生涯管理的概念分别是什么?

2. 职业生涯管理的意义和原则是什么?

3. 职业生涯发展初期、中期和后期的特点分别是什么?员工和企业应该如何应对?

4. 简述霍兰德的个性-职业匹配理论和施恩的职业锚理论。

5. 职业生涯高原现象是什么意思?企业应该如何处理?

6. 请针对酒店业年长员工的特点,提出相适应的职业生涯发展策略。

# 第七章 →

## 绩效管理

### 学习目标

企业绩效管理是人力资源管理中的重要内容。通过本章的学习,你应该能够:

(1)掌握绩效管理的概念和内容;

(2)掌握绩效管理和绩效考核的区别与联系;

(3)掌握酒店绩效管理的基础理论;

(4)了解酒店绩效管理的发展与演变历程。

### 前期思考

酒店的绩效管理是什么? 它对企业的发展起着怎样的作用?

### 重点和难点

重点掌握酒店绩效管理的概念和内容,以及酒店绩效管理的方法。难点是掌握绩效管理的基本理论。

### 引导案例

**目标联结,持续推动精细化管理——如家酒店集团绩效管理模式**

如家酒店集团是国内知名商旅型连锁酒店品牌,专注于为商旅人士提供经济型住宿服务,以其温馨便捷的住宿环境和舒适的住宿体验而受到广泛欢迎。截至2023年9月,如家酒店集团在全国349个城市拥有2700多家酒店。作为中国连锁酒店行业的领军企业,如家酒店集团绩效管理体系的建立与优化对企业的快速发展和市场竞争力的提升起到了关键作用。

一、完备的绩效管理体系

1.绩效考核指标体系

如家酒店集团的绩效考核指标体系是其绩效管理的核心,该体系涵盖了财务指标、客户满意度、内部流程效率和员工成长等多个维度。在财务指标方面,酒店关注营业收入、利润率、成本控制等关键财务数据;客户满意度则通过客户反馈、在线评价和重复入住率等指标来衡量;内部流程效率主要考察服务响应时间、房间清洁效率等;员工成长则通过培训参与度、职位晋升速度等指标来评估。这一全面的指标体系确保了酒店能够从多个角度对运营效果进行监控和改进。

2.绩效考核周期

为了确保绩效管理的连续性和及时性,如家酒店集团采用了季度和年度相结合的考核周期。季度考核侧重于短期目标的实现和即时问题的解决,而年度考核则更加关注长期战略目标的达成。这种周期性的考核机制使得酒店能够灵活调整管理策略,及时应对市场变化。

3.绩效考核结果的应用

如家酒店集团将绩效考核结果广泛应用于员工激励和职业发展中。除了作为薪酬分配的重要依据,考核结果还与员工的晋升、培训机会以及职业发展规划紧密相关。这种应用机制有效地激发了员工的工作积极性,提高了员工对企业的忠诚度和满意度。

二、运用的管理工具

在绩效管理的实践中,如家酒店集团运用了一系列先进的管理工具,以提高管理效率和考核的准确性。

1.平衡计分卡(BSC)

平衡计分卡是如家酒店集团绩效管理的重要工具,通过财务、客户、内部流程和学习成长等维度的指标,全面评估酒店的绩效水平。这种多维度的评估方法有助于酒店平衡短期财务目标和长期战略发展,确保各项业务目标的协调一致。

2.关键绩效指标(KPI)

如家酒店集团通过设定一系列与酒店战略目标紧密相关的关键绩效指标,对酒店的运营效果进行衡量和监控。这些KPI包括客房入住率、顾客投诉率、员工流失率等,它们直接反映了酒店运营的关键方面,为管理层提供了决策支持。

3.360°反馈

360°反馈机制是如家酒店集团绩效管理中的另一种重要工具。通过收集来自同级、上级、下属以及客户的反馈,酒店能够全面了解员工的工作表现和影响。这种全方位的评价方式有助于员工自我提升,同时也加强了团队合作和沟通。

三、绩效管理的实施效果

如家酒店集团绩效管理体系的实施,对企业的运营和发展产生了积极影响。

1.提高了员工的工作积极性

通过实施与经营业绩挂钩的薪酬体系,员工的个人努力与企业的经济效益直接相关,这种激励机制极大地激发了员工的工作热情和创新能力。员工更加主动地参与到酒店的日常运营中,积极寻求提升服务质量和效率的方法。

2.提高了服务质量

客户满意度作为绩效考核的重要指标,促使员工更加注重服务质量和客户体验。酒店通过定期的客户满意度调查,及时了解并解决客户的需求和问题,从而提高了客户忠诚度和市场口碑。

3.优化了内部管理流程

内部管理流程效率的考核促使酒店不断审视和优化管理流程。通过减少不必要的步骤、提高自动化水平和强化员工培训,酒店的运营效率得到了显著提升,同时也降低了运营成本。

(资料来源:黄越风《企业员工绩效考核问题初探——以如家连锁酒店为例》,载于《环球市场》2015年第36期,第28-29页。)

▶ **案例讨论:**

1.案例中如家酒店集团的绩效管理有哪些特点?

2.面对市场环境和企业战略的变化,如家酒店集团如何确保其绩效管理体系能够持续优化并适应新的挑战?

## 第一节 绩效管理概述

### 一、绩效管理的概念

(一)绩效的概念

绩效(performance)也称业绩、效绩等,反映了员工从事某一工作活动所产生的成绩和成果。对于绩效的概念,目前主要从以下几个方面进行定义。

(1)结果论。此观点认为,绩效等于结果,因此绩效管理是对工作结果进行管理与评价的过程。对结果进行评价的指标包括责任履行度、目标完成度、产量、销量等。

(2)过程论。此观点认为,绩效等于行为,包括行为的方式、流程和方法等,因此绩效管理是对员工的行为进行管理和评价,以实现组织目标的过程。

(3)能力论。此观点认为,绩效等于能力,而且能力包含了潜力和现有能力,因此绩效管理是通过对潜力和现有能力的管理与评价,以实现组织目标的过程。

综合以上观点,本书认为,绩效是素质、行为和结果的统一,绩效管理是指在一定的时间内,投入知识、技能等,通过与组织目标相关的、可测量的、具有评价要素的工作行为和方法实现某种结果的过程。

一般而言,绩效包括员工绩效、部门/团队绩效和组织绩效三个层次。一方面,员工绩效是部门/团队绩效和组织绩效的基础,部门/团队绩效和组织绩效建立在员工绩效之上;另一

方面,部门/团队绩效是员工绩效的整合,组织绩效是部门/团队绩效的整合。

（二）绩效管理的概念

绩效管理(performance management)是指组织按照一定的绩效目标和标准,采取比较科学的方法收集和绩效有关的信息,定期对员工的绩效水平做出评价和反馈,以确保员工的工作活动和结果与组织的要求相一致,进而保证组织目标实现的管理手段与过程。绩效管理能够把员工的努力与组织的战略目标联系在一起,通过提高员工的个人绩效来提高组织的整体绩效,从而实现组织的战略目标。

（三）绩效管理与绩效考核

绩效考核(performance appraisal)也称为绩效评价、绩效评估,它是指考核主体对照绩效目标、绩效标准,采取科学的考评方法,对员工的素质、工作行为和工作结果进行全面、系统、科学的分析与评估,并传递考核结果、处理结果申诉的过程。对应绩效的层次,绩效考核也分为员工、部门/团队和组织三个层次,并以员工的绩效考核作为企业绩效管理的基础和重点。

在传统的管理理论与实践中,人们通常把绩效管理等同于绩效考核。而随着人力资源管理的发展,绩效管理的理念逐步深入人心,绩效考核成为绩效管理的一个组成部分,但代表不了绩效管理的全部。完整意义上的绩效管理是由绩效计划、绩效监控、绩效考核及绩效反馈这四个部分组成的一个系统。绩效管理与绩效考核的具体区别见表7-1。

208

**表7-1　绩效管理与绩效考核的区别**

| 区别点 | 绩效管理 | 绩效考核 |
| --- | --- | --- |
| 关注点 | 员工绩效水平的持续提升 | 对员工绩效结果的评价 |
| 管理方式 | 事前沟通、事中沟通、事后提高 | 事后控制 |
| 管理者的角色 | 教练、导师 | 裁判、法官、警察 |
| 时间维度 | 过去、现在、未来 | 过去 |
| 沟通与参与 | 共同参与、持续沟通 | 上级分配、下级实施 |
| 具体内容 | 绩效计划的制订和实施、绩效评估、绩效反馈、绩效结果的应用 | 考核的原则、方法、步骤,考核方案的制订、实施和反馈 |
| 表现形式 | 共同奋斗、持续提升 | 评定绩效、论功行赏 |

## 二、绩效管理的内容

在绩效管理过程中,管理者对员工进行指导和支持,并与员工保持持续的沟通和反馈。根据时间的先后顺序,可将绩效管理划分为绩效计划、绩效监控、绩效考核及绩效反馈这四个阶段,如图7-1所示。

（1）在绩效计划阶段,管理者以组织的战略目标为基础,与员工共同商讨并确定本绩效周期(一般为半年或一年)内的具体绩效目标、绩效标准及相应的行动计划。管理者与员工还需将沟通的结果落实为正式的书面协议——绩效计划和评估表,它是管理者和员工双方在明晰责、权、利的基础上签订的一个内部协议。

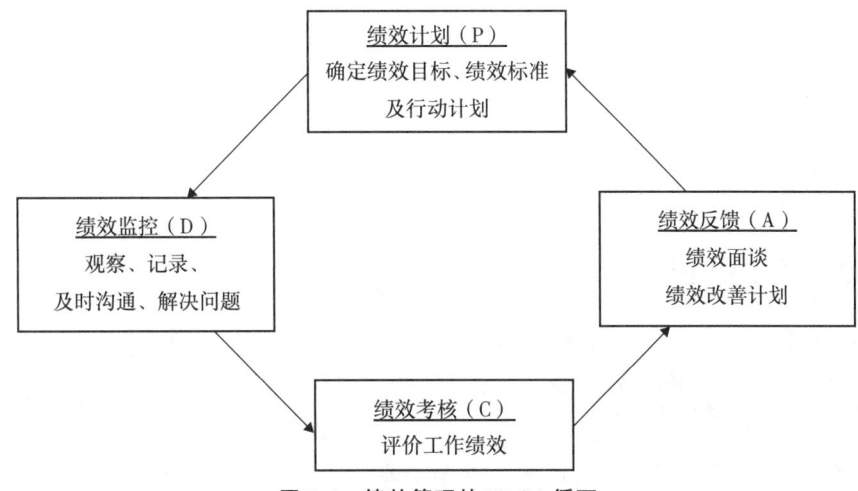

图 7-1　绩效管理的 PDCA 循环

（2）在绩效监控阶段,管理者对下属的绩效进行持续的观察、记录与总结,并及时与员工进行沟通。特别是发现员工在工作中的问题后,管理者需及时与员工探讨,并为员工提供相应的指导与建议。

（3）在绩效考核阶段,管理者根据在绩效计划阶段确定的绩效目标与绩效标准,对员工的绩效表现进行评价。

（4）在绩效反馈阶段,管理者应将考核结果正式地反馈给员工,一般通过面谈的形式,将员工在此绩效周期内取得的最终绩效结果告知员工,并制定相应的解决措施与未来的行动计划。

### 三、绩效管理的意义

绩效管理作为企业人力资源管理中的重要内容,对于组织、管理者以及员工个人都具有重要的意义。

首先,绩效管理对于组织具有重要的意义。通过设立绩效目标,企业可将组织的战略目标逐层分解到各个业务单位与每位员工。组织通过绩效管理,可以保证所有员工都向着组织的战略目标努力,从而促进组织战略目标的有效实现。另外,建立高效的绩效管理系统,有助于形成持续改进、追求卓越的良好组织氛围。实施绩效管理,也是组织学习的过程。在此过程中,有效的做事方式被保留下来,无效的被淘汰,从而持续提升组织整体工作的有效程度与绩效水平。

其次,建立有效的绩效管理系统也是组织管理者的需要。对于管理者而言,绩效管理是一个有效的管理工具:组织目标传递到团队、分解到个人后,可促进员工的工作行为和努力方向与组织目标保持一致。另外,通过绩效管理系统的建立,管理者可将自己的工作标准及对员工的工作期望以清晰、正式的方式传递给下属。在绩效管理的过程中,管理者可以及时观察员工的工作表现,发现下属的发展潜力与需要改进之处。另外,绩效管理的结果为管理者进行薪酬调整、职位晋升等决策提供了客观的依据。

最后,有效的绩效管理系统同样有益于员工个人的发展。一方面,员工需要了解自己的绩效表现,从工作活动中获得反馈,体会到被认可的感觉并获得成就感,这是个体的基本心理需要。这种心理需要的满足,可以有效地激励员工更加努力地投入工作。另一方面,帮助员工持续提升绩效是绩效管理的最终目标。通过实施绩效管理,员工可以得到管理者的指导与建议,并不断提高自己的绩效水平,从而有益于员工长期的职业发展。

### 四、绩效管理的原则

绩效管理作为组织管理的一种有力工具,确保了企业总体战略的逐步实施和年度工作目标的实现,并且有利于在企业内部形成一种以绩效为导向的企业文化。为了更好地实施绩效管理,组织应该注意以下原则。

(1)与组织发展战略相一致的原则。保证企业总体战略目标的实现是组织绩效管理的最终目的之一,因此绩效管理的实施应该紧密围绕企业的总体战略目标。如在绩效计划阶段,企业应根据总体战略目标,自上而下逐层进行目标分解,确保"事事有人做,人人有事做"。

(2)客观公正原则。实施绩效管理的过程中,应保持透明化,建立公平、客观的绩效管理系统。特别是在绩效考核与绩效反馈阶段,企业务必保证考核过程公正、考核结果准确、考核结果的应用合理。

(3)流程系统化原则。绩效管理是人力资源管理的重要内容,与其他管理模块有着紧密的联系。高效的绩效管理系统的建立,需要与人力资源管理的其他模块有机结合。

(4)沟通与参与原则。绩效管理的有效实施,需要每一位员工的参与与承诺。从绩效计划阶段开始,就应充分发挥员工的积极性,使其参与到绩效目标与行动计划的制定过程中来,以强化员工对绩效目标的承诺,提升绩效目标实现的可能性。在绩效监控、绩效考核与绩效反馈阶段,管理者也应该与员工保持充分的沟通,及时发现问题并解决问题,帮助员工更好地达成绩效目标。

(5)激励原则。绩效管理应该成为促使企业员工持续追求更高的绩效水平的助力器,因此在绩效计划阶段,所制定的绩效目标应具有一定的挑战性,促使员工付出努力以达成更高的目标。在绩效结果的应用方面,绩效考核结果与薪酬及其他非物质奖惩等激励机制应紧密相连,拉大绩效突出者与其他人的薪酬差距,打破平均主义,做到奖优罚劣,激励先进、鞭策后进,营造追求卓越、突出绩效的企业文化。

## 第二节 绩效管理的过程及关键环节

绩效管理是一个综合性的管理过程,它涉及管理者与员工之间就工作目标及其实现途径进行沟通、协商,并共同致力于这些目标的逐步实现。这一过程不仅关注结果的达成,而且强调在实现目标的过程中对员工行为的引导和支持。绩效管理的核心目的在于通过明确的目标设定、持续的绩效监控、公正的绩效考核以及有效的绩效反馈,促进组织和员工的共同发展。具体而言,绩效管理的过程可分为绩效计划、绩效监控、绩效考核及绩效反馈四个阶段。

## 一、绩效计划

绩效计划是对整个绩效管理过程的指导和规划,是一种前瞻性的思考。绩效计划是绩效管理过程的开端,这一阶段的主要任务是制订绩效计划,即通过管理者与员工的共同讨论,确定员工的绩效考核目标和绩效考核周期。

企业在制订绩效计划时,应注意由员工和管理者共同参与。例如,应由双方共同确认绩效目标,以强化员工的承诺。此外,在绩效管理过程中,企业应根据外界环境和企业战略的变化对绩效计划进行相应的调整,不可墨守成规。

完整的绩效计划应包含以下几个方面的内容。第一,绩效计划应该包括考核周期内的绩效目标体系,即绩效目标、绩效指标和标准以及绩效考核周期。第二,员工为实现最终目标应完成的工作和采取的措施。第三,对绩效管理的其他三个阶段,即绩效监控阶段、绩效考核阶段和绩效反馈阶段的工作进行前瞻性的规划。

(一)绩效目标

绩效目标是对员工在绩效考核期间的工作任务和工作要求所做的界定,由绩效内容和绩效标准两个部分组成。

1.绩效内容

绩效内容界定了员工的工作任务,即员工在绩效考核周期内应该做的事情,它包含了绩效项目和绩效指标两个部分。绩效项目是指绩效的维度,即从哪些方面对员工的绩效进行考核。常见的绩效项目有三个:工作业绩、工作能力和工作态度。而绩效指标则是对上述绩效项目的分解和细化。以工作能力这一绩效项目为例,其可以细化出计划能力、组织领导能力、文字表达能力、沟通协调能力等多个具体的绩效指标。

在制定绩效指标时,应注意以下几个问题。第一,绩效指标应当依据职位说明书来确定,以有效地涵盖员工的实际工作内容,既不能缺失部分工作内容,也不能涵盖其职责范围以外的工作内容。第二,绩效指标应当具体、明确地指出考核内容,不能过于笼统,也不能存在对指标含义的多种理解,否则无法真正地实施考核。例如,对于"对客服务设施完好率"这一指标,应当明确对客服务设施的范围,避免在实施考核时出现争议。第三,绩效指标应当具有差异性,即应根据员工职位的不同制定不同的考核指标,即使有部分相同的指标,权重也应当不一样。例如,酒店前厅部经理的绩效指标就应当和人力资源部门经理的绩效指标有所不同。第四,绩效指标应当具有可调整性。在不同的绩效考核周期,绩效指标的内容及比重应该根据工作任务的变化而进行调整。例如,当酒店需要重点解决顾客投诉的问题时,应当提升"投诉解决率"这一指标的比重,以促使员工更好地完成这一工作任务。

2. 绩效标准

绩效标准是对员工工作要求的进一步明确,是绩效指标所应该达到的标准,即员工应当怎样来做或者做到什么程度。根据绩效指标的不同特点,绩效标准可以分为以下几种类型。一是数值型的标准,如"餐厅的营业额达到100万元""住店客人的有效投诉件数不超过20件"等。二是百分比型的标准,如"每次培训的满意率为95%以上""仪容仪表检查的合格率为98%以上""菜品出新率为40%以上"等。三是时间型的标准,如"在2小时以内解决客户的投诉""在2个工作日内回复应聘者的求职申请"等。四是行为描述型的非量化标准,一般用于工作能力和工作态度等不可量化或者量化成本比较高的指标。表7-2是某公司对员工"客户第一"这一价值观指标的五个等级的描述。

**表7-2 "客户第一"的绩效标准**

| 价值观 | 得分 | 标准 |
|---|---|---|
| 客户第一:<br>"客户是衣食父母" | 1分 | 尊重他人,随时随地维护公司 |
| | 2分 | 微笑面对投诉和委屈,积极主动地为客户解决问题 |
| | 3分 | 与客户交流的过程中,即使不是自己的责任也不推诿 |
| | 4分 | 与客户换位思考,提高客户对公司的满意度 |
| | 5分 | 具有超前服务意识,防患于未然 |

3. 绩效目标的SMART原则

企业在设计绩效目标时,应遵循"明智(SMART)原则",其具体含义如下。

S(specific):明确的、具体的。绩效目标要清晰、明确,让管理者与员工都能够准确地理解。

M(measurable):可衡量的。绩效目标必须是可衡量的,即绩效目标必须有明确的衡量指标,并且员工的实际绩效表现与绩效目标之间是可以比较的。

A(attainable):可实现的。所设置的绩效目标和考核指标,都必须是员工付出努力就能够实现的,既不能过高也不能过低。比如对销售经理的考核,在各方面的条件都变化不大的情况下,要求销售经理把销售收入从去年的2000万元提升到今年的1.5亿元,这就是一个完全不具备可实现性的考核指标。绩效指标的目标值应该结合个人的情况、岗位的情况、过往历史的情况来设定,过高的目标会使员工认为没有努力的必要,而过低的目标则会导致员工失去努力的动力。

R(relevant):相关的。管理者与员工共同制定的目标,必须与企业的整体战略、部门的目标息息相关,绩效目标不能孤立存在。

T(time-bound):有时限性的。在设置绩效目标的考核内容的同时,也需要确定实现这一目标所需的时间。例如,仅仅制定2000万元销售额的考核目标是没有意义的,还必须规定在多长时间内完成2000万元的销售额,这才是完整的目标设置。

(二)绩效考核周期

绩效考核周期,也叫绩效考核期限,即企业间隔多长时间对员工进行一次绩效考核。合理的绩效考核周期应兼顾准确性与经济性的原则。一方面，绩效考核周期不能过长，应保证绩效考核的准确性，以促进员工工作绩效的及时提升；另一方面，绩效考核周期也不能过短，避免频繁考核带来的人力、物力等资源的过度耗费。具体来说，企业在制定绩效考核周期时，要考虑以下三个因素。

第一，职位的性质。一般来说，如果职位的工作绩效对企业整体绩效的影响比较大，考核周期的设定则应相对较短，这样有助于企业及时发现问题，并帮助员工进一步提升工作绩效。例如，销售类职位的考核周期就应当比行政部的支持类职位的考核周期要短。

第二，绩效内容的性质。一般来说，如果工作业绩指标是比较容易考核评定的，可以考核得更为频繁一些。另外，性质稳定且提升相对缓慢的绩效考核内容，考核周期相对要长一些；相反，性质多变且提升较快的绩效指标，考核周期则应设置得短一些。例如，员工的工作能力相对于工作业绩而言更为稳定，提升起来也需要更长的时间，因此，工作能力的考核周期相对于工作业绩而言要长一些。

第三，绩效标准的性质。企业应当根据员工达到所设置的绩效标准需要的时间来设定绩效考核的周期。例如，对于"顾客满意度由 $60\%$ 提升到 $80\%$ 以上"这一绩效标准，按照经验通常需要3个月的时间才能达到，因此，将考核周期定为3个月较为合理；如果将考核周期设置为1个月，员工难以完成，这样就失去了考核的意义。

## 二、绩效监控

在绩效计划阶段之后，管理者与员工在绩效目标方面已经达成了一致。为了帮助员工获得最终的优秀绩效，管理者需要对员工的工作行为进行持续的监督管理，这就是绩效监控。在绩效监控期内，管理者应当采用恰当的领导风格，积极指导下属的工作，与下属进行持续的绩效沟通，预防和解决实现绩效目标过程中可能发生的各种问题，以更好地完成绩效计划。下文将对绩效监控阶段的关键点进行简要的介绍。

（一）与员工持续沟通

管理者与员工之间的持续沟通是贯穿绩效监控阶段的核心内容。在沟通时，管理者应重点关注的内容有：员工目前的工作进展如何；员工和团队是否在正确达成绩效目标和绩效标准的轨道上运行；如果有偏离方向的趋势，应该采取什么行动以扭转局面；哪些工作进展较好，哪些工作遇到了障碍与困难；为了解决困难，员工需要哪些资源的支持；管理者与员工在哪些方面已经达成一致，在哪些方面还存在分歧。

一般来说，管理者与员工的持续沟通可以通过多种方式实现。正式的沟通方式有周报、月报、季报、年报、工作日志、工作邮件、正式的面谈与会议等；非正式的沟通方式更为多样，常见的有非正式的面谈、走动式管理、开放式办公室、休息时间的沟通等。与正式的沟通相比，非正式的沟通往往效果更好；在轻松的氛围中，员工更容易真实地表达自己的想法。因此，管理者应该充分利用各种非正式的沟通方式，以达到更好的沟通效果。

通过充分的、持续的沟通，管理者可以为员工提供丰富的信息，为员工绩效计划的完成打好基础。管理者还可以根据现实情况及时调整相应的措施，以保证员工的工作在正确的

轨道上运行。此外,管理者也可以从沟通中获得更多的信息,以便日后对员工的绩效进行客观有效的评估。

（二）辅导与咨询

绩效管理的根本目的是通过改善员工的绩效来提高企业的整体绩效。只有每个员工的绩效得到了提升,组织整体的绩效才有可能提升。因此,在绩效监控的过程中,管理者应当针对员工在实施绩效计划的过程中出现的问题及时地提供辅导与咨询,以帮助员工改善绩效,最终更好地达成企业的绩效目标。

管理者对员工进行辅导的具体过程:①确定员工实现绩效目标所需要的知识与技能,为其提供持续发展的机会,并帮助员工掌握相关技能;②确保员工理解与接受持续学习的必要性;③管理者应与员工探讨学习的范围与员工偏好的学习方式;④让员工知道如何管理自己的学习,并明确需要帮助的环节;⑤鼓励员工完成自我学习计划;⑥在员工需要时,及时地提供指导。

（三）收集绩效信息

在绩效监控阶段,管理者需要观察和记录员工的绩效表现,收集与员工绩效表现相关的信息,为下一阶段的绩效考核做好准备。管理者可以采用多种方法来收集与绩效相关的信息。①观察法。管理人员可以直接观察员工在工作中的表现,并如实地记录下来。②工作记录法。员工某些工作目标的完成情况可以通过工作记录体现出来,如顾客投诉日志、会议纪要等。③他人反馈法。他人反馈法指从与员工在工作中有交往的个体处获得信息,包括顾客、同事、其他部门的联系人等。例如,顾客满意度调查就是一种典型的他人反馈法。

通过收集员工的绩效信息,管理者可以为下一阶段的绩效考核提供客观的事实依据,从而有助于对员工的绩效进行更为客观、科学的评价。此外,管理者也可以更好地帮助员工改善绩效。日常绩效信息的记录,为员工的绩效改善提供了具体事例,管理者可以用这些记录更好地向员工说明他们需要在哪些方面进行提升与改进。

## 三、绩效考核

绩效考核是依据绩效计划阶段所确立的标准,根据绩效执行过程中以及结束后收集的数据,对绩效考核周期内员工的绩效水平进行评估的过程。常见的绩效考核方法有以下几种。

（一）个体评价方法

1. 图尺度评价法

图尺度评价法也称为图解式考评法,是较简单也是运用较普遍的工作绩效评价技术之一。它列举出一些组织所期望的绩效构成要素(如质量、数量、个人特征等),并列举出跨越范围较宽的工作绩效等级(从"不令人满意"到"非常优异")。在进行工作绩效评价时,首先针对每一位员工,从每一项评价要素中找出最能符合其绩效状况的分数。然后,将每一位员工得到的所有分值进行汇总,即得到其最终的工作绩效评价结果。

这一测评方法有很多种变形,比如通过对指标项的细化,可以测评具体某一职位人员的表现。指标的维度来源于被测对象所在职位的职位说明书(job description),从中选取与该职位密切相关的关键职能领域(key functional area,KFA),总结分析出关键绩效指标(KPI),然后为各指标项标明重要程度,即权重。表7-3所示为图尺度评价量表举例。

表7-3　图尺度评价量表举例

| 评价指标 | 权重/(%) | 优秀<br>(5分) | 良好<br>(4分) | 满意<br>(3分) | 尚可<br>(2分) | 不满意<br>(1分) | 得分 |
|---|---|---|---|---|---|---|---|
| 工作数量 | 15 | | | | | | |
| 服务质量 | 25 | | | | | | |
| 专业知识水平 | 15 | | | | | | |
| 合作精神 | 10 | | | | | | |
| 创造性 | 10 | | | | | | |
| 顾客满意程度 | 15 | | | | | | |
| 工作纪律 | 10 | | | | | | |
| 总得分 | | | | | | | |

## 2.强制选择法

强制选择法要求考核者从一系列陈述中选择与被考核者的特征最接近的陈述。这些陈述通常是成对出现的,要么都是积极肯定的,要么都是消极否定的;而哪句话表明员工的绩效更高,考核者事先并不知道。例如,一些强制选择的陈述如表7-4所示。

表7-4　强制选择陈述举例

| 陈述一 | 1a.努力工作<br>1b.迅速工作 |
|---|---|
| 陈述二 | 2a.对顾客负责<br>2b.表现出首创精神 |
| 陈述三 | 3a.产出质量差<br>3b.缺乏良好的工作习惯 |

我们可以看出,这种考核方法中给出的选项,很可能与被考核者的特征都有差距,因此考核者就必须反复揣度每一对陈述中到底哪一句与被考核者更接近。这样自然带来一个问题:考核的准确性问题。有效的强制选择陈述必须是行为科学专家结合企业实际,针对各个岗位的工作要求制定出来的,而且要求其分析、整理都具有很高的科学性。在这样的基础上,虽然每对陈述中的两个选项都可能与被考核者的实际表现相差比较大,但是将很多选项放在一起的组合,可以通过系统化的分析方法,得出被考核者工作绩效的实际结果。

企业使用这种方法,必须在绩效考核方面花大力气,严格坚持科学性。强制选择法广泛适用于不同的工作,且容易标准化。但是,这种方法与具体工作的联系不紧密,改进员工表现的作用有限。采用此方法,考核者并不知道哪一句描述会最终导致较高的(或较低的)测

评结果,所以无法偏袒或贬低对某个人的测评。员工在每一组考核中只被选择了一项,可能会感到另一个选项被轻视。由于提供不了许多有益的反馈,考核者和被考核者都不太喜欢这种考核方法。

### 3. 评述评估法

评估者以一篇简洁的记叙文的形式来描述员工的业绩。这种方法集中描述员工在工作中的突出行为,而不是日常业绩。不少管理者认为,评述评估法不仅简单,而且是最好的一种评估方法。然而,评述评估法的缺点在于评估结果在很大程度上取决于评估者的主观意愿和文字水平。此外,由于没有统一的标准,不同员工之间的评估结果难以比较。

### 4. 关键事件法

关键事件法是由美国学者福莱·诺格(Flanagan)和伯恩斯(Baras)在1954年共同提出的,它是由上级主管记录员工在平时工作中的关键事件,从而对员工的工作绩效进行评估的方法。所记录的关键事件主要有两种:一种是做得特别好的事件;另一种是做得不好的。在规定的时间内,通常是在半年或一年之后,主管与员工利用所积累的记录对相关事件进行讨论,为员工的绩效考核提供依据。

关键事件法的主要优点是研究的焦点集中在职务行为上,因为行为是可观察的、可测量的。但是,这个方法也有两个主要的缺点。一是费时,需要花大量的时间去收集每个员工的关键事件,并加以概括和分类。二是关键事件是指显著地对工作绩效有效或无效的事件,但是,这就遗漏了平均绩效水平。而对工作考核来说,重要的一点就是要描述"平均"的职务绩效,利用关键事件法,难以涉及中等绩效的员工,因而全面的绩效分析工作就不能完成。

### 5. 行为锚等级评价法

行为锚等级评价法是一种试图将关键事件法和量化评价技术结合在一起的工作绩效评价技术。它是将定量的评价尺度与特定的高绩效或低绩效的相关事件描述结合在一起,形成的一种新的绩效评价方法,并得到了广泛的应用。

建立行为锚等级评价表通常要求按照以下五个步骤来进行。

(1)获取关键事件。首先要求对工作较为了解的人员(通常是工作的承担者及其主管)对一些代表高绩效和低绩效的关键事件进行描述。

(2)建立绩效评价等级。由上述人员将关键事件合并成为数不多的几个绩效要素(如5个或10个),并对绩效要素的内容加以界定。

(3)对关键事件重新分配。由另外一组同样对工作比较了解的人来对原始的关键事件进行重新排列。他们首先会得到已经界定好的绩效要素以及所有的关键事件,接着他们需要将所有这些关键事件分别放入他们自己认为最合适的绩效要素中去。通常情况是,如果就同一关键事件而言,第二组中某一比例以上(通常是50%~80%)的人将其放入的绩效要素与第一组人将其放入的绩效要素是相同的,那么,这一关键事件的最后位置就可以确定了。

(4)对关键事件进行评定。第二组人会被要求对关键事件中所描述的行为进行评定(一般采用7点或9点等级尺度评定法),以判断它们能否有效地代表某一绩效要素所要求的绩效水平。

（5）建立最终的工作绩效评价体系。由此，对于每一个绩效要素来说，都将会有一组关键事件(通常每个绩效要素中有6～7个关键事件)来作为"行为锚"。

6.行为观察评估法

行为观察评估(behavioral observation scales,BOS)法是在行为锚等级评价法的基础上发展起来的一种变异形式，也是从关键事件法中发展而来的一种绩效评估方法。行为观察评估法与行为锚等级评价法的不同点主要表现在以下两个方面。

一是行为观察评估法并不剔除那些不能代表高绩效或低绩效的大量非关键事件；相反，它采用了这些非关键事件中的许多行为来更具体地界定构成高绩效或低绩效的所有必要行为。

二是行为观察评估法并不是要评估哪一种行为最好地反映了员工的绩效，而是要求管理者对员工在考核期内表现出来的每一种行为的频率进行评估，然后将所得的评估结果进行平均之后得出总体的绩效评估等级。

行为观察评估法容易将高绩效与低绩效区分开来，能够维持客观性，便于提供结果反馈和确定后期的培训需求，易于使用。行为观察评估法示例表如表7-5所示。

表7-5　行为观察评估法示例表

克服变革的阻力
1.向下属描述变革的细节
　1分:几乎从来不　　2分:偶尔　　3分:有时　　4分:经常　　5分:常常如此
2.解释为什么必须进行变革
　1分:几乎从来不　　2分:偶尔　　3分:有时　　4分:经常　　5分:常常如此
3.与员工讨论变革会给员工带来何种影响
　1分:几乎从来不　　2分:偶尔　　3分:有时　　4分:经常　　5分:常常如此
4.倾听员工的心声
　1分:几乎从来不　　2分:偶尔　　3分:有时　　4分:经常　　5分:常常如此
5.在使变革成功的过程中请求员工的帮助
　1分:几乎从来不　　2分:偶尔　　3分:有时　　4分:经常　　5分:常常如此
6.如果有必要,会就员工关心的问题定一个具体的日期来进行变革之后的跟踪会谈
　1分:几乎从来不　　2分:偶尔　　3分:有时　　4分:经常　　5分:常常如此
总分数＝6～10分　　11～15分　　16～20分　　21～25分　　26～30分
　　　　　很差　　　　尚可　　　　良好　　　　优秀的　　　　出色的
分数由管理者确定

（资料来源:诺伊、霍伦贝克、格哈特等《人力资源管理:赢得竞争优势(第五版)》,刘昕译,中国人民大学出版社2005年版。)

（二）多人评估系统

1.排序法

排序法是把一定职务范围内的员工的绩效,按照某一标准从高到低进行排列的一种绩效评估方法。其优点在于简便易行,完全避免趋中或严格/宽松的误差;缺点在于标准单一,不同部门或岗位之间难以比较。

### 2.配对比较法

人情、面子在世界各地都是影响绩效考核的因素,考核者往往不愿意给被考核者较低的评价,因而容易造成"居中趋势"及考核误差,从而难以区分员工之间绩效的差别。因此,配对比较法应运而生。配对比较法就是将被考核者进行两两逐对比较,其中被认为绩效更好的得1分,另一方得0分。在完成所有比较后,将每个人的所得分加总,就得到了这个人的相对绩效,并根据这个得分来评价其绩效优劣次序。

虽然在避免趋中、强制排序方面,配对比较法具有一定的优势,然而当企业需要同时对很多员工进行评价时,这样的方法需要进行相当多次数的比较:同时考核 $N$ 个员工,就需要进行 $N(N-1)/2$ 次比较。所以,这种考核方法在考核人数不多的情况下比较容易操作,而一旦超过20人,就相当费时、费力了。此外,配对比较法还有一个缺点:难以得出绝对评价,只能给出相对的位置。使用配对比较法时,有时还会造成循环:在3个人的绩效比较中,A优于B,B优于C,C又优于A,则每人都得1分,这样就无法进行后续评价了。加之配对比较法具有主观性,这种情况是有可能出现的。

### 3.强制分布法

强制分布法是一种将限定职务范围内的员工按照某一概率分布划分到有限数量的几种类型上的方法。例如,假定所有员工的工作表现大致服从正态分布,评价者按预先确定的概率分布(比如共划分5个类型,优秀占5%,良好占15%,合格占60%,稍差占15%,不合格占5%)把员工划分到不同的类型中。这种方法有效地减少了趋中或严格/宽松的误差。但这种方法的问题在于假设不符合实际,因为各部门中不同类型员工的分布概率一般不一致。

## 四、绩效反馈

绩效管理的目的是实现员工绩效的持续改进,并最终完成企业整体绩效目标,因此,管理者应当在绩效考核结束后及时向员工进行绩效反馈,并制订相应的绩效改进计划。为了更好地实现绩效管理的目的,在绩效反馈阶段,管理者不仅需要通过绩效面谈的方式将绩效考核的结果反馈给员工,更重要的是要与员工共同探讨本考核周期内出现的问题,并制订相应的绩效改进计划,以进一步提升员工绩效。同时,企业还应当合理应用绩效考核的结果,如以绩效考核结果为依据对员工进行升职、调薪等。以下将从绩效面谈和绩效结果应用这两个方面对绩效反馈这一环节进行阐述。

### (一)绩效面谈

#### 1.绩效面谈的组织安排

当绩效反馈的对象为普通员工时,绩效面谈一般由业务部门在企业人力资源部门的指导下自行组织安排,确定面谈人员、时间、地点等细节问题。组织安排绩效面谈时,首先要确定面谈的主持者和参与者。面谈的主持者应为部门的主要管理人员,员工的直接管理者、企业人力资源部门的人员等也应该一起参与。

面谈的组织者还应该选择合适的时间和地点。一般而言,应在绩效结果确认后,尽快安排绩效面谈,并挑选员工工作任务较少、相对较为放松的时段进行。在面谈地点的选择上,既可以选择办公室、会议室等较为正式的场合,也可以选择咖啡厅之类的休闲场所。

2.绩效面谈的实施

在绩效面谈中,面谈者应当根据提前准备的面谈计划进行面谈,包括面谈内容、顺序和关键点等,把握好面谈的进度。面谈的主要内容应包括员工的本次绩效考核情况、绩效表现出现的问题及其原因以及今后提升绩效的方案等。谈话中,管理者应当注重以下三点。

(1)倾听员工的想法,尽最大可能理解员工的立场。在指出员工绩效表现方面的不足时,应坚持对事不对人的原则,将讨论的范围聚焦于工作,避免让员工觉得自己遭受了人身攻击。对员工自尊的维护,有助于使其保持积极的工作情绪,从而使面谈达到增强信任、促进员工提升绩效的目的。

(2)面谈者应当具体指出员工存在的问题,避免模糊的论断。例如,不能笼统地告诉员工"你的沟通能力不强",而是应当给出员工沟通能力不足的具体表现。更重要的是,在指出问题后,面谈者需要与员工一起探讨目前所存在的问题的原因,并有针对性地提出改进计划,帮助员工最终实现绩效的提升。

(3)在面谈结束后,组织者应当对面谈的信息进行全面的汇总记录,如实地记录面谈中双方谈话的主要内容以及所达成的共识。

(二)绩效结果应用

绩效结果的应用对于提升员工绩效和组织整体绩效,以及强化企业管理都具有重要的作用和价值。现实中,很多企业的绩效管理往往止步于绩效考核,对绩效考核结果的应用不够重视,这容易让员工认为企业的绩效管理只是流于形式,甚至认为企业的管理存在不公平之处。一方面,企业应当根据员工在绩效表现方面存在的问题,与员工共同商讨制订绩效改进计划,以进一步提升员工的绩效。另一方面,企业应当根据绩效考核结果做出相应的人力资源管理决策。

1.绩效改进

在获得绩效考核结果之后,管理者首先应当与员工共同分析绩效表现存在问题的原因,这是制订绩效改进计划的基础。一般而言,可以从员工的知识、技能、态度和环境四个方面分析员工绩效不佳的原因,也可以从员工自身和外部环境两个角度来探寻原因。

在管理者与员工就绩效不佳的原因达成共识后,双方还应当进一步制订相应的改进方案。针对每一项不良的绩效维度,一方面可以确定个人应该采取的改进措施,如改善工作态度、避免迟到早退、在一个月的时间内学习某项技能等;另一方面,如果员工需要通过在岗培训、外部培训等其他方式提升技能,企业应提供必要的资源支持,如为员工报名参加内部的培训课程、管理者提供一对一的辅导、指定资深员工作为导师、为其报销外部的培训费用等。

2.人力资源管理决策

为了更好地应用绩效管理的结果,企业还应当根据绩效考核结果做出相关的人力资源管理决策。常见的相关人力资源管理决策包括以下四点。

第一,员工培训。根据所制订的绩效改进计划,企业可以有针对性地为员工提供相关的培训,以帮助其提高知识和技能水平,使员工更好地提升在下一个绩效管理周期中的绩效

表现。

第二，薪酬奖金的再分配。一般来说，大部分企业员工的薪资报酬有一部分是与绩效挂钩的，只是不同性质的职位在挂钩的比例方面存在不同。根据绩效考核的结果对员工与绩效相关的报酬进行调整，有助于鼓励员工保持企业需要的、积极的工作行为，并保持努力工作的动力；同时，也有助于减少员工的负面行为。

第三，职务或职位的调整。绩效考核的结果是员工职务或职位发生调整的重要依据。职务方面的调整主要指职位纵向的升降。一般来说，当员工的绩效表现非常突出时，可以考虑升职，让其承担更大的责任。职位的调整一般指横向的岗位轮换，例如在销售员岗位上表现不佳的员工，企业可以根据其特点将其轮换到与售后相关的岗位。

第四，员工的职业生涯规划。根据员工的目标绩效水平和一定时期内的绩效提高程度及培训过程，企业管理者应与员工共同协商，制订系统的、长远的绩效与能力改进计划，明确员工在企业中的职业发展路径。

## 第三节　绩效管理工具

自20世纪50年代以来，绩效管理逐渐发展为人力资源管理理论研究的重点，学者们先后研究并提出了目标管理法、关键绩效指标法、平衡计分卡、目标与关键成果法等方法和工具。其中，以目标管理法、关键绩效指标法与平衡计分卡为基础构建的绩效考核指标体系，由于可操作性强，并且能够结合企业的战略目标与员工的考核指标，成为企业较受欢迎的绩效管理工具。

### 一、目标管理法

（一）目标管理的定义

目标管理（management by objectives，MBO）源于美国管理专家彼得·德鲁克的著作《管理的实践》。德鲁克在这本书中首先提出了"目标管理和自我控制"的主张。目标管理这一概念可以从以下几个方面进行定义：①目标管理是一个全面的管理系统；②它是通过科学地制定目标，依据目标进行考核评价来实施组织管理任务的过程；③它运用系统的方法，结合许多关键的管理活动，以高效地实现个人目标和企业目标。

德鲁克认为，并不是先有工作才有目标，而是相反，有了目标才能确定每个人的工作。所以，"企业的使命和任务必须转化为目标"。如果一个领域没有特定的目标，这个领域必然会被忽视。如果没有方向一致的分目标指示每个人的工作，则企业的规模越大、人员越多、专业分工越细，发生冲突和浪费的可能性就越大。企业里每个管理人员和普通员工的具体工作目标即为分目标，是企业总目标分解到个人层面的体现。只有完成每一个分目标，企业总目标才有完成的希望。

目标管理法是以相信人的积极性和能力为基础的，企业各级领导者对下属人员的领导，不是简单地依靠行政命令强迫下属去工作,而是要运用激励理论,引导员工制定自己的工作目标、自主进行自我控制、自觉采取措施完成目标、自动进行自我评价。目标管理法通过引导来启发员工自觉地工作,其主要特征是通过激发员工的工作潜能、提高员工的工作效率来促进企业整体目标的实现。

(二)目标管理的特点

目标管理既是对目标进行管理,也是依据目标进行管理,其特点主要有以下几点。

(1)目标管理运用系统论的思想,通过目标体系进行管理。上级与下级共同制定目标,让目标的实现者同时成为目标的制定者。

(2)目标管理是一种民主的、强调员工自我管理的管理制度,即强调"自我控制"。

(3)目标管理强调成果,实行"能力至上"的准则,促使领导权力下放。

## 二、关键绩效指标法

(一)关键绩效指标法的定义

关键绩效指标(KPI),是对组织运作过程中的关键成功要素进行开发、分析、提炼和归纳,用以衡量绩效的一种目标式量化管理指标。KPI是组织"计划、行动、测量"管理循环的重要组成部分。它强力支撑组织愿景、战略的实现,促进组织核心竞争力的提升,并能够帮助组织优化运营流程。

关键绩效指标法是被组织广泛使用的一种绩效评估技术,其核心要点在于依据组织总体的KPI,将总KPI逐步分解到各个部门,再由部门分解到各个职位,依次采用层层分解、互为支持的方法,确定各部门、各职位的关键绩效指标,并以定量或定性的形式确定下来。采用关键绩效指标法进行绩效评估,具有较大的优势。一方面,关键绩效指标法可将组织的愿景、战略与部门及个人的工作内容紧密连接;另一方面,关键绩效指标法可将内外部客户的价值连接起来。此外,关键绩效指标法的考核内容少而精,可控制性强,对员工的指导作用大。当然,关键绩效指标法也存在一些缺点,如对简单工作制定标准的难度较大、缺乏一定的可量化性。此外,所选指标只是一些关键的指标,缺少对其他非关键内容的评估。

(二)关键绩效指标法的实施流程

建立KPI的要点在于流程性、计划性和系统性,其实施步骤主要如下。

1.明确企业的战略目标

首先应该明确企业的战略目标,并在企业会议上利用头脑风暴法和鱼骨分析法等方法找出企业的业务重点,也就是企业价值评估的重点。然后,用头脑风暴法找出这些关键业务领域的关键业绩指标,即企业级KPI。企业级KPI的筛选依据主要有:①指标对企业价值/利润的影响程度;②指标计算的可操作程度;③岗位对指标的可控程度。建立企业级KPI的过程可见图7-2。

2.确定部门的评价指标体系

各部门的主管需要依据企业级KPI建立部门级KPI,并对相应部门的KPI进行分解,确

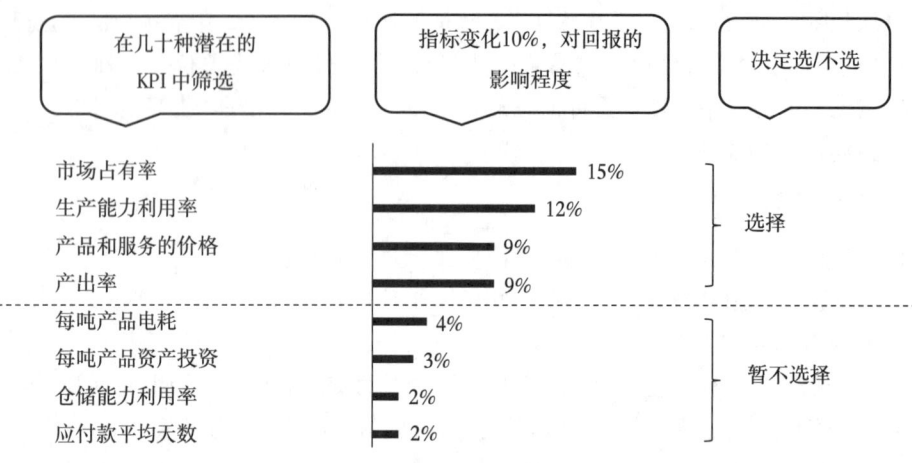

图 7-2　企业级 KPI 的筛选

定相关的要素目标,以便确定评价指标体系;同时分析绩效驱动因素(技术、组织、人力等),确定实现目标的工作流程。

3. 确定个人的关键工作内容和评价指标体系

各部门的管理者和部门员工一起将部门级 KPI 进一步细分,分解为更详细的 KPI,即各职位的业绩衡量指标。这些业绩衡量指标就是员工考核的要素和依据。KPI 体系的建立和评估过程,就是使全体员工统一朝着企业战略目标努力的过程,也必将对各部门管理者的绩效管理工作起到很大的促进作用。

4. 设定评价标准

评价指标体系确立之后,还需要设定评价标准。指标指的是从哪些方面衡量或评价工作,解决"评价什么"的问题;而标准指的是在各个指标上分别应该达到什么样的水平,解决"被评估者怎样做、做多少"的问题。

5. 对关键绩效指标进行审核

比如对以下问题进行审核:多个评价者对同一个关键绩效指标进行评价,其结果是否能取得一致;这些关键绩效指标的综合是否可以解释被评估者 80% 以上的工作绩效;这些关键绩效指标是否便于跟踪和监控。审核主要是为了确保这些关键绩效指标能够全面、客观地反映被评估者的绩效,而且易于操作。

6. 定期对关键绩效指标进行考核

确定了关键绩效指标和评价标准后,定期的考核是最重要的。在考核过程中,要注意识别被评估者的工作业绩,通过记录的数据和事实等信息,正确有效地识别员工的工作产出,然后对照关键绩效指标的评价标准进行考核。

7. 及时反馈绩效考核结果

考核结果是考核工作得以发挥作用的关键。绩效考核的目的在于改进员工的工作业绩。如果没有及时将考核结果反馈给员工,绩效考核就流于形式了。许多酒店绩效评估的运作效果不好,其中一个重要原因就是没有进行有效的绩效考核,尤其是没有及时反馈关键绩效指标考核的结果。

## 三、平衡计分卡

（一）平衡计分卡的内容与优势

1.平衡计分卡的内容

平衡计分卡是哈佛大学商学院教授罗伯特·卡普兰（Robert Kaplan）与复兴方案公司总裁戴维·诺顿（David Norton）在积累了大量实践经验的基础上建立的一套革命性的管理系统。与之前的绩效管理理念不同,平衡计分卡是一种新兴的绩效管理体系,其除了评价传统的财务业绩,还提出了3个新的需考核的领域:客户、内部运营和学习与成长。平衡计分卡在很大程度上革新了传统的绩效管理理念,从4个方面更加平衡地衡量组织绩效,以保证企业战略得到有效的执行。平衡计分卡的具体内容见图7-3。

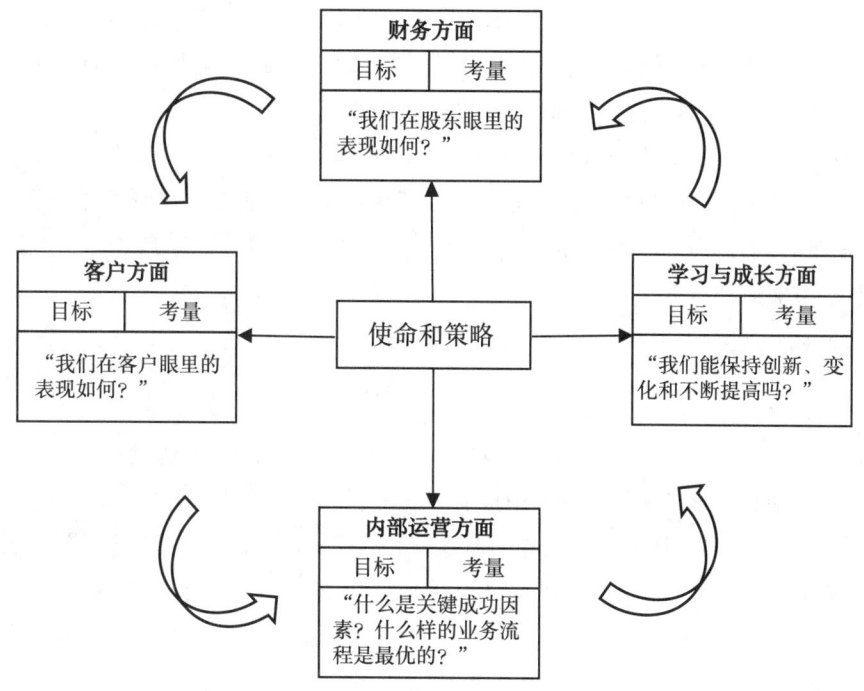

图7-3  平衡计分卡的具体内容

2.平衡计分卡的优势

与传统的以财务指标为核心的考核技术相比,平衡计分卡具有诸多的优势。第一,平衡计分卡有助于克服财务评估方法的短期行为。第二,平衡计分卡有利于保持组织所有的资源协调一致,并服务于战略目标,能有效地将组织的战略转化为组织各层的绩效指标和行动,这在一定程度上有助于企业战略规划的实施。第三,平衡计分卡有利于各级员工对组织目标和战略的沟通与理解,保证了组织的年度计划与组织的长远发展方向得到有效的结合。

第四,平衡计分卡还有利于组织和员工的学习成长以及核心能力的培养。

顾名思义,平衡计分卡最重要的优势在于其"平衡性"。平衡计分卡的"平衡作用"具体体现为以下四点。

第一,财务与非财务指标的平衡。平衡计分卡是为解决单一财务指标的弊端而提出的,它要求从财务和非财务的角度去思考企业的战略目标及考核指标。财务指标是一种滞后的结果性指标,它只能反映企业过去发生的情况,不能告诉企业应该如何改善业绩。财务与非财务指标的平衡强调企业不仅要关注财务绩效,更要关注对财务绩效产生直接影响的非财务因素。

第二,短期与长期目标的平衡。平衡计分卡既关注短期的经营目标和绩效指标,也关注长期的战略目标与绩效指标。也就是说,平衡计分卡既关注了企业近期目标的完成情况,也关注了企业的长期发展,有效结合了企业的战略规划和年度计划,保证企业的年度计划与企业的长远发展方向保持一致。

第三,内部与外部评价的平衡。平衡计分卡将评价的视线范围由传统的只注重企业内部评价,扩大到企业外部,包括股东、顾客,关注了企业内外的相关利益方,能有效地实现内部(如流程和员工)与外部(如客户和股东)评价之间的平衡。

第四,领先与滞后指标的平衡。平衡计分卡强调的前置与滞后的平衡主要涉及两个层面。一方面,平衡计分卡强调企业不仅要关注事后的结果,更要关注影响结果的因素和过程。另一方面,其强调企业不仅要关注那些能反映企业过去绩效的滞后指标,也要关注能反映、预测企业未来绩效的领先指标。

### (二)平衡计分卡的应用

实施平衡计分卡的要点是指标的设置。在引入平衡计分卡的初期,很多企业都会存在困惑,例如,平衡计分卡上应有多少个衡量指标;不同层面的衡量指标所占的比例是多少。卡普兰曾指出,根据经验,平衡计分卡中应有20~25个衡量指标。这20~25个衡量指标在4个方面的典型分配如下:财务方面的指标应有5个左右(约占22%),如总资产报酬率、投资报酬率、净资产收益率、销售增长率、销售利润率等;客户方面的指标应有5个左右(约占22%),如市场占有率、新客户获得率、客户满意度、客户盈利率、客户投诉率等;内部运营方面的指标应有8~10个(约占34%),如新产品的市场情况、产品质量、服务质量、成本状况、企业的生产技术能力、企业的运营和流程综合能力、创新程度、效率状况等;学习与成长方面的指标应有5个左右(约占22%),如员工培训完成率、信息吸收和更新率、员工对企业决策的参与状况、员工内部晋升率、员工满意度等。

Best Practices公司在1998年开展的一项独立研究中,分析了32家成功导入平衡计分卡的组织,最后发现了与上述相似的指标分配方式。由于内部运营指标是财务与客户成果的重要绩效驱动因素,企业一般在内部运营方面设置较多的指标。此外,平衡计分卡上80%的指标应该是非财务性的。

## 四、目标与关键成果法

目标与关键成果(objectives and key results,OKR)法是一种流行的目标设定框架,起源于英特尔公司(Intel Corporation),后被多家知名科技公司如谷歌(Google)和领英(LinkedIn)等采用,并逐渐流行于全球各行各业。OKR法的核心理念是通过设定清晰、有挑战性的目标和可衡量的关键成果来推动个人、团队和组织实现战略目标。

(一)OKR的核心构成

OKR由两部分组成:目标(objectives)和关键成果(key results)。

1. 目标

目标是OKR的定性描述部分,应当简洁、明确、鼓舞人心,能够清晰地传达出组织和个人所期望达成的成果。目标的设定应当与组织的战略愿景紧密相连,同时具有挑战性,能够激发员工的积极性和创造力。

2. 关键成果

关键成果是OKR的定量衡量部分,是描述目标达成程度的具体、可衡量的指标。关键成果应当是具体的数值或成果,能够清楚地反映目标的进展情况。关键成果的设定应当是现实的,但同时也要具有足够的挑战性,以推动团队和个人实现超常规的表现。

(二)OKR法的实施步骤

实施OKR法通常遵循以下步骤:

1. 目标设定

组织首先需要明确长期和短期的战略目标,并将这些目标分解为各个部门和团队的具体目标。员工个人的目标应当与团队和组织的目标保持一致。

2. 关键成果定义

针对每个目标,定义3~5个关键成果。这些关键成果应当能够准确反映目标的达成情况,并且是可量化的。

3. 对齐与共享

确保所有层级的OKR相互对齐,形成一个连贯的目标体系。同时,鼓励组织内部公开分享OKR,以提高透明度,增强团队之间的协作。

4. 执行与监控

在周期内执行行动计划,持续监控关键成果的进展。管理者应当提供必要的支持和资源,帮助员工克服工作中的障碍。

5. 评估与反馈

周期结束时,对关键成果进行评估,总结经验教训,并根据反馈调整下一轮的OKR。评估过程中应当鼓励开放和诚实的沟通。

（三）OKR法的优势与挑战

OKR法的主要优势包括：一是聚焦与透明，OKR法帮助组织聚焦于最重要的事务，并通过共享目标，提高透明度，增强团队间的协作；二是具有灵活性与适应性，OKR法的周期性评估使得组织能够快速响应外部环境和内部条件的变化；三是激励与参与，具有挑战性的目标能够激发员工的积极性，而关键成果的量化使得员工更容易参与到目标实现的过程中。

OKR法应用的主要挑战包括：一是过度强调量化，在某些情况下，OKR法可能导致过度关注可量化的关键成果，而忽视了难以量化但同样重要的工作；二是如果目标设定不当，如过于宽泛或不切实际，可能会导致OKR法的实施效果不佳；三是文化适应性，OKR法需要一个开放和支持性的组织文化，以鼓励员工的参与和反馈。

## 第四节　酒店绩效管理

### 一、酒店绩效管理的现状

随着我国经济的快速发展和国际地位的提升，酒店作为旅游服务性企业的重要组成部分，其绩效管理现状受到了业界和学术界的广泛关注。我国酒店业在经历了快速发展期后，逐渐进入了成熟和调整阶段，绩效管理也随之面临着新的挑战和机遇。在这个过程中，酒店的绩效管理呈现出以下几个显著特点。

（一）建立多元化业绩评价体系

我国酒店业在借鉴国际先进经验的基础上，结合自身实际情况，逐渐形成了一套适合中国酒店的业绩评价体系。这套体系不仅包括了传统的财务指标，如营业收入、利润率、资产回报率等，还涵盖了客户满意度、市场占有率、品牌影响力等非财务指标。这些指标的综合运用，使得酒店的业绩评价更加全面和科学。此外，随着消费者行为的多样化和个性化，酒店也在不断探索如何将客户体验和满意度等主观评价指标进行量化，以便更好地衡量和提升服务质量。

（二）快速适应市场环境变化

我国酒店业在适应市场环境变化方面表现出了较强的能力。面对国内外旅游市场的波动，我国酒店能够及时调整经营策略，如开发新的细分市场、推出特色化服务产品等，以满足不同客户群体的需求。此外，随着消费者对健康、环保、文化体验等方面关注度的提升，酒店也在不断探索如何将这些元素融入服务中，以提升客户体验和市场竞争力。

（三）行业信息化管理水平快速提升

在信息化浪潮的推动下，我国酒店业的信息化管理水平得到了显著提升。许多酒店开始采用云计算、大数据、人工智能等现代信息技术，对客户信息、财务数据、运营流程等进行集成管理。这些技术的应用不仅提高了酒店的运营效率，也为精准营销、个性化服务等提供了强有力的支持。例如,通过大数据分析,酒店能够更准确地预测市场需求,优化定价策略;通过人工智能技术,酒店能够提供更加智能化和便捷的客户服务,提升客户体验。

## 二、酒店绩效管理中的潜在问题

### (一)绩效管理体系设计的问题

酒店绩效管理体系是衡量和提升酒店运营效率的关键工具,但在实际操作中,存在一些普遍问题,这些问题影响了绩效管理体系的有效性和酒店的整体业绩。

#### 1.绩效管理体系与长期战略目标不一致

酒店的绩效管理体系往往未能与酒店的长期战略目标紧密结合。这导致业绩指标的选择和设定可能偏离酒店的发展方向和核心价值,无法有效指导员工的行为和资源配置,从而影响酒店的长期竞争力和市场表现。例如,酒店可能将短期的财务指标,如收入和利润,作为主要的业绩衡量指标,而忽视了品牌价值、客户忠诚度和市场份额等长期指标。这种短视的做法可能会导致酒店在追求即时利润的过程中,损害了长期的客户关系和品牌声誉,最终影响到酒店的可持续发展。

#### 2.绩效指标设定不合理

酒店在设定绩效指标时,往往侧重于量化指标,如客房入住率、餐饮收入等,而忽视了服务质量、客户满意度等非量化指标的重要性。这种单一化的业绩评价指标可能导致酒店过分追求短期利益,忽视长期的品牌建设和客户关系维护。例如,为了提高客房入住率,酒店可能会采取降低房价的策略,但这可能会影响酒店的高端形象,降低客户的满意度和忠诚度。此外,过分关注量化指标可能会导致员工采取短期行为,如过度推销产品或服务,有可能损害客户体验,从而对酒店的长期业绩产生负面影响。

#### 3.绩效管理体系缺乏灵活性

酒店的绩效管理体系可能过于僵化,缺乏对市场变化和内部运营调整的适应能力。这使得酒店在面对市场波动或内部变革时,难以及时调整业绩目标和考核方式,影响了绩效管理体系的有效性。例如,当旅游市场出现季节性波动或受到外部事件影响时,酒店若未能及时调整其业绩目标和激励机制,可能会导致员工的工作效率和动力下降,进而影响整体业绩。此外,酒店出现内部运营的调整时,如新服务的推出或组织结构的变革,也需要灵活调整绩效管理体系,以确保员工的目标与组织的新方向保持一致。

#### 4.员工参与度低

酒店员工在绩效管理体系的设计和实施过程中参与度不高,这可能导致绩效管理体系无法充分考虑员工的实际工作情况和需求,从而影响员工的认同感和执行力。员工是酒店业绩的直接创造者,如果他们在制定目标和评价标准的过程中缺乏发言权,可能会导致设定的目标不切实际或与员工的个人目标不一致,进而降低员工的积极性和工作效率。例如,如果员工感觉到业绩目标过于苛刻或与他们的工作生活平衡相冲突,他们可能会感到挫败和不满,这不仅会影响他们的个人表现,也可能对团队的合作精神和整体氛围产生负面影响。

（二）考核者（管理者）的问题

在酒店业，不少业务部门的领导对于自己在绩效管理体系中所扮演的角色缺乏清晰的理解，他们倾向于认为绩效管理是专属于人力资源部门的职责，而不是一个需要企业各部门和员工共同参与的过程。然而，绩效管理实际上是一个涉及众多部门和层级的复杂系统工程，它依赖于跨部门的合作和团队协作精神。人力资源部门的角色是与各业务部门协同工作，将企业的战略规划和目标细化并分配到各个部门和个人，同时负责建立绩效评估的标准、指导方针和政策，并确保各部门的评估活动得到有效组织和协调。

在绩效管理的实施过程中，各部门的领导和员工是执行和完成这一任务的关键力量。业务部门的领导在其中扮演着至关重要的角色。他们需要与团队成员保持密切的沟通，这是确保绩效管理成功的核心要素。在制订绩效计划时，领导应与员工进行深入交流，共同确定绩效目标；在监督绩效的过程中，领导应及时提供必要的支持和指导；在绩效评估和反馈阶段，领导应向员工提供及时的反馈，并与他们一起制定改进措施。同时，领导需要认识到绩效管理的重要性，并摒弃过时的观念，如认为绩效管理只是人力资源部门的职责，或认为绩效管理增加了自己的工作负担。领导应当积极利用绩效管理工具，帮助员工不断提高工作表现，从而提升部门的整体绩效，并最终实现组织的战略目标。

此外，有些酒店的绩效目标和评价标准往往缺乏明确性和针对性，未能对不同岗位进行详尽的分析，且包含了大量难以量化的定性指标。在这种情况下，考核者在实际评估过程中往往依赖于个人的主观判断，这可能导致考核结果不公正和缺乏指导性，进而影响绩效考核的科学性和有效性。

（三）绩效面谈中的问题

绩效面谈是酒店绩效管理过程中的关键步骤，它不仅是提供反馈的重要方式，而且对于确保绩效管理体系的有效运行和实现绩效提升的目标至关重要。然而，许多酒店在实施绩效管理时，常常忽视了绩效面谈的重要性，或者只是将其作为一项走过场的形式，未能充分发挥其应有的功能。这些酒店的管理者可能认为面对面的绩效讨论会消耗大量的时间和精力，因而倾向于仅通过书面报告的形式向员工传达绩效评价结果。这种做法可能导致管理者失去了与员工直接交流绩效成果、探讨改进措施的机会，同时也可能引起员工对评价结果的疑惑和不满。

酒店管理者在进行绩效面谈时常常面临技巧不足的问题。一方面，管理者可能没有意识到充分准备对于绩效面谈的重要性，常常在有干扰的环境中与员工进行非正式的绩效面谈，这样的环境并不利于开展有效的沟通，从而大大降低了面谈的效果。另一方面，管理者对员工的绩效情况、日常表现和个人特殊情况了解不足，其对员工的反馈可能缺乏针对性和客观性，这不仅使得员工难以接受评价，而且管理者也难以与员工一起制订出切实可行的绩效提升计划，从而影响了员工对改进措施的承诺和执行。

### 三、酒店绩效评估改善策略

（一）树立以企业战略为导向的绩效管理理念

企业战略是企业在市场经济条件下，在总结历史经验、分析现实状况、预测未来的基础上，为谋求生存和发展而做出的具有长远性、全局性的谋划或方案。它是企业经营理念的具体体现，决定了企业的绩效目标和关键政策，是企业制订中长期计划的依据。因此，绩效管理必须以企业战略为导向。坚持战略导向的绩效管理有助于绩效管理与企业战略、企业目标及企业文化达成高度的一致性，有助于员工对绩效管理形成认识上的统一性，有助于企业在绩效管理的过程中树立超前意识、长远意识、全局意识、权变意识与创新意识。坚持绩效管理的战略导向性，要求企业在日常工作中养成战略性思维（strategic thinking），按企业战略的要求来制订绩效计划和确定绩效考核的标准，指导和监督员工的绩效行为，并且当酒店战略调整时，其导向性更应得到强化。

绩效管理系统不是一个封闭的系统，而是一个动态开放的系统，需要与市场动态、企业文化等环境因素进行良性的互动。绩效管理只有与企业特定的环境相吻合，才能有效发挥作用。酒店在实施绩效管理的过程中，需要对酒店的运行环境进行研究，根据运行环境的变化，调整绩效管理系统，使得酒店的绩效管理与酒店业的实际发展情况相一致。

（二）建立系统的绩效管理体系

一个完整的绩效管理体系，应该包括绩效计划、绩效监控、绩效考核与绩效反馈四个环环相扣的方面，伴之以开放的、持续的、全过程的沟通，同时将绩效考核结果应用于员工的薪资分配、培训、职位变动、职务升迁等。具体来讲，酒店在设计绩效目标和制订绩效计划时，应该以酒店的战略为导向，根据酒店的任务目标为员工设置绩效目标。在设计绩效考核指标时，应采取定性指标与定量指标相结合的方法，因地制宜地对考核指标进行合理的取舍，防止绩效考核指标设计不当造成绩效结果的误导性，并且应事先制定考核标准，要对可能出现的偏差进行必要的控制。绩效考核结束后，应及时将考核结果通过面谈的形式反馈给员工，同时将绩效考核的结果与员工的薪酬分配及职业发展规划挂钩。

绩效考核只是绩效管理系统中的一个环节。为确保绩效管理系统的有效运行，酒店管理者必须认真对待绩效考核后的绩效反馈与绩效奖励等环节。绩效管理并不是以得出绩效考核结果为主要目的，而应将通过改进每位员工的工作绩效来提升企业的整体绩效作为最高目标。因此，绩效考核结束后必须认真安排、精心组织好绩效的反馈与沟通工作。这样既可以使员工了解自己的绩效状况，包括所取得的成绩与存在的不足，同时也可以将酒店的发展目标进一步传递给每位员工，使他们更加明确下一阶段的奋斗目标，从而为酒店总体绩效的提升而努力。

（三）建立有效的、全过程的绩效管理沟通机制

绩效管理的战略导向性确保了酒店在制定和实施绩效管理体系时，能够与企业的长期目标和愿景保持一致，从而为酒店的发展方向提供了明确的指引。而绩效管理体系的建立

则为酒店提供了一个坚实的基础,有助于酒店系统地收集、分析和利用绩效数据,以支持决策制定和资源配置。然而,仅有方向和基础并不能保证绩效管理的成功实施,有效的沟通也是绩效管理中的关键要素。有效的沟通不仅关乎信息的传递,更关乎信息的理解和接受,它涉及以下几个方面。

（1）讲什么(communication content)。有效的沟通首先需要明确沟通的内容。在绩效管理中,沟通的内容包括了酒店的战略目标、员工的个人目标、绩效评价的标准和方法以及激励和奖励机制等方面。管理者需要确保这些信息清晰、具体,并且与员工的日常工作紧密相关。此外,沟通的内容还应该包括对员工绩效的正面反馈和提出建设性的改进建议,以及如何通过提升个人绩效来支持酒店的整体目标。

（2）讲多少(communication quantity)。沟通的频率和深度也是有效沟通的重要组成部分。酒店管理者应当定期与员工进行绩效相关的沟通,这不仅包括正式的绩效评估会议,还包括日常的交流和反馈。通过持续的沟通,管理者可以及时了解员工的工作进展、面临的挑战和需求,从而提供必要的支持和指导。同时,员工也能够感受到来自管理层的关注和重视,从而增强对绩效管理的参与感和认同感。

（3）怎么讲(communication method)。沟通的方式和渠道对于信息的有效传递同样重要。酒店管理者应当采用多样化的沟通手段,如面对面的会议、电子邮件、内部通信、工作坊等,以适应不同员工的偏好和需求。此外,管理者还应注意沟通的语言和语气,确保信息的表达清晰、准确、积极并具有鼓励性。在绩效面谈中,管理者应当展现出开放和倾听的态度,鼓励员工表达自己的观点和感受,从而建立起基于相互尊重和信任的沟通环境。

从酒店绩效管理现状来看,建立有效的绩效管理沟通机制是保证绩效管理体系成功实施的关键。通过有效的沟通,酒店不仅能够向员工传达绩效管理的理念和价值,还能够消除员工对于绩效管理可能存在的抵触情绪,如担忧、误解和恐惧。通过宣传和教育,员工可以更好地理解绩效管理的目的和意义,认识到它不仅是评价和奖惩的工具,更是个人成长和职业发展的助力器。

（四）改善绩效指标的制定,选择适合本企业的绩效管理工具

绩效指标的制定是酒店绩效管理的基石,它必须在企业发展战略的框架下进行,确保所有指标与企业的长期目标和愿景保持一致。这一过程涉及将企业的整体目标细化并分配到各个部门,再由部门进一步细化为每位员工的个人目标,形成一个层层分解、相互关联的目标体系。

在制定绩效指标时,首先需要根据员工的年度工作目标和岗位职责来确定初步的绩效考核要素。这要求管理者对每个岗位的工作内容、性质和要求有深入的了解,以便准确地识别出关键的绩效领域。例如,对于前台接待员,重要的绩效指标可能包括客户服务的响应速度、解决问题的效率和客户满意度等。接下来,管理者需要考虑员工在工作流程中的具体角色和责任,以及员工与上级、下属和其他部门之间的关系。这有助于清晰地了解员工的工作绩效如何影响整个组织的运作和成果。例如,一个厨师的绩效考核指标不仅应包括菜肴的制作质量,还应考虑这位厨师对厨房团队协作的贡献率和对食材的利用率。

为了制定出科学合理的绩效指标体系和评价标准,酒店应当根据自身的业务特点、组织结构和管理需求,选择和采用适合的绩效管理工具。关键绩效指标(KPI)法是一种常用的方法,它通过量化的关键指标来衡量员工的工作绩效。而平衡计分卡(BSC)则提供了一个更全面的视角,它不仅包括财务指标,还包括客户满意度、内部流程效率和学习与成长等多个维度,帮助酒店实现战略目标的同时,也关注员工和组织的发展。

(五)加大培训力度,提高管理者的绩效管理水平

我国酒店在绩效管理实践中遇到的诸多问题,往往根源于从业人员在观念和技能方面的不足。为了解决这一问题,酒店亟须加强对绩效管理相关人员的培训和教育。这种培训不应局限于某一特定群体,而应覆盖从高层管理人员到基层员工的各个层级。

培训内容应当全面而深入,涵盖绩效管理的核心理念、关键技能、实用工具和有效方法。对于高层管理人员,培训应着重于战略层面的绩效管理,包括如何将企业战略与绩效目标相结合、如何通过绩效管理推动组织变革和提升竞争力等。对于人力资源部门的员工而言,培训应聚焦于绩效管理体系的设计、实施和维护,以及如何运用现代人力资源管理工具和技术进行有效的绩效评估和反馈。中层管理人员是连接高层战略和基层执行的桥梁,其培训内容应包括如何有效地传达绩效目标、监督和指导下属的绩效,以及如何处理绩效管理中出现的人际沟通问题。而对于普通员工,培训则应侧重于提升他们对绩效管理重要性的认识,以及如何设定个人工作目标、如何通过自我管理和自我激励提升个人绩效。

通过这样的培训,酒店可以全面加深各级人员对绩效管理的理解。这不仅有助于增强员工的自觉参与意识,还能够激发他们在日常工作中的积极性和创造性。员工将更加明确自己的工作目标和期望,了解如何通过个人努力为酒店的整体业绩做贡献。此外,培训还能够促进员工之间的沟通和协作,建立起一种以绩效为导向的工作文化,从而推动整个酒店的绩效管理水平向更高标准迈进。

 **本章小结**

绩效管理是管理者与员工就应达到的工作目标以及如何实现这些目标达成共识后逐步实现目标的一个持续性的过程,可分为绩效计划、绩效监控、绩效考核及绩效反馈四个阶段。

绩效考核的方法可分为个体评价方法(包括图尺度评价法、关键事件法等)和多人评估系统(包括排序法、配对比较法等)。

绩效管理的工具和方法有目标管理法、关键绩效指标法、平衡计分卡、目标与关键成果法等。

在绩效管理方面,酒店经历了从单纯的考核到兼顾管理的转变,但在绩效管理体系设计、考核者(管理者)本身和绩效面谈等方面仍存在许多潜在问题,企业应当予以重视,从企业战略导向、绩效管理体系、绩效管理沟通机制和员工培训等多方面改善绩效管理。

### 实务案例7-1:平衡计分卡在酒店集团的运用

上海锦江国际集团是中国领先的酒店管理集团之一,在全球化的市场竞争中,面临着提升核心竞争力和战略发展的挑战。为了应对这些挑战,锦江国际集团采用了平衡计分卡(BSC)作为其绩效管理的核心工具,其主要步骤和要点包括以下几个方面。

1. 设计BSC框架

锦江国际集团在实施平衡计分卡时,首先对集团的战略目标进行了深入分析,以确保绩效管理体系与集团的长期愿景和战略规划保持一致。在此基础上,锦江国际集团设计了一个包含四个核心维度的BSC框架:财务、客户、内部流程和学习与成长。这一框架旨在全面反映集团的运营状况,同时支持其战略目标的实现。

2. 确定KPI

在确定了BSC框架后,锦江国际集团进一步细化了每个维度下的具体KPI。财务维度的KPI不仅包括传统的收入增长率、利润率和资产回报率等指标,还涵盖了与战略相关的指标,如新市场开拓的回报率和新服务项目的投资回报期等。客户维度的KPI通过定期的客户满意度调查、在线评价分析和重复入住率来衡量,这些指标对于评估集团的市场表现和客户关系至关重要。内部流程维度的KPI则通过服务响应时间、成本节约和顾客投诉率等指标来监控,这些指标有助于评估运营效率和服务质量。学习与成长维度的KPI则通过员工培训完成率、技能提升率和员工留存率等指标来评估,这些指标反映了集团对员工发展和组织学习的重视。

3. 绩效反馈和沟通

为了确保BSC的有效实施,锦江国际集团建立了一个全面的绩效反馈和沟通机制。这一机制包括定期的绩效评估会议、一对一的绩效面谈以及实时的绩效监控系统。通过这些机制,锦江国际集团确保员工对BSC的目标有清晰的认识,并能够及时了解自己的绩效表现。此外,集团还鼓励员工提出改进建议,提升了绩效管理过程的透明度和员工的参与度。

锦江国际集团实施BSC后,取得了显著的成效。财务指标显示营业收入和利润率均有提升;客户满意度和忠诚度也得到了提高;内部流程的优化减少了不必要的开支,提高了员工工作效率;员工培训完成率的提升也带来了更高的员工满意度和更低的员工流失率。

(资料来源:吴思漾《基于平衡计分卡的企业并购绩效研究——以锦江酒店并购法国卢浮为例》,江西师范大学硕士论文,2019年。)

▶ **案例分析:**

1. 锦江国际集团是如何确保所设定的关键绩效指标(KPI)与集团的战略目标保持一致的?

2.锦江国际集团建立了绩效反馈和沟通机制以提高员工的参与度和绩效管理的透明度。请分析这一机制在实际操作中可能遇到的问题,例如如何确保反馈的及时性和有效性,以及如何利用这些反馈来调整战略目标和绩效指标。

———— 实务案例7-2 ————

凯悦酒店集团的绩效管理实践

 复习思考题

1.绩效管理的概念、内容和意义是什么?

2.绩效管理和绩效考核的区别与联系是什么?

3.绩效管理包括哪些阶段?

4.个体评价方法有哪些? 分别分析其优缺点。

5.多人评估系统包括哪些方法? 分别分析其优缺点。

6.目标管理法的定义和特点是什么? 制定目标应遵循什么原则?

7.关键绩效指标法的定义、优缺点和实施流程是什么?

8.平衡计分卡的内容、优势、应用条件是什么?

9.目前酒店绩效管理中有哪些潜在问题?

10.酒店绩效评估有哪些改善策略?

# 第八章 →

## 酒店薪酬管理

学习目标

薪酬通常包括工资、津贴、奖金和福利等部分,是酒店激励员工的主要手段和重要工具。通过本章的学习,你应该能够:

(1)掌握薪酬管理的本质和影响因素;

(2)掌握薪酬体系设计的相关概念和实施步骤;

(3)掌握薪酬管理的策略;

(4)了解酒店员工福利的内容和管理。

### 前期思考

酒店薪酬管理的本质是什么?它对引导员工实现企业发展目标,体现人力资本价值和社会性存在具有什么样的重要意义?

### 重点和难点

重点掌握酒店薪酬管理的本质,以及酒店薪酬体系的设计方法。难点是掌握不同薪酬管理方法的组合决策。

### 引导案例

#### 尽享"自助餐式"的福利

酒店薪酬体系作为现代企业人力资源管理中的一项主要内容,应该包括金钱回馈和工作范围内提供的福利以及服务。某酒店原先推行"一刀切"的福利制度,管理人员认为这种做法简便、省心;但是在员工满意度调查过程中,许多员工反映福利制度不合理、不够人性化。为此,酒店召开了一次员工代表会议,管理层认真听取了大家的具体意见,并进行了详尽的记录。以下是部分员工的意见反馈。

张彤:"妈妈身体不太好,我经常要回去照顾她,可是酒店工作时间太不固定了。我可以不要额外的津贴,但是希望能给予一定的可自由支配时间。"

何洁:"我这人吧,平时存不住钱,所以能不能把平时的奖金、津贴什么的都放到年底的分红里去。呵呵,就算是酒店财务部给我存钱了。"

郑丹:"我们都是年轻人,希望能多举办一些业余文化娱乐活动。"

李吉:"我正在参加会计专业的自学考试,希望酒店能给予经费上和时间上的支持。"

邹星宇:"年底刚买了一台笔记本电脑,一个月后酒店又给我配了一台,多出一台给谁用好呢?"

宁雪:"我喜欢观赏异域风光,遗憾的是没有一个较长的假期。"

……

酒店管理层根据员工反馈的意见,进行了及时有效的福利制度改革。酒店现在实行"自助餐式"的福利制度,给了员工很大的自主选择权,充分满足了员工的个性化需求。员工们最终都找到了自己心仪的"菜谱",其工作的积极性与满意度大大提升。

每一位员工都是独立的能动主体,都有不同于其他个体的欲望与渴求。因此,在福利体系设计上,酒店在人性化、亲情化与个性化方面所下的功夫往往会收获事半功倍的效果。

(资料来源:周亚庆、黄浏英《酒店人力资源管理(第二版)》,清华大学出版社2019年版,第213-214页。)

▶ **案例讨论:**

1.酒店的福利制度设计包括哪些内容?

2.你认为"自助餐式"福利制度是否需要推广到整个酒店业?为什么?

235

# 第一节 酒店薪酬管理概述

酒店有效的薪酬管理能起到吸引和激励人才的作用,并对酒店员工的工作态度、工作行为和工作绩效产生积极的影响。对酒店员工而言,薪酬不仅是其收入的主要组成部分,是决定其生活质量的重要因素,更是其人力资本价值和社会性存在意义的具体体现。在酒店的管理实践中,员工对薪酬的满意度直接影响到员工对待工作的态度和对企业的忠诚度。

## 一、薪酬的概念、构成和功能

### (一)薪酬的概念

美国著名薪酬管理专家乔治·米尔科维奇(George Milkovich)把薪酬定义为员工作为雇佣关系的一方所得到的各种货币收入、服务及福利之和。美国薪酬管理专家约瑟夫·马尔托奇奥(Joseph Martocchio)将薪酬界定为员工因完成工作而得到的外在和内在的奖励,并将薪酬划分为外在薪酬和内在薪酬。刘善仕和刘辉健认为薪酬是企业根据员工为企业所做出贡献(包括员工的业绩、付出的努力和时间、学识、技能、经验与创造等)的大小而支付给员工的相应回报。

人们对薪酬的理解有广义和狭义之分。广义的薪酬是指员工为企业工作而获得的所有有价值的回报,包括外在的奖励(外在报酬)和内在的奖励(内在报酬)。内在报酬是指员工将工作本身当成一种消费品,在工作中所获得的一种精神补偿,如归属感、成就感、决策参与度、个人成长机会、和谐的人际关系、工作自主性、授权等心理方面的报酬,体现了员工的个人价值感。外在报酬是指企业针对员工所做的贡献而支付给员工的各种有价值的报酬,包括工资、福利、奖金、津贴、股票期权以及各种非货币形式的福利等。外在报酬可以划分为直接报酬、间接报酬和非货币性报酬。

(1)直接报酬。直接报酬一般是货币上的概念,是指直接以现金形式支付的薪酬。它与员工的工作技能和绩效有直接的关系。它一般包括固定薪酬和可变薪酬。固定薪酬又称基本工资,是企业按照一定的时间周期、一定的薪酬设计定期向员工发放的固定工资。可变薪酬又叫可变工资,包括激励工资、奖金、股票期权、利润分享、津贴(对非绩效因素如高危工作、加班、出差等的补贴)等,是基于员工出色的工作绩效或超额完成任务而计付的薪酬。

(2)间接报酬。间接报酬又称福利性薪酬,是指员工在其退休后或发生一些不可预测事件(如失业、疾病)时,企业为其提供的经济保障。它多以实物或服务的形式支付,与员工的职位或工作年限有关。间接报酬包括法定福利,如失业保险等,以及非固定福利,如补充的退休金计划、健康保障计划、带薪休假、额外生活费用补偿、地区差异补贴、住房补助、免费班车和住宿、免费或折价工作餐等。

(3)非货币性报酬。非货币性报酬又称为非财务性薪酬,是一种由企业控制的激励性薪酬。非货币性报酬一般包括喜爱的工作岗位、培训机会、安全舒适的办公环境、良好的工作氛围和工作关系、引人注目的头衔、企业的认可和尊重、私人秘书、专属停车位等。

狭义的薪酬主要是指外在报酬中的直接报酬和间接报酬,指个人获得的以工资、奖金等货币或实物形式支付的劳动报酬,也就是人们通常所指的薪酬。

现代人力资源管理提出了更为全面的薪酬管理思想,认为全面的薪酬结构包括薪酬、福利、工作本身、工作环境四个方面,如表8-1所示。

表8-1　全面薪酬结构

| 薪酬 | 福利 | | 工作本身 | 工作环境 |
| | 法定福利 | 自愿定制福利计划 | | |
| --- | --- | --- | --- | --- |
| 基本工资<br>奖金<br>津贴<br>股票期权<br>小费 | 社会保险<br>失业保险<br>医疗保险与休假<br>养老保险<br>非工作时间付薪 | 带薪休假<br>健康关怀<br>人寿保险<br>补充失业福利<br>补充医疗保险<br>优先认购股权计划<br>家庭保障津贴<br>…… | 技能多样性<br>挑战性的工作<br>任务重要性<br>自主、成就感<br>反馈<br>学习与发展机会<br>继任计划<br>培训 | 组织文化和政策<br>同事关系<br>上级认可与内部地位<br>工作与生活的平衡<br>工作弹性(包括弹性工作时间、压缩工作周、工作分担、远程办公、兼职等) |

(二)薪酬的构成

本书采用狭义的薪酬概念。国内学者对其构成进行了界定,即将薪酬分为基本薪酬、可变薪酬和间接薪酬(福利和服务)三部分。

1. 基本薪酬

基本薪酬指企业根据员工所承担的工作或者所具有的技能而支付给他们的较为稳定的经济收入。基本薪酬是酒店员工薪酬总额的主要组成部分,一般通过职位薪酬体系和能力薪酬体系来确定。职位薪酬体系是根据对每一职位价值的评价来确定其基本薪酬,是以"职位"为中心的薪酬体系;能力薪酬体系则是指根据对每一位员工能力(或技能、胜任特征)的评价来确定员工的基本薪酬,是以"人"为中心的薪酬体系。根据薪酬等级的数量及宽窄程度,可以将薪酬体系分为窄带薪酬体系和宽带薪酬体系。窄带薪酬体系即传统薪酬体系,是指薪酬等级数量较多,每一等级的薪酬幅度较小的薪酬体系;宽带薪酬体系是指薪酬等级数量较少,每一等级的薪酬幅度较大的薪酬体系

2. 可变薪酬

可变薪酬是指企业根据员工、团队、部门或企业自身的绩效而支付给员工的具有变动性质的经济收入。根据支付的依据,可变薪酬可以分为个人可变薪酬和团队可变薪酬。个人可变薪酬是指根据个人的绩效来确定其可变薪酬;团队可变薪酬是指根据部门或团队、企业的绩效来确定个人的可变薪酬。实际操作中,还可以同时考虑个人与团队、企业的绩效。根据支付周期的不同,可变薪酬可以分为短期可变薪酬与长期可变薪酬。短期可变薪酬指在一年之内兑现的可变薪酬;而长期可变薪酬的兑现时间一般超过一年。

3. 间接薪酬

间接薪酬是指给员工提供的各种福利,与基本薪酬和可变薪酬不同,间接薪酬的支付与员工个人的工作和绩效并没有直接的关系。福利可以分为国家法定福利与企业自主福利。国家法定福利是国家法律法规规定的福利,在我国目前一般指包括失业保险、基本养老保险、基本医疗保险、工伤保险、生育保险和住房公积金在内的"五险一金"。企业自主福利是指企业自主确定给员工提供的福利,如许多酒店自主提供的带薪假期、免费的工作餐和住宿等福利。

(三) 薪酬的功能

薪酬具有多方面的功能,具体表现在企业、员工和社会三个方面。

1. 企业方面的功能

对酒店而言,薪酬的功能主要体现在增值、激励、配置和协调四个方面。

(1)增值功能。酒店要进行经营活动,就必须聘用劳动力为其服务。薪酬就是酒店购买劳动力的成本,但这本身也是一种对人力资本的投资,这种投资能够为酒店带来大于成本的预期收益。

(2)激励功能。酒店通过薪酬来激励员工的工作积极性,使员工的行为模式可以跟随企业战略的发展,从而提高企业绩效。

(3)配置功能。在酒店内部,员工一般会愿意到薪酬较高的岗位或部门工作,因此,利用薪酬差别可以引导人力资源的流向,促进人力资源的有效配置。

（4）协调功能。薪酬是酒店合理配置劳动力和提高效率的工具。酒店可以通过调整薪酬水平，将企业的绩效目标和管理者意图传递给员工，使员工行为与酒店发展目标一致；同时，酒店可以通过合理的薪酬制度和薪酬结构，有效地化解员工之间的矛盾，协调人际关系。

2. 员工方面的功能

对于员工来说，一个有效、完整的薪酬结构，应该具有保障、激励和调节功能。

（1）保障功能。生存工资理论认为，薪酬至少要满足员工的正常生活需要。薪酬可以保障员工的生理需要和安全需要，增强员工对预期风险的心理保障意识，增强员工对酒店的归属感。薪酬的变动直接对员工及其家庭的生活质量和发展状态产生重大的影响。

（2）激励功能。效率工资理论认为，较高的薪酬提高了员工的努力程度。较高的薪酬水平和合理设置的薪酬差异可以激励员工工作的积极性，并激发员工的潜能。其具体表现为员工倾向于努力工作，不断学习提升，用较高的工作绩效来回报酒店的认可和信任。

（3）调节功能。根据马斯洛需求层次理论，薪酬除了满足员工衣、食、住、行等基本生存需求，还需要满足员工社交、娱乐、教育、自我学习与自我实现等方面的更高层次的需求。因此，酒店可以通过提供一些薪酬、福利以及服务的组合，让员工自由选择薪酬结构，各取所需，实现调节的功能。

 **知识拓展**

### 生存工资理论和效率工资理论

生存工资理论，又称为最低工资理论，是18世纪末19世纪初由亚当·斯密（Adam Smith）和大卫·李嘉图（David Ricardo）提出的理论。该理论的主要观点：从长远来看，在工业化社会中，工人的工资等于他们的最低生活费用，即工人的工资只能保持在维持其生存的水平上，只能勉强糊口。生存工资理论是早期比较流行的工资理论，但是比较粗糙，不能解释工资超过生存需要的增长以及同一个国家和地区工人与工人之间的工资差别。

效率工资理论是20世纪80年代以来比较有影响的现代工资决定理论。该理论由夏皮罗（Shapiro）和斯蒂格利茨（Stiglitz）提出，其主要观点是工人的生产率取决于工资率，工人的有效劳动供给量（如工作努力程度、工作绩效等）与工资水平的高低成正比，即企业支付的工资越高，工人的工作效率就越高，从而给雇主带来的利润也就越高。因此，提高工资可视为增加利润的有效手段。效率工资理论将工资视为促进生产率提高的手段，认为支付高于均衡水平的工资有利于保证优质的劳动力再生产，降低劳动力的离职率，减少企业雇佣新员工的时间和费用，节约企业的监督与管理成本，以及吸引高素质人才。

3. 社会方面的功能

薪酬对社会上的自由劳动力具有再配置的功能。薪酬作为劳动力价值的信号，调节着劳动力的供求和流向。例如,当某一地区的酒店劳动力供不应求时,薪酬水平就会上升,从而促进劳动力从其他区域、部门和职业流向该地区酒店,使得该地区酒店劳动力供给增加。相反,当某一地区的酒店劳动力供大于求时,薪酬水平就会下降,使得酒店劳动力向外流。

## 二、薪酬管理的概念

薪酬管理是指企业在经营战略和人力资源发展规划的指导下,综合考虑企业内外部各种因素的影响,确定自身的薪酬水平、薪酬结构和薪酬制度,并进行薪酬调整和薪酬控制的整个过程。其目的在于吸引和留住符合企业需要的员工,并激发他们的工作热情和各种潜能,最终实现企业的经营目标。

要全面理解酒店的薪酬管理,必须重视以下四个方面。

1. 薪酬管理与酒店经营战略紧密联系

薪酬管理是酒店经营战略实现的重要保障,它为酒店经营战略服务;同时,酒店经营战略又影响着薪酬管理的具体内容,酒店经营战略发生变化,薪酬管理的内容也要相应调整。

2. 薪酬管理能补偿员工的劳动消耗

员工在完成工作的过程中必须有一定的脑力、体力和时间的消耗,因此需要对此给予相应的补偿。这是薪酬管理最基本的功能。薪酬管理也是劳动力再生产所需具备的必要条件,因为员工需要利用部分薪酬来学习进修、养育子女,实现劳动力的增值和再生产。

3. 薪酬管理有助于实现对员工的激励

薪酬管理是连接酒店和员工的纽带,酒店通过薪酬管理来传递企业的文化价值导向,表达对员工的关怀,其目的是最大限度地激发和挖掘员工的潜力,发挥员工的创造性。因此,薪酬管理中的一切活动均应强调对员工的激励作用。

4. 薪酬管理是一个复杂的有机整体

薪酬管理包括薪酬体系的设计、实施、调整和控制等内容。薪酬体系设计又包括确定薪酬设计的依据(如工作、能力、业绩)、薪酬水平、薪酬结构(如现金、股票、福利等)、薪酬政策和薪酬制度(如业绩时间维度、风险性和业绩整合层次等)等内容,这些内容密切相关,构成了一个复杂的有机整体。

## 三、薪酬管理的原则

有效的薪酬管理,应当遵循以下五项基本原则。

1. 合法性原则

合法性原则是指酒店的薪酬管理政策和制度要符合国家法律和政策的有关规定,并根据新的法律法规条款进行及时调整,这是薪酬管理应当遵循的最基本原则。

### 2.公平性原则

美国学者亚当斯(Adams,1963)提出了公平理论。该理论认为,当员工因工作绩效而获得薪酬时,他不仅关心自己所获得报酬的绝对量,而且关心自己所获得报酬的相对量。员工会计算自己的付出和报酬之比,并将结果与他人进行比较,以此判断自己所获得的报酬是否合理,比较的结果将直接影响他今后工作的积极性。因此,公平是薪酬管理的基础,员工只有在认为薪酬系统公平的前提下,才能对相应的薪酬制度感到认同和满意,薪酬的激励作用才能够得到充分发挥。

### 3.激励性原则

薪酬管理的最终目的之一就是激励员工,发挥员工的潜能。一个科学合理的薪酬体系对员工的激励是持久的,也是最根本的。简单的高薪并不能有效地激励所有员工,必须切实研究能对员工产生激励的薪酬体系的构成要素及其比例关系,才能真正解决酒店如何通过薪酬激励员工的问题。

### 4.经济性原则

经济性原则是指酒店支付员工薪酬时,应当在自身可以承受的范围内进行。虽然高水平的薪酬可以更好地吸引和激励员工,但是,薪酬毕竟是酒店最大和最重要的开支,这要求酒店在进行薪酬管理时必须考虑自身承受能力的大小,因为超出承受能力的过高薪酬支出必然给酒店造成沉重的负担。有效的薪酬管理应当在竞争性和经济性之间找到恰当的平衡点。

### 5.及时性原则

及时性原则是指薪酬的发放应当及时。一方面,薪酬是员工生活的主要来源,如果不能及时发放,势必影响员工的正常生活;另一方面,按照激励理论,薪酬是一种重要的激励手段,只有及时兑现,才能够充分发挥其对员工的激励效果。

## 四、影响薪酬管理的因素

酒店的薪酬管理受到内外部多种因素的影响,为了保证薪酬管理的有效实施,必须对这些内外部影响因素有所认识和了解。酒店薪酬管理的主要影响因素如图8-1所示。

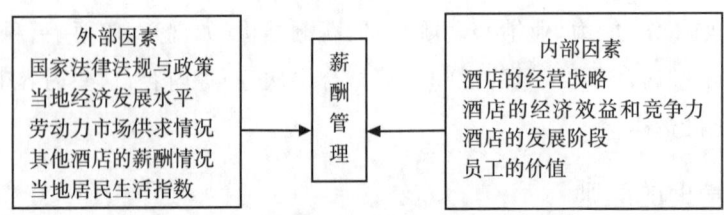

**图8-1　酒店薪酬管理的主要影响因素**

（一）外部因素

1.国家法律法规与政策

全球各个国家和地区技术水平、基础设施建设水平、生产制造水平的差异导致了劳动力成本的差异,因此,各地政府依此制定的薪酬政策也不尽相同,企业必须按照当地的薪酬政策要求进行薪酬管理。中国的劳动相关法律及劳动行政法规和规章,对员工的最低工资、员工的所得税比例、女职工的特殊保护、员工的保险等做出了相关规定。我国境内的酒店进行薪酬管理时,必须遵守宪法、劳动相关法律、劳动行政法规和规章以及有关国际劳动公约等。

2. 当地经济发展水平

当地的经济发展水平直接关系到当地酒店的薪酬水平。通常情况下,当地的经济发展水平较高时,当地酒店员工的薪酬水平也就会较高。反之,当地的经济发展水平较低时,当地酒店员工的薪酬水平也就会较低。经济周期也会影响薪酬水平。在经济繁荣时期,市场就业充分,只有较高的薪酬才能留住优秀的员工;而在经济萧条时期,企业利润率低甚至亏损时,往往无法给予员工高工资,甚至会出现降低工资的情况。

3. 劳动力市场供求情况

劳动力市场的供求情况与酒店的薪酬水平关系非常密切。当劳动力市场供过于求时,酒店的平均薪酬趋于下降;当劳动力市场供不应求时,酒店必须提高薪酬水平,才能招聘到一定数量和质量的员工。另外,随着物质水平的提高,年轻员工不仅会考虑薪酬水平,他们还会更加关注传递酒店文化的薪酬福利组合,看重奖金等可变薪酬在整体薪酬中的比例。

4. 其他酒店的薪酬情况

其他酒店的薪酬情况对酒店薪酬管理的影响是较为直接的,这是酒店员工进行薪酬横向比较时非常关注的一个参照值。当主要竞争对手的薪酬水平提高时,为了保证外部的公平性,酒店也要相应地提高自己的薪酬水平,否则就会造成员工的不满意甚至流失。

5. 当地居民生活指数

员工的薪酬与其生活水平息息相关。当酒店所在区域的生活指数较高时,酒店的薪酬水平也会相对较高。

(二)内部因素

1. 酒店的经营战略

薪酬管理应当服从酒店的经营战略。当酒店的经营战略发生变化时,其薪酬管理也应随之发生变化,如表8-2所示。

表8-2　酒店不同经营战略下的薪酬管理

| 经营战略 | 经营重点 | 薪酬管理 |
| --- | --- | --- |
| 成本领先战略 | 追求低成本和高效率;<br>简单快捷的服务 | 重视与竞争对手的人力成本进行比较;<br>强调制度和服务流程的执行力 |
| 顾客中心战略<br>(优质服务战略) | 关注顾客满意度和忠诚度;<br>为顾客提供优质服务;<br>重视品牌形象 | 以顾客满意、顾客惊喜为奖励的基础;<br>重视顾客对服务能力和服务技能的评价;<br>薪酬水平远高于行业平均水平 |

续表

| 经营战略 | 经营重点 | 薪酬管理 |
|---|---|---|
| 服务创新战略 | 不断创新产品和服务；<br>引导顾客新消费 | 以服务创新为奖励的重要依据；<br>薪酬水平远高于行业平均水平；<br>员工的工作职责宽泛 |
| 成长战略 | 开拓新市场；<br>提高企业竞争力 | 以市场占有率、市场增长率为奖励依据；<br>薪酬水平高于行业平均水平；<br>提供较为完善的激励计划 |

### 2.酒店的经济效益和竞争力

酒店的经济效益和竞争力对薪酬管理产生重要的影响。一般而言,企业的经济效益越好,员工的薪酬收入也就越高。具有处于行业前列、掌握新技术、服务创新等更多竞争优势的酒店会更受员工青睐,这和这些酒店提供的较高薪酬、舒适的工作环境、丰富的奖励以及广阔的职业发展机会密切相关。

### 3.酒店的发展阶段

酒店应根据自身所处的发展阶段,来设计合适的薪酬体系。企业不同发展阶段的薪酬战略如表8-3所示。

**表8-3　企业不同发展阶段的薪酬战略**

| 企业发展阶段 | | 初创期 | 快速成长期 | 成长稳定期 | 衰退期 | 再造期 |
|---|---|---|---|---|---|---|
| 薪酬竞争性 | | 强 | 较强 | 一般 | 较强 | 强 |
| 薪酬构成 | 基本工资 | 低 | 较高 | 高 | 较高 | 较低 |
| | 绩效奖金 | 较高 | 高 | 较高 | 低 | 较高 |
| | 福利 | 低 | 较高 | 高 | 高 | 低 |
| | 长期薪酬 | 高 | 较高 | 较高 | 低 | 较高 |

(资料来源:方振邦、陈建辉《不同发展阶段的企业薪酬战略》,载于《中国人力资源开发》2004年第1期,第56-59页。)

### 4.员工的价值

对员工来说,薪酬是辛勤工作的回报。薪酬代表工作成果水平以及企业对员工工作的认可度。当酒店的薪酬设计要体现职位在工作繁简、难易、责任轻重、危险性及劳动环境等方面的差异时,工作繁、难、责任重、较危险及环境艰苦的职位,薪酬应高些;反之,薪酬应低些。当酒店的薪酬设计基于员工的工作绩效时,员工的薪酬将随着个人或企业的业绩变动而改变。当酒店的薪酬设计基于员工能力或创造性潜力时,酒店会将员工的学历、职称、职位、工龄等因素作为评价员工价值的因素,并将这些因素纳入员工薪酬设计的考虑范围中。

## 五、薪酬管理的基本决策

薪酬管理作为人力资源管理的一项重要职能,必须服务于企业的人力资源管理战略,支持企业的经营战略。因此,酒店在进行薪酬管理时,首先应根据企业经营战略与人力资源管理战略,确定薪酬战略。然后,根据薪酬战略,设计薪酬体系和制度,并据此进行具体的薪酬日常管理,如薪酬预算、薪酬调整、薪酬支付管理、薪酬沟通管理等。为了达到薪酬管理的目标,酒店在薪酬管理过程中必须做出一些重要的决策,这些决策主要包括薪酬体系、薪酬水平、薪酬构成和薪酬结构四个方面。

（一）薪酬体系决策

薪酬体系是指企业以什么为基础来确定薪酬。目前,常见的薪酬体系的设计导向主要有两种,即以工作为导向的薪酬体系设计和以员工能力为导向的薪酬体系设计。以工作为导向设计的薪酬体系称为职位薪酬体系,以员工能力为导向设计的薪酬体系称为能力薪酬体系。目前,这两种薪酬体系在酒店中可以单独使用,也可以混合使用。

职位薪酬体系是指根据对每一职位价值的评价来确定员工的基本薪酬,是以"职位"为中心的薪酬体系。当采用职位薪酬体系时,酒店首先需要对每一职位的价值进行评价,然后根据评价结果来确定每一职位的薪酬。职位薪酬体系是目前全世界使用较为广泛的薪酬体系。员工薪酬的高低取决于职位的价值,不考虑个人技能与业绩的影响。

能力薪酬体系则是指根据对每一位员工能力（或技能、胜任特征）的评价来确定员工的基本薪酬,是以"人"为中心的薪酬体系。员工的基本薪酬是根据员工工作相关能力的评价结果来确定的。

（二）薪酬水平决策

薪酬水平是指企业内部各职位、各部门以及企业整体平均薪酬的高低状况,它反映了企业所支付薪酬的外部竞争性与薪酬成本。企业所支付的薪酬水平越高,其在劳动力市场上的竞争力就越强,越有可能吸引到优秀人才来企业工作。薪酬水平决策侧重于分析企业之间的整体薪酬差异,但是随着企业之间竞争的加剧,企业也关注各职位的薪酬水平,比较不同企业同职位之间的薪酬差异。

（三）薪酬构成决策

薪酬构成是指员工和企业总体的薪酬中,不同类型薪酬的组合方式。对于企业而言,基本薪酬、可变薪酬、间接薪酬都是企业支出,但这三种薪酬的作用又不完全相同。基本薪酬在吸引、保留人员方面效果比较显著,在激励人员方面效果一般;可变薪酬在吸引、激励人员方面效果比较显著,在保留人员方面效果一般;间接薪酬在保留人员方面效果比较显著,在吸引、激励人员方面效果一般。酒店在薪酬管理过程中,应该考虑这三种薪酬在员工总薪酬中所占的比例。根据三者所占比例的不同,可以将薪酬划分为三种模式:高弹性薪酬模式、高稳定薪酬模式和调和型薪酬模式,如表8-4所示。

表 8-4　薪酬构成模式

|  | 高弹性薪酬模式 | 调和型薪酬模式 | 高稳定薪酬模式 |
|---|---|---|---|
| 特点 | 可变薪酬比例高,基本薪酬比例低 | 可变薪酬和基本薪酬比例相当 | 基本薪酬比例高,可变薪酬比例低 |
| 优点 | 激励效应强,与员工的业绩紧密联系 | 对员工既有激励又有保障 | 员工收入波动小,安全感强 |
| 缺点 | 员工收入波动大,缺乏安全感及保障 | 必须建立科学的薪酬体系 | 缺乏激励功能 |

（资料来源：李贵卿《人力资源管理概论》，科学出版社 2023 年版，第 253 页。）

高弹性薪酬模式是一种激励性很强的薪酬模式,可变薪酬是薪酬的主要组成部分,基本薪酬和间接薪酬处于次要地位,所占比例相对较小。

高稳定薪酬模式是一种稳定性很强的薪酬模式,基本薪酬占主导地位,但可变薪酬占比较小,间接薪酬占整体薪酬的比例也比较小。酒店一般采用这种薪酬模式,员工收入稳定,绩效差异导致的薪酬差异不会太大,但薪酬的激励效果较弱。

调和型薪酬模式兼具激励性和稳定性,基本薪酬和可变薪酬所占比例基本相当。这种薪酬模式将员工的业绩、个人资历和企业经营状况统一考虑。员工的稳定性较强,同时又能关注员工的业绩和企业的长远发展。

（四）薪酬结构决策

薪酬结构是指企业内部的薪酬等级数量、每一等级的变动范围及不同薪酬等级之间的薪酬差距大小。两种典型的薪酬结构设计是窄带薪酬和宽带薪酬。窄带薪酬等级多,每一等级的薪酬幅度相对较小,员工往往只能通过薪酬等级的提升来增加薪酬;宽带薪酬等级少,每一等级的薪酬幅度较大,员工不需要提升薪酬等级,就有可能实现薪酬的大幅度提高。

## 第二节　酒店薪酬体系设计

在酒店的薪酬体系中,基本薪酬是最基础的部分,对于大多数酒店员工来说,这也是他们所获得的薪酬中最主要的部分。基本薪酬体系的设计,通常要考虑内部公平性和外部公平性两个方面。内部公平性通过职位评价或能力评价来实现,外部公平性通过薪酬调查来实现。常见的基本薪酬体系主要有职位薪酬体系和能力薪酬体系两种类型。

在酒店的薪酬体系中,可变薪酬,又称为激励薪酬、绩效薪酬,是指企业以员工、团队、部门或企业的绩效为依据而支付给员工个人的薪酬。绩效薪酬的目的在于,通过将员工的薪酬与绩效挂钩,鼓励员工为企业、部门或者团队的绩效做出更大的贡献。相比基本薪酬体系,绩效薪酬体系是企业激励计划的重要组成部分。科学管理理论与激励理论是绩效薪酬体系的两大理论基础,科学管理理论认为追求经济利益的"经济人",会为经济收入最大化而竞争,进而提出金钱是激励员工的主要因素,主张从企业的角度建立一种薪酬体系,使员工的经济收入随个人产出的不同而有所差异。激励理论更强调通过对员工行为的管理和激励来实现企业的战略目标。因此,绩效薪酬体系也是企业的一种重要薪酬体系。职位薪酬体系、能力薪酬体系和绩效薪酬体系的比较如表8-5所示。

表8-5　不同薪酬体系比较

| 薪酬体系 | 付酬依据 | 价值导向 | 表现形式 | 薪酬提升依据 | 评价依据 | 人性假设 |
|---|---|---|---|---|---|---|
| 职位薪酬体系 | 职位 | 依据职位要求创造价值 | 基础工资(职位、职务工资) | 职位晋升 | 岗位说明书 | 同职位同酬,创造内部公平性 |
| 能力薪酬体系 | 能力/素质 | 依据知识、技能创造价值 | 基础工资(知识、技能或学历等) | 能力/素质提升 | 任职资格 | 高素质、高技能人才创造高业绩 |
| 绩效薪酬体系 | 绩效 | 依据业绩输出创造价值 | 佣金制、计件/绩效工资制 | 绩效结果改善 | 绩效任务书 | 业绩导向 |

## 一、职位薪酬体系

职位薪酬体系(job-based pay system)主要是按照员工在工作中的职位来确定薪酬等级和薪酬标准的一种基本薪酬制度。通常级别高的职位在企业内的价值较大,该职位的薪酬也相应较高。在职位薪酬体系下,增加薪酬的主要方法是更换工作,特别是职位晋升。

职位薪酬体系将公平理论运用到企业薪酬管理实践中,能实现同岗同酬,内部公平性比较强。它将员工的薪酬与职位相关联,员工的薪酬随着职位的晋升而增加,有利于激励员工努力工作,以争取晋升机会。但是,如果企业提供的晋升职位有限,员工即使工作越来越出色,也很难得到晋升,其收入也很难有较大幅度的提高,进而就会影响到员工工作的积极性。

（一）职位薪酬体系的设计流程

设计职位薪酬体系,必须开展以下工作。

1.设立专门的机构

设计职位薪酬体系必须由专门的机构来完成。这个机构一般由人力资源部门牵头,邀请有关技术人员和经营管理人员以兼职的形式参与,并聘请有关专家对所有参与人员进行培训。

2.工作标准化

建立职位薪酬体系的重要基础是职位的标准化,即对企业所有的职位进行研究,分析时间和工作,以达到最大限度地提高效率的目标。这项工作主要由从事人力资源管理的专门人员来操作。

3.在工作分析的基础上进行职位评价

这一点要求首先进行工作分析,以确定各个职位的工作职责、工作内容、工作标准、工作范围,以及该工作和其他工作的关系,并确定任职者的资格条件。接着进行职位评价,以统一的标准对企业内部所有职位进行评定和估值,对职位进行分类和分级,从而确定各个职位

的相对价值。在此基础上,根据职位的薪酬总额、职位等级、职位数量计算出各个职位的薪酬标准,并做到与市场薪酬水平相平衡。职位薪酬标准确定之后,还必须结合市场薪酬水平的变化做出相应的调整。

4. 建立薪酬体系

各个职位的薪酬标准只是确定了每个职位的基准薪酬,企业还必须根据自己的实际情况,为每个职位确定一个薪酬区间,它包括最高工资、中点工资和最低工资,也就是设计出各个职位的薪酬结构。薪酬结构设计完成后,还需要设计薪酬与绩效的对接、奖金和福利的分配以及不同类型员工的薪酬分配等分配制度,以形成薪酬体系。

5. 制定薪酬体系的实施细则并实施

薪酬体系建立后,还需要制定具体的实施细则并实施。职位薪酬体系的实施细则包括薪酬标准的运用和调整、职位评价的定期检查和更新等内容。

(二) 职位评价的方法

职位评价的目的是比较酒店内部各个职位的相对重要性,得出职位等级序列。其具体方法包括以下几种。

1. 排序法

排序法是根据一些特定的标准,例如对企业贡献的大小、工作的复杂程度、工作责任等,对各个职位的相对价值进行整体的比较,进而将职位按照相对价值的高低排列出一个次序的方法。具体操作时,一般可采用直接排序法、交替排序法和配对比较法来完成。

直接排序法是按照职位的重要性或其对企业贡献的大小顺序,将职位依次排列的方法。

交替排序法是从所有待评价的职位中找出价值最高的和价值最低的职位,然后从剩余的职位中找出价值最高的和价值最低的职位,如此循环,直到所有的职位排列完毕的方法。

配对比较法是指将所有待评价的职位两两比较,以最终比较的得分对职位做出排序的方法。其评价的标准:两职位比较,价值较高者得1分,价值较低者失1分,价值相等记0分,如表8-6所示。从表8-6中可以看出,A职位的价值最高,而D职位的价值最低。

表8-6 配对比较法示例

| 职位 | A职位 | B职位 | C职位 | D职位 | E职位 | F职位 | 总计 |
|---|---|---|---|---|---|---|---|
| A职位 | | 1 | 1 | 1 | 1 | 0 | 4 |
| B职位 | −1 | | 1 | 0 | 1 | 0 | 1 |
| C职位 | −1 | −1 | | 1 | −1 | −1 | −3 |
| D职位 | −1 | 0 | −1 | | −1 | −1 | −4 |
| E职位 | −1 | −1 | 1 | 1 | | −1 | −1 |
| F职位 | 0 | 0 | 1 | 1 | 1 | | 3 |

排序法简单、快捷、费用低,比较容易被员工理解,但是由于其进行职位评价时缺乏客观的尺度和精确的评价标准,尤其是在职位较为复杂的情况下,很难避免主观因素的影响。因此,排序法适合那些规模小、结构简单、职位较少的酒店采用。

2. 要素比较法

要素比较法是选择多种与薪酬相关的要素,按照各种要素分别进行排序的方法。其具体的实施步骤:首先选择和分析基准职位,发现一系列共同的薪酬要素,这些薪酬要素最好能体现出各职位之间的本质差异,如工作的自主性、工作的复杂程度、工作的难易、工作压力,以及工作对技能、经验和知识的要求等,然后按照薪酬要素分别对各个职位进行多次排序,最后把每个职位在各个薪酬要素上的得分通过加权得出一个总分,并按照总分排序。

3. 归类法

归类法是指按照一定的标准将职位归入事先确定好的职位等级中的职位评价方法。其具体的实施步骤:首先,将职位按总体工作内容分为不同的工作类别,酒店通常会设定5~8种工作类别;其次,按照职位工作内容的复杂程度、难易程度将同一工作类别中的职位进行等级划分,并确定各等级的评价指标;再次,将要评价的职位与各等级的评价标准进行比较,将要评价的各职位归到相应的等级中;最后,根据各个职位的工作内容,将不同的工作类别和工作等级进行比较,确定不同类别、不同等级的薪酬比率。在酒店中,各个部门工作性质和内容差异较大,采用归类法确定各职位薪酬比率是比较适合的。

4. 要素计点法

要素计点法是选取若干个关键的薪酬要素,并对每个薪酬要素的不同水平进行界定和赋予一定的分值(这个分值也被称为"点数"),然后按照这些关键的薪酬要素对职位进行评价,得到每个职位的总点数,以此确定职位的薪酬水平的方法。

要素计点法的具体操作步骤如下。首先,将职位按工作内容归类,不同工作内容的职位划分到不同的职位组,如管理职位、行政人员职位、服务员职位等。其次,根据各个职位的工作说明书,界定薪酬要素及其等级。酒店业典型的薪酬要素通常包括工作责任、工作负荷、工作环境、任职资格,每个薪酬要素还可以进一步细分。薪酬要素等级通常是根据工作的复杂程度来划分的。再次,确定各薪酬要素的相对价值和分值,如表8-7所示。最后,把所得到的结果汇编成册,编写出职位评估手册,并将所有职位按照薪酬要素进行评估以确定其分值和薪酬等级,如表8-8所示。

表8-7  薪酬要素等级划分、相对价值与分值

| 薪酬要素 | 要素细分 | 级数 | 要素等级/(分) | | | | 分值/(分) | 相对价值 |
|---|---|---|---|---|---|---|---|---|
| | | | 1 | 2 | 3 | 4 | | |
| 工作责任 | 职权 | 4 | 25 | 50 | 75 | 100 | 700 | 0.47 |
| | 责任轻重 | 4 | 25 | 50 | 75 | 100 | | |
| | 指导监督 | 4 | 25 | 50 | 75 | 100 | | |
| | 工作复杂性 | 4 | 25 | 50 | 75 | 100 | | |
| | 工作方法 | 4 | 25 | 50 | 75 | 100 | | |
| | 协调沟通 | 4 | 25 | 50 | 75 | 100 | | |
| | 计划组织 | 4 | 25 | 50 | 75 | 100 | | |
| 工作负荷 | 工作压力 | 3 | 20 | 40 | 60 | | 120 | 0.08 |

续表

| 薪酬要素 | 要素细分 | 级数 | 要素等级/(分) | | | | 分值/(分) | 相对价值 |
| --- | --- | --- | --- | --- | --- | --- | --- | --- |
| | | | 1 | 2 | 3 | 4 | | |
| 工作负荷 | 工作时间特征 | 3 | 20 | 40 | 60 | | 120 | 0.08 |
| 工作环境 | 工作地点 | 4 | 10 | 20 | 30 | 40 | 120 | 0.08 |
| | 舒适程度 | 4 | 10 | 20 | 30 | 40 | | |
| | 危险性 | 4 | 10 | 20 | 30 | 40 | | |
| 任职资格 | 学历要求 | 4 | 20 | 40 | 60 | 80 | 560 | 0.37 |
| | 知识范围 | 4 | 20 | 40 | 60 | 80 | | |
| | 工作经验 | 4 | 20 | 40 | 60 | 80 | | |
| | 资格证书 | 4 | 20 | 40 | 60 | 80 | | |
| | 体能要求 | 4 | 20 | 40 | 60 | 80 | | |
| | 语言要求 | 4 | 20 | 40 | 60 | 80 | | |
| | 技能要求 | 4 | 20 | 40 | 60 | 80 | | |

（资料来源：李志刚《旅游企业人力资源开发与管理》，北京大学出版社 2019 年版，第 181 页。）

**表 8-8 职位等级的要素分值和薪酬范围示例**

| 职级 | 要素分值 | 薪酬范围 | 职级 | 要素分值 | 薪酬范围 |
| --- | --- | --- | --- | --- | --- |
| 1 | 450分及以下 | 2501～3500元 | 9 | 801～850分 | 7001～7750元 |
| 2 | 451～500分 | 3501～4000元 | 10 | 851～900分 | 7751～8500元 |
| 3 | 501～550分 | 4001～4500元 | 11 | 901～950分 | 8501～9500元 |
| 4 | 551～600分 | 4501～5000元 | 12 | 951～1000分 | 9501～11000元 |
| 5 | 601～650分 | 5001～5500元 | 13 | 1001～1050分 | 11001～13000元 |
| 6 | 651～700分 | 5501～6000元 | 14 | 1051～1100分 | 13001～16000元 |
| 7 | 701～750分 | 6001～6500元 | 15 | 1101～1150分 | 16001～20000元 |
| 8 | 751～800分 | 6501～7000元 | 16 | 1150分以上 | 20000元以上 |

（三）宽带薪酬

宽带薪酬也属于职位薪酬体系，它将职位薪酬设计中的多个薪酬职级及薪酬变动范围进行重新组合，从而形成相对较少的薪酬职级和相对较宽的薪酬变动范围。宽带薪酬的薪酬职级通常不超过4个，每个薪酬职级的最高值与最低值之间的变动比率达100%以上，有些甚至能达200%～300%。而传统的职位薪酬体系中，薪酬区间的变动比率通常只有40%～50%。图8-2描述了传统薪酬与宽带薪酬的比较。

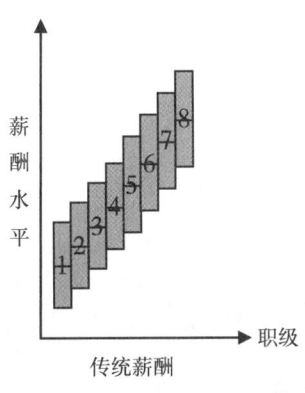 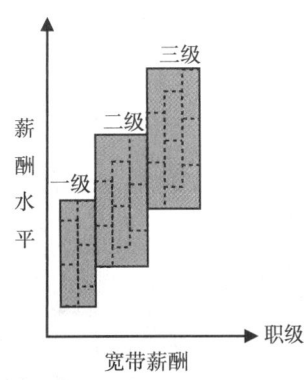

**图 8-2 传统薪酬与宽带薪酬的比较**

(资料来源：杨云、朱宏《旅游企业人力资源管理》，中山大学出版社 2022 年版。)

　　宽带薪酬适应组织扁平化和工作多样化的发展趋势。在宽带薪酬体系中，员工不是沿着企业中唯一的职位等级层次垂直往上走，而是横向流动，员工可以在他们职业生涯的大部分甚至全部时间里只处于同一个薪酬宽带之中。他们获得新的技能、承担新的责任、在原有的职位上不断改善工作绩效时，就能够获得更高的薪酬，即使是被安排到低层次工作职位上，他们依然有机会因为自己出色的工作而获得较高的薪酬。这种薪酬模式在职位薪酬体系的基础上更多地考虑了员工的工作绩效。

　　职位薪酬体系存在一定的局限，它无视了相同职位上员工的差异，忽视不同的人在同一职位发挥的作用可能是不同的这一事实。赫尼曼（Heneman，2003）曾建议用市场价格和胜任能力来确定工作的价值，以此替代传统的工作职位分类与评估的方法。

## 二、能力薪酬体系

　　能力薪酬体系（skill-based pay system）是以评价员工的知识、技能、能力和心理素质（比如责任心、工作态度等）为基础的薪酬体系。能力薪酬体系不是以具体工作为基础，而是以人为本，这种强调员工能力的薪酬体系有助于鼓励员工获得与工作相关的能力、知识和技能。能力薪酬体系以人为基础，它弥补了职位薪酬体系的一些缺陷。职位薪酬体系要求企业有明确的职位职责，然而在实践中，对于工作内容不可精确测量的服务业和工作边界模糊的知识型企业而言，其工作弹性大，职责的界定困难，很难有非常明确的职位说明，也就很难提供准确的职位薪酬。能力薪酬体系就不存在这个问题，它只关注员工拥有的能力，不需要界定工作的内容和职责，操作更为灵活。奇拉和本杰明（Cira 和 Benjamin，1998）认为，能力薪酬体系是一种激励员工与推动企业变革的有效方法。

　　胜任特征模型的提出为能力薪酬体系提供了理论基础。能力通常分为基础能力和战略性能力。其中，基础能力是与职能标准相对应的，是履行某个职位职责应具备的能力；战略性能力则指的是较前者更难获得的、能够影响企业竞争优势的能力。越来越多的企业认为，能力高的员工能够在未来取得较高的绩效水平，从而应该得到较高的薪酬。因此，能力薪酬体系的设计需要构建员工能力评估模型,并对员工的能力进行评估,最后将能力评价的结果与薪酬相关联。

（一）能力薪酬体系的设计流程

能力薪酬体系基于员工的能力来确定其薪酬水平。能力薪酬体系的基本设计流程如图8-3所示。

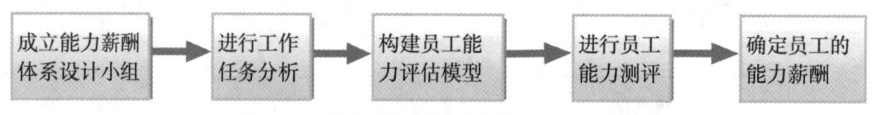

**图8-3　能力薪酬体系的基本设计流程**

1. 成立能力薪酬体系设计小组

设计能力薪酬体系通常需要成立两个小组:一个是指导委员会小组,另一个是设计小组。设计小组具体负责能力薪酬体系设计,指导委员会小组负责在设计小组遇到各种技术问题时提供帮助。

2. 进行工作任务分析

设计能力薪酬体系,首先要对工作进行分类,描述职能群体的主要工作任务,划分出职类与层级。然后,根据主要工作任务确定该职位的一系列知识、技能和行为方式的要求。

3. 构建员工能力评估模型

根据工作任务分析得出的能力要求,酒店多根据工作年限、学历、专业技术职称、岗位综合知识、岗位综合技能和员工职业素养等要素来构建员工能力评估模型(见表8-9)。

**表8-9　某酒店的员工能力评估模型**

| 要素 | 1分 | 2分 | 3分 | 4分 | 5分 | 6分 |
|---|---|---|---|---|---|---|
| 工作年限 | 2年以下 | 2～3年 | 4～5年 | 5～8年 | 9～10年 | 10年以上 |
| 学历 | 初中 | 高中 | 中技/中专 | 大专 | 本科 | 研究生 |
| 专业技术职称 | — | 初级 | — | 中级 | — | 高级 |
| 岗位综合知识 | 对该岗位有少量的知识和较少的认识 | 具备胜任该岗位所要求的一部分知识,还有部分知识有待学习和提高 | 基本具备胜任该岗位所要求的大部分知识,但还需巩固 | 具备胜任该岗位所要求的大部分知识,有些方面出色 | 完全具备胜任该岗位所要求的各方面的知识,非常出色 | — |
| 岗位综合技能 | 掌握最简单的几项技能,但还不能有效胜任该项工作 | 掌握胜任该岗位所要求的部分技能,还有部分技能有待提高 | 基本掌握胜任该岗位所要求的大部分技能,但还需巩固 | 掌握胜任该岗位所要求的大部分技能,而且在有些方面表现出色 | 完全掌握胜任该岗位所要求的各方面技能,而且非常优秀 | 以卓越的技能和优秀的成果,给酒店带来直接的经济效益或社会效益 |

250

续表

| 要素 | 1分 | 2分 | 3分 | 4分 | 5分 | 6分 |
|---|---|---|---|---|---|---|
| 员工职业素养 | 职业素养偏低,经常出现背离酒店要求的行为 | 职业素养一般,比较自我,需要进一步提高 | 职业素养一般,基本能按照酒店要求实现自我控制和管理 | 具备良好的职业素养,经常得到他人的夸奖 | 具备优秀的职业素养,作为榜样影响身边的人 | 以优秀的人格魅力影响酒店的每个人 |

4.进行员工能力测评

为了保证员工能力测评的客观性,酒店需要对员工的能力进行多维度评价。员工的能力评价由自我测评、直接上级测评、下属(同级)测评三个部分组成,其中自我测评部分占20%,直接上级测评部分占40%,下属(同级)测评部分占40%,将各维度得分乘以对应比例后相加即为该员工的能力评价得分。然后,根据员工的能力评价得分排序构建出酒店的员工能力薪酬层级。某酒店基于表8-9所示的员工能力评估模型,构建出员工能力薪酬层级,如表8-10所示。

表8-10　某酒店员工能力薪酬层级

| 能力薪酬层级 | 能力评价分数区间 |
|---|---|
| 1等 | 25分以上 |
| 2等 | 20～25分(含25分) |
| 3等 | 15～20分(含20分) |
| 4等 | 10～15分(含15分) |
| 5等 | 5～10分(含10分) |
| 6等 | 5分及以下 |

5.确定员工的能力薪酬

要确定酒店某个员工的能力薪酬,首先要将每一能力薪酬层级转换为货币值,在转换为货币值的过程中,需考虑周边同类型酒店的薪酬水平、内部员工的薪酬满意度和酒店薪酬的可承受度等。然后,根据员工的能力薪酬层级,确定其薪酬。

(二)能力薪酬体系的优缺点

能力薪酬体系在酒店人力资源管理中意义重大,酒店借助能力薪酬体系向员工传递了他们的知识、技能、持续行为是被高度关注的,薪酬会随着他们工作相关能力的提高而提高这一理念。

能力薪酬体系会引起员工对自身发展的重视,使员工对自己的职业生涯有更大的控制力,为酒店推行扁平化的组织结构和帮助员工实现自我管理奠定了基础。员工知道,如果要想获得薪酬的增加,就必须获得一些新的能力,因此,员工会不断地、自主地学习与酒店发展相匹配的能力。

但是在有些情况下,员工并不能及时地将所具备的能力转化为实际的工作绩效,酒店提

供的高薪酬并不能获得整体绩效的飞跃;对员工能力高低的评估也因酒店的类型不同而存在差异。此外,该体系还存在评估带有主观性、评估成本较高等诸多实际问题。

### 三、绩效薪酬体系

绩效薪酬体系主要是依据绩效考核的结果来确定员工的薪酬,薪酬随着某种衡量个人或者企业的业绩标准的变动而改变。这种薪酬体系将员工的收入与企业确定的绩效目标相联系,与员工个人的工作目标完成情况相联系,使个人所得与个人的贡献相挂钩,让员工感觉很公平,激励效果比较明显。绩效薪酬体系包括个人绩效薪酬和团队绩效薪酬两种体系类别。其中,个人绩效薪酬是指与个人绩效相联系的薪酬形式,主要有计时或者计件工资制、年薪制、提成制和奖金制等;团队绩效薪酬是指与某一个团队绩效或企业整体绩效相联系的薪酬形式,如收益分享计划、团队奖励计划、利润分享计划、综合绩效薪酬激励计划和长期股权激励计划等。

#### (一)绩效薪酬体系的设计流程

绩效薪酬体系对于实现酒店薪酬管理的战略性激励目标具有直接、关键的决定性意义。绩效薪酬体系的设计以工作绩效为分析和评价对象,根据绩效的完成程度确定薪酬水平。绩效薪酬体系的设计流程如图8-4所示。

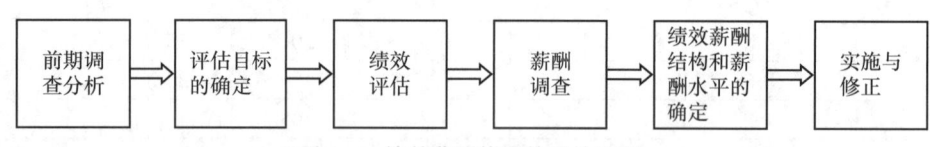

**图8-4　绩效薪酬体系的设计流程**

1.前期调查分析

在设计绩效薪酬前,要充分考察酒店的性质和特征、发展阶段、企业文化和员工需求等要素,以使绩效薪酬能与酒店战略、内外环境和国家的薪酬政策保持一致。

2.评估目标的确定

绩效薪酬体系将个人、团队和企业的业绩与薪酬明确联系起来,因此,在前期调查分析完成之后,要确定绩效薪酬体系是针对不同职能部门和业务类别的员工个体来设计的,还是基于团队绩效、企业绩效目标来设计的。基于员工个体和团队绩效目标来设计,容易造成团队内部成员之间的不正当竞争,员工更倾向于个人努力的个人至上主义,从而企业难以形成知识共享、团结一致的企业文化。然而,基于企业绩效目标来设计绩效薪酬体系,在具体操作上又有较高难度。因此,在评估目标的确定上最好能兼顾个人、团队和企业的绩效目标,使薪酬体系对内具有公平性,对外具有竞争性,使员工对绩效薪酬具有较高满意度。

3.绩效评估

绩效薪酬体系的核心内容是绩效评估,如果绩效评估做不到客观公正,就很难起到激励作用。绩效评估是一个系统的工作过程,包括确定评估内容、评估标准,选择评估方法,应用评估结果等。绩效评估的关键环节是绩效目标及衡量标准的确定。如果设置的绩效目标不太合理或设置的绩效目标根本实现不了,员工就没有明确的努力方向,这样的薪酬体系也起不到对员工的激励作用。贝克(Baker,2000)指出,绩效薪酬体系能否发挥作用,很大程度上取决于绩效衡量标准的公正性。

4.薪酬调查

薪酬调查的目的是保证酒店的薪酬水平具有竞争力。酒店在确定薪酬结构和水平时,应该参考当地劳动力市场的薪酬水平。薪酬调查的对象,最好选择与自己有竞争关系或拥有具有相同技能要求职位的酒店。

薪酬调查可以通过电话、访谈、问卷调查或者网络信息搜集等方式来实现,当前还有许多酒店选择购买专业薪酬调查机构的调查报告来了解酒店业的平均薪酬及竞争对手的薪酬信息。所有的薪酬调查信息可以汇集成薪酬调查报告,包括职位特征及具体描述、薪酬调查对象、行业、地域、企业性质、职位薪酬构成、薪酬水平等内容。

5.绩效薪酬结构和薪酬水平的确定

绩效薪酬体系设计的关键环节是确定薪酬结构和薪酬水平。在绩效薪酬结构方面,需要确定不同工作绩效之间的薪酬差距,长、短期绩效薪酬的比例关系,以及个人、团队绩效薪酬的形式。在绩效薪酬水平方面,需要根据市场薪酬调查的结果来确定企业支付给员工的平均薪酬。酒店所支付的薪酬水平的高低,无疑会直接影响酒店在劳动力市场上获取劳动力能力的强弱,进而影响酒店的竞争力。

6.实施与修正

绩效薪酬体系设计的最后环节是薪酬体系的有效实施。随着酒店内外部情况的变动,原有的绩效薪酬结构或薪酬水平在实施过程中,可能不能适应薪酬管理的需要,因而很有必要酌情调整现有的薪酬结构或薪酬水平。

(二)绩效薪酬体系的主要类型

根据时间维度划分,绩效薪酬体系可分为短期奖励和长期奖励两种类别;根据奖励对象划分,绩效薪酬体系可分为个人绩效薪酬、团队绩效薪酬两种类别。

1.个人绩效薪酬

个人绩效薪酬是针对员工个人工作绩效的薪酬计划,只要员工通过个人努力提高了工作绩效,就会得到相应的物质报酬。个人绩效薪酬可以细分为以下四种。

(1)计时或者计件工资制。计时工资制是按照员工的技术熟练程度、劳动繁重程度和工作时间长短来计算和支付工资的一种工资分配方式。工资的高低主要取决于工资标准和实际工作时间。计件工资制是按照员工完成的合格产品的数量或完成的一定工作量,根据一定的计件单价计算劳动报酬的一种工资分配方式。工资的高低主要取决于劳动定额、计件单价和合格产品的等级等。

(2)年薪制。年薪制是以年度为考核周期,把员工的工资收入与企业经营业绩挂钩的一种工资分配方式。员工薪酬收入通常包括基本收入(基薪)和效益收入(风险收入)两部

分,其中很大一部分取决于本人的工作绩效以及酒店的经营状况,因此年薪制具有较大的风险性和不确定性。

(3)提成制。提成制是指酒店在盈利后或营销业务发生后支付给员工报酬的一种工资分配方式。提成制无论对基层业务员或销售人员,还是对中高层管理者都具有较为明显的激励效果。

(4)奖金制。奖金制是一种不计入基本工资的绩效奖励制度。它具有灵活性和及时性的特点,可以根据酒店的实际业绩情况进行调整。酒店的月奖、季度奖和年终奖都是奖金制的典型形式。例如,万豪国际集团设置了"关爱生意""关爱员工""关爱客人"的称号和奖金,来奖励在销售业绩、同事关怀和服务质量上有杰出成就的员工。

 **知识拓展**

### 小费:酒店员工的隐性奖金

小费是一种隐性奖金,是国外酒店员工无须纳税的收入,在一定程度上缓解了酒店员工工资偏低的问题。但在我国,人们还没有形成支付小费的习惯。在接待国际顾客的酒店,外国客人会依照自己的消费习惯,主动向服务人员支付一定数量的小费。小费成为餐厅员工、酒吧员工以及礼宾部员工收入的重要组成部分。在广州的一家接待外国客人较多的五星级酒店,员工都希望努力工作,赚取一定的小费。实地调研发现,礼宾部员工获得的小费甚至占其工资的10%~20%。小费在某种程度上具有奖励和激励的作用。

虽然我国不提倡为服务支付小费,但是有些酒店会对提供卓越服务的员工给予一定物质奖励。例如,凯悦酒店对每获得一次顾客点名形式表扬或表扬信形式表扬的员工,都会给他们一张"Hyatt Star"的奖励证明,奖励证明达到一定数量后,员工就会获得相应的奖励。如一名员工获得了1200元消费券,可以选择在酒店的自助餐厅就餐。

### 2.团队绩效薪酬

(1)收益分享计划(gain-sharing plan)。收益分享计划是酒店让员工分享因生产率提高、成本节约、质量提高所带来的收益的一种团队奖励计划。收益分享计划是由部门或团队的工作绩效决定的,员工按照设计好的收益分享标准,根据团队或部门的工作绩效获取奖金。

(2)团队奖励计划。团队奖励计划是适合于小工作群体的一种奖励计划。酒店为了开拓新业务,往往会设定特定的职位、项目小组或者部门实行团队奖励计划。员工所获得的奖金依据小工作群体的业绩来确定。团队奖励计划不太适合团队成员不稳定或者团队成员绩效差距较大的情况,因为在这些情况下容易产生人际冲突或者引发员工的不公平感,从而削弱奖励对团队的激励作用。

(3)利润分享计划(profit-sharing plan)。利润分享计划又称为利润分红,是指企业在每年年终时,首先按比例提取一部分企业总利润构成"分红基金",然后根据员工的工作业绩确定分配数额,最后以红利形式发放给员工的一种奖励计划。利润分享计划着重引导员工关注酒店的利润实现,在实际应用中,需要配合其他反映企业长期发展指标的完成情况。

（4）长期股权激励计划。长期股权激励计划是指企业为了吸引、保留和激励员工,通过让员工持有股票,使员工享有股权带来的经济效益,并通过持股拥有经营决策权的激励计划。长期股权激励计划又可分为员工持股计划、股票期权计划、虚拟股份奖励计划和延期支付计划。①员工持股计划本质上是一种福利计划,适用于酒店所有员工,酒店根据员工的工资级别或工作年限等因素赠予员工一定数量的股票（现有股票或新增股票）。员工持股计划将员工利益和股东利益更紧密地联系在一起,使员工更注重股东价值和企业的长远发展。②股票期权计划是一种主要针对中高层管理者的长期绩效激励计划。该计划是指企业与管理者签订合同,授予管理者未来以签订合同时约定的价格购买企业一定数量普通股的选择权,且管理者有权在一定时期后出售这些股票,获得股票市价和行权价之间的差价。股票期权计划被认为是上市公司激励管理者实现预定经营目标的一套有效制度。③虚拟股份奖励计划是指企业的管理者在名义上享有一定数量的股票,管理者在实现预定经营目标后,能获得这些股票的收益,但不享有酒店实际的所有权利益。虚拟股份奖励计划是一种纯激励方式,管理者持有股票期权,可以在特定时期内行权,在行权时,如果股票溢价,持有人就能获得差价收益,放弃行权则没有任何收益。④延期支付计划是指企业将管理者的部分薪酬,特别是年度奖金、股权激励收入等按照企业股票市场价格折算成股票数量,存入企业为管理者单独设立的延期支付账户,在既定的期限后或在该管理者退休后,以公司股票的形式或根据期满的股票市场价格以现金方式支付给管理者。

255

## 第三节　酒店薪酬管理的实施

要发挥好薪酬体系激励员工努力工作、提升工作绩效的作用,不仅要对薪酬体系进行科学合理的设计,还要对薪酬进行科学有效的管理。薪酬管理是指对薪酬体系的制定和执行进行管理与控制,包括薪酬战略制定、薪酬水平定位、薪酬结构管理、薪酬日常管理。薪酬的日常管理又细分为薪酬预算管理、薪酬调整、薪酬支付管理、薪酬沟通管理等。

### 一、薪酬战略制定

在薪酬管理活动中,薪酬战略起着方针指导作用。选择合适的薪酬战略是企业经营战略和人力资源管理战略得以顺利执行的保障。

薪酬战略是企业根据外部环境中存在的机会与威胁及自身的条件所做出的具有总体性、长期性、关键性的薪酬决策。薪酬战略要随着企业经营战略、企业发展阶段的变动而进行相应的调整。表8-11所示是薪酬战略与企业经营战略、发展阶段匹配的主要特点。

表 8-11　薪酬战略与企业经营战略、发展阶段的匹配

| 企业特征 | 发展阶段 | | | |
|---|---|---|---|---|
| | 初始阶段 | 成长阶段 | 成熟阶段 | 衰退阶段 |
| 企业经营战略 | 成长战略为主 | 成长战略为主 | 稳定战略为主 | 收缩战略为主 |
| 风险水平 | 高 | 中 | 低 | 中-高 |
| 人力资源管理重点 | 创新,吸引各个核心业务的关键人才 | 重视招聘和培训,不断增加新员工 | 建立高绩效人力资源管理系统,重视奖励,保持员工队伍稳定 | 减员管理,强调人力成本控制 |
| 薪酬战略 | 吸引留住关键人才,低保障、高激励 | 个人-团队激励,保障与激励并重 | 个人-团队激励,高保障、低激励 | 奖励成本控制,保障为主 |
| 薪酬构成 | 高弹性薪酬模式 | 高弹性薪酬模式 | 调和型薪酬模式 | 高稳定薪酬模式 |
| 基本工资薪酬 | 低于市场工资率 | 与市场工资率相当 | 等于或高于市场工资率 | 低于或等于市场工资率 |
| 短期激励薪酬 | 高业绩奖励,红利 | 高业绩奖励,现金 | 利润分享,业绩奖励,现金 | 业绩奖励,成本控制奖励 |
| 长期激励薪酬 | 股票奖励,股票期权(全面参与) | 股票期权(有限参与) | 员工持股,股票期权购买 | 无 |
| 福利 | 低于市场水平 | 等于市场水平 | 等于或高于市场水平 | 低于或等于市场水平 |
| 薪酬激励重点 | 吸引留住关键人才 | 创新人才,市场开拓人才 | 全体员工 | 留住核心人才 |

（资料来源：张正堂、刘宁《薪酬管理(第二版)》,北京大学出版社 2016 年版,第 229 页。）

（1）与企业成长战略相匹配的薪酬战略。该薪酬战略侧重于短期业绩激励,奖励、红利所占比例较大,基本工资薪酬、福利薪酬所占比例较小。员工的薪酬主要取决于绩效,短期激励功能强。为了降低企业的经营风险,薪酬战略也重视长期股权激励,让员工共担风险以及共享企业未来的成功。在薪酬管理方面,比较重视适当分权,让部门管理者有一定的薪酬决定权。

（2）与企业稳定战略相匹配的薪酬战略。该薪酬战略主要是根据员工的价值创造和企业经营状况等方面的综合评价来制定的。该薪酬战略将长期激励(股权、期权)与短期激励(如奖金)、个人激励与团队激励结合起来,既有较强的激励功能,又有相对的稳定性,让员工既有安全感,又能鼓励他们从自身利益出发关注自己的工作业绩和企业的长远发展。在薪酬管理方面,薪酬决策的集中度比较高,薪酬管理规范和标准化程度高。因此,该战略是一种比较理想的薪酬战略。

（3）与企业收缩战略相匹配的薪酬战略。该薪酬战略主要是依据员工的资历、能力和企业经营状况等方面的综合评价来制定的,基本工资薪酬所占比例较大,保险、福利水平较高,奖金、红利等激励薪酬在不同员工之间的差异较小,员工收入与个人绩效的相关性较小,薪酬的激励功能较低。在薪酬管理上,比较重视薪酬成本控制。

## 二、薪酬水平定位

薪酬水平是指企业支付给不同职位员工的平均薪酬。用公式可表示如下:

企业薪酬水平＝薪酬总额/企业员工总人数

薪酬水平定位是企业为了增强竞争力、吸引人才而确定薪酬水平的战略手段。酒店在确定薪酬水平时会受到来自外部劳动力市场和产品市场的双重压力,但是仍然有一定的选择余地,即确定薪酬水平是高于行业平均薪酬水平,还是恰好等同于或略低于行业平均薪酬水平。下面将介绍几种常见的酒店薪酬水平定位策略,如图8-5所示。

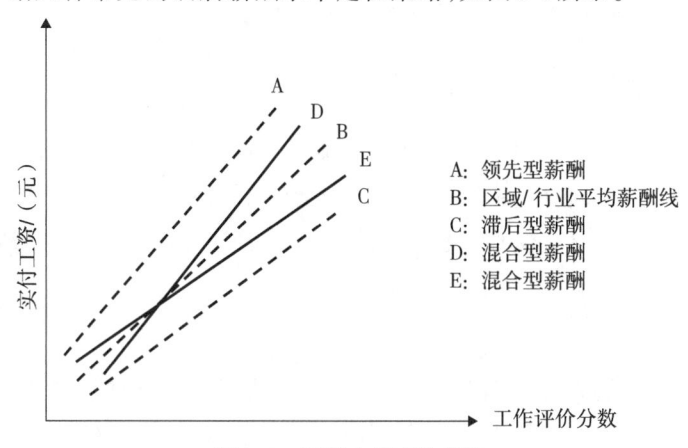

图8-5　薪酬水平定位策略

1.领先型薪酬策略

采用领先型薪酬策略,酒店制定在酒店业或者同一区域市场上具有竞争优势的薪酬水平。这类薪酬策略是高薪酬水平方案,其优势体现在对员工的吸引和保留方面,并有助于将员工对薪酬的不满降到一个较低的程度。实施这种策略的酒店的特征是经济效益好,企业资金实力雄厚,处于快速成长期。

2.跟随型薪酬策略

跟随型薪酬策略也称为市场匹配策略,是竞争对手之间常采用的策略形式,实质上就是根据市场平均薪酬水平来确定本酒店薪酬水平的一种策略。这种策略力求本酒店的薪酬成本与竞争对手的薪酬成本相接近,本酒店对新员工的吸引力与竞争对手对新员工的吸引力相接近。跟随型薪酬策略能使企业避免在产品定价或保留高素质人才方面处于劣势地位,但是不能使企业在劳动力市场上处于优势地位。

3.滞后型薪酬策略

采用滞后型薪酬策略,酒店制定在酒店业或同一区域市场上较低的薪酬水平。一般而言,实施这种薪酬策略的酒店有以下几种情况:酒店处于衰退期或遇到财务危机;注重其他

形式的补偿(如高福利);注重长期报酬激励等。滞后型薪酬策略会削弱酒店吸引和保留员工的能力,但是如果这种做法是以提高未来收益作为补偿的,反而有助于增强员工对酒店组织的承诺,培养他们的团队意识,进而改善酒店绩效。

4. 混合型薪酬策略

采用混合型薪酬策略,酒店根据职位的类型或者员工的类型来分别制定不同的薪酬水平,而不是对所有的职位和员工采用相同的薪酬水平定位。混合型薪酬策略的最大优点是其灵活性和针对性,具体表现为:对于劳动力市场上的稀缺型人才以及酒店希望长期保留的关键职位上的人才,采取领先型薪酬策略;对于劳动力市场上的富余劳动力以及鼓励流动的较低职位上的员工,采取跟随型或滞后型薪酬策略。这样既有利于酒店保证自己在劳动力市场上的竞争力,又有利于酒店合理控制薪酬成本开支。

## 三、薪酬结构管理

薪酬结构是指企业内部的不同职位或不同能力等级之间薪酬水平的比例关系。薪酬结构强调职位或能力等级的数量、不同职位或能力等级之间的薪酬差距以及用来确定这种差距的标准。一般来说,薪酬结构管理包括三个方面的内容:薪酬等级数量、同一薪酬等级内部的薪酬变动范围、薪酬等级之间的重叠区域。

1. 薪酬等级数量

薪酬等级是根据工作的复杂程度和责任大小等,对员工薪酬进行的等级划分,其数量多少没有绝对的标准。等级较多、级差较小的等级化薪酬结构和等级较少、级差较大的扁平化薪酬结构都是可行的。薪酬等级较多,薪酬管理需要更加制度化、规范化,否则将增加管理的难度和成本。薪酬等级较少,相应的灵活性较大,但容易使得薪酬管理失去控制,导致薪酬激励的效果下降。

2. 同一薪酬等级内部的薪酬变动范围

薪酬变动范围又称为薪酬区间,是指薪酬标准中同一薪酬等级的上下限之间的跨度。薪酬变动范围与薪酬等级数量之间有着密切关系,通常等级越多,则各等级幅度越小;等级越少,则各等级幅度越大。薪酬变动范围可以利用薪酬变动率来确定,薪酬变动率是指同一薪酬等级内部最高值与最低值之间的比率,也可以用最高值和中值之差与中值的比率来确定。前面提到的宽带薪酬采用的薪酬变动率数值就比较大。

3. 薪酬等级之间的重叠区域

在薪酬结构中,相邻两个薪酬等级之间常常会出现重叠的部分。相邻两个薪酬等级之间没有重叠或者重叠很少,意味着相邻两个薪酬等级之间薪酬水平差异较大。这样,一旦员工获得晋升,其薪酬水平就会比原来高出很多。而相邻两个薪酬等级之间重叠区间较大,意味着不同薪酬等级之间的中值差异较小,薪酬等级不能很好地反映不同职位之间的差异。因此,薪酬结构管理必须重视薪酬等级之间重叠区域的设置。

## 四、薪酬日常管理

（一）薪酬预算管理

薪酬预算管理是指为了实现薪酬管理的目标而进行的一系列成本开支方面的权衡和取舍。薪酬预算是企业成本控制的重要环节之一，准确的薪酬预算可以保证企业在未来一段时间内的薪酬支付保持一定程度的协调和便于控制。薪酬预算管理要求管理者在进行薪酬决策时，综合考虑企业的财务状况、薪酬结构及市场环境因素的影响，确保企业的薪酬成本不超出企业的承受能力。

薪酬预算要确保未来资金支出的可调整性和可控性，就需要对未来薪酬总体支出和员工工资增长进行预测。确定薪酬预算的基本方法如下。

（1）按照薪酬成本比率来推算薪酬总额。该方法先确定企业的薪酬成本比率，再确定销售额，薪酬成本比率和销售额相乘就是薪酬总额。其中，薪酬成本比率可以参考竞争对手的薪酬成本比率，销售额可以由企业连续几年的经营业绩数据推算而来。薪酬总额的计算公式如下：

薪酬总额＝销售额×薪酬成本比率

（2）根据盈亏平衡点推算薪酬成本比率。企业经营中，成本、销售额和利润三者之间存在内在的联系。盈亏平衡点是指企业所获得的总收入正好与总成本相等时的销售额，即企业处于不亏不盈时所必须达到的销售额。薪酬的最高比率（最高薪酬成本比率）由薪酬总额除以盈亏平衡点的销售额得出。

除了盈亏平衡点，还有边际盈利点和安全盈利点两个概念。其中，边际盈利点表示企业销售额不仅能够弥补全部成本支出，还可以付给股东适当的股息。安全盈利点表示企业支付全部成本和股东股息外，还有一定盈余足以应对未来可能发生的风险或危机。薪酬的可能比率（可能薪酬成本比率）由薪酬总额除以边际盈利点的销售额得出；薪酬的安全比率（安全薪酬成本比率）由薪酬总额除以安全盈利点的销售额得出。

以盈亏平衡点为基准的预算可以把薪酬总额控制在企业可以承受的范围内，能够确保企业薪酬成本的安全。

（二）薪酬调整

薪酬调整是保持薪酬关系动态平衡、实现企业薪酬目标的重要手段，是薪酬日常管理的重要工作。在薪酬管理过程中，如果企业外部因素，如国家有关法律法规政策、市场物价、主要竞争对手薪酬战略和薪酬水平、劳动力市场供需关系和市场工资率等因素变化，或者企业自身经营战略、业务流程、经营业绩等内部因素发生了很大的变化，就必须及时对薪酬进行调整。薪酬调整包括薪酬调整制度的制定、薪酬水平的调整和薪酬结构的调整。

1. 薪酬调整制度的制定

制定规范的薪酬调整制度和调整流程，可以使薪酬调整有章可循，避免薪酬调整中因随意性和主观性而产生矛盾纠纷，带来不必要的损失。薪酬调整制度的制定要确定调整规则

并选择科学的薪酬调整方式,保证薪酬调整能达到预期的效果。

2.薪酬水平的调整

薪酬水平调整是酒店为了适应经营发展的需要,更好地激发员工的工作积极性而进行的薪酬调整。薪酬增长具有刚性的特征,因此薪酬水平调整是必然会发生的。酒店可以采取以下方式调整薪酬水平。

(1)生活指数性调整。这种调整主要是弥补通货膨胀导致实际薪酬下降所带来的损失,给员工加薪以保持其实际生活水平不下降或少下降。这种薪酬调整方式是酒店普遍采用的。

(2)奖励型调整。这是酒店为奖励员工优异的工作绩效,强化激励机制而给员工加薪的薪酬调整方式。奖励型调整的对象通常是部分表现优异的员工。

(3)效益型调整。这是根据酒店经济效益的变化状况,全体员工从中分享利润或者共担风险的薪酬水平调整方式。这种调整往往是浮动式和非固定式的。许多酒店会根据员工职位的重要性、相对价值、贡献大小、能力等不同情况,确定不同的薪酬调整比例来激励所有员工,特别是优秀员工。

3.薪酬结构的调整

薪酬结构调整的目的是保持薪酬的内部公平性,更好地发挥薪酬的激励作用。薪酬结构调整常常和薪酬水平调整相结合,尤其是在薪酬总量不变时调整薪酬水平,薪酬结构必然也会做出相应的调整。薪酬结构调整主要包括薪酬纵向结构和横向结构的调整。其中,薪酬纵向结构的调整方法是增加或减少薪酬等级,扩大或缩小薪酬等级幅度。薪酬横向结构的调整方法是调整固定薪酬和变动薪酬的比例、调整短期奖励和长期奖励的比例、调整薪酬组合形式等。

(三)薪酬支付管理

薪酬支付管理主要包括两个方面:一是薪酬支付的方式管理;二是薪酬支付的周期管理。处于不同发展阶段的酒店,其薪酬支付方式应有所不同,如处于成长期的酒店可能会支付较低的短期工资和较高的长期薪酬,而处于成熟期的酒店则主要是用短期薪酬激励来吸引新兼职员工。酒店需要随着自身的发展,选择和调整其薪酬支付方式,合理使用延期支付,最大化发挥薪酬的激励作用。

对酒店不同员工也应采取不同的薪酬支付方式。对于高层管理者,无论其在企业的哪个职位上,企业都应向其支付行业最具竞争力的薪酬,并以长期激励和年薪制为主。对于基层员工和兼职人员而言,其固定薪酬比例应比变动薪酬比例高,并以经济报酬、短期激励为主;对于中基层管理者来讲,除了采用经济报酬激励,还应重视向他们提供成长的机会。

1.薪酬支付的透明度

按照薪酬支付的透明程度,薪酬支付方式可以分为透明支付和保密支付。

透明支付是指企业的薪酬决策、分配和发放过程是公开的。员工不仅知道自己的收入,对其他同事的收入也十分清楚。采用透明支付能有效减少或避免酒店部分管理者对薪酬管理的暗箱操作,从而确保薪酬管理的公正性,但是透明支付也会增加员工的心理压力。

保密支付是指企业的薪酬决策、分配和发放过程是保密的。除了员工本人知道自己的收入外,其他人都无法公开获知关于本人收入的信息。采用保密支付有助于缓解员工的心理压力,薪酬较低的员工不必为此而感到自卑,可以避免员工之间的相互攀比;但是这种支付方式可能会造成员工和员工之间、员工和管理者之间的不信任,管理者可能存在暗箱操作行为。

2.薪酬支付的时间

以薪酬支付的时间为依据,薪酬支付方式可以分为即期支付和延时支付。

即期支付是指当员工工作表现良好或者达到既定目标时,就把薪酬支付给员工。即期支付对员工的激励作用最直接。

延时支付是指在1年或几年后根据员工的业绩,决定前期的薪酬是否发放以及发放的数额。酒店在采取延时支付方式时,要注意相关法律法规对此做出的规定。对酒店高层管理者,延时支付能促使他们更加重视酒店的长久发展,避免短视行为的发生。

（四）薪酬沟通管理

薪酬沟通管理是薪酬管理中的重要组成部分,有效的薪酬沟通管理可以紧密连接企业和员工,对薪酬战略的实施至关重要。酒店薪酬沟通管理的目标,在于通过员工的建议和决策参与来调整原有薪酬方案、薪酬理念和管理方法,从而改变员工的工作态度和工作行为,使得员工的目标和企业战略目标相一致。

有效的薪酬沟通可以让员工正确理解企业的薪酬体系所要传达的信息以及企业鼓励的行为、态度和绩效结果,促使员工进行自我激励,主动提高工作绩效以获得较高的薪酬。酒店要强化薪酬沟通对员工的积极促进效应,增强企业凝聚力,发挥薪酬管理的最大价值。

薪酬沟通管理贯穿薪酬体系制定、调整和实施的全过程。在薪酬体系优化和调整前,需要进行员工薪酬满意度调查,听取员工对薪酬体系改革的建议,并积极采纳;在薪酬体系设计过程中,应积极吸引员工代表参与,给予员工代表发表意见的机会。薪酬体系经过调整后,其整体薪酬总额有所变动,因此,在调整薪酬体系前,酒店高层管理者、人力资源管理人员要与各部门员工进行切实有效的沟通,交流薪酬市场信息及解释薪酬体系调整的原因,使员工意识到薪酬体系调整的必要性及存在的困难。在新的薪酬体系实施过程中,酒店应组织开展员工座谈会,全面地介绍和解释新薪酬体系的特点,并对员工关于新薪酬体系的困惑进行答疑。

## 第四节　员工福利管理

员工福利是企业依据国家的强制性法令及相关规定,以企业自身的支付能力为依托,向员工提供用于提高其本人及家庭生活质量的各种以非货币工资和以延期支付形式为主的补充性报酬与服务。它是现代社会薪酬体系的重要组成部分,也是社会福利的一部分。员工

福利体现了企业文化和企业价值观,有利于维系员工关系,吸引并保留企业的核心人才。企业重视员工福利,就是重视对员工的关怀。如果企业把这部分福利转化为现金发放给员工,员工薪资的提高意味着员工也需要支付更高的个人所得税,因此,员工福利从一定程度上也起到了税负减免的作用。

## 一、员工福利的类型

### (一)国家法定福利

国家法定福利是企业根据国家政策、法律和法规的规定和要求必须向员工提供的各项福利。国家法定福利是基本福利,只要企业创建并存在,就有义务、有责任且必须按照国家规定的福利项目和支付标准,向员工提供法定福利。在中国,法定的员工福利主要是指法定社会保障和休假制度等。

#### 1. 法定社会保障

在中国,法定社会保障简称为"五险一金",包括失业保险、基本养老保险、基本医疗保险、工伤保险、生育保险和住房公积金,是国家法律规定的由企业和员工共同缴纳的保险基金。

(1)失业保险。失业保险是对劳动者因非本人意愿中断就业而失去经济来源的,按法定时限和标准给予其物质援助的社会保险项目。在市场经济条件下,失业现象不可避免,对失业者予以适当的救助,可以使社会上保持一定数量和素质的劳动力资源,也有利于社会安定。

(2)基本养老保险。基本养老保险是针对退出劳动领域或无劳动能力的老年人实行的社会保护和社会救助措施。基本养老保险的实施主要是由社会保险机构按照一定的计算基数与提取比例向用人单位和员工统一征收养老保险费,这些养老保险费形成由社会统一管理的养老基金,当员工缴费年限累计满15年,退休后社会保险经办机构依法按月或一次性以货币形式向其支付养老金等待遇,从而保障其基本生活。

(3)基本医疗保险。基本医疗保险是指由国家立法,通过强制性社会保险原则和方法筹集医疗资金,保证人们平等地获得适当的医疗服务的一种制度。基本医疗保险金由用人单位和员工共同缴纳。当员工患病就诊时,医疗保险机构会提供部分医疗费用报销,退休后的员工也可以享受医保的优惠政策。

(4)工伤保险。工伤保险是通过社会统筹的方法,用人单位集中缴纳工伤保险费,建立工伤保险基金,对员工在工作期间遭遇意外伤害或职业病并由此造成死亡、暂时或永久丧失劳动能力时,员工或其遗属可以从国家和社会获得物质帮助的一种社会保险。

(5)生育保险。生育保险是在女员工因怀孕和分娩而暂时中断劳动时,由国家和社会提供医疗服务、生育津贴和产假的一种社会保险。《中华人民共和国劳动法》规定,女职工在孕期、产期、哺乳期内的,用人单位不得解除劳动合同。生育保险政策保障了女员工可以在生育之后顺利返回工作岗位。2019年3月,我国将生育保险和基本医疗保险整合起来,员工可以将产检等费用和其他医疗费用一起报销。

（6）住房公积金。住房公积金是由用人单位和员工共同缴存的长期住房储金，是住房分配货币化、社会化和法治化的主要形式。住房公积金实行专户存储，归员工个人所有，专供员工在购房、装修、建房、租房时使用。

2.休假制度

（1）公休假期。公休假期是劳动者工作满一个工作周之后的休息时间。我国实行劳动者每日工作时间不超过8小时、平均每周工作时间不超过44小时的工时制度。因工作性质或生产特点的限制，不能实行上述工时制度的，可以实行其他工作和休息办法，如不定时工作制、综合计算工时制、轮班制等，还可以灵活安排周休息日。

（2）法定节日休假。员工在法定节日享受有薪休假，我国目前的法定节日包括元旦、春节、清明节、国际劳动节、端午节、中秋节、国庆节和对部分员工适用的节日，如妇女节和青年节等。除了国家规定的节假日，企业可以根据实际情况，在和员工协商的基础上，决定放假与否及加班工资多少。

（3）带薪年休假。员工工作满规定的期限后，可以带薪休假一定的时间。在中国，员工累计工作已满1年不满10年的，年休假5天；已满10年不满20年的，年休假10天；已满20年的，年休假15天。国家法定休假日、休息日不计入年休假的假期。但是带薪年休假政策非强制规定，各单位可根据具体情况，并考虑员工本人意愿，统筹安排员工年休假。

（4）其他假期。在员工福利中，通常还有病假、探亲假、婚丧假、产假和配偶生育假等。

（二）酒店自主提供的福利

酒店自主提供的福利是指酒店根据自身的发展需要和员工的需要选择提供的福利项目。酒店为了吸引和留住人才，会自愿提供多种多样的福利。

（1）加班福利。例如，加班加薪、值班费、加班餐饮补贴、加班交通补贴等。

（2）日常生活福利。例如，制服洗衣服务、购物券、餐券、免费或低价的员工用餐、食品代购、节日休假和补贴、物价补贴、降温取暖津贴等。

（3）住房福利。例如，提供免费或低租金的员工宿舍，提供廉租房，提供住房免息或低息贷款、购房补贴等。

（4）通勤福利。例如，通勤补贴、个人交通工具贷款补贴、交通工具保养补贴等。

（5）培训福利。例如，提供学习资料和免费的在线学习、培训和进修补贴、语言等技能考试补贴等。

（6）健康福利。例如，员工体检、疫苗注射、药品补贴、健康疗养优惠等。

（7）退休与离职福利。例如，长期贡献奖励、离职补贴或遣散费等。

（8）金融福利。例如，信用储金、优惠贷款利率、困难救急补助等。

（9）工会活动福利。例如，竞赛、晚会等团队建设活动、健身房等文体服务设施、旅游补贴、奖励旅游等。

（10）其他生活性福利。一些酒店会结合本行业的特点为员工提供免费疗养、发放生日礼物（礼金）、定期体检等其他生活福利。

## 二、自助餐式福利计划

不同的员工对福利有不同的需求。企业提供固定不变的福利,总是不能满足全部员工的需要,也就起不到激励作用。因此,让员工自主灵活地选择福利方案是维系员工的良好方法。自助餐式福利计划又叫菜单式福利,是指员工在企业核定的福利额度内,从企业提供的不同类型和水平的福利项目中,根据自己的需求和偏好自由选择,从而建立自己专属的福利组合计划。

自助餐式福利计划的操作流程如下。第一,企业通过问卷、访谈等形式向员工问询可选择的福利方案,了解员工的福利需求。第二,企业按照福利成本划定福利总资金数量,换算为企业总的"福利点数"。第三,为每个员工制定"福利点数",即根据员工的工龄、工作职位、工作绩效等维度或直接按照固定的福利占薪酬的比例,来评定员工在薪酬周期内可有的"福利基金",员工可用"福利点数"选择"点数价格"不一的福利项目。"福利点数"可以存储,供员工在其他时段兑换其他福利。企业也可规定"福利点数"限时兑换,来保证专款专用。选择"福利点数"概念来衡量福利是因为存在休假、生活服务等无法用金钱数额直接衡量的福利,"福利点数"的转换必定会存在主观性,企业需要公开"福利点数"转换规则和福利计划细则。第四,根据员工的意愿,提供让其满意的福利项目。

有些酒店为了让自助餐式福利计划的操作更简单,直接提供多种固定的福利项目组合,员工只能自由地选择某种福利组合,而不能自己进行福利组合。

## 三、员工福利管理

员工福利管理是指为了保证员工福利按照预期的轨迹合理有序地运转,综合各种管理手段和策略对员工的福利发展状况进行控制或调整,使其达到预期效果的活动。

酒店提供的福利反映了企业的经营目标、战略和文化,因此,福利的有效管理对酒店的发展至关重要。酒店员工福利管理主要涉及福利的目标、福利的成本核算、福利沟通、福利调查以及福利的实施等内容。

### 1. 福利的目标

酒店实施福利管理,首先要明确福利的目标。酒店制定的福利目标要符合政府的政策法规,符合企业的长远目标和薪酬政策,满足员工的眼前需要和长远需要,能激励大部分员工。

### 2. 福利的成本核算

成本核算是福利管理中的重要内容。福利的成本核算主要是确定企业的福利总费用和主要福利项目的预算。酒店在确定企业福利总费用时,既要考虑外部福利标准,特别是竞争对手的福利标准,又要考虑自身的营业收入和利润,在满足福利目标的前提下尽可能降低福利支出成本。编制福利项目预算是制订福利项目计划的基础,福利项目预算有助于控制福利项目的费用支出。

3. 福利沟通

福利沟通的目的是让福利项目最大限度地满足员工需要,因为提供让员工满意的福利更能激发员工的工作积极性。研究表明,员工对福利的满意程度与对工作的满意程度呈正相关。

4. 福利调查

福利调查是福利管理的一项必要工作。福利项目制定前的调查,主要是了解员工对某一项福利项目的态度、看法与需求;员工福利反馈调查,主要是调查员工对某一项福利项目实施的反应,酒店据此考虑是否需要进一步改进福利项目、是否要取消福利项目等;员工福利年度调查,主要是了解在一个财务年度内,员工享受了哪些福利项目,各占比例是多少,满意度如何等。

5. 福利的实施

福利的实施是福利管理的一个重要环节。实施中应注意:按照各个福利项目计划有步骤地实施,努力实现福利的目标;预算要落实,但是尽量不要超支;定期检查实施情况和员工对福利的满意程度。

 **本章小结**

薪酬是企业对员工为企业所做贡献支付的相应回报。薪酬既是企业经营的一项重要的成本,也是企业吸引人才、激励员工的重要手段。

薪酬体系可分为职位薪酬体系、能力薪酬体系、绩效薪酬体系等类型。职位薪酬体系主要是按照员工在工作中的职位来确定薪酬等级和薪酬标准的一种基本薪酬制度。能力薪酬体系是以评价员工的知识、技能、能力和心理素质(比如责任心、工作态度等)为基础的薪酬体系。绩效薪酬体系主要是依据绩效考核的结果来确定员工的薪酬。

薪酬管理是指对薪酬体系的制定和执行进行管理与控制,包括薪酬战略制定、薪酬水平定位、薪酬结构管理、薪酬预算管理、薪酬调整、薪酬支付管理、薪酬沟通管理等。

福利是企业提供给员工的一种额外工作报酬。员工对福利的需求多种多样,酒店很难用统一的福利计划去满足员工的多样化需求。让员工自由选择的自助餐式福利计划能满足员工在福利需求方面的差异。提供让员工满意的福利模式,能使福利达到总效用最大化。

### 实务案例8-1:A酒店倒闭了

一个行业的薪酬待遇对其人才队伍建设有着重要的影响,甚至会影响该行业后续能否持续健康发展。某年经济萧条,A酒店感觉步入了寒冬,总经理决定降低人力成本以期熬过寒冬。在选择降低成本时,总经理放弃了裁员这种高效率的方式,而是选择了减薪来降低成本,期盼酒店员工上下一心共渡难关。

　　起初,人力资源部通过调查发现全员可接受的减薪是下降20%的薪酬,此减薪不会对员工的工作积极性带来太大的负面影响,甚至在人力资源管理者的宣传鼓励下,还有不少人对总经理心存感激,反倒提升了工作积极性。遗憾的是,降薪20%后酒店仍然入不敷出,人力资源部再次对基层管理者和服务人员的薪酬进行调整,对他们继续缩减了20%的薪酬,但没有对高管的薪酬进行调整。结果绝大多数员工牢骚满腹。

　　"太不公平了! 怎么能这样呢?"

　　"不干了,我们赶紧找下一家企业吧。"

　　A酒店的在岗员工不怕减薪,但觉得不公平,因而不想再尽心尽力地为住店客人提供优质服务。结果A酒店没能熬过寒冬,倒闭了。

▶ **案例分析:**

　　1. 经济不景气时,A酒店可以采取哪些有效措施来降低人力资源成本?

　　2. A酒店的做法违背了薪酬管理的哪条原则? 人力资源部在薪酬调整中存在哪些问题? 如何避免这些问题?

**实务案例 8-2**
▼

海底捞的薪酬管理

266

 *复习思考题*

1. 全面薪酬是什么? 它的主要功能有哪些?

2. 职位评价的方法有哪几种? 试比较各种方法的优缺点。

3. 薪酬管理的影响因素有哪些?

4. 职位薪酬体系有哪些特点和优点? 职位薪酬体系应该如何设计?

5. 宽带薪酬的定义和优缺点是什么?

6. 绩效薪酬体系应该如何设计?

7. 薪酬结构的构成要素是什么? 如何进行薪酬水平和薪酬结构的调整?

8. 薪酬长期激励的类型有哪些?

9. 酒店可以向员工提供哪些福利?

# 第九章 →

## 劳资关系和健康安全管理

学习目标

劳资关系和健康安全管理是企业人力资源管理的重要模块。通过本章的学习,你应该能够:

(1)理解员工关系与劳动关系的内涵;

(2)了解企业进行员工健康安全管理的必要性与举措;

(3)掌握企业中常见的员工及管理者的偏差行为及其解决措施。

### 前期思考

企业为什么要对员工的健康和安全进行管理?

### 重点和难点

重点掌握酒店中常见的员工及管理者偏差行为是什么,以及它对企业的发展有什么影响。难点是对酒店员工关系管理各个方面的整体把握与理解。

### 引导案例

#### 华住集团员工关系管理

华住集团创立于2005年,是中国发展较快的酒店集团之一,旗下拥有多个酒店品牌,覆盖从低端到高端市场的广泛客群。面对激烈的市场竞争和不断变化的员工需求,华住集团面临着高员工流失率、员工工作压力大、工作与生活平衡难以实现等挑战,这些问题不仅影响了员工的工作满意度和生活质量,也对企业的长期发展构成了威胁。针对以上挑战,华住集团通过一系列创新的员工关系管理策略,成功地提升了员工满意度和忠诚度,进而提高了企业的市场地位。

第一,华住集团建立了全面且深入的员工沟通平台,确保员工能够自由地表达

意见和建议,管理层也能够及时地响应和解决员工关切的问题。这种开放的沟通文化,不仅增强了员工的参与感和归属感,而且促进了管理层与员工之间的信任和理解,为构建和谐劳动关系提供了有力保障。

第二,集团高度重视员工的终身学习和职业成长。通过提供丰富的内部培训资源,华住集团为员工提供了系统的职业发展路径和众多的技能提升机会。同时,集团与外部教育机构的合作,进一步拓宽了员工的学习渠道,使他们能够接触到行业前沿知识和管理理念。这些举措不仅提升了员工的专业技能和职业素养,而且为他们的个人成长和职业规划提供了切实的支持,有助于员工实现自我价值和职业发展。

第三,在员工福利方面,华住集团设计了一套综合性的福利体系,旨在满足员工在不同生活阶段的需求。从有竞争力的薪酬待遇到全面的社会保险,从员工住宿优惠到节日礼物,华住集团的福利政策体现了对员工全面福祉的关注和投资。此外,集团还推出了股权激励计划,让员工成为企业的共同拥有者,共享企业发展的成果,这种股权激励机制不仅增强了员工的归属感,也激发了他们的工作热情和创造力。

第四,为了帮助员工实现工作与生活的平衡,华住集团还实施了灵活的工作安排和丰富的休假政策。这些政策不仅考虑了员工的个人和家庭需求,还体现了集团对员工工作和生活平衡的尊重与支持。通过提供弹性工作时间、远程办公选项以及丰富的带薪休假,华住集团为员工创造了一个支持性和包容的工作环境,以提高员工的工作满意度和生活质量。

通过有效的员工关系管理实践,华住集团不仅成功地降低了人才流失率,还显著提升了员工的满意度和忠诚度。这些成果为企业的可持续发展奠定了坚实的基础,同时也为华住集团在激烈的市场竞争中保持领先地位提供了有力的支持。

（资料来源:华住集团官方网站 https://www.hworld.com/。）

▶ **案例讨论:**

1. 华住集团实施了多渠道的员工沟通机制,请探讨如何衡量这些沟通机制的有效性,以及如何进一步优化这些机制以提高员工参与度和满意度。

2. 探讨在不断变化的市场和经济环境中,华住集团是如何创新其福利和激励体系,以保持对人才的吸引力,并维持企业竞争力的。

# 第一节　员工关系与劳动关系

## 一、员工关系概述

### （一）员工关系的概念

员工关系管理(employee relations management)是一种现代企业管理实践,其起源可追溯至西方国家的劳资互动发展之初。第二次世界大战后,随着工人阶级对提升生活水平的追求,他们通过组织罢工等集体行动来争取更高的薪资和更好的福利条件。这些行动在一定程度上加剧了劳资之间的紧张关系,对企业的稳定运营产生了负面效应。

随着时间的推移,企业管理层逐渐意识到,为了企业的长远发展,必须采取措施来缓解劳资矛盾,并积极改善与员工的关系。因此,企业开始重视劳资关系的管理,并通过设立专门的职能部门来负责此项工作,以促进劳资关系的和谐发展。这一转变标志着员工关系管理开始成为人力资源管理的一个重要分支。员工关系具有以下几个显著特征:

(1)它产生于雇佣关系之中,是劳动力交易关系的一种延伸;

(2)它涉及的主体包括企业管理层和员工或员工代表;

(3)其实质是不同利益主体间的利益协调与力量对抗;

(4)表现形式多样,既包括合作与协调,也涵盖对抗与冲突,是多种互动方式的集合;

(5)受多种因素影响,包括经济、技术、政策法规以及社会文化等。

综合学术界的多方观点,我们可以将员工关系界定为:在企业内部,企业所有者、管理者、员工以及员工代表等多方主体基于雇佣关系和利益分配所形成的权利与义务的互动关系。这种关系不仅关乎企业内部的和谐与稳定,也是企业适应外部社会环境、实现可持续发展的关键影响因素。

### (二)改善员工关系的意义

员工关系作为一种关键的社会联系,在促进社会稳定、推动经济发展以及提升民众生活水准方面发挥着不可或缺的作用。改善员工关系不仅对企业的日常运营和长远发展至关重要,而且对于构建和谐的劳动环境、提升员工的工作积极性和创造力具有深远影响。

#### 1.对企业盈利与持续增长的贡献

企业的利润主要来源于销售收入与成本之间的差额,而这一差额的实现依赖于员工的辛勤工作和对产品与服务质量的持续追求。员工的忠诚和敬业精神是保证产品质量、降低成本和提升客户满意度的关键。如果员工对工作不满或感到工作安全受到威胁,他们可能无法全身心投入工作,甚至可能出现对企业利益造成损害的行为。因此,企业必须注重改善员工关系,通过提供良好的工作环境、完善的员工培训和支持计划,以及确保工作安全等措施,为企业的稳定增长和持续盈利打下坚实基础。

#### 2.促进员工身心健康

员工的工作状态直接影响其身心健康。某些职业可能对员工的健康构成潜在威胁,如教师长期过度使用嗓音和吸入粉尘可能损害声带和呼吸系统,建筑工人在工地工作时可能面临安全风险。此外,过大的工作压力、不和谐的同事关系、缺乏上级支持等都可能对员工的心理健康产生不利影响。通过改善员工关系,营造一个安全、健康、令人满意的工作环境,不仅有助于员工的身心健康发展,还能提高员工的幸福感和对企业的忠诚度。

#### 3.增强员工对企业的理解与信任

信任是企业管理成功的基础。企业的各项管理措施和政策的有效执行,依赖于员工与企业之间、员工与管理层之间的相互理解与信任。这种理解与信任往往源于双方之间的心理契约。员工关系管理是建立和维护这一心理契约的重要手段。一个健全的员工关系管理

体系不仅能够促进员工与企业之间的互信,还能营造积极的组织氛围,从而加强组织内部成员之间的合作。

## 二、劳动关系概述

### (一)劳动关系的概念

劳动关系是指在劳动合同的基础上,企业与员工之间形成的一系列权利与义务的法律关系。它是现代企业管理的核心内容之一,涵盖了工资支付、工作时间、休息休假、劳动安全卫生、社会保险等多个方面。劳动关系的建立、执行和维护,对于保障企业和员工双方的合法权益,促进企业稳定发展具有重要意义。

#### 1.劳动合同的基础作用

劳动合同是劳动关系建立的前提和基础。它详细规定了企业与员工双方在劳动过程中的权利和义务,为双方提供了一个明确的法律框架。合同中通常会包含工作内容、工作地点、工作时间、工资待遇、福利待遇、劳动保护、劳动纪律以及合同解除和终止的条件等条款。这些条款为双方提供了行动的指导和依据,确保了劳动关系的稳定性和预见性。

#### 2.企业的责任与权利

在劳动关系中,企业承担着为员工提供合法、公平的劳动条件的责任。这包括但不限于提供符合国家标准的工作环境、合理的工资水平、足够的休息时间、必要的劳动保护措施等。企业还需要根据国家法律法规和企业实际情况,制定和执行一系列内部规章制度,以规范员工的行为和工作表现。同时,企业享有对员工工作表现进行管理和评价的权利,包括对员工的工作业绩进行考核、奖惩等。

#### 3.员工的义务与权利

员工在劳动关系中负有按照合同约定完成工作任务的义务,遵守企业的规章制度,保证工作质量和效率。员工应当服从企业的管理,积极参与企业组织的各类活动,为企业的发展做出贡献。同时,员工享有获得报酬和社会保障的权利。这包括按时获得工资、享受法定的休息休假、获得必要的劳动保护、参与社会保险等。这些是员工的基本合法权益,企业有责任予以保障。

### (二)劳动合同管理

劳动合同管理涉及劳动合同的签订、执行、变更、解除和终止等全过程。有效的劳动合同管理不仅有助于保障酒店企业和员工的合法权益,而且对于维护酒店企业稳定运营和促进员工职业发展具有重要作用。劳动合同管理的内容主要包括以下几个方面。

#### 1.劳动合同的签订

劳动合同的签订是劳动合同管理的起点。企业在招聘员工时,应当明确告知职位要求、工作内容、工资待遇等信息,并与员工充分沟通,确保双方对合同内容有清晰的认识和共识。签订劳动合同时,应当遵循公平、自愿、协商一致的原则,合同内容必须符合国家法律法规的规定,明确双方的权利和义务。

2.劳动合同的执行

劳动合同一旦签订,企业和员工双方都应当严格按照合同约定履行各自的权利和义务。企业应当按时足额支付工资,提供约定的劳动条件和工作环境,同时对员工的工作表现进行管理和评价。员工则应当忠于职守,完成工作任务,遵守企业的规章制度。

3.劳动合同的变更

在劳动合同执行过程中,企业和员工可能会遇到需要变更合同内容的情况,如调整工作岗位、变更工资待遇等。变更劳动合同应当基于双方协商一致的原则,任何一方不得擅自变更合同内容。变更后的合同内容仍需符合法律法规的要求,并应当以书面形式确认。

4.劳动合同的解除

劳动合同的解除是指在合同期限内,由于特定情形的出现,需要提前终止合同。这些情形可能包括员工严重违反企业规章制度、企业因经营需要进行裁员等。解除劳动合同应当遵循法律规定的程序和条件,确保双方的合法权益不受损害。

5.劳动合同的终止

劳动合同的终止通常发生在合同期满或者双方约定的终止条件出现时。企业在终止劳动合同时,应当提前通知员工,并依法支付经济补偿。同时,企业还应当为员工办理相关的离职手续,如社会保险关系的转移等。

6.劳动合同的管理记录

企业应当建立健全劳动合同管理档案,记录劳动合同的签订、变更、解除和终止等所有相关信息。这些记录不仅有助于企业进行人力资源管理,而且在发生劳动争议时,可以作为重要的证据材料。

通过上述劳动合同管理的各个环节,企业可以确保劳动关系的稳定和和谐,为员工提供一个公平、透明的工作环境,同时也为企业的长期发展奠定坚实的基础。

## 三、员工关系与劳动关系的管理原则

### (一)尊重员工的个性和需求

在酒店业中,员工不仅是服务的提供者,更是塑造客户体验和品牌形象的关键因素。他们的服务态度、沟通技巧和问题解决能力等,都在无形中影响着客户的感知和企业的声誉。因此,尊重员工的个性和需求,理解他们的职业发展愿景,对于构建和谐的员工关系至关重要。

为了深入了解员工的个人特点和职业期望,酒店企业应当实施多元化的方法。定期的员工满意度调查可以收集员工对于工作环境、管理方式、薪酬福利等方面的反馈,帮助管理层识别并解决存在的问题。个人职业发展面谈则为员工提供了一个表达个人职业目标和发展需求的平台,使企业能够更好地规划员工的职业路径。此外,建立开放的反馈渠道,如意

见箱、内部论坛或定期的员工大会,可以鼓励员工提出建议和想法,增强员工的参与感和归属感。

在满足员工的个性化需求方面,酒店企业应当设计和实施定制化的培训和发展计划。这些计划应当根据员工的岗位特点和个人发展需求来制定。例如,前台接待员可能需要接受更为深入的客户服务技巧培训,而厨师则可能需要参加烹饪技术和食品安全的课程;管理培训则可以帮助有志于晋升的员工提升领导力;跨部门轮岗机会不仅能够让员工获得更广泛的工作经验,还能够增强他们的适应能力和创新思维。

### (二)公平、公正、公开的原则

公平、公正、公开的原则是酒店企业管理员工关系和劳动关系的根本指导思想。这一原则的核心在于确保企业在所有人力资源管理活动中,包括但不限于招聘、晋升、薪酬分配、奖励惩罚等环节,都能够体现出对员工的平等对待和公正评价。这不仅要求企业在制度设计上做到透明化,还要求在实际操作中严格执行这些制度,确保每位员工都能在公平的起跑线上竞争,根据自己的能力和努力获得相应的职位和报酬。

为了实现这一目标,酒店企业必须建立和完善一套全面的人力资源管理制度和操作流程。这包括制定详细的招聘流程、晋升标准、薪酬体系和绩效评估机制。例如,在招聘过程中,企业应当明确岗位要求、选拔标准和面试流程,确保所有应聘者都能够在相同的条件下展示自己的能力和潜力。在晋升方面,企业应当根据员工的工作表现、专业技能和团队贡献来评定晋升资格,而不是基于个人关系或其他非业务因素。

此外,为了避免歧视和不公正现象的发生,酒店企业还应当在制度中明确规定禁止任何形式的歧视,包括性别、年龄、民族、宗教等方面。企业应当通过培训和教育,提高管理层和员工对于多样性和包容性的认识,确保每个人都能够在一个无歧视的环境中工作。同时,企业还应当建立一个有效的监督机制,比如设立独立的监察部门或者第三方审计,对招聘、晋升、薪酬分配等关键环节进行定期审查,确保管理决策的公正性和透明度。

### (三)以人为本的原则

以人为本的原则强调将员工视为企业最宝贵的资源,关注员工的全面成长和发展。在酒店企业中,这意味着企业应当为员工提供一个安全、健康、积极的工作环境,让员工在工作的同时,能够实现个人价值的提升和生活质量的改善。

为了营造一个安全、健康、积极的工作环境,酒店企业应当从多个维度出发,采取综合性的措施。第一,企业需要确保工作场所的物理环境安全。这包括提供符合人体工程学的办公设备,保持清洁卫生的工作环境,以及定期进行安全培训和演练。第二,在帮助员工平衡工作与生活方面,酒店企业可以设计灵活的工作安排,如弹性工作时间、远程办公选项、带薪休假等。这些措施能够让员工更好地管理个人时间和家庭责任,从而减轻工作压力,提高工作效率和生活质量。第三,职业发展规划和培训机会对于员工的成长至关重要。酒店企业应当为员工提供清晰的职业晋升路径,定期进行职业咨询和发展规划,帮助员工设定和实现个人职业目标。同时,企业还应当投资于员工的继续教育和技能培训,提供内部和外部的学习资源,支持员工不断提升自身的专业能力和综合素质。

## 第二节  酒店安全和健康管理

### 一、酒店的安全问题及其管理

为了保障员工在工作场所的身体与心理健康,酒店应建立全面的劳动安全管理制度,包括安全卫生责任制度、安全卫生技术措施计划管理制度、安全卫生教育制度、安全卫生检查制度、安全卫生监察制度、伤亡事故报告和处理制度、职业病预防和处理制度等。下文将重点关注酒店中突发意外事故管理、传染病等疾病管理及职场性骚扰管理三个问题。

（一）突发意外事故管理

在酒店业,员工的工作环境和工作性质决定了他们面临着较高的安全风险。长时间的工作和高强度的劳动,加之可能遇到的突发事件,如交通事故、自然灾害等,都对员工的安全构成了潜在威胁。为了有效降低工作场所的意外事故发生率,酒店需要从多个维度加强安全管理,确保员工的健康与安全。

1. 建立全面的安全管理制度

酒店应建立一套完善的安全管理制度,涵盖安全服务程序、安全工作标准、安全服务要点、安全检查制度和安全设施建设等方面。随着酒店设施的不断更新和技术设备的日益增多,酒店需要制定严格的安全操作规程,确保员工能够安全地使用各种设备。对于后台技术设备,如锅炉房、配电间等,应依据相关部门的规定制定安全操作标准。此外,酒店还应重视安全设施的建设,如在工作场所设置安全通道、安装避雷装置和急救设备等,以提高应对突发事件的能力。

2. 加强安全工作培训

酒店应从员工入职开始就加强安全工作的培训。新员工的入职培训中应包含安全工作相关的制度和知识,确保员工在掌握岗位技能的同时,也能够树立"安全第一"的意识,并养成良好的安全操作习惯。此外,酒店还应为员工提供急救培训,教授基础的生命急救技能,提高员工在紧急情况下的自救和互救能力。

3. 提升安全防范意识

酒店不仅要关注顾客的满意度,还应重视员工在工作中的安全保障。当员工遭遇或可能遭遇顾客的不良行为时,酒店应立即采取措施,保护员工免受伤害,并及时通知安保人员处理。对于要在夜间工作的员工,酒店应提供晚间班车、宿舍等设施,减少夜间意外事故的发生。同时,加强对安保人员的培训,并确保报警设备的安装和维护,通过安装闭路电视监视器等措施,提高工作场所的安全性。

4. 提供工伤保险保障

为了保障员工的权益,酒店应为员工提供全面的工伤保险。根据我国相关法律法规的

规定,员工因工负伤产生的医疗费用和住院膳食费由企业承担,治疗期间企业应按原标准支付工资。对于因工致残的员工,企业应依法提供相应的伤残待遇。若员工因工死亡,企业应按照规定支付丧葬费和抚恤费,确保员工及其家庭得到应有的保障。

### (二)传染病等疾病管理

在酒店行业中,员工需要频繁接触来自不同地区、具有不同背景的顾客,这使得员工面临较高的传染病风险。为了确保员工的健康安全并有效预防传染病的传播,酒店必须加强传染病的防控措施。以下是酒店在建立传染病防控机制时可以考虑的三个关键方面。

#### 1.建立健全的防病机构和人员配置

在酒店业中,传统的卫生防病工作通常由人力资源部或行政部等部门负责,而这些部门的工作人员往往缺乏专业的医学背景。为了提高卫生防病工作的专业性和有效性,酒店应当设立专门的医务室,并配备具有医学相关专业知识和经验的专职或兼职人员担任防病工作负责人。这样的配置可以确保酒店在面对突发公共卫生事件时,能够做出科学合理的应对。

#### 2.加强员工的传染病防控培训

酒店员工在日常工作中对传染病的了解往往有限,这限制了他们在面对潜在健康威胁时的应对能力。因此,酒店应定期组织传染病防控相关的培训,提升员工对常见传染病的认知。通过培训,员工应能够识别传染病的症状,了解预防和控制措施,并掌握基本的自我保护方法。这样的培训不仅有助于增强员工的个人防护意识,还能提高他们在实际工作中的应对能力。

#### 3.提升传染病的防控和应急响应能力

酒店应与当地的疾病预防控制中心建立紧密的联系,确保在传染病监测、疫情管理等方面能够得到专业的指导和支持。同时,酒店需要建立一套完善的传染病发现和应对机制。一旦发现员工或顾客出现发热、腹泻、皮疹等可能的传染病症状,应立即启动应急预案,协助患者及时就医并进行诊断。例如,客房服务人员应密切关注顾客的健康状况,并在发现异常时,依照酒店的上报流程及时报告。酒店应建立从基层员工到管理层的逐级上报机制,确保信息的快速传递和有效处理。此外,酒店还应在食品卫生、公共场所卫生管理、传染病疫情报告等方面制定严格的规章制度,并确保这些规章制度得到严格执行。

### (三)职场性骚扰管理

#### 1.职场性骚扰的定义

职场性骚扰是指在工作场合中员工感知到的他人违背其意愿,表现出与性相关的行为的现象。这些行为对受害者而言是无礼的,超过了受害者的承受能力,并有可能对受害者的工作表现造成负面影响。

职场性骚扰的来源是多重的,包括上级、同事以及顾客等群体。职场性骚扰主要包含四个维度:①性别骚扰(gender harassment),指带有性别歧视的言论或基于性别的区别对待;②

粗鲁的行为(crude behavior),指粗鲁的性言论、带有性暗示的肢体语言以及展示或传播与性有关的资料;③非礼行为(unwanted advances),主要包括有性暗示的眼神、性抚摸以及不受欢迎的抚弄意图;④性胁迫(sexual coercion),指施暴者向受害员工提出性要求,并根据员工的配合程度来做出是否聘用、晋升和解雇等与工作有关的决定。前两个维度并不一定针对具体的对象,但会形成一种对于某个性别(以女性为主)的有敌意的工作环境;而后两个维度一般针对具体的对象。

2. 职场性骚扰的危害

职场性骚扰是一个全球性的问题,它不分国界地影响着各行各业的工作环境。例如,在日本,一项针对超过1万名职业妇女的调查发现,有80%的受访者表示曾经历过不同程度的性骚扰。在中国,性骚扰同样是一个不容忽视的问题。性骚扰的受害者虽然以女性为主,但男性同样可能成为目标。

特别是在酒店业,性骚扰的发生频率相对较高。欧盟职业安全健康局(EU-OSHA)和国际劳工组织的研究报告显示,与其他行业相比,酒店业的性骚扰事件更为显著。这种现象的原因可以归结为三个方面:第一,酒店业强调"顾客至上"的原则,顾客的行为有时可能超出社会规范,导致员工处于不利地位;第二,酒店业的夜班工作性质增加了性骚扰的风险;第三,酒店业倾向于雇佣女性员工,并对其外观和行为进行规范,这可能无意中加剧了性骚扰的问题。

长期以来,国际上对职场性骚扰的研究已经表明,这种行为会对员工的心理和身体健康产生严重的负面影响,如情绪耗竭和工作压力,并可能导致工作满意度下降、组织承诺减弱以及离职倾向增强。此外,职场性骚扰还会影响员工的工作绩效和组织公民行为,从而削弱组织的整体效能。针对这一问题,酒店需要采取有效措施来预防和减少职场性骚扰,以保护员工的权益并维护组织的健康发展。

3. 酒店应对职场性骚扰的举措

酒店业因其行业特性,员工在日常工作中可能会遭遇职场性骚扰的问题。为了营造一个健康和安全的工作环境,酒店必须采取积极有效的措施来预防和应对职场性骚扰。

(1)改变管理者对职场性骚扰的态度。酒店的管理者需要正视职场性骚扰的严重性,并摒弃将相关行为视为无害小事的错误观念。管理者应当认识到,忽视职场性骚扰不仅违反了职业道德,而且可能给企业带来法律风险和声誉损失。因此,管理者应当积极采取措施,建立一个反对性骚扰的企业文化,这是有效预防和处理职场性骚扰的基础。

(2)制定并执行反性骚扰政策。酒店应当制定明确的反性骚扰政策,并设立专门的部门或团队来负责相关事务。这些政策应详细定义性骚扰的范围和形式,明确报告和处理流程及对违规者的处罚措施。同时,酒店可以设立专门的反性骚扰热线或邮箱,为员工提供一个安全、私密的报告渠道,确保受害者的声音能够被及时听到并得到有效处理。

(3)加强内部宣传和教育。为了提高员工对反性骚扰政策的认识和理解,酒店应当通过多种渠道和方式进行广泛宣传。这包括在工作场所显眼位置张贴宣传海报,组织反性骚扰培训课程,举办研讨会等。在宣传过程中,应当特别强调保护受害者隐私和处理流程的公

正性,以及对性骚扰行为的零容忍态度,从而增强员工对企业政策的信任和支持。

通过上述措施,酒店可以有效地预防和减少职场性骚扰事件的发生,保护员工的权益,同时也有助于构建一个更加健康和安全的工作环境。这不仅有助于提高员工的工作满意度和忠诚度,还能提升企业的社会责任形象和市场竞争力。

## 二、酒店的健康问题及其管理

### (一)企业健康管理的含义与意义

#### 1. 企业健康管理的含义

健康管理作为一种新兴的健康理念,最初在美国兴起。在美国,传统的医疗卫生服务体系主要集中在疾病的诊断和治疗上,导致大量未患病人群难以获得必要的医疗资源和服务。为了有效降低这部分人群的健康风险,并减轻医疗卫生系统的压力,美国社会开始认识到对未患病人群进行健康管理的重要性。健康管理是一个全面的过程,它涵盖了对个体和群体健康风险的评估与控制,旨在提升公众的健康意识、改善健康行为习惯,并最终提高人们的生活质量,构建一个有计划、有组织的健康管理系统。

随着健康管理理念在社会中的普及,众多现代企业开始关注并实施员工健康管理计划。员工健康管理是企业的一项战略性管理行为,它通过企业自身或第三方机构的协助,运用现代医疗技术和信息技术手段,对员工的生理和心理健康状态进行持续的监测和评估,系统性地维护和促进员工的身心健康。这一过程不仅旨在减少企业在医疗保健方面的开支,而且还致力于通过提高员工的健康水平来提升企业的整体工作效率和竞争力。

员工健康管理的实践反映了企业对人力资源管理现代化的理解。在知识经济时代背景下,人才的重要性日益凸显,企业管理者逐渐意识到,人力资本已经成为企业宝贵的资产之一。因此,现代企业的人力资源管理正从传统的以"经济人"和"商品人"理论为基础的雇佣模式,转变为以"知识人"理论为基础的人力资本运营模式。员工健康管理不仅体现了企业对员工的深切关怀,也彰显了对人才的尊重和对人力资本价值的重视,成为企业吸引和保留人才的重要策略之一。通过这种方式,企业不仅能够促进员工的个人发展,还能够为企业的长期发展和创新奠定坚实的人才基础。

#### 2. 企业进行员工健康管理的意义

企业实施员工健康管理计划具有重要的现实意义和长远价值。

(1)应对员工健康问题的实际需求。在当前的工作环境中,许多员工面临着亚健康状态的挑战,特别是在经济发达地区,这一问题更为普遍。酒店业员工长期处于"顾客至上"的服务压力之下,经常面临较大的工作压力。此外,酒店业的员工还需应对不规律的工作时间、复杂的人际关系等挑战。这些都可能导致员工出现情绪疲劳、睡眠障碍、抑郁等健康问题。因此,企业进行员工健康管理是满足员工健康需求、改善其生活质量的现实选择。

(2)降低健康风险,保护企业资源。通过员工健康管理,企业能够有效降低员工的健康风险,减少因健康问题导致的缺勤和工作绩效下降。对于高层管理者而言,健康管理计划更是保护企业核心资源的重要手段。例如,杜邦公司实施员工健康管理后,员工缺勤率显著下降,效益/费用比得到优化。此外,合理的健康管理项目设计还能帮助企业降低医疗保险等健康相关成本。

(3)增强员工的工作动机和企业凝聚力。员工健康管理不仅有助于改善员工的健康状况,还能让员工感受到企业的关怀,从而增加其对工作的投入和热情。美国人力资源管理协会的研究表明,将健康项目与员工满意度及敬业度的激励策略相结合,能够显著提升员工的敬业度和工作积极性。此外,健康管理还有助于增强员工对企业的认同感和归属感,从而提高企业的凝聚力和吸引力。

展望未来,随着人口老龄化趋势的加剧,员工健康管理将在未来成为企业吸引和留住人才的关键策略。企业通过实施有效的健康管理计划,不仅能够提升员工的生活质量和工作效率,还能够在激烈的人才市场竞争中占据优势,构建一个健康、高效、和谐的工作环境。因此,企业应当重视并持续投入员工健康管理,将其作为企业战略规划的一部分,以实现企业的可持续发展和人才优势的构建。

### (二)企业健康管理的举措

企业健康管理是现代企业管理的重要组成部分,它关注员工的身心健康,旨在通过一系列措施提升员工的生活质量和工作效率。以下是企业在实施健康管理方面可以采取的关键举措。

#### 1.设立专门的健康管理机构

企业应设立专门负责员工健康管理的部门或团队,并设立相应的管理岗位,以确保员工健康管理工作得到有效执行。这些部门或团队负责制订和监督实施健康管理计划,提供健康咨询和支持服务。全球许多顶尖企业都设立了健康顾问等职位,专注于监督和改善员工的身心健康状况。

#### 2.实施员工援助计划(EAP)

员工援助计划(EAP)是企业为了帮助员工解决心理和行为问题而提供的一系列服务。这些服务通常由专业人员提供,包括诊断、辅导、咨询和培训等。EAP在世界500强企业中得到了广泛应用,如宝洁、可口可乐等公司。在酒店行业,无论是国际品牌还是本土品牌,越来越多的企业也开始实施EAP,以支持员工的心理健康。

EAP通常包括初级预防、二级预防和三级预防。初级预防着重于消除问题的根源,如通过工作再设计提高员工的自主权和心理成就感。二级预防主要是帮助员工了解心理健康知识,提升他们对心理健康问题的认识和应对能力。三级预防则主要是提供一对一的专业心理咨询服务,帮助员工解决具体的心理和行为问题。

#### 3.强化以员工为中心的企业文化

员工健康管理是"以人为本"企业文化在人力资源管理中的具体体现。仅仅为员工提供医疗保险和定期体检并不足以体现真正的员工健康管理。以员工为中心的企业文化强调员工在企业发展中的核心地位,尊重员工的个性化需求,提供广阔的发展空间和条件,致力于

实现员工价值的最大化。

企业通过实施健康管理计划,不仅关注员工的身体健康,也致力于提升员工的心理健康水平和生活质量。这种做法体现了企业对员工的深切关怀,为员工提供了实现个人价值最大化的条件。因此,员工健康管理与企业文化是相辅相成的。没有强大的企业文化支持,员工健康管理就难以取得持久和理想的效果。

综上所述,企业健康管理是一项系统工程,它要求企业从组织结构、服务提供、文化建设等多个方面入手,形成一个全面、协调、持续的管理体系。通过这些举措,企业不仅能够提升员工的健康水平和工作满意度,还能够增强企业的核心竞争力,实现可持续发展。

## 第三节　酒店员工偏差行为管理

### 一、员工偏差行为概述

#### (一)员工偏差行为的含义及分类

员工偏差行为(employee workplace deviance behavior)是指那些对企业的其他成员、企业运营及其规章制度造成明显伤害的行为。这些行为的严重程度不一,从较轻的如撒谎、虚假请假、早退、不尽职工作,到严重的如破坏财产、盗窃、欺诈等。研究和实际经验都显示,在酒店业,员工的偏差行为较为普遍,对员工提供服务的质量、企业的运营效率和整体效能造成了损害,给企业带来了重大的经济损失。例如,在美国餐饮及酒店业,因员工盗窃行为导致的年度财务损失估计有30亿至60亿美元。

学术界普遍采用的员工偏差行为分类方法是鲁滨孙(Robinson)和贝奈特(Bennett)在1995年提出的。他们根据行为伤害的对象不同,将员工偏差行为分为针对组织的偏差行为和针对人际的偏差行为。针对组织的偏差行为包括故意降低工作效率、故意损坏企业设施、偷盗企业资产等,这些行为直接损害了企业的利益。而针对人际的偏差行为则以伤害同事为目的,如对同事粗暴无礼甚至实施暴力。

此外,鲁滨孙和贝奈特还结合行为对象(针对个人或组织)和行为性质(轻微或严重),进一步将员工的偏差行为细分为四种类型:财产型、生产型、人际型和政治型。财产型偏差行为是严重侵害企业财产权益的行为,如未经许可获取或损害企业的有形资产。生产型偏差行为则相对较轻,主要指员工故意减少产出或降低工作质量,违反企业的生产规定。人际型偏差行为严重侵害他人权益,表现为以攻击性或不友好的方式伤害他人。政治型偏差行为相对较轻,涉及通过政治或社交手段使他人处于不利地位的行为。这些分类有助于企业更准确地识别和应对员工的偏差行为,从而减少其对组织的负面影响。

#### (二)员工偏差行为出现的原因

员工在工作中表现出偏差行为是一个复杂的社会现象,它可能源于多种因素的相互作用。一般而言,这些因素可以归纳为个人特质、工作任务的特性以及组织环境三个方面。

1. 个人特质

员工的个人特质对其行为模式有着显著影响。一些员工可能因为自身的生理或心理特征,如高度的神经质、攻击性倾向或敌意归因偏见等,更易于展现出偏差行为。此外,那些道德标准较低的员工也可能因为缺乏自我约束而更容易出现不正当行为。

2. 工作任务的特性

工作任务的特性也是导致员工偏差行为的一个重要因素。特别是在服务行业,任务的不明确性以及员工与顾客之间的互动特性可能会导致偏差行为的发生。服务行业的工作往往涉及员工与顾客的直接接触,这种短暂的、匿名的交往模式可能诱使员工采取一些不正当的行为,例如隐瞒关键信息或进行误导性宣传。此外,服务行业的交易往往涉及多方利益,这为员工提供了与顾客或第三方串通进行欺诈的机会,尤其是在管理监督不严格的情况下。

在酒店业,一线员工常常需要长时间地与顾客打交道,并在工作中保持积极的情绪表现,这可能导致"情绪劳动"的累积,进而引发情绪疲劳和抑郁等负面情绪。这种情绪压力可能促使员工通过偏差行为来释放不满和宣泄情绪。

3. 组织环境

组织内部的环境和文化对员工行为同样具有重要影响。组织中的不公平现象、辱虐管理、职场性骚扰等负面经历都可能成为员工偏差行为的诱因。员工在感到受到不公正对待时,可能会通过破坏企业财产、偷窃等行为来报复组织。而在遭受辱虐管理或性骚扰等不正当事件时,员工可能因为缺乏有效的表达渠道而选择对其他同事实施偏差行为,以此来宣泄自己的负面情绪,并在一定程度上重新获得对环境的控制感。

此外,组织文化和氛围对偏差行为的容忍度也会对员工行为产生影响。如果组织对某些不当行为如逃税、虚报费用、缺勤等表现出宽容态度,员工可能会认为这些行为是可以被接受的,从而增加了他们做出此类行为的可能性。

综上所述,员工的偏差行为是一个多因素共同作用的结果。为了有效预防和减少偏差行为的发生,企业需要从个人、任务和组织三个层面入手,通过改善工作环境、加强教育培训、建立公平的管理制度以及营造积极的企业文化等措施,共同努力营造一个健康、公正、透明的工作氛围。

## 二、员工偏差行为的管理

有效地管理员工偏差行为是维护企业稳定和促进健康发展的关键。为此,企业需要从组织制度、文化建设、监控机制以及人员选拔等多个方面入手,采取综合性的管理措施。

1. 完善组织制度与文化建设

企业首先需要在组织层面建立和完善各项管理制度,以减少员工做出偏差行为的机会。这包括但不限于财务管理制度、设备管理制度、工作流程标准化等。通过将工作任务细化为标准化流程,企业可以有效地预防和控制偏差行为的发生。同时,企业还应当对员工的人际交往进行规范和引导,明确界定企业内部可接受的交往行为和不可逾越的红线,确保员工之间的互动健康、积极。

在文化建设方面,企业应当树立以诚信、正直、公平和友善为核心的价值观,并推广以人为本的管理理念。通过强化企业文化,企业不仅能够促使员工内化这些价值观,还能够在日常工作中自然地展现出符合组织规范的行为。企业管理者应当重视人性化管理,关注员工的生理和心理需求,通过增强关怀意识和塑造以员工为导向的组织文化,来提升员工的满意度和忠诚度。

**2.加强监控机制建设**

企业应当建立和完善监控机制,以便及时发现并解决可能导致员工偏差行为的问题。这包括建立员工报告通道,确保员工在遇到不公平对待或负面事件时,能够通过正规渠道获得帮助和支持。例如,酒店管理者应当超越传统的"顾客至上"理念,更加关注员工的心理健康,为员工提供必要的支持,帮助他们应对服务过程中的压力。

**3.建立科学的人员选拔与心理调适程序**

在招聘过程中,企业应当通过科学的面试和选拔程序,关注候选人的人格特质,尤其是那些与偏差行为高度相关的个性特点。企业可以运用心理测试等工具来评估候选人的敌意归因偏见、报复心理等心理特征,以及自我控制和调适能力。高自我控制水平的员工更能够妥善处理工作压力,而低自我控制水平的员工可能在压力下采取不当行为。因此,企业在选拔过程中应加强对这些特质的考察。

对于那些自我控制能力较低的员工,企业可以提供心理疏导和培训,帮助他们提高自我控制能力,更好地应对工作压力和适应组织生活。通过这些措施,企业不仅能够有效地预防和减少员工的偏差行为,还能够促进员工的个人成长和职业发展。

综上所述,员工偏差行为的管理需要企业从多个角度出发采取综合性的策略。通过完善组织制度,加强文化建设,建立有效的监控机制,以及实施科学的人员选拔和心理调适措施,企业可以有效地减少员工偏差行为的发生,构建一个健康、和谐、高效的工作环境。

## 三、管理者负面行为的管理

在企业中,管理者具有奖励、惩罚等组织赋予的法定权力,又掌握着较多的资源并决定资源在员工中的分配,因此,他们对员工具有较大的影响力。然而,管理者对员工的影响可能是积极的,也有可能是消极的。研究和实践表明,当管理者表现出负面行为时,下属会受到较大的消极影响。管理者的负面行为包括不公平行为、辱虐行为、破坏性行为、不道德行为等。下面将重点介绍管理者对下属实施的辱虐管理行为(abusive supervision behavior)。

### (一)辱虐管理行为的含义及危害

#### 1.辱虐管理行为的含义

辱虐管理行为指员工感知到的管理者持续表现出的怀有敌意的言语和非言语行为,具体可表现为辱骂下属、以解雇的方式恐吓下属、公开批评嘲弄下属、对待下属粗鲁无礼、不履行对下属的承诺、对下属漠不关心、怒视下属以及轻视和贬低下属、不搭理下属、对下属大发雷霆、羞辱下属、对下属使用侮辱性的称谓等。

辱虐管理行为有三个核心特征。第一,下属感知到的辱虐管理行为是一种持续表现出的负面领导行为,而不是一次性的。管理者实施的一次性或偶然表现出的负面行为不能被认为是辱虐管理行为。辱虐管理行为的长期性和持续性可能是管理者较高的权力和地位导致的。第二,辱虐管理行为只包含怀有敌意的言语和非言语行为,而不包括身体方面的接触。此外,辱虐管理行为指的是行为本身,而不是行为的意向,仅仅表现出行为意向或动机,不能够称之为辱虐管理行为。第三,下属对辱虐管理的感知是一种主观性的判断,同一管理者表现出来的行为,有的下属认为是辱虐管理行为,有的则认为是不是;在一种情境下被认为是辱虐管理行为,在另一种情境则可能被认为不是。

2.辱虐管理行为的危害

辱虐管理行为对员工的负面影响是多方面的,它不仅损害员工的心理健康,还可能导致工作态度和绩效的下降。

(1)对心理健康的影响。研究表明,辱虐管理行为能够引起员工的紧张和情绪衰竭,这种持续的负面情绪状态对员工的心理健康构成严重威胁。当员工感受到来自管理者的不尊重和不信任时,员工可能会产生压力过大甚至抑郁等心理健康问题。

(2)对工作态度和工作绩效的影响。辱虐管理行为还会对员工的工作态度和工作绩效产生不利影响。当管理者伤害员工的自尊心,滥用权力进行惩罚,而不提供建设性的反馈时,员工可能会感到挫败和无助,这会直接影响到他们的工作表现。此外,辱虐管理行为还与员工的周边绩效,如团队合作精神和工作投入等,呈现负相关。员工在感受到不公平的待遇后,可能会减少他们的组织公民行为,如自愿加班、帮助同事等,以此来恢复自我价值感和控制感。

综上所述,辱虐管理行为不仅对员工的心理健康造成损害,还可能导致工作态度变差和绩效下降。这种行为破坏了员工与管理者之间的信任关系,削弱了员工对组织的承诺,降低了工作满意度,最终可能导致员工的流失和组织绩效的下降。因此,企业必须认识到辱虐管理行为的严重性,并采取措施来预防和减少这种行为的发生,以保护员工的福祉和提升组织的整体绩效。

(二)针对辱虐管理行为的管理措施

在企业管理实践中,辱虐管理行为是一个严重的问题,它不仅对员工的心理健康和工作表现产生负面影响,还可能对整个组织的文化和氛围造成长期的损害。因此,企业必须采取有效的管理措施来预防和减少辱虐管理行为的发生。

1.建立以员工为中心的组织文化

企业应当致力于塑造一种以员工为中心的组织文化,这种文化强调管理者与员工之间的相互尊重和支持。通过推广以人为本的价值观,企业可以创造一个积极的工作环境,鼓励开放的沟通、团队合作和个人成长。此外,企业应当重视工作与生活的平衡,为员工提供必要的资源和支持,以帮助他们实现职业和个人目标。

在追求高绩效的同时,企业应当避免过度强调结果导向,从而避免管理者采取极端手段来追求业绩。企业应当教育管理者,让他们认识到辱虐管理行为不仅无效,而且有害,取而

281

代之的应该是建立一种健康、可持续的绩效管理文化,这种文化鼓励正面激励和建设性的反馈。

2.建立有效的员工反馈和沟通机制

企业应当建立一个有效的员工反馈机制,以便员工能够安全地表达他们对管理行为的关切和建议。这种机制可以包括匿名调查、建议箱、定期的员工会议等,通过这些渠道,员工的声音可以被听到并得到重视。同时,企业还应当加强上下级之间的沟通,确保管理者能够及时了解员工的需求和问题,并采取适当的措施来解决。

一旦发现辱虐管理行为,企业应立即采取行动,对涉事管理者进行干预和指导,帮助他们改善管理方式。同时,企业还应为受影响的员工提供必要的支持,如心理咨询服务,以减轻他们的压力和不安。

3.建立严格的管理者选拔和评估体系

在选拔和提拔管理者时,企业应当采取严格的评估程序,确保候选人具备适当的管理能力和领导素质。这包括对候选人进行心理测试和行为评估,以识别那些可能具有辱虐倾向的个体。研究表明,独裁式领导风格和情绪不稳定的管理者更可能表现出辱虐行为。因此,企业应当对这些特征保持警惕,并在选拔过程中予以重视。

此外,企业还应定期对管理者进行绩效评估和培训,以确保他们的行为符合组织的标准和期望。通过提供持续的管理和领导力培训,企业可以帮助管理者发展必要的技能,以更有效地激励和引导团队,而不是依赖辱虐行为来实现目标。

总之,通过建立以员工为中心的组织文化、有效的沟通和反馈机制,以及严格的管理者选拔和评估体系,企业可以有效地减少辱虐管理行为的发生,从而创造一个更加健康、积极和高效的工作环境。

## 四、员工纪律管理

（一）员工纪律制定的原则

员工纪律的制定是企业管理中的重要环节,它为员工在工作过程中的行为提供了明确的规范和指导。以下是企业在制定员工纪律时应遵循的几个关键原则,以确保纪律的合理性、有效性和可执行性。

1.合法性原则

合法性是企业制定员工纪律的首要原则。企业在制定任何内部规章和纪律时,都必须确保其内容符合国家法律、法规和政策的要求。这意味着,所有违反法律的规章制度都是无效的,且可能给企业带来法律风险。因此,企业在制定纪律前,应充分了解和学习相关的法律法规,确保所有纪律规定都在法律允许的范围内。例如,任何限制员工基本权利的规定,如禁止结婚生育、强制搜身检查、不支付试用期工资等,都是违法的,应当避免出现在企业的纪律规定中。

## 2. 符合企业具体情况原则

企业在制定员工纪律时,应充分考虑自身的行业特点、发展阶段、企业文化等具体情况。员工纪律不应是抽象和通用的,而应根据企业的实际需要来定制。为了确保纪律的适用性和有效性,企业应广泛征求员工的意见和建议,通过民主程序和透明的决策过程来制定纪律。这可以通过组织员工大会、工会会议或职工代表大会等形式进行。员工的积极参与不仅有助于提高纪律的可接受性,还能够增强员工对遵守纪律的认同感和责任感。纪律制定完成后,企业应组织系统的学习和培训,确保每位员工都能理解和掌握新制定的纪律规定。

## 3. 合理性原则

在没有具体法律条款的情况下,企业制定员工纪律应坚持公平、合理、科学的原则。这意味着,在制定纪律时,企业需要平衡员工和企业双方的利益。一方面,纪律规定应当对员工的劳动行为进行适当的规范和制约,以维护企业的正常运营秩序;另一方面,企业也应考虑如何保护和激励员工的劳动积极性,避免过度严格或不合理的规定打击员工的工作热情和创造力。企业应通过综合考虑,制定出既能有效管理员工行为,又能维护员工合法权益的纪律规定。

总之,员工纪律的制定是一个需要综合考虑法律、企业特点和员工利益的复杂过程。企业应当在确保合法性的基础上,结合自身实际情况,通过合理的程序和方法,制定出既公平又有效的员工纪律,以促进企业的健康发展和员工的积极参与。通过这样的纪律制定,企业可以建立起一个有序、高效和和谐的工作环境。

### (二)员工纪律的内容及实施

企业制定的员工纪律是确保组织高效运转和维护良好工作环境的基础。这些纪律规范了员工的行为,明确了员工的权利和义务,同时也体现了企业的管理理念和文化。以下是企业员工纪律通常包含的四个方面。

## 1. 员工的道德规范

员工的道德规范是企业文化的重要组成部分,它要求员工在日常工作和职业行为中遵守一定的道德准则。这包括但不限于维护企业信誉、爱护公物、不得泄露企业机密等行为规范。例如,员工应当通过自己的专业行为和正面形象来提升企业的公众形象,避免在社交媒体或其他公共场合发表有损企业声誉的言论。同时,员工应当妥善使用企业的财产和资源,防止浪费和损坏。对于企业的敏感信息,员工有责任保密,不得泄露给外部人员或竞争对手。此外,道德规范还包括诚实守信、公平竞争、尊重同事等,这些都是构建积极、健康工作环境的关键因素。

## 2. 员工的考勤制度

考勤制度是衡量员工工作纪律性的重要指标,它规定了员工上下班的时间、打卡制度以及缺勤、迟到、早退的处理方式。企业通常会实行标准的工时制度,如每周工作五天,每天工作八小时,但根据工作性质和需要,也可能实行弹性工作制或轮班制。员工需要遵守上下班的规定,按时打卡,以记录自己的工作时间。对于迟到、早退或无故缺勤的员工,企业会根据

情况采取相应的处罚措施,如扣罚工资、警告等。考勤制度的严格执行有助于确保员工按时到岗,提高工作效率,同时也体现了企业对员工时间管理的重视。

3. 员工的加班值班制度

加班值班制度规定了员工在特定情况下需要加班或值班的条件、报酬和安排。加班通常是指员工在标准工作时间之外继续工作的情况,这可能是因为项目紧急、季节性工作量增加或其他特殊原因。企业应当明确规定加班的条件和报酬标准,如加班费、调休等,并对加班工作进行合理安排,避免员工过度劳累。值班制度则涉及员工在非工作时间对企业进行必要管理或应对突发事件的责任。企业应当明确值班人员的职责、时间安排以及相应的补偿措施,确保员工在值班期间能够获得适当的支持和保障。

4. 休假请假制度

休假请假制度规定了员工享有的各种假期类型和申请流程,包括法定假期、年休假、婚假、产假、病假、丧假、工伤假、私事休假等。法定假期是根据国家法律规定的公共假期,如春节、国庆节等,员工在这些日子可以带薪休假。年休假是员工根据工作年限和企业规定享有的带薪休假,它有助于员工放松身心,提高工作效率。婚假、产假、病假等则是员工在特定生活事件中享有的假期,企业应当根据法律规定和企业文化,为员工提供必要的支持和便利。对于丧假和工伤假,企业除了按规定提供休假,还应当给予员工适当的关怀和帮助。私事休假则是指员工因个人原因需要请假的情况,企业应当设立合理的申请程序和审批流程,以便员工能够在处理个人事务时获得必要的时间。

综上所述,企业制定的员工纪律涵盖了道德规范、考勤制度、加班值班制度以及休假请假制度等多个方面。这些纪律不仅规范了员工的行为,保障了企业的正常运营,还体现了企业对员工的关怀和尊重。通过这些纪律的实施,企业可以建立起一个有序、高效、和谐的工作环境,促进员工的职业成长和企业的持续发展。

## 本章小结

在酒店业中,良好的员工关系对于促进社会稳定、推动经济发展和提升员工福祉具有重要作用,而有效的劳动关系管理则保障了企业和员工双方的合法权益。企业管理应遵循尊重员工的个性和需求,公平、公正、公开,以及以人为本的原则,通过建立合理的规章制度和提供支持性的工作环境,促进员工的职业成长和企业的长期发展。

对员工进行安全和健康管理,既是出于改善企业员工亚健康状态的现实需要,也有利于增强员工对于企业的认同感和归属感,进而提高员工工作绩效,对企业的长远发展具有重要意义。因此,企业应重视员工的安全和健康问题,采取相应的措施加强员工的安全和健康管理。

员工偏差行为不但会降低企业绩效,而且会造成实质性的财物损失,给企业带来巨大的危害。企业应通过完善组织制度和文化建设、加强监控机制建设、建立科学的面试及选拔程序等措施来预防和杜绝员工的偏差行为。

辱虐管理是管理者的一种负面行为,会危害下属的心理健康和工作态度,降低下属的工作绩效。企业应通过建立以员工为导向的组织文化、加强上下级之间的沟通、严格选拔管理者等措施避免辱虐管理行为的发生。

### 实务案例9-1:希尔顿酒店集团的员工援助计划(EAP)

希尔顿酒店集团,作为全球较大的酒店连锁品牌之一,深知员工是其成功的关键。为了支持员工的个人和职业发展,希尔顿酒店集团在2010年推出了全面的员工援助计划(employee assistance program,EAP),旨在帮助员工处理可能影响他们工作表现和生活质量的个人问题,这些问题可能包括心理健康问题、情绪困扰、家庭问题、法律和财务问题、压力管理、工作与生活平衡等。EAP的核心目标是通过提供专业的咨询、培训和其他支持服务,帮助员工解决这些问题,从而改善员工的工作表现、减少缺勤、降低员工流失率,并提升员工整体的工作满意度和幸福感,为酒店集团创造一个更加和谐和高效的工作环境。

一、EAP计划的设计与实施

(一)EAP计划的设计

希尔顿酒店集团的EAP计划是一个综合性的支持系统,包括心理健康服务、法律和财务咨询、健康和福利服务以及职业发展机会。该计划的设计基于以下几个核心原则。

(1)全面性:计划覆盖员工可能面临的各种问题,包括心理健康、家庭问题、法律和财务困扰等。

(2)可访问性:确保所有员工都能够轻松访问EAP服务,无论是通过电话、在线平台还是现场咨询。

(3)保密性:保护员工隐私,确保所有咨询和支持服务都是严格保密的。

(二)实施过程

希尔顿酒店集团通过以下步骤实施EAP计划。

1.宣传与教育

希尔顿酒店集团首先通过多渠道的宣传和教育活动来促进员工对EAP计划的认识和理解。这包括定期在内部沟通渠道中发布关于EAP计划的信息,详细介绍服务内容、使用方法和成功案例。此外,集团还定期举办培训会议和工作坊,邀请专业的心理健康顾问和法律专家来讲解EAP服务的重要性,以及如何有效地利用这些资源来解决个人问题。这些会议和工作坊不仅在集团总部举行,还通过视频会议的方式覆盖到全球各地的分店,确保每位员工都能够参与进来。

为了确保信息的有效传达,希尔顿酒店集团还利用内部网站、员工手册、海报等多种媒介来宣传EAP计划。集团鼓励管理层和团队领导在日常工作中主动提及EAP服务,以便在员工中建立起积极寻求帮助的文化。此外,集团还通过员工

285

满意度调查和匿名问卷来收集员工对EAP计划的看法和建议,以便不断优化宣传策略。

2.资源整合

在资源整合方面,希尔顿酒店集团与多家专业的外部机构建立了合作关系,以便为员工提供全方位的高质量服务。这些机构包括心理健康咨询中心、法律顾问公司、财务规划事务所等,他们为员工提供专业的咨询服务,帮助解决各种个人问题。集团还特别关注员工的文化和语言多样性,确保EAP服务能够满足不同背景员工的需求。

为了提高服务的可及性和效率,希尔顿酒店集团还开发了在线服务平台,员工可以通过这个平台预约咨询、获取资源信息、参与在线培训等。此外,集团还为员工提供了24小时的热线电话服务,确保在紧急情况下员工能够随时获得支持。

3.持续评估

希尔顿酒店集团明白,任何计划的成功都离不开持续的评估和改进。因此,集团建立了一套完善的评估机制来监测EAP计划的效果。这包括定期收集员工的反馈,通过问卷调查、面对面访谈和焦点小组讨论等方式来了解员工对EAP服务的满意度和实际效果。集团还通过分析员工的出勤记录、绩效评估和离职率等数据来评估EAP计划对组织绩效的影响。

基于这些评估结果,希尔顿酒店集团不断调整和完善EAP计划。例如,如果发现某项服务的使用率较低,集团可能会重新设计宣传材料,或者增加相关的培训和教育活动。如果员工反馈表明某项服务对他们特别有帮助,集团则会考虑扩大该服务的覆盖范围或增加资源投入。

二、EAP计划的影响

1.员工福祉

EAP计划显著提高了员工的心理健康水平。通过提供心理咨询和压力管理工具,员工能够更好地应对工作压力和个人挑战。此外,法律和财务咨询服务帮助员工解决了债务、法律纠纷和家庭问题等困扰。

2.工作满意度与绩效

希尔顿酒店集团的员工报告称,EAP计划提高了他们对工作的满意度。员工感到公司关心他们的福祉,这提高了他们的忠诚度,增加了他们的工作投入。定量数据显示,参与EAP计划的员工在绩效评估中得分更高,缺勤率和离职率也有所下降。

3.组织绩效

EAP计划对希尔顿酒店集团的整体绩效产生了积极影响。员工的高满意度和低离职率减少了招聘和培训新员工的成本。此外,员工的积极态度和较高的工作效率直接提升了客户服务质量,增强了酒店的市场竞争力。

(资料来源:周欣宜《希尔顿全球酒店集团公司跨国经营案例分析》,载于《现代商业》2020年第26期,第20-22页。)

**案例分析:**

1. 希尔顿酒店集团如何结合定量和定性数据来评估EAP计划的效果?

2. 希尔顿酒店集团如何利用技术平台来增强EAP服务的可访问性和效率?

实务案例9-2

**丽思卡尔顿:为绅士和淑女服务的绅士和淑女**

复习思考题

1. 员工关系和劳动关系的定义分别是什么?

2. 企业进行员工健康管理的必要性和措施是什么?

3. 员工偏差行为的含义、分类是什么? 其对企业有什么影响?

4. 如何避免员工的偏差行为?

5. 辱虐管理行为的含义、特征和危害是什么?

6. 如何避免辱虐管理行为的发生?

# 第十章 →

# 酒店集团国际人力资源管理

## 学习目标

酒店集团的跨国经营实质上是经济全球化和自身资源产能优化配置的结果，体现在酒店人力资源管理中是一种跨文化的全新经营模式。通过本章的学习，你应该能够：

(1)掌握酒店集团国际人力资源管理的特点；

(2)掌握外派人员和东道国员工在酒店集团跨国经营中的最佳组合；

(3)列出影响招聘、培训外派人员的因素；

(4)了解本土化在酒店集团跨国经营中的重要作用。

## 前期思考

酒店集团进行跨国经营，在人力资源管理上应进行哪些方面的变革？

## 重点和难点

重点掌握酒店集团国际人力资源管理的特点，特别是外派人员的管理；难点是国家层面的文化属性对国际人力资源管理的影响。

## 引导案例

### 国内外酒店集团的跨文化管理比较

随着顾客消费观念的转变，在社交媒体、互联网的推动下，低星级和经济型酒店进入了兼并收购、特许经营和战略联盟时期，高星级酒店也进入了客源转型和服务个性化时期。目前，我国已有多个以管理星级以及经济型酒店为主的酒店集团，如希尔顿、洲际、万豪等国际酒店集团，以及锦江国际、华住、首旅如家、格林等国内酒店集团。随着时代发展，这些酒店集团的规模持续扩大。随着这些酒店集团的快速发展,跨国管理经营成为大型酒店集团的发展趋势,其中跨文化引起的冲突和问题引起了酒店业的关注,因此比较国内外酒店集团在跨文化管理上的差异,有利于酒店集团的跨国经营。

1.理论基础

荷兰管理学者霍夫斯泰德(Hofstede,1980,1991)认为,文化是同一环境中的人们共同的心理程序,它不是一种个体特征,而是具有相同的教育和生活经验的许多人所共有的心理程序,而不同的群体、区域或国家的这种程序互有差异。他在此基础上提出的文化维度理论,从国家层面来衡量不同国家之间的文化差异、价值取向。该理论被广泛应用于市场营销、人力资源管理等国际商业领域。他总结了从国家层面衡量文化差异的五个维度。

(1)权力距离。该维度反映人们对社会或组织中权力分配不平等的情况所能接受的程度。

(2)不确定性规避。该维度反映人们对模糊和不确定性的威胁的容忍程度。

(3)个人主义与集体主义。该维度反映人们更多地关心的是群体成员和群体目标还是自己和个人目标。

(4)刚性和柔性。该维度反映特定文化中代表刚性的品质更多,如竞争性、成就、物质主义、权力和决断性,还是代表柔性的品质更多,如注重生活质量、谦虚、关爱他人。

(5)长期导向与短期导向。该维度反映人们的思维模式是着眼于现在还是放眼于未来。在长期导向的国家,人们倾向于节俭、积累、容忍和传统,追求长期稳定和高水平的生活。

2.文化差异对酒店集团跨文化管理的影响

(1)顾客服务。在酒店品牌营销和对客户服务方面,不同的文化差异会产生不同的经营理念和方式。在营销表达方式上,有的酒店集团会采用质量营销,强调品牌优势是提供优质的服务,认为这是提升客流量和顾客满意度的根本。而有些酒店经常通过营销活动、人际资源或优惠折扣来吸引客户。酒店集团要想成功地开展营销活动,营销方式必须要符合当地的文化规范。

(2)外部层面。各个国家的政治体制、经济状况、法律规范、文化背景等外部环境都不尽相同,因此酒店集团要处理好与当地政府、非营利组织、社会团体等各方利益之间的关系,为自身谋求一个良好的外部发展环境。比如,国外的管理人员通常借助个人交谈或团建活动进行"思想工作",而我国的各个企业会在各个组织中设立党支部,借助党组织活动进行思想交流与总结工作;在法律规范方面,有些国家认为佣金制度是合法的,而有些国家认为回扣不合理。

(3)内部层面。在酒店集团的制度管理方面,西方国家相对来说更加遵守规章制度,并会严格执行,体现出较强的规范化、标准化的服务质量控制和管理风格,而且更倾向于运用法律条文作为行动依据来开展经营管理。而东方国家更偏向于人性化的柔性管理模式,讲究人文和伦理道德的约束,即使是批评,领导也通常是通过委婉迂回的方式。在人力资源管理方面,由于个人主义与集体主义的差异,洲际酒店集团把员工的个人能力、业绩、岗位胜任力、潜能发挥等作为确定薪酬的首要考虑因素,而锦江国际集团根据年龄、学历、职务、工作

289

年限、业绩、个人能力等因素来确定薪酬的等级。

3.酒店集团跨文化管理研究

2023年7月,酒店业国际权威杂志 *Hotels* 公布了2022年度全球酒店集团排名,此处以排名第4的洲际酒店集团和排名第2的锦江国际集团为例,进行酒店集团的跨文化维度比较(见表10-1)。

表10-1 洲际酒店集团和锦江国际集团的跨文化管理比较

| 项目 | 洲际酒店集团 | 锦江国际集团 |
| --- | --- | --- |
| 管理酒店数 | 6164家 | 12359家 |
| 客房数 | 911627间 | 1266976间 |
| 酒店涉及国家及地区 | 100多个 | 120多个 |
| 主要品牌 | 六善、丽晶、洲际、皇冠假日等 | 锦江、昆仑、丽笙、康铂、维也纳等 |

(1)权利距离。低权力距离的环境中,员工参与决策的程度较高,下属在其规定的职责范围内有相应的自主权。洲际酒店集团采用的就是扁平结构,监督人员较少,酒店内部不同层级人员之间的关系相对比较平等。而在高权力距离的环境中,下属对上司具有强烈的依附性,需要按程序服从上级的命令,这就要求领导要具有较强的领导能力。锦江国际集团中有大量的管理人员,组织呈直式结构,具有鲜明的中国式管理特征。

(2)不确定性规避。在不确定性避免程度低的社会中,人们普遍有一种安全感,倾向于放松的生活态度和鼓励冒险,比较容易接受生活中的不确定性,能够接受更多的意见,上级对下属的授权会被执行得更加彻底,但可能出现员工野心较大,倾向于自主管理和独立工作的情况,使得人员流动率较高。从20世纪90年代起,洲际酒店集团的前身开始跨国经营,斥巨资购买了多家酒店的经营管理权,迅速走上了兼并扩张之路,这也是多数西方国家酒店集团采用的发展方式。相较来说,不确定性避免程度较高的地方,员工的流动率相对较低,上级倾向于对下级进行严格的控制和清晰的指示,因而更适合推行员工参与管理和增加职业稳定性的人本主义政策。在处理危机的问题上,锦江国际集团更侧重于预防,体现出不确定性规避程度较高的特点。

(3)个人主义与集体主义。个人主义强调个性自由及个人成就,这样的思想影响着很多的酒店集团。例如,洲际酒店集团经常开展员工之间的个人竞争,并对个人表现进行奖励,这是一种有效的人本主义激励政策。集团从品牌定位到员工个人都追求个性化,特别设立了员工感谢周和员工认可计划,以感谢和庆祝员工的优异表现,从而体现个人的价值。为了让集团品牌的个性化更加凸显,洲际酒店集团根据旗下不同的酒店品牌定位,制订不同的顾客个性化需求方案,采用严格的检查制度确保每个酒店的产品质量,并通过顾客满意度测评完善顾客投诉制度,优化自身的服务模式,从而满足每一位顾客的个性化需求。而"集体利益高于一切"的思想更容易出现在高集体主义倾向的酒店内部,管理者更注重员工对酒店集团的忠诚度,以集体利益和荣誉为先,注重整体的和谐与团结。锦江国际集团以"共同的团队,如一的热情,不变的目标"作为企业的文化价值观,强调团队的融合。

(4)刚性与柔性。刚性与柔性气质本身源于社会性别角色的区别。洲际酒店集团内部的重大决策通常由高层决定,员工由于频繁变换工作,对企业缺乏认同感,参与管理的积极性不高。洲际酒店集团的经营战略表现为引进先进的信息管理技术和不断地收购扩张,从而一直保持较强的竞争力。其服务宗旨是"真正的好客",努力帮助客人获得难忘的回忆。从洲际酒店集团的经营战略和服务宗旨中可以看出,其不仅重视顾客的满意度,还注重对资产的追求,体现出了洲际酒店集团的刚性特点。具有柔性气质的国家比较注重团结合作,力求营造良好的氛围。中国就是一个具有柔性气质的国家,注重和谐和道德伦理,崇尚积极入世的精神。锦江国际集团崇尚"人和锦江,礼传天下",追求"无论是作为个人还是置身于团队,锦江人必须精诚合作,为顾客提供满意的服务"。这样"温馨、体贴、专业"的热情服务,体现出了锦江国际集团企业文化的人情味。

不同民族的文化之间存在较大的差异,这些差异根植在人们的头脑中,很难被轻易改变。这些文化差异是由于各国的历史传统以及不同的社会发展进程而产生的,表现在社会文化的各个方面。从两个酒店集团企业文化的不同可以看出,二者都是在不同的社会环境和人文背景下,利用自身不同的企业文化进行跨文化管理,从而奠定自身在国际上不容忽视的酒店集团地位。

(资料来源:周筱薇《酒店集团的跨文化管理比较》,载于《投资与创业》2021年第23期,第204-206页。)

▶ **案例讨论:**

以上案例中,你认为洲际酒店集团和锦江国际集团在跨文化管理上有哪些差异?

# 第一节　酒店集团跨国经营和国际人力资源管理

进入21世纪以来,经济全球化进入一个新的发展阶段,生产、贸易、服务领域的国际化正在迅速扩展,各类生产要素在全球范围内的流动也在不断加速。与之相适应,人才在区域乃至全球范围内的流动也不断加速。企业要想在国际化市场中立于不败之地并能持久发展,拥有和保留一支国际化的人才团队变得至关重要。

## 一、酒店集团跨国经营

酒店集团为了扩大市场份额,一般会从独立运营发展到国内连锁经营,再通过在不同国家的横向一体化和多产品的纵向一体化,迅速实现跨国经营。酒店集团的跨国经营是全球酒店业快速发展的重要动力。

### (一)跨国经营的内涵

跨国经营通常有两种解释。狭义的跨国经营通常指跨国公司的经营活动。而广义的跨国经营则被认为应包括一切国内企业所从事的跨越国界的经营活动。联合国跨国公司委员会(1983)认为跨国公司应具备以下三个特征:①跨国公司是指一个工商企业,组成这个企业的实体在两个或两个以上的国家经营业务,而不论其采取何种法律形式经营,也不论其在哪

一经济部门经营;②这个企业有一个核心决策体系,因而具有共同的政策,可以反映企业的全球战略目标;③这个企业的各个实体通过股权或其他方式形成联系,各个实体分享资源、信息和共担责任,不过这个企业中的某一个或几个实体有可能会管理其他实体。

酒店集团跨国经营是指酒店集团以本国为基础,通过对外投资,在世界范围内设立分支机构或子公司,从事国际化酒店经营管理活动。

（二）酒店集团跨国经营的发展历程

酒店集团跨国经营可以分为三个阶段。

第一阶段是初级国际化。初级国际化是指酒店集团利用本国的资金、劳动力、品牌等酒店经营要素接待海外游客,为海外游客提供住宿、餐饮、休闲、娱乐等相关服务,并在服务过程中不断积累满足国际游客需求的经营管理经验。

第二阶段是区域国际化。区域国际化是指酒店集团利用自身的资金、劳动力、品牌、营销管理等酒店经营要素优势,通过直接投资、购买不动产等方式在国外某些区域经营管理酒店,开拓国际市场。

第三阶段是全球国际化。全球国际化是指酒店集团利用自身的资金、劳动力、品牌、营销管理、无形资产内部化等酒店经营要素优势,通过合资合作、管理合同、特许经营、战略联盟等方式,快速扩张到全球市场,从而充分利用全球低成本资源。

当前酒店集团普遍进行了全球布局。表 10-2 所示是美国 *Hotels* 杂志发布的以客房数排名的 2022 年度"全球酒店集团 200 强"中的前 15 强,可以看出前 15 强酒店集团中有 6 家在全球 100 多个国家或地区经营管理酒店,可见酒店集团在多个国家开展业务是非常普遍的现象。

表 10-2　全球 15 大酒店集团的全球化

| 世界排名 | 连锁酒店集团 | 客房数/（间） | 总门店数/（座） | 旗下品牌数量/（个） | 总部所在地 | 分布国家和地区数/（个） |
|---|---|---|---|---|---|---|
| 1 | 万豪国际集团（Marriott International） | 1491191 | 8082 | 30多 | 美国 | 139 |
| 2 | 锦江国际集团（Jin Jiang International Holdings Company Limited） | 1266976 | 12359 | 40多 | 中国 | 120多 |
| 3 | 希尔顿酒店集团（Hilton） | 1127430 | 7165 | 10 | 美国 | 90 |
| 4 | 洲际酒店集团（IHG Hotels & Resorts） | 911627 | 6164 | 19 | 美国 | 100多 |
| 5 | 温德姆酒店集团（Wyndham Hotels & Resorts） | 842510 | 9059 | 24 | 美国 | 95 |
| 6 | 雅高酒店集团（Accor） | 802000 | 5400 | 50 | 法国 | 100 |
| 7 | 华住集团（H World Group Limited） | 773898 | 8176 | 31 | 中国 | 18 |

续表

| 世界排名 | 连锁酒店集团 | 客房数/(间) | 总门店数/(座) | 旗下品牌数量/(个) | 总部所在地 | 分布国家和地区数/(个) |
|---|---|---|---|---|---|---|
| 8 | 精选国际酒店集团(Choice Hotels International) | 627804 | 7487 | 11 | 美国 | 40多 |
| 9 | 首旅如家酒店集团(BTG Hotels Group Co.) | 467983 | 5983 | 37 | 中国 | — |
| 10 | 贝斯特韦斯特国际酒店集团(BWH Hotels) | 343220 | 3923 | 7 | 美国 | 100 |
| 11 | 凯悦酒店集团(Hyatt Hotels Corporation) | 304108 | 1263 | 28 | 美国 | 76 |
| 12 | 格林酒店集团(GreenTree Hospitality Group) | 302497 | 4059 | 20 | 中国 | — |
| 13 | 爱姆布瑞吉酒店集团(Aimbridge Hospitality) | 224467 | 1531 | — | 美国 | 23 |
| 14 | 尚美生活集团(Qingdao Sunmei Digital Intelligence Group Co.) | 198159 | 4145 | 28 | 中国 | 5 |
| 15 | HotelREZ Hotels & Resorts | 177686 | 2796 | — | 英国 | 100多 |

（资料来源：各酒店集团官网和美国 *Hotels* 杂志官网。）

表10-2中有5家中国酒店集团，分别是锦江国际集团、华住集团、首旅如家酒店集团、格林酒店集团和尚美生活集团，反映出中国酒店业发展迅速。中国的锦江国际集团近年来先后收购了丽笙酒店集团、卢浮酒店集团（Louvre Hotels Group），以及印度的塞洛瓦（Sarovar）酒店和度假村等国际酒店集团，其跨国经营达到120多个国家和地区。

酒店集团在跨国经营的过程中，必定会由于不同区域的文化差异而导致一些经营管理方面的问题，如酒店集团与国外员工之间的文化差异、价值观差异而带来的工作冲突。因此，酒店集团跨国经营要更应重视人力资源管理。

## 二、国际人力资源管理的概念和特点

（一）国际人力资源管理的概念

国际人力资源管理主要指跨国公司的人力资源管理，是跨国公司在国际经营环境下，有效地利用和开发人力资源的管理活动或管理过程。

著名管理学者摩根（Morgan）认为，国际人力资源管理是人力资源管理活动、企业经营所在国类型和员工类型三个维度的互动组合。

1. 人力资源管理活动

人力资源管理活动包括人力资源的获取、分配、利用和开发的过程，也就是人力资源管

理的六项基本活动,即人力资源规划、员工招聘、培训与开发、绩效管理、薪酬管理和劳动关系管理。

**2.企业经营所在国类型**

与酒店集团跨国经营相关的国家类型有母国、东道国和其他国。其中,母国是指酒店集团总部所在的国家;东道国是指海外建立子公司或分公司的国家;其他国是指劳动力或者资金来源国。

**3.员工类型**

依据员工的来源国,酒店集团的员工有三种类型。①东道国公民,是指子公司或分公司所在国或地区的本土员工。②母国公民,是指来自酒店集团总部所在国的员工。③第三国公民,是指来自除了酒店集团总部所在国和子公司或分公司所在国之外任何其他国家的员工。例如,美国的凯悦酒店集团在中国的君悦酒店聘用的一名德国总监就属于这种类型。

**（二）国际人力资源管理的特点**

酒店集团跨国经营面临着更加复杂的经营环境,这使得国际人力资源管理与国内人力资源管理存在明显的差异,国际人力资源管理具有以下主要特点。

**1.更丰富的人力资源管理活动**

国际人力资源管理涉及多个国家,国际人力资源管理活动也更加丰富,因此只有充分了解各个国家的文化、法规、经济环境、人才市场等特点,制定更加科学的国际人力资源管理战略、目标和策略,才能更好地实施人力资源管理。例如,外派母国公民或第三国公民赴任前一般需要参加跨文化培训、语言学习等。

**2.更高的风险和威胁**

由于受更多外部因素的影响,国际人力资源管理会面临更多的风险和挑战,如外派人员的失败造成企业的经营绩效下降,东道国政治、法律制度的变化可能直接影响企业的人力资源管理战略,地方冲突和治安恶化威胁到外派人员的人身安全,等等。

**3.沟通和交流更困难**

在跨国经营中,管理层内部、管理者与员工、员工与员工之间可能会经常性地出现由于语言或文化差异而造成的沟通障碍和误会,这无形中会影响企业的正常经营。为了应对全球竞争,母公司应构建适应不同文化和经济环境的组织结构和管理模式。

**4.更高的人力资源管理成本**

国际人力资源管理成本要远远高于国内人力资源管理成本,比如,外派人员的薪酬福利、培训成本、差旅费用、住宿安置等都是相当大的开支。

 **知识拓展**

**霍夫斯泰德和霍尔的文化差异理论**

在全球化的进程中,学者们已经达成共识,认为国家之间的重要文化差异会影响到人力资源管理的政策和实践。荷兰管理学者霍夫斯泰德(Hofstede,1980, 1991)提出的文化维度理论从国家层面来衡量不同国家之间的文化差异、价值取向。该理论被广泛应用于市场营销、人力资源管理等国际商业领域。

霍夫斯泰德的文化维度理论从国家层面将文化差异划分为以下五个维度。

(1)权力距离。该维度反映人们对社会或组织中权力分配不平等的情况所能接受的程度。接受程度高的国家,社会层级分明,权力距离大;接受程度低的国家,人和人之间比较平等,权力距离小。欧美人注重个人能力,不是很看重权力,权力距离小;而亚洲国家,如日本和韩国等,人们普遍接受人和人在地位、身份与地域上的差别,推崇依附、顺从和权威,权力距离大。

(2)不确定性规避。该维度反映人们对模糊和不确定性的威胁的容忍程度。规避的方式很多,如提供更大的职业稳定性,订立更多的正规条令,不允许出现越轨的思想和行为,追求绝对真实的东西,努力获得专门的知识,等等。低不确定性规避文化中的人们敢于冒险,对未来充满信心;而高不确定性规避文化中的人们则相反。例如,日本和葡萄牙就属于高风险规避型国家,人们倾向于预测、控制甚至影响未来发生的事情。

(3)个体主义与集体主义。该维度反映了人们关心群体成员和群体目标或者自己和个人目标的程度。个人主义是指在一种结合松散的社会组织结构中,每个人重视自身的价值与需要,依靠个人的努力来为自己谋取利益;而集体主义是指在一种结合紧密的社会中,每个人以"在群体之内"和"在群体之外"来区分,他们期望得到"群体之内"的人员的照顾,但同时也以对该群体保持绝对的忠诚作为回报。研究发现,美国在个人主义上得分最高,为91分,居全世界之首;而新加坡、中国香港、中国台湾在个人主义上得分较低。

(4)刚性和柔性。该维度反映特定文化中代表刚性的品质更多,如竞争性、成就、物质主义、权力和决断性,还是代表柔性的品质更多,如注重生活质量、谦虚、关爱他人。从组织的角度看,日本、韩国等国家可能不太认可和支持女性晋升到高层管理岗位;而在挪威和瑞典,则不然。弗里德曼(Friedman,2007)发现,在刚性组织中,人力资源管理者参与战略管理时必须体现出具有独立性和成就感的个人风格;而柔性组织强调合作性和解决问题的态度更有利于战略决策的制定。

(5)长期导向与短期导向。该维度反映人们的思维模式是着眼于现在还是放眼于未来。长期导向高的国家,人们倾向于节俭、积累、容忍和传统,追求长期稳定和高水平的生活。

霍尔(Hall,1976,1981)提出文化差异的三维度理论,他认为三个维度分别是影响感知和沟通方式的情境(高语境/低语境)、影响人们行为方式的时间观(直线式时间观/圆式时间观)和人际空间距离观(亲密距离/人际距离/社交距离/公共距离),如表10-3所示。

**表10-3　霍尔文化差异的维度及其特征**

| 维度 | | 特征 |
|---|---|---|
| 情境维度 | 高语境 | 人们的交流高度依赖沟通时的情境信息；强调含蓄的、非语言性的沟通（如中国、日本等） |
| | 低语境 | 人际沟通取决于明确的语言沟通（如美国、加拿大等） |
| 时间观维度 | 直线式时间观 | 认为时间是不可持续的有限资源。在时间的利用上，倾向于单项计时制，重视时间计划，珍惜时间，以很小的单位计量时间，一段时间内只集中精力做一件事 |
| | 圆式时间观 | 认为时间是轮回的，可重复的。在时间的利用上，倾向于多项计时制，即不喜欢制订计划，或计划执行较为灵活；重视人际关系，同一时间可以做多件事情 |
| 空间距离观维度 | 亲密距离 | 具有亲密关系的人进行亲密活动时彼此之间的空间距离 |
| | 人际距离 | 人们进行非正式谈话或其他非正式互动时的适宜距离 |
| | 社交距离 | 人们在正式的社交或业务交往场合所应保持的空间距离 |
| | 公共距离 | 在公共演讲或其他公众场合人们之间的空间距离 |

（资料来源：Sana Reynolds、Deborah Valentine 著，张微译，《跨文化沟通指南》，清华大学出版社 2004年版。）

### 三、国际人力资源管理的模式

霍华德·伯尔姆特（Perlmutter，1969）对跨国公司的人力资源管理模式进行了研究，提出跨国公司国际人力资源管理模式分为民族中心模式（ethnocentric approach）、多中心模式（polycentric approach）和全球中心模式（geocentric approach）。希南和伯尔姆特（Heenan 和 Perlmutter，1979）在此基础上增加了一种新的模式——区域中心模式（region centric approach），形成了 EPRG 模式。酒店集团可以采用这四种模式进行国际人力资源管理。

（一）民族中心模式

在这种管理模式中，酒店集团直接将母国公司中的管理政策、管理风格、评价标准和工作方法移植到海外子公司，由母公司派出管理人员和关键职位人员到海外子公司；同时，海外子公司一般遵循母公司的人力资源管理政策，高层管理者只有母公司派遣的人员才能胜任。子公司所在国的员工普遍从事基层工作或辅助性管理工作。

对于母公司而言，民族中心模式有利于经营活动过程中关键技术的保密，以及母公司的价值观和企业文化在海外子公司的传承。母公司制定战略性决策，海外子公司遵照执行，子公司几乎没有自主决策权。

在母公司和子公司所在国文化背景差异小的情况下，民族中心模式是非常适合的。因为母公司外派管理者和子公司本地员工在沟通上不存在显著的文化差异，母公司制定的人力资源管理政策能在子公司顺利实施。

民族中心模式具有以下局限性：一是由于母公司掌控子公司的重要决策权，海外子公司的管理人员难以就当地管理的需要成功地与母公司进行沟通；二是晋升通道狭窄，子公司本地员工在职业生涯发展中常常受限,很难晋升到核心职位;三是人工成本高昂;四是母公司的管理风格和文化习惯很难进入子公司,即使进入也可能与当地文化产生摩擦或冲突。

（二）多中心模式

在这种管理模式中,子公司与母公司基本上是相互独立的,子公司根据所在国环境采取适合自身发展的人力资源管理政策和风格,子公司所在国当地员工可以担任重要管理职位,这实质上是本土化的一种做法。多中心模式的主要特征:母公司派出的管理人员很少,海外各个子公司有一定的决策权,子公司主要由所在国当地人进行管理。

多中心模式具有以下优点:一是避免了员工工作中由于语言表达不同而形成的交流和沟通障碍,降低了外派管理人员及其家庭成员为适应跨国工作和生活而进行培训的费用;二是防止由于文化背景、种族、宗教等方面的差异造成误解和矛盾;三是使用当地员工避免了一些敏感的政治风险,如紧缩的外国劳工政策;四是可以通过合理的待遇吸引当地的优秀人才,避免子公司人员流动频繁,实现集团本土化发展战略。

多中心模式具有以下缺点:一是子公司所在国当地的员工一般不了解母公司的国际化经营战略、技术和文化背景,或者缺少对母公司的认同感,在具体项目选择上可能与母公司的利益不一致,甚至会影响母公司的品牌形象;二是子公司的管理者和母公司的人员之间可能由于文化背景差异大而在沟通上出现障碍或在行为方式上产生冲突;三是子公司的员工要升迁到母公司工作是非常困难的。

（三）全球中心模式

在这种管理模式中,海外子公司可以在全球范围内配置母国人员、东道国人员或第三国人员。招聘和选拔优秀员工,只要达到受聘的要求便可以聘用,而不论录用者的国籍、种族和文化背景。这种模式更重视聘用者能否胜任职位要求,有助于培养大量具有不同国籍、不同文化背景且具有国际经营管理能力的管理者。这种模式需要建立综合型的人力资源管理模式来管理多国籍、多文化背景的员工。

全球中心模式最突出的优点是能够形成一个国际化的经营团队,这个团队通过学习效应和区位优势获得创新能力,并为构建一个强大而统一的全球化经营管理系统奠定基础。

发展全球中心模式也会受到诸多限制:一是东道国的劳工保护政策往往要求外国公司雇佣当地人作为管理人员,但当地人有可能达不到管理者的要求;二是在世界范围内分散招聘项目所需人员,然后对招聘对象及其家庭成员进行语言和文化适应的培训,但是,这些培训是需要高额费用支出的,这无疑增加了公司的运营成本;三是完善全球人力资源管理的政策需要较长的时间,需要建立符合国际惯例的管理体系和人力资源管理政策。

（四）区域中心模式

在这种模式中,子公司按照所在区域进行分类,如欧洲区、亚洲区、北美区等。各个区域内部的人力资源管理政策尽可能协调一致,子公司的管理人员也是由本区域某一国家的员工来担任。区域中心模式使得区域内部的子公司之间协调与沟通的程度很高,而各个区域内的子公司与母公司之间的沟通与协调是非常有限的。地区经理虽然难以被提拔到母公司

任职,但是其在所管理的区域内具有一定决策权。国际酒店集团大多采用这种模式来管理其全球酒店。

这种模式的主要优点是能促进子公司所在地区内的人员流动,本土化程度进一步加深;其缺点是有可能在某区域内形成联合,从而限制母公司全球化战略的实施,也就是"联邦主义"。

这四种国际人力资源管理模式的对比如表10-4所示。

**表10-4　四种国际人力资源管理模式比较**

| 模式 | 标准设定、评估和控制 | 人员安排 | 优点 | 缺点 |
|---|---|---|---|---|
| 民族中心模式 | 由母公司负责 | 关键岗位都由母公司派遣人员担任 | 保证子公司服从母公司的整体目标 | 不利于子公司的本土化经营 |
| 多中心模式 | 由子公司的高层管理者负责 | 子公司关键岗位由东道国员工担任 | 消除子公司内文化差异,并节省费用 | 子、母公司之间容易造成隔阂 |
| 全球中心模式 | 全球的和当地的标准和控制并行 | 关键岗位选择最佳人员担任而不考虑其国籍 | 能够组建一支国际高层管理人员 | 成本大幅度增加 |
| 区域中心模式 | 在区域内部的各子公司之间协调 | 按地理区位划分,人员在地区内流动 | 区域内部的子公司之间联系密切 | 形成"联邦主义",限制了全球定位 |

298

## 第二节　酒店集团国际人力资源管理流程

依据员工的来源国,酒店集团的员工有三种来源:东道国公民、母国公民和第三国公民。外派人员通常是指母公司派遣到另一个国家去从事经营管理活动的母国公民或第三国公民。东道国员工指子公司聘用所在国家的公民。

### 一、国际人力资源招聘和选拔

国际人力资源的招聘和选拔是酒店集团人力资源的重要来源。外派人员和东道国员工的招聘和选拔是不同的。

#### (一) 外派人员的招聘和选拔

外派人员的招聘和选拔是一个极其复杂和敏感的过程。外派人员在一国胜任业务并获得成功,并不能保证其在其他国家同样能成功。一次成功的人员外派,受到很多因素的影响。在一项研究中,研究人员要求来自各个国际公司或组织的338名外派管理者来回答哪些个人特征对其完成海外工作任务非常重要。结果显示,有助于外派人员成功完成海外任务的因素主要有工作动机和工作相关知识、人际关系技能、灵活性/文化适应性、外部文化开放性以及家庭状况(包括配偶的积极态度、配偶到国外生活的意愿等)。图10-1展示了这五种因素及其包括的一些具体项目。其中,家庭状况被学者们认为是影响外派管理者取得成功的最重要的因素。一些研究甚至表明,配偶未能适应海外派遣是外派人员工作失败的最普遍原因。对于有小孩的外派人员来说,小孩的上学和课外活动等问题如果不能如其所愿地得到解决,将增加其外派的压力。当压力没有办法缓解时,外派人员可能会提前回到母国,这就意味着这次外派的失败和结束。许多跨国公司或国际集团公司已经意识到家庭因素的重要性,尝试通过让家庭成员参与到外派人员的选拔决策过程,与外派人员一起参加外派前的培训,来提高外派人员取得成功的可能性。

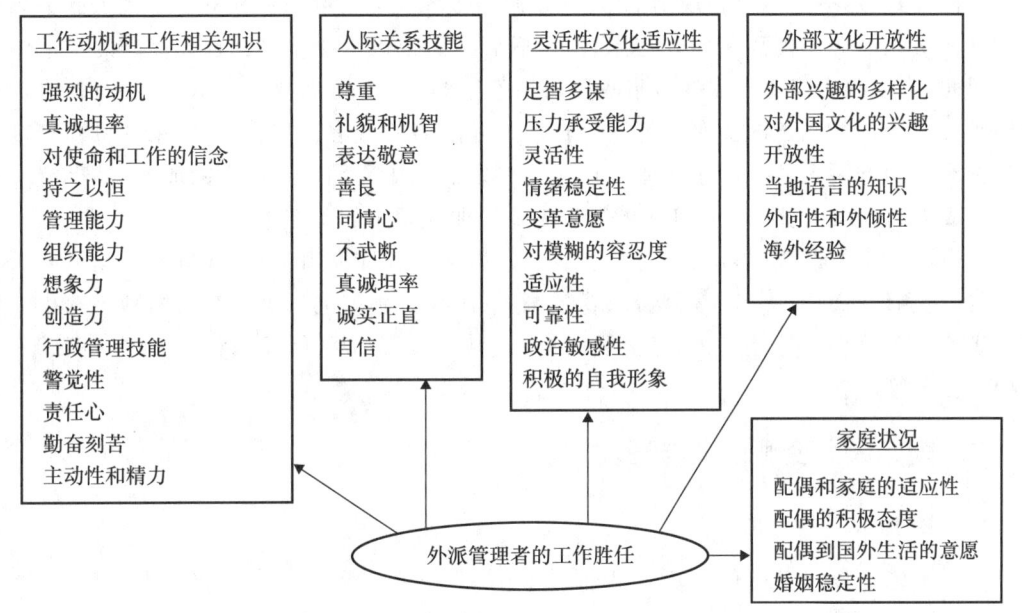

图 10-1　外派管理者取得成功的因素及其组成

(资料来源:德斯勒《人力资源管理(第12版)》,中国人民大学出版社2012年版,第685页。)

酒店集团在招聘和选拔外派人员时,专业技术能力是一个重要的甄选标准。此外,外派人员的自我形象、与他人沟通的能力和对不确定性风险的管控能力也是酒店集团甄选的标准。外向、善于社交和情绪稳定的员工更能胜任外派工作。

外派人员的个人动机是非常重要的。那些渴望得到外派机会的员工会更加努力地适应国外的工作环境。近年来,中国经济稳定发展,吸引了许多外籍人员来中国工作,在中国酒店工作的外籍人员普遍认为获得在中国的工作机会对其未来的职业发展非常重要,他们感到在中国工作非常自豪。

酒店集团外派人员大多将从事管理工作,因此酒店集团总部的人力资源管理人员负责选拔流程的设计和实施,选拔的方法以简历筛选、面试、标准化测试和评价中心测试等为主。

(二)东道国员工的招聘和选拔

大多数酒店集团只在一些高层管理者和专业技术人才等关键职位上使用外派人员。聘用外派人员的费用是非常高昂的。据估计,聘用一名外籍人员的费用比聘用当地员工要高

5～20倍。因此,在可以聘用东道国员工的情况下,却招聘外派人员,显然不符合酒店集团的财务预算。另外,许多东道国倡导本土化管理政策,对聘用其他国家的员工有严格的制度限制。

然而,聘用东道国员工也会存在的一些问题:母公司与子公司之间的控制与协调可能受到阻碍;聘请的东道国成员缺乏全球视野;东道国员工获得的国际交流机会少;东道国员工对集团的忠诚度低等。

为了解决这些问题,酒店集团应招聘和选拔具有全球视野的东道国员工。既掌握国际先进管理模式,熟悉国际贸易规则,又深入了解东道国文化、国情,并建立有广泛人脉关系的东道国人员是酒店集团理想的候选人,但是酒店集团很难直接招聘到这样优秀的东道国员工。因此,许多酒店集团采取通过猎头公司物色当地优秀的管理及技术人才、在高校中选拔人才等方式来选拔东道国员工。基于对长期人才战略的考虑,酒店集团越来越重视直接在东道国高校中选聘人才。由于优厚的待遇和良好的工作环境以及优良的职业生涯设计,酒店集团成为高校酒店管理专业和旅游管理专业毕业生理想的工作单位。

东道国员工的选拔通常由东道国酒店的人力资源管理部门负责,选拔流程包括简历筛选、标准化测试、面谈、评价中心测试、背景调查、工作试用期测试等。东道国酒店选拔高层管理者或管理培训生等储备人才时,酒店集团总部的人力资源管理者往往会参与面试和评价中心测试等环节。

## 二、国际人力资源培训与开发

### (一)外派人员的培训与开发

严格地甄选仅仅是确保外派人员到海外取得工作成功的第一步。接下来,酒店集团还要向外派人员提供培训、支付薪酬并提供一些其他支持,才能使外派者更胜任工作。谢伊(Shay)和特蕾西(Tracey)表示,跨文化培训能在以下几个方面促进酒店集团的绩效:①提高员工的工作满意度和留住海外工作人员;②在快速变化的商业环境中提高工作效率;③为酒店提供超越其他酒店的核心竞争能力;④减少酒店集团因文化差异导致的损失;⑤帮助酒店集团避免因战略错误导致的浪费;⑥提高东道国酒店辨别商业机会的能力。

酒店集团对外派人员的培训和开发主要有外派前的引导培训、在东道国的持续培训和回归前调整培训。许多学者研究发现,外派前对外派者的培训非常重要,它能使外派者更加胜任外派工作。

#### 1. 外派人员的岗前引导培训

外派人员在派遣海外工作前通常会参与语言和文化方面的培训,但是,仅仅有这些培训是不够的。那么,怎样的专门培训才是有效的呢?一家专门从事外派人员培训的企业提出了四步骤培训法。

第一步培训的重点是了解国家之间的文化差异会带来何种影响。这类培训是为了提高受训者对国家之间文化差异的认知,了解这些差异会对自己的经营管理产生怎样的影响。

第二步培训的重点是让受训者理解人的态度是如何形成的,以及态度对人的行为会产生怎样的影响。例如,一家位于伦敦的五星级酒店,其顾客对外派人员不满意,可能不是因为对这位外派人员提供的服务不认可,而是文化上的误解和刻板印象造成的。

第三步培训的内容是向受训者提供有关拟派驻国家的一些实际情况的知识。讲授内容包括派驻国的文化传统、生活条件、服饰与住房情况、健康要求、安全状况、就医和签证的申请办法等。这部分的培训将帮助派遣人员更好地适应新环境,减轻外派人员对适应新环境的焦虑。

第四步培训是提供语言学习以及适应能力的技能培训。语言学习主要是加强口语和听力训练。适应能力培训的内容包括处理突发事件的应变能力、压力训练、理性和感性分析能力等。

在开展这些培训时,最好让那些刚刚从国外回来的外派人员将他们的知识和经验传授给即将外派的人员及其家属。若外派人员与其配偶是双职工身份,还需对外派人员的配偶提供职业培训,让其也能胜任海外工作。

为了使跨文化培训具有可持续性,有的酒店集团还开发了软件和网络课程,如凯悦酒店集团与美国高校合作开发网络课程,以便外派人员能随时上网学习。

2.在东道国的持续培训

外派人员抵达东道国后,酒店集团应帮助外派员工尽快熟悉将要工作和生活的环境,详细介绍子公司的基本情况,减少外派员工处于异地的陌生感。如果员工带有小孩,还要让他们了解当地的学校情况,解决工作的后顾之忧。此外,"指导者计划"被证明是非常有效的。酒店集团可以为外派员工配备助手,让助手协助其熟悉工作,了解当地员工的需求以及熟悉当地的政策和法规。

在酒店业,外派人员与东道国的员工和顾客面对面地沟通是不可避免的。为了提高沟通的效率和效果,外派人员继续加强东道国的语言培训是持续培训的一个重点。

另外,酒店集团定期开展的企业全员培训,可以使外派人员和其他员工在领导、操作技能和服务传递上保持一致。

3.回归前调整培训

外派人员顺利完成外派任务,准备返回酒店集团总部,这时还需要进行回归前调整培训。调整培训主要从母国政治、经济、社会和文化的变化以及酒店集团的变革创新等方面展开,使外派人员能快速适应酒店集团总部的工作。

(二)东道国员工的培训与开发

多样化培养东道国人员,使其成为优秀人才,是开发东道国人力资源的关键所在。一方面,酒店集团通过建立培训中心甚至集团大学的模式来培养东道国人才。例如,香格里拉酒店集团在中国内地建立了香格里拉培训中心来培养集团优秀人才。这些被培养的优秀人才将成为集团的中高级管理人才。酒店集团还会选派优秀的东道国员工到集团总部参加各种培训,开阔其国际视野,让东道国优秀人才的认知视角超越当地文化、职位或行业的狭隘范围。此外,酒店集团可以积极与东道国的旅游院校建立合作关系,设立培训基地,提供寒暑

假实习岗位,共同培养适应东道国旅游业发展的人才;选拔东道国优秀大学生加入酒店集团的管理培训生项目,花费较短的时间将大学生培养成优秀的管理者。

为了使东道国员工的价值观与酒店集团的价值观保持一致,酒店集团会加大东道国员工价值观的培训力度,如通过集中培训、在线学习等培训方式努力使得他们的个人价值观与酒店集团价值观相一致。

## 三、国际人力资源绩效评估

### (一) 外派人员的绩效评估

与国内酒店管理一样,酒店集团对外派人员的绩效评估也包括设定绩效评估标准、实施绩效评估以及反馈评估结果等一系列过程。绩效评估的结果决定了外派人员的职业发展和薪酬计划。

**1. 设定绩效评估标准**

酒店集团对外派人员设定的绩效评估标准一般由三部分组成:一是硬指标,这是可衡量的客观的量化指标,如市场份额、投资回报率等;二是软指标,主要是以关系和特性为基础的标准,如跨文化人际交往能力、管理能力、领导风格、对当地文化环境的适应性和对企业战略目标的适时调整性等;三是情景指标,充分考虑不同国家的法律法规和市场特点,设置评估标准。酒店集团外派人员绩效评估标准的具体指标如表10-5所示。

表10-5　酒店集团外派人员绩效评估标准的具体指标

| 一级指标 | 二级指标 | 具体指标 |
|---|---|---|
| 硬指标 | 财务指标 | 市场份额、销售收入、投资回报率 |
| | 顾客指标 | 顾客满意度、顾客忠诚度 |
| | 管理指标 | 管理成本、顾客投诉率、员工满意度 |
| 软指标 | 文化适应 | 语言和沟通能力、文化敏感度 |
| | | 跨文化团队建设 |
| | | 与当地利益群体的关系 |
| | 管理能力 | 对总部战略的贯彻程度 |
| | | 企业文化建设 |
| | | 下属的绩效 |
| | 领导素质 | 沟通技能、领导技能 |
| 情景指标 | 环境因素 | 国际市场环境、东道国市场环境的适应性 |
| | 总部因素 | 总部战略、能否获得总部支持 |

**2. 实施绩效评估**

外派人员的绩效评估一般由东道国酒店的总经理、该员工在东道国的直接上司或总部的管理人员来负责实施。外派人员若是东道国酒店的总经理,则由总部的管理人员对其实施绩效评估。

对硬指标的评估,要根据国际化战略制定各种具体的目标和权重,评估时将目标和结果进行比较,得出各项得分,并结合权重,得出最后结果。若外派人员是东道国酒店的总经理,对其进行绩效评估时,不仅要关注短期的财务指标,还要关注酒店长远发展相关的指标,以免外派人员在制定决策或执行战略时,可能只注重短期利益,甚至为了短期利益而损害酒店集团的长期利益。

对软指标的评估,多采用实地调查方式获得相关指标评分。调查方式包括问卷调查、客户回访、360°评价等。例如,采用360°评价法,通过对外派人员同级、上司、下属以及顾客的调查来确定软指标得分。

对情景指标的评估,从国际环境、集团政策和支持两个方面进行评价。利用评估的结果对硬指标和软指标的结果进行修正,使得最后的总评分更加科学合理。

3.反馈评估结果

绩效评估的目的是帮助外派人员提高工作绩效,而且绩效评估的结果与外派人员的个人薪酬、奖金、福利、评优评先、职位晋升密切相关,因此应及时地将绩效评估结果反馈给外派人员,以便其不断提高工作绩效。

（二）东道国员工的绩效评估

东道国员工绩效评估与一般企业的绩效管理相似,只是需要注意建立的绩效评估系统,不仅要符合东道国当地有关工作行为规范的规定,也要符合酒店集团总部绩效管理的要求。

303

## 四、国际人力资源薪酬管理

（一）外派人员的薪酬管理

外派人员的薪酬设定是酒店集团比较棘手的问题,因为外派人员的薪酬管理不仅要考虑东道国劳动力市场的薪资水平、竞争对手的薪资水平,还要考虑母国的薪资水平、母国和东道国政府的薪酬政策等。酒店集团有必要维护薪酬水平和薪酬政策在整个集团范围内的一致性。但是,由于各国的经济水平存在显著差异,派遣到一些国家(如日本、瑞典)的管理者的生活成本远远高于其他一些国家(如越南、印度)。如果不考虑生活成本的差异,集团很难找到愿意接受且承担高生活成本的外派人员。为了更好地解决这些问题,绝大多数跨国公司通过资产负债表法(或资金平衡表法)来确定外派人员的薪酬组合总水平,在保证外派人员所获得的薪酬与集团同岗位上其他员工所获得的薪酬具有同等购买力的基础上,根据各地的市场情况增加各种补贴和津贴,如额外的激励、外派搬家费用、回国探亲费、住房补贴或免费住房、外派人员子女的教育补贴等。根据米尔科维奇和纽曼的分类方式,额外的补贴和津贴有以下三类。

（1）财务方面。主要指驻外津贴(有时被称为国外服务补贴)、出差补助、任务完成的奖金、子女教育补贴等。驻外津贴是在正常的基本薪酬基础之上额外增加的一部分经济补偿,其金额一般为基本薪酬的10%～30%,一般以周薪或月薪补贴的方式表现。

（2）社会调整。主要指出差休息及疗养、语言和跨文化培训、俱乐部会员身份、驻外安家协助等。为了鼓励管理者外派，国际酒店集团往往把对外销售的客房免费提供给外派管理者入住。

（3）家庭支持。主要指提供儿童保姆，协助解决配偶的工作安置、孩子入学的问题等。

薪酬管理强调公平性。外派人员薪酬管理的公平性，涉及与东道国同事之间的薪酬公平、与母国同事之间的薪酬公平，以及母国外派人员与第三国外派人员之间的薪酬公平等多个层面。因此，酒店集团除了采用绝大多数跨国企业采用的全球统一模式，即在全球范围内采取统一的绩效评估方法，制定统一的基本薪酬政策，然后根据生活费用、税收、住房等方面的差别来进行津贴和补贴的必要调整，还可以采用以下方式来设计外派人员的薪酬。

（1）东道国水平法。东道国水平法强调外派人员的基本薪酬要与东道国的薪酬结构相结合，以当地员工、同国籍已派驻人员或各国派驻人员的薪酬作为派驻当地人员薪酬的参考标准。

（2）母国水平法。外派人员的薪酬水平参考母国的情况。外派人员的海外薪酬是其在母国同职位的薪酬加上生活、住房津贴和其他福利。外派人员薪酬随母国的薪酬变动情况而调整，这样外派人员的权益不会因为外派而受到影响，有助于减轻外派人员日后回国时的经济冲击。

（3）尽高法。考虑东道国和母国薪酬水平以及汇率的差异，尽可能根据二者的更高工资水平进行设定。

对外派人员支付薪酬时，还需考虑使用哪一种货币，是集团总部所在国货币，还是东道国货币或第三国货币。这是一个比较实际的问题，因为集团应尽量规避汇率波动对外派人员薪酬的影响。例如，如果全部采用东道国货币支付，在遇到东道国货币相对集团总部所在国货币贬值时，外派人员就会认为实际收入减少了，从而产生对集团的不满。因此，许多酒店集团采取两部分薪酬：一部分用集团总部所在国货币或第三国货币（币值比较坚挺的外币，例如美元）支付，按照其基本工资的一定比例计算，存储在其指定的账户上；另一部分用东道国货币支付，保证他们的日常生活。

如果东道国采取外汇限制，则应遵守当地的政策法规。此外，选择支付方式时也应咨询外派人员，了解其对支付薪酬的货币需求，在与酒店集团薪酬方案保持一致的情况下，尽可能满足外派人员的个人需求。

（二）东道国员工的薪酬管理

酒店集团为东道国员工制订薪酬方案时，不仅要考虑当地法律法规、文化倾向和劳动力市场的工资水平，也要注意和集团总部的薪酬战略保持一致。酒店集团通常会向东道国员工提供高于当地市场平均薪酬的薪金、丰厚的奖励和优良的福利待遇，使得酒店集团的薪酬水平在当地具有较强的竞争力，从而吸引和留住东道国的优秀人才。

对于东道国员工，薪酬支付应当以当地货币支付为主，也可以支付一部分第三国货币（币值比较坚挺的外币，例如美元）作为奖励性薪酬。

### 五、外派人员的跨文化适应

精心挑选的外派人员在派驻的东道国酒店正式工作后,在新的文化环境下,外派人员首先会对异国文化充满兴趣,感到好奇和欣喜,接着文化冲突(culture shock,又称"文化休克")就会产生。所谓文化冲突,是指由于人们突然失去了所熟悉的社会交往符号和象征,对对方的社会符号不熟悉,而在心理上产生的深度焦虑症。在这个阶段,外派人员对新环境有一定的认知偏见,表现出将母国的企业文化和价值观强加到东道国的员工身上。这种做法极易引发文化冲突和误解,也会导致外派人员对自己的管理能力产生困惑。若困惑或挫折感不能有效消除,外派人员就会变得消极,不想继续在东道国工作,酒店集团的外派工作也就失败了。

那么,东道国酒店如何帮助外派人员更好地处理这些不可避免的冲突呢? 首先,酒店集团应挑选具有较高文化适应性和会说当地语言的外派人员,这些人能更好地处理文化冲突。其次,选派更有沟通意识和协作精神的当地员工和外派人员一起工作,减少因相互不熟悉而引发的冲突。最后,组织酒店内的外派人员一起交流,共同商讨,找到解决冲突的方法。

当外派人员尝试找到解决文化冲突的方法时,外派人员就进入了适应阶段。在这一阶段,外派人员对东道国的文化产生一定程度的认同,能有效地管理东道国员工的工作态度和行为,对东道国产生了较强的归属感,这通常是跨文化适应最理想的状态。

外派人员的跨文化适应表现为多个方面。布莱克和门登霍尔(Black 和 Mendenhall,1989)将外派适应分为心理适应、社会文化适应和工作适应三种类型。心理适应是在跨文化接触过程中以情感反应为基础的心理健康和生活满意状态。在跨文化接触过程中,如果没有或较少产生抑郁、焦虑、孤独、失望、想家等负面情绪,就是达到了心理适应状态。社会文化适应是指适应当地的社会文化环境,能够与当地居民进行有效接触,包括与当地居民进行有效交际、建立和维持社会关系及处理心理压力。工作适应是指在新的工作角色中表现出积极的工作态度,并用行为证明自己能有效地完成工作任务。

刘俊振(2008)将外派适应划分为四类:工作适应、生活适应、互动适应和心理(文化)适应。其中,工作适应是指外派人员对东道国工作任务方面,如新的工作要求、上下级与同事关系、海外子公司文化与领导风格等的适应程度;生活适应是指外派人员在基本生活方面,如气候、饮食、交通、医疗、教育、娱乐等的适应程度;互动适应是指外派人员在东道国与上下级、同事、东道国居民交流沟通的适应程度;心理适应是指外派人员在东道国对其风俗习惯、价值观、禁忌等文化内涵的认可和适应程度。

### 六、外派人员的回任

尽管外派人员的成本和风险都比较高,但是酒店集团仍然鼓励管理者承担外派工作,因为管理者通过海外派遣,可以积累全球经营的知识和技能,并提升管理水平和综合素质,具有更广阔的国际视野。许多全球化的企业认为国际化的外派经历有助于塑造管理者成为全球领导者。

许多外派人员希望经过一段时间的外派,最后能回到母国或母公司工作,然而他们回任

时面临着很多困难。20％～40％的外派人员归来后,很快就离开了原来的组织。许多研究者认为外派人员回国后必须再适应。虽然在外派过程中,外派人员仍然会保留他们原来的文化和价值观,并受到东道国文化和价值观的影响,但当他们回国时,他们并没有预知到环境变化了,实际上母国的政治、经济、社会和文化已经发生了改变,这导致他们必须再适应。

外派人员回任面临的困难表现如下:

(1)母公司变革创新对外派人员的知识结构提出了挑战。任何组织都是动态变化的,母公司不断变革创新,如果在技术上领先的优势明显,可能会使外派者认为自己的知识和技术陈旧落伍了。外派者积累了跨国工作的经验和能力,但回国后,这些能力和经验并不能在母公司起到重要作用,可能会感到自己不能胜任相关职位,因此许多归国人员宁愿另择新主,或者接受新的海外任务,而不愿回母公司工作。

(2)职业焦虑和自主权丧失。外派人员回国后在经济、社会地位、工作地位与生活上都有变化。海外工作的各类补贴,在回国后会被取消,回国人员面临生活水平的下降和财务的压力,造成心理压力,影响其对组织的适应。工作职权的改变是回国人员常遇到的状况,尤其是职权范围缩小和工作自主性降低。与海外派遣时相比,即使回国职位升迁,其工作自主性仍然会有所降低。另外,许多外派人员回国后,对新的职位安排感到有较大的不确定性,这也使他们异常焦虑。

(3)逆向文化冲突。在某一种文化下生活工作久了,人都会接受和适应这种文化下的风俗习惯。外派人员很难意识到自己这种隐性的改变。回国后,差不多80％的外派人员将经历逆向文化冲突,感到与原来熟悉的文化有所疏远,且不能完全适应。

为了避免外派人员回国后出现以上困境,国外学者总结了跨国公司解决这些问题的一些实际方法。拥有相对较低的回国失败率的公司,其成功的原因可归结为,在人员外派之前及回国后,公司与外派人员及其家属保持良好的互动。在保持良好互动的基础上,还采用了以下具体做法。

(1)建立职业生涯规划,让外派人员知道回国后他们将受到怎样的待遇。在外派人员出国前,管理层、人力资源专家和外派人员一起协商,共同建立外派人员的职业生涯规划。

(2)进行回任前调整培训,让外派人员回国后能跟上同事们在专业领域或管理领域的业务水平,更快地适应母国的工作生活环境。

(3)让外派人员知道他们对组织而言是非常重要的。总部的高层管理者经常与外派人员沟通,定期联系。

(4)建立开放式的沟通渠道,确保外派人员及时了解组织的发展情况,如简报、短信、微信等,可以确保外派人员与总部保持及时的联系。

(5)承认外派人员对海外子公司的贡献。成功完成工作任务的外派人员得到集团总部的承认,更有助于他们留在本集团。

(6)重视回国人员的财务压力,集团仍然给予合适的福利补贴和合理的薪酬,提高回国人员经济上的再适应能力。

 **本章小结**

　　随着国际贸易和国际旅游业务的显著增加,酒店集团将开展跨国经营。任何想进行跨国经营的酒店,都必须对自己的人力资源管理体系是否适应管理不同文化背景的员工进行全面评估。

　　国际人力资源管理主要指跨国公司的人力资源管理,是跨国公司在国际经营环境下,有效地利用和开发人力资源的管理活动或管理过程。酒店集团可以选择民族中心模式、多中心模式、全球中心模式或区域中心模式进行国际人力资源管理。

　　依据员工的来源国,酒店集团的员工有三种来源:东道国公民、母国公民和第三国公民。外派人员通常是指母公司派遣到另一个国家去从事经营管理活动的母国公民或第三国公民。外派人员的调配与管理是国际人力资源管理的焦点问题。外派人员的管理包括外派员工的招聘和选拔、培训和开发、绩效评估、薪酬管理、跨文化适应和回任等。

### 实务案例10-1:希尔顿酒店集团公司跨国经营

　　希尔顿全球控股有限公司,其前身为希尔顿酒店集团公司(以下简称希尔顿酒店集团),是全球知名的跨国酒店管理公司,起源于1919年康莱德·希尔顿收购的位于得克萨斯州Cisco的Mobley酒店。希尔顿酒店集团以万分热情提供超凡出众的客户服务,致力于酒店服务,得到了世界范围内的认可和赞赏,在全球享有盛誉。

　　希尔顿酒店集团在美国市场渐趋饱和的状态下,为了进一步扩大规模,在20世纪60年代初制定了一套详细的国际化全球战略,将品牌在世界范围内进行扩展和传播,发展成为面向国际市场的国际企业,进一步维护集团利益和品牌形象。希尔顿酒店集团跨国经营成功的原因主要有以下几点。

　　1. 实行品牌多元化战略

　　为了满足世界各地不同客户群体的差异化需要,希尔顿酒店集团采用品牌多元化战略进行市场细分,旗下拥有的品牌有面向高端市场的康莱德酒店、华尔道夫酒店等,面向中高端市场的希尔顿花园酒店、希尔顿逸林酒店等,以及MOTTO等经济型酒店,可以说旗下品牌覆盖了世界上主要的商务客源和大量旅游客源,几乎每一个品牌都有专门针对的市场。通过对客人身份和兴趣爱好、酒店选址和规模大小等进行档次划分,希尔顿酒店集团为客群提供专业和周到的酒店服务,提升了希尔顿酒店集团在全球酒店市场的占有率。似乎在全球希尔顿酒店集团旗下的众多酒店中,总有一款类型和一个地方的酒店能满足入住客户的所有需求。

　　2. 产品差异化战略

　　酒店业服务的性质、内容大同小异,在激烈的行业竞争中,为取得生存和发

展,希尔顿酒店集团通过产品差异化满足客户多样化的需求,形成了自己独特的竞争优势,实现了与其他品牌的区分。希尔顿酒店集团为了更大程度地接纳来自不同年龄段和有着特殊消费需求的客户群体,设计了一套全新、完善和满足多样化个性的服务体系,推出了一系列休闲度假活动,与睡眠基金会合作推出睡眠房,帮助入睡困难的客户获得更好的睡眠体验。早在1959年,提供380间客房的旧金山机场希尔顿酒店开业,首开机场酒店理念之先河,迅速收获了为从事商业活动而频繁往来于机场的客户群体,这一群体后来成为希尔顿酒店的主要会员。

### 3."微笑服务"理念和酒店价值观享誉全球

希尔顿酒店集团的成功,很大程度上与其提供的高质量服务紧密相关。无论进行怎样的特色发展和品牌夸张,一家酒店若没有一个高质量和被赞誉的服务体系,就无法在激烈的竞争环境中生存与发展。希尔顿酒店集团以"微笑服务"为理念,以打造宾至如归的奢华舒适体验为目标,注重对员工礼仪和服务能力的培训,并设计出一套有关人性化服务的考核体系,打造出一支顶尖的酒店服务团队。同时,集团还制定了标准化的酒店经营管理手册,对服务质量做了严格的规范要求和考核评估。

### 4.人才全球化战略

希尔顿酒店集团始于美国,发展壮大于美国和英国,但是其营销团队、酒店设计团队、客户服务团队由来自世界各地的人才融合汇聚而成。希尔顿酒店集团十分重视员工的来源和培养,对员工不仅有学历和专业知识上的要求,也有实践操作和工作经历上的要求。它与美国地方大学合作开设酒店专业,培养忠于希尔顿文化价值和管理体系的员工。另外,希尔顿酒店集团乐于欢迎和拥抱来自世界任何国家和地区的高素质人才,并为他们配备优良的薪酬和福利待遇,提供免费的培训课程和升职机遇,帮助世界范围的希尔顿员工提高个人能力和综合素质。

希尔顿酒店集团与美国休斯顿大学合建的希尔顿酒店管理学院为世界范围内的员工提供了培训机会,员工无论来自哪里,都有机会来这里接受系统的专业课程培训,完成学业,并把先进的教学知识带回本土,实现海外酒店管理模式的更新和升级换代。

### 5.注重创新和创造

希尔顿酒店集团开创了酒店业服务的许多先河,如"微笑服务",并为其他知名品牌所接受和效仿。如今,创新已经成为希尔顿品牌重要的文化之一,体现在产品营销、酒店外观设计、客户服务的方方面面,处处给入住客户制造惊喜,时刻关注消费需求的变化,准确把握消费者的心理活动,收获了一批忠实客户。

总之,希尔顿酒店集团无论是在外部消费者还是内部员工心目中都取得了自己的地位和声望,它所实施的人才战略和员工待遇项目,得到了世界范围员工的赞赏,同时它培育出的一批又一批希尔顿员工,也发挥着他们的价值,为希尔顿酒店集团带来声誉和利益,使希尔顿酒店集团立足于国际而长盛发展。

(资料来源:周欣宜《希尔顿全球酒店集团公司跨国经营案例分析》,载于《现代商业》2020年第26期,第20-22页。)

▶ **案例分析:**

1.希尔顿酒店集团跨国经营成功的原因有哪些?

2.国际酒店集团需要因地制宜完善人才培养机制,你认为希尔顿酒店集团应该怎样设计其人才培养机制?

3.希尔顿酒店集团外派总经理到中国工作,需要注意哪些问题,才能有效避免外派失败?

**实务案例10-2**
▼

**雅高集团主席兼CEO:中国是全世界增长最大的市场**

 复习思考题

1.国际人力资源管理的概念和特征是什么?

2.霍夫斯泰德认为中国人在集体主义维度得分高,你同意中国人具有很强的集体主义观念吗?请举例说明。

3.酒店集团国际人力资源管理模式有哪些?

4.对外派人员的跨文化培训应该包含哪些种类的信息? 外派人员的配偶可以参加培训吗?

5.如何对外派人员进行绩效评估?

6.什么是文化冲突? 应该采取什么措施来削弱它的消极影响?

7.试为一个国际酒店集团拟定一份外派管理者培训计划。

8.如果你是中美合资企业的中方主管,在处理人力资源问题中需要注意哪些问题?

9.外派人员回到总部工作,酒店集团怎样做才能使他更好地适应新工作?

# 参考文献

[1] Altin M, Koseoglu M A, Yu X, Riasi A. Performance measurement and management research in the hospitality and tourism industry[J]. International Journal of Contemporary Hospitality Management, 2018, 30(2):1172-1189.

[2] Assaf A G, Oh H, Tsionas M. Bayesian approach for the measurement of tourism performance: a case of stochastic frontier models[J]. Journal of Travel Research, 2017, 56(2): 172-186.

[3] Bakke E W. The human resource function[M]. New York:Harcourt Brace, 1958.

[4] Campos J A, García-Pozo A, Sánchez-Ollero J L. Gender wage inequality and labor mobility in the hospitality sector[J]. International Journal of Hospitality Management, 2015, 49:73-82.

[5] Colbert B A. The complex resource based view: Implications for theory and practice in strategic human resource management[J]. Academy of management review, 2004, 29: 341-358.

[6] Huang M H, Rust R T. Artificial intelligence in service[J]. Journal of Service Research, 2018, 21(2): 155-172.

[7] Lyu Y, Zhu H, Zhong H J, Hu L. Abusive supervision and customer-oriented organizational citizenship behavior: The roles of hostile attribution bias and work engagement[J].. International Journal of Hospitality Management, 2016, 53:69-80.

[8] Robbins S P. Personnel:The management or human resources[M]. Englewood Cliffs: Prentice-Hall, 1978.

[9] 白西艳. 人力资源管理理论研究新进展及其评析与展望[J]. 企业改革和管理, 2019 (10): 79,84.

[10] 柏杨. 星级酒店女性员工职业生涯规划影响因素分析[J]. 蚌埠学院学报, 2013(1):41-46.

[11] 彼得·圣吉. 第五项修炼:学习型组织的艺术与实践[M]. 北京:中信出版社, 2009.

[12] 蔡晓梅, 何瀚林. 如何成为男人?高星级酒店男性职员的性别气质建构——广州案例[J]. 旅游学刊, 2017, 32(1):42-53.

[13] 曹晓丽, 王肖肖, 杜洋. 人工智能在企业人力资源管理中的应用与优化研究[J]. 信息系统工程, 2024(1):86-88.

[14] 陈国海, 罗国栋, 刘晓燕. 薪酬管理[M]. 北京:清华大学出版社, 2020.

[15] 陈维政, 余凯成, 陈文文. 人力资源管理[M]. 4版, 北京:高等教育出版社, 2016.

[16] 翟旭莹. 试论大数据技术在人力资源管理中的运用与趋势[J]. 经营管理者, 2023(9): 68-69.

[17] 董克用,李超平.人力资源管理概论[M].5版.北京:中国人民大学出版社,2019.

[18] 方振邦,陈建辉.不同发展阶段的企业薪酬战略[J].中国人力资源开发,2004(1):56-59.

[19] 方振邦,杜义国.战略性人力资源管理[M].3版.北京:中国人民大学出版社,2020.

[20] 葛玉辉.人力资源管理[M].4版.北京:清华大学出版社,2016.

[21] 郭莉娜,张占武.人力资源管理案例分析教程[M].北京:中国财政经济出版社,2023.

[22] 何豆莎.平衡计分卡在酒店经营管理中的运用--以希尔顿酒店为例[J].经贸实践,2015,
(12):332-332,334.

[23] 胡心约,张恬路,李英武.基于AI的情绪识别在组织中的实践:现状、未来和挑战[J].中
国人力资源开发,2022,39(1):57-70.

[24] 李晓莹.人工智能＋ChatGPT:人力资源管理面临的机遇和挑战[J].中国市场,2023,
(34):114-117.

[25] 李佳楠.丽思卡尔顿集团塑造的企业文化[J].企业文化(上旬刊),2017,(8):44-45.

[26] 李志刚.酒店人力资源管理[M].重庆:重庆大学出版社,2016.

[27] 李志刚.旅游企业人力资源开发与管理[M].北京:北京大学出版社,2019.

[28] 廖君,腾丹,董帅.万豪国际酒店管理集团关爱员工文化探析[J].人力资源开发,2017,
(18):149-151.

[29] 林丽,张健民,陶小龙.现代人力资源管理[M].北京:机械工业出版社,2018.

[30] 刘俊振.外派人员跨文化适应成功的衡量:一个多构面的概念模型[J].技术与创新管
理,2010,31(2):157-160.

[31] 陆彤.文化因素对酒店业顾客感知服务质量的影响及其启示[J].中国经贸导刊,2014,
(20):23-27.

[32] 刘善仕,刘辉健.人力资源管理系统与企业竞争战略匹配模式研究[J].外国经济与管
理,2005,27(8):41-46.

[33] 刘小禹,刘军,关浩光.顾客性骚扰对员工服务绩效影响机制的追踪研究——员工传统
性与团队情绪氛围的调节作用[J].管理世界,2012(10):107-118.

[34] 唐贵瑶,胡冬青,吴隆增,等.辱虐管理对员工人际偏差行为的影响及其作用机制研究
[J].管理学报,2014,11(12):1782-1789.

[35] 于静静,赵曙明,蒋守芬.不当督导对员工组织承诺、职场偏差行为的作用机制研究——
领导-成员交换关系的中介作用[J].经济与管理研究,2014(3):120-128.

[36] 加里·德斯勒.人力资源管理[M].12版.刘昕,译.北京:中国人民大学出版社,2016.

[37] 龙迪.职业生涯高原成因与管理策略[J].商业时代.2009(10):46-47.

[38] 隆晓方.关于企业人员招聘有效性的探讨[J].人力资源.2019(18):11-12.

[39] 吕菊芳.人力资源管理[M].武汉:武汉大学出版社,2018.

[40] 潘衡.J酒店员工招聘管理体系研究[D].海口:海南大学,2022.

[41] 彭剑锋.人力资源管理[M].上海:复旦大学出版社,2011.

[42] 彭剑锋.新一代人工智能对组织与人力资源管理的影响与挑战[J].中国人力资源开发,

2023,40(7):8-14.

[43] 钱振波.人力资源管理:理论·政策·实践 [M].北京:清华大学出版社,2004.

[44] 孙国霞.马尔科夫模型在星级饭店人力资源供给预测中的应用[J].北京第二外国语学院学报.2015,37(7):50-55,25.

[45] 陶向南,赵曙明.国际企业人力资源管理研究述评[J].外国经济与管理,2005,27(2):10-17.

[46] 王君,郭远红,严伟.招聘与配置实务[M].北京:中国人民大学出版社,2018.

[47] 王丽娟.招聘和配置[M].北京:中国人民大学出版社,2020.

[48] 王舒怡.数字化转型背景下求职招聘领域智能方法的应用及治理研究[D].上海:华东师范大学,2022.

[49] 王璇.DC酒店招聘体系优化研究[D].西安:西安建筑科技大学,2023.

[50] 魏卫,袁继荣.旅游人力资源开发与管理[M].北京:高等教育出版社,2004.

[51] 吴冠军.从 Midjourney 到 Sora:生成式 AI 与美学革命[J].阅江学刊,2024(2):1-9.

[52] 夏添.基于酒店集团视角的洲际酒店"职能领导"招聘方法应用及优化分析[J].产业与科技论坛,2020,19(8):206-207.

[53] 熊伟,李绮华.酒店女性管理者职业生涯规划的影响因素分析——以广州市高星级酒店为例[J].旅游研究,2010,2(3):72-79.

[54] 闫婕,张瑛莹,马玉梅.Hofstede文化价值取向研究的新进展与应用[J].河南工业大学学报(社会科学版),2020,36(5):95-100.

[55] 杨婧,杨河清.人力资源管理与组织绩效关系的实践:国外四大理论的阐释[J].首都经济贸易大学学报,2020,22(1):103-112.

[56] 杨仕元,李伟,杨付.人力资源管理[M].成都:西南财经大学出版社,2022.

[57] 杨玫,吕振华,陈微微.基于人工智能的招聘面试管理系统设计[J].微型电脑应用,2021,37(7):100-103.

[58] 杨云,朱宏.旅游企业人力资源管理[M].广州:中山大学出版社,2022.

[59] 杨云.国外接待业人力资源管理研究评述[J].旅游学刊,2006,21(2):82-88.

[60] 姚先国,方阳春.企业薪酬体系的效果研究综述[J].浙江大学学报(人文社会科学版),2005,(2):74-81.

[61] 伊万切维奇,科诺帕斯克.人力资源管理 [M].12版.赵曙明,程德俊,译.北京:机械工业出版社,2016.

[62] 殷开明,刘柳.金融危机下酒店引入员工能力工资的思考——以深圳长丰酒店为例,中国商贸,2011,(10):79-80.

[63] 张晨,朱冲,陈莹钰,等.游戏化校园招聘应用研究[J].现代商业,2020,(27):95-98.

[64] 张德.人力资源开发与管理[M].5版.北京:清华大学出版社,2016.

[65] 张建民,顾春节,杨红英.人工智能技术与人力资源管理实践:影响逻辑与模式演变[J].中国人力资源开发,2022,39(1):17-34.

[66] 张琪,林佳怡,陈璐,等.人工智能技术驱动下的人力资源管理:理论研究与实践应用[J].
电子科技大学学报(社科版),2023,25(1):77-84.

[67] 张正堂,刘宁. 薪酬管理[M]. 2版.北京:北京大学出版社,2016.

[68] 赵君,肖素芳,赵书松.职业生涯高原研究述评[J].管理学报,2018(10):1098-1106.

[69] 周筱薇.酒店集团的跨文化管理比较[J].投资与创业,2021,32(23):204-206.

[70] 周亚庆,黄淑英. 酒店人力资源管理[M]. 2版.北京:清华大学出版社,2019.

# 教学支持说明

为了改善教学效果,提高教材的使用效率,满足高校授课教师的教学需求,本套教材备有与纸质教材配套的教学课件和拓展资源(案例库、习题库等)。

为保证本教学课件及相关教学资料仅为教材使用者所得,我们将向使用本套教材的高校授课教师赠送教学课件或者相关教学资料,烦请授课教师通过加入酒店专家俱乐部QQ群或公众号等方式与我们联系,获取"电子资源申请表"文档并认真准确填写后发给我们,我们的联系方式如下:

地址:湖北省武汉市东湖新技术开发区华工科技园华工园六路

邮编:430223

酒店专家俱乐部QQ群号:710568959

群名称:酒店专家俱乐部
群　号:710568959

扫码关注
柚书公众号

# 电子资源申请表

填表时间：_____年____月____日

1.以下内容请教师按实际情况写,★为必填项。
2.根据个人情况如实填写,相关内容可以酌情调整提交。

| ★姓名 | | ★性别 | □男 □女 | 出生年月 | | ★职务 | |
| --- | --- | --- | --- | --- | --- | --- | --- |
| | | | | | | ★职称 | □教授 □副教授 □讲师 □助教 |
| ★学校 | | | | ★院/系 | | | |
| ★教研室 | | | | ★专业 | | | |
| ★办公电话 | | | 家庭电话 | | | ★移动电话 | |
| ★E-mail（请填写清晰） | | | | | | ★QQ号/微信号 | |
| ★联系地址 | | | | | | ★邮编 | |

| ★现在主授课程情况 | 学生人数 | 教材所属出版社 | 教材满意度 |
| --- | --- | --- | --- |
| 课程一 | | | □满意 □一般 □不满意 |
| 课程二 | | | □满意 □一般 □不满意 |
| 课程三 | | | □满意 □一般 □不满意 |
| 其 他 | | | □满意 □一般 □不满意 |

教 材 出 版 信 息

| 方向一 | | □准备写 □写作中 □已成稿 □已出版待修订 □有讲义 |
| --- | --- | --- |
| 方向二 | | □准备写 □写作中 □已成稿 □已出版待修订 □有讲义 |
| 方向三 | | □准备写 □写作中 □已成稿 □已出版待修订 □有讲义 |

　　请教师认真填写表格下列内容,提供索取课件配套教材的相关信息,我社根据每位教师填表信息的完整性、授课情况与索取课件的相关性,以及教材使用的情况赠送教材的配套课件及相关教学资源。

| ISBN（书号） | 书名 | 作者 | 索取课件简要说明 | 学生人数（如选作教材） |
| --- | --- | --- | --- | --- |
| | | | □教学 □参考 | |
| | | | □教学 □参考 | |

★您对与课件配套的纸质教材的意见和建议,希望提供哪些配套教学资源：